# 山东省农业科学院年鉴
# 2013

山东省农业科学院年鉴编委会　编

山东人民出版社
国家一级出版社　全国百佳图书出版单位

图书在版编目（CIP）数据

山东省农业科学院年鉴．2013 ／《山东省农业科学院年鉴》编委会编．-- 济南：山东人民出版社，2015.1
ISBN 978-7-209-07351-6

Ⅰ．①山… Ⅱ．①山… Ⅲ．①农业科学院－山东省－2013－年鉴 Ⅳ．① S-242.52

中国版本图书馆 CIP 数据核字 (2015) 第 024076 号

责任编辑：刘　晨
装帧设计：王莹莹

山东省农业科学院年鉴 2013

山东出版集团
山东人民出版社出版发行
社　址：济南市经九路胜利大街 39 号
邮　编：250001
网　址：http://www.sd-book.com.cn
发行部：(0531)82098027 82098028
新华书店经销
山东迅达印务有限公司印装
规　格：16 开（185mm × 260mm）
印　张：24.25
插　页：20
字　数：400 千字
版　次：2015 年 1 月第 1 版
印　次：2015 年 1 月第 1 次
ISBN 978-7-209-07351-6
定　价：150.00 元

如有质量问题，请与印刷厂调换。（0531）88625856

2013年11月27日下午，中共中央总书记、国家主席、中央军委主席习近平来我院视察。

2013 年 12 月 19 日，我院赵振东研究员当选中国工程院院士。

## 赵振东简介

赵振东，男，作物遗传育种专家。1942 年 9 月出生，山东德州人。1983 年毕业于湖南农学院作物遗传育种专业，获硕士学位。现任山东省农科院作物研究所首席专家、研究员，山东省政府参事，中国工程院院士。

从事小麦遗传育种 30 年，在小麦品质育种和高产育种领域做出突出贡献。他坚持“在高产的基础上提高品质”的育种思想，创建“品质性状与农艺性状同步选择、品质与产量协调提高”的技术路线，创新 3 项品质育种方法与技术，带领团队育成优质高产面包小麦济南 17、面条小麦济麦 19 和面包面条兼用小麦济麦 20，先后获国家科技进步二等奖；坚持“在提高产量的同时提高广适性”的育种思想，创制出 2 个突破性优异亲本，创建了小麦高产广适育种技术体系，育成超高产广适小麦济麦 22，创一年两熟制亩产 789.9 公斤世界纪录，获国家科技进步二等奖。截至 2013 年夏收，济麦系列品种已累计推广 3.5 亿亩，其中，济麦 22 达 1.44 亿亩，已连续 4 年成为全国种植面积最大的品种。济麦系列品种及其中间材料被国内育种单位广泛利用，已有 14 个品种通过省和国家审定。发表论文 77 篇。2012 年获山东省科学技术最高奖。

2013 年 10 月 25 日，全国政协副主席罗富和来我院视察。

2013 年 5 月 15 日，省委书记姜异康到我院“第一书记”帮包村调研。

2013 年 4 月 11 日，省委副书记王军民到我院济阳县太平镇在建的综合试验示范基地调研。

2013 年 3 月 1 日，副省长赵润田来我院调研指导工作。

2013 年 2 月 26 日，全院工作会议在院学术报告楼礼堂召开。

2013 年 7 月 24 日，党的群众路线教育实践活动动员大会在院学术报告楼礼堂召开。

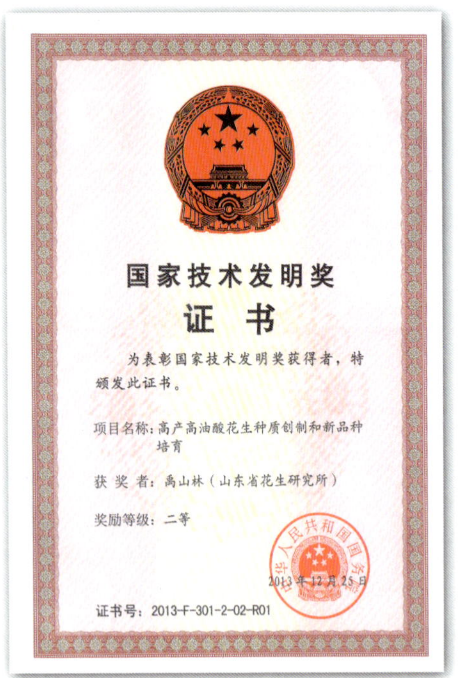

国家技术发明奖

证　书

为表彰国家技术发明奖获得者，特颁发此证书。

项目名称：高产高油酸花生种质创制和新品种培育

获 奖 者：禹山林（山东省花生研究所）

奖励等级：二等

2013年12月25日

证书号：2013-F-301-2-02-R01

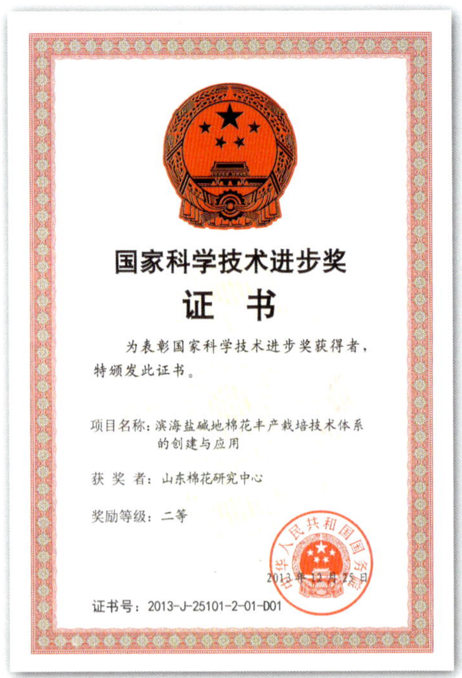

国家科学技术进步奖

证　书

为表彰国家科学技术进步奖获得者，特颁发此证书。

项目名称：滨海盐碱地棉花丰产栽培技术体系的创建与应用

获 奖 者：山东棉花研究中心

奖励等级：二等

2013年12月25日

证书号：2013-J-25101-2-01-D01

“高产高油酸花生种质创制和新品种培育”获国家技术发明二等奖，“滨海盐碱地棉花丰产栽培技术体系的创建与应用”获国家科技进步二等奖。

山东省科学技术奖

证　书

为表彰山东省科学技术奖获得者，特颁发此证书。

项目名称：奶牛现代育种关键技术研究与核心种质创新应用

获奖等级：壹等

获 奖 者：山东省农业科学院奶牛研究中心（第壹位）

类　　别：科技进步奖

2014年02月24日

证书号：JB2013-1-17-D01

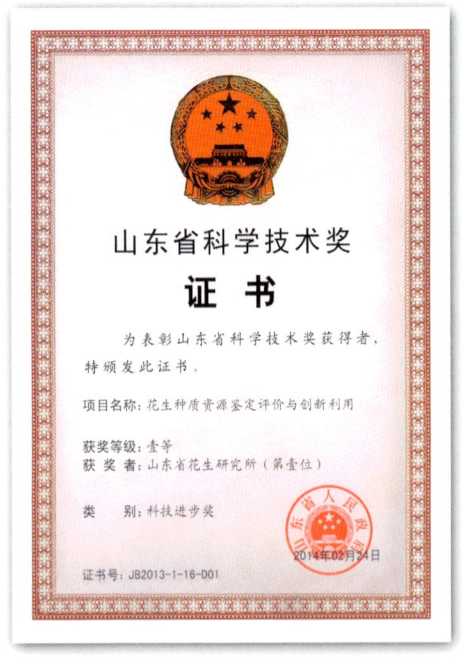

山东省科学技术奖

证　书

为表彰山东省科学技术奖获得者，特颁发此证书。

项目名称：花生种质资源鉴定评价与创新利用

获奖等级：壹等

获 奖 者：山东省花生研究所（第壹位）

类　　别：科技进步奖

2014年02月24日

证书号：JB2013-1-16-D01

“奶牛现代育种关键技术研究与核心种质创新应用”“花生种质资源鉴定评价与创新利用”两项成果获山东省科技进步一等奖。

玉米所“玉米遗传育种和栽培生理研究团队”获中华农业科技奖优秀创新团队奖。

花生所“花生遗传育种与栽培生理研究团队”获中华农业科技奖优秀创新团队奖。

2013 年 9 月 6 日，院领导到作物所试验基地进行田间调研。

2013 年 9 月 26 日，院领导到棉花中心临清试验站进行田间调研。

2013 年 9 月 28 日，院领导到临邑县德平镇指导玉米－花生间作示范。

2013 年 8 月 21 日，院领导到家禽所原种鸡场进行现场指导。

2013 年 9 月 12 日，院领导陪同济阳县太平镇综合试验示范基地可行性研究报告专家评审组察看现场。

2013 年 5 月 23 日，院领导到“第一书记”帮包村东阿县前苦山村农业科技大院进行调研。

2013 年 6 月 26 日，院领导到水稻所济宁试验站进行田间调研。

2013 年 4 月 26 日，院老科协第四届换届会员大会在院老干部活动中心召开。

2013 年 12 月 31 日，受山东省人民政府委托，中国工程院组织有关院士专家在济南对《山东省农业科学院强院建设提升工程规划（2013—2020 年）》进行论证。

2013 年 7 月 26 日，山东省农业科研院所科技协作委员会暨山东省农科院科技咨询委员会成立。

2013 年 4 月 16 日，我院与韩国京畿道农业技术院签署 2014–2015 年谅解备忘录行动计划。

2013 年 10 月 24 日，中国农业科技管理研究会领导科学工作委员会 2013 年年会在我院召开。

2013年8月31日，农业灾害预警和应急专家服务团成立大会在创新中心院学术报告厅举行。

2013年10月25日，农业高层论坛—“舜耕论坛”成立大会在创新中心院学术报告厅举行。

# 《山东省农业科学院年鉴 2013》
# 编 委 会

# 目　录

## 一、总　则

## 二、科技创新



## 三、科技推广与成果转化

## 四、人事管理与人才队伍建设



## 五、国际合作与交流

## 六、学术交流与研究生教育



## 七、综合政务管理



## 八、党的建设与纪检监察

## 九、规章制度



## 十、院属研究单位概况

## 十一、大事记



## 十二、附录

# 一、总 则

# 概 况

山东省农业科学院（简称省农科院）是省政府直属的综合性、公益性省级农业科研单位，是国家农业科技黄淮海创新中心和山东省农业科技创新中心承建单位。经过一个多世纪的改革发展和几代农科院人的不懈奋斗，目前已经成为国内规模较大、力量较强、学科较为齐全、贡献和效益较为突出、在国内外具有广泛影响的省级农科院，成为山东省农业科技创新的龙头和支撑黄淮海区域农业发展的一支重要力量，综合实力位居全国省级农科院前列。

省农科院科研历史发轫于1903年清政府在济南东郊创办的山东农事试验场，历经晚清、民国、抗战、中华人民共和国成立前，科研工作未曾间断。1946年秋，我党在革命老区莒南县成立山东省农业实验所；1948年定址济南，并接收了国民党时期的农业科研机构；1950年改称山东省农业科学研究所；1959年扩建为山东省农业科学院。2013年是我院创建110周年。

省农科院事业发展一直得到党和国家领导人以及各级领导的亲切关怀。毛泽东主席于1958、1959年两次视察我院棉花试验田，邓小平同志于1959年视察我院小麦试验田，胡锦涛总书记于2009年10月17日视察了我院食用菌试验示范基地，习近平总书记于2013年11月27日来我院视察，并对农业和农业科研工作作出了重要指示。历届省委、省政府领导经常来我院现场办公或检查指导工作。

目前，我院拥有12个处室、20个研究试验单位和18处有业务关系的分院，并设有1处博士后科研工作站，另有现代农业发展研究中心和研究生教育中心两个机构正在筹建之中。现有在职职工1800多人，其中科技人员1200多人。拥有高级专业技术职务人员621人，博士生导师17人，硕士生导师68人；博士289人，硕士363人。拥有百千万人才工程国家级人选2人，国家有突出贡献中青年专家5人，省有突出贡献的中青年专家20人，享受政府特殊津贴90人，泰山学者（含“泰山学者”海外特聘专家）15人。

主要研究领域涵盖山东乃至黄淮海区域农业发展所需的粮经作物、果树、蔬菜、畜禽、蚕桑、资源环境、植物保护、检验检测、农产品加工、农业微生物、农业生物技术、信息技术等43个学科。在主要研究领域建成了73个国家和省部级高标准创新平台，数量居全国省级农科院前列，其中，小麦玉米国家工程实验室是我省首个作物类国家工程实验室。

省农科院国有资产12.4亿元，保存种质资源4万份、图书资料50万册（卷），编辑发行《山东农业科学》等5种科技期刊。自1978年全国科学大会以来，全院共取得各级各类科技成果1403项，有645项成果获得省部级以上奖励，其中国家技术发明一等奖1项，二等奖4项，国家科技进步二等奖28项。

省农科院全方位开放办院战略深入推进，现已同国际玉米小麦改良中心、国际马铃薯中心等10多个国际组织和50多个国家或地区的科研机构、高等院校建立了良好的交流合作关系。建立了国家级国外果树良种引进与开发推广示范基地，与乌克兰国家农业科学院建立了联合微生物实验室。援助苏丹农业技术示范中心项目，为我国企业实现“走出去”发展战略提供了技术平台。与山东大学合作共建了山大农学院，成为凝聚高层次人才和培养专业人才的重要平台。

## 领导关怀

# 习近平总书记来我院视察

11月24日至28日，中共中央总书记、国家主席、中央军委主席习近平在山东考察。围绕贯彻党的十八届三中全会精神做好“三农”工作，是习近平此次调研的重要内容。27日下午，他来到山东省农科院，视察了智能化温室和省农村农业信息化综合服务平台，了解依靠科技创新促进农业发展和农民增收的情况，随后召开座谈会，听取农业科研机构、农业行政部门、基层干部等有关人员对“三农”工作的意见和建议。

习近平指出，保障粮食安全是一个永恒的课题，任何时候都不能放松。解决好“三农”问题，根本在于深化改革，走中国特色现代化农业道路。当前，重点要以解决好地怎么种为导向，加快构建新型农业经营体系；以解决好地少水缺的资源环境约束为导向，深入推进农业发展方式转变；以满足吃得好吃得安全为导向，大力发展优质安全农产品。

习近平强调，要给农业插上科技的翅膀，按照增产增效并重、良种良法配套、农机农艺结合、生产生态协调的原则，促进农业技术集成化、劳动过程机械化、生产经营信息化、安全环保法治化，加快构建适应高产、优质、高效、生态、安全农业发展要求的技术体系。

# 习近平在山东考察时强调：认真贯彻党的十八届三中全会精神 汇聚起全面深化改革的强大正能量

中央新闻联播、新华网、《人民日报》《大众日报》等

（2013 年 11 月 28 日）

中共中央总书记、国家主席、中央军委主席习近平近日在山东考察时强调，全面深化改革对全面建成小康社会、实现中华民族伟大复兴意义重大而深远。学习贯彻党的十八届三中全会精神是当前和今后一个时期全党全国的重大政治任务，各级党委务必以高度的责任感和求真务实的作风抓紧抓好，把思想和行动统一到中央决策部署上来，汇聚起全面推进改革开放的强大正能量。

初冬的齐鲁大地，寒气袭人。11 月 24 日至 28 日，习近平在山东省委书记姜异康和省长郭树清陪同下来到青岛、临沂、济宁、菏泽、济南等地，深入革命老区、企业、科研院所、文化机构等，考察经济社会发展情况，推动党的十八届三中全会精神学习贯彻。

临沂是革命老区，为中国革命胜利做出了重要贡献。25 日上午，习近平来到华东革命烈士陵园，向革命烈士纪念塔敬献花篮，参观沂蒙精神展，听取沂蒙地区革命战争历史介绍，并会见了当地先进模范和当年支前模范后代代表。他深情地说，我一来到这里就想起了革命战争年代可歌可泣的峥嵘岁月。在沂蒙这片红色土地上，诞生了无数可歌可泣的英雄儿女，沂蒙六姐妹、沂蒙母亲、沂蒙红嫂的事迹十分感人。沂蒙精神与延安精神、井冈山精神、西柏坡精神一样，是党和国家的宝贵精神财富，要不断结合新的时代条件发扬光大。

临沂交通便利，货畅其流。习近平来到金兰物流基地，视察物流信息中心，考察物流运输企业。他同管理人员和装卸工亲切交谈，详细了解物流业运行过程和成本效益，问他们还有哪些问题需要政府帮助解决。习近平指出，物流业一头连着生产、一头连着消费，在市场经济中的地位越来越凸显。要加快物流标准化信息化建设，提高流通效率，推动物流业健康发展。

25 日下午，习近平来到临沭县曹庄镇朱村，观看这个抗战初期就建立党组织的支前模范村村史展，了解革命老区群众生产生活。在 83 岁的“老支前”王克昌家中，他挨个房间察看，并坐下来同一家人拉家常，关切询问家里有几亩地、搞柳编能挣多少钱、还有什么困难？听老人说家里的生活有了改善，习近平很高兴。他强调，生活一天比一天好，但我们不能忘记历史，不能忘记那些为新中国诞生而浴血奋战的烈士英雄，不能忘记为革命做出重大贡献的老区人民。习近平叮嘱当地干部，让老区人民过上好日子，是我们党的庄严承诺，各级党委和政府要继续加大对革命老区的支持，形成促进革命老区加快发展的强大合力。

夜色降临，习近平又来到位于济宁的山东如意科技集团有限公司，听产品介绍、看生产车间，了解企业生产经营。得知他们依靠科技创出多个知名纺织服装品牌，拓展国际市

场成绩显著，习近平予以肯定。他指出，企业是创新主体，掌握了一流技术，传统产业也可以变为朝阳产业。要深入实施以质取胜和市场多元化战略，支持有条件的企业全球布局产业链，加快形成出口竞争新优势，提高抵御风险能力。

曲阜是历史文化名城。26 日上午，习近平来到孔府和孔子研究院参观考察，并同有关专家学者座谈。在听取大家关于中华传统优秀文化研究的情况介绍后，习近平强调，一个国家、一个民族的强盛，总是以文化兴盛为支撑的，中华民族伟大复兴需要以中华文化发展繁荣为条件。对历史文化特别是先人传承下来的道德规范，要坚持古为今用、推陈出新，有鉴别地加以对待，有扬弃地予以继承。习近平指出，国无德不兴，人无德不立。必须加强全社会的思想道德建设，激发人们形成善良的道德意愿、道德情感，培育正确的道德判断和道德责任，提高道德实践能力尤其是自觉践行能力，引导人们向往和追求讲道德、尊道德、守道德的生活，形成向上的力量、向善的力量。只要中华民族一代接着一代追求美好崇高的道德境界，我们的民族就永远充满希望。

26 日下午，习近平来到经济欠发达的菏泽市调研。他考察了尧舜牡丹产业园，对菏泽发展牡丹产业、探索牡丹加工增值、带动农民增收致富的情况进行了具体了解。随后，习近平专门同菏泽市及其县区的主要负责同志座谈，共同探讨扶贫开发和加快发展的良策。座谈会上，他一面听，一面插话，详细询问每个县区经济发展和民生改善情况。在听取市委书记、市长和所有县区委书记的发言后，习近平指出，一个地方的发展，关键在于找准路子、突出特色。欠发达地区抓发展，更要立足资源禀赋和产业基础，做好特色文章，实现差异竞争、错位发展。欠发达地区和发达地区一样，都要努力转变发展方式，着力提高发展质量和效益，不能“捡进篮子都是菜”。抓扶贫开发，要紧紧扭住增加农民收入这个中心任务、健全农村基本公共服务体系这个基本保障、提高农村义务教育水平这个治本之策，突出重点，上下联动，综合施策。

济南市外来务工人员综合服务中心人来人往，一片繁忙。习近平 27 日下午来到这里，了解当地政府为外来务工人员提供一揽子服务、帮助农民工融入城市等情况。他同窗口单位工作人员和前来办事的农民工亲切交谈，了解为农民工的服务有哪些项目，农民工工作稳不稳定、收入是不是在增长、有没有自己的房子住、孩子上学问题解决得怎么样，叮嘱当地干部把涉及农民工的政策落实好，并在实践中不断完善。一群从事家政服务的“阳光大姐”围上来向总书记问好，习近平对她们说，家政服务大有可为，要坚持诚信为本，提高职业化水平，做到与人方便、自己方便。

围绕贯彻党的十八届三中全会精神做好“三农”工作，是习近平此次调研的重要内容。27 日下午，他来到山东省农科院，视察智能化温室和省农村农业信息化综合服务平台，了解依靠科技创新促进农业发展和农民增收的情况，随后召开座谈会，听取农业科研机构、农业行政部门、基层干部等有关人员对“三农”工作的意见和建议。习近平指出，保障粮食安全是一个永恒的课题，任何时候都不能放松。解决好“三农”问题，根本在于深化改革，走中国特色现代化农业道路。当前，重点要以解决好地怎么种为导向，加快构建新型农业经营体系；以解决好地少水缺的资源环境约束为导向，深入推进农业发展方式转变；

以满足吃得好吃得安全为导向，大力发展优质安全农产品。习近平强调，要给农业插上科技的翅膀，按照增产增效并重、良种良法配套、农机农艺结合、生产生态协调的原则，促进农业技术集成化、劳动过程机械化、生产经营信息化、安全环保法治化，加快构建适应高产、优质、高效、生态、安全农业发展要求的技术体系。

调研期间，习近平听取了山东省委和省政府工作汇报，对山东近年来的工作给予肯定，希望山东认真学习贯彻党的十八届三中全会精神，锐意改革，敢创新路，坚决打好转方式调结构攻坚战，切实做好保障和改善民生、创新社会管理这篇大文章，努力在推动科学发展、全面建成小康社会历史进程中走在前列。

习近平指出，党的十八届三中全会已经胜利闭幕，军令状已经下达，集合号已经吹响。一分部署，九分落实。改革蓝图有了，现在的关键是把蓝图一步步变为现实。学习贯彻党的十八届三中全会精神，重点是坚定信心、凝聚共识、落到实处。

习近平强调，改革开放使我国以世所罕见的速度发展起来了，但改革开放只有进行时、没有完成时。解决我国发展面临的难题，不深化改革不行，深化改革力度小了也不行。全党同志对把改革蓝图变成现实要有信心。无论遇到什么困难，无论出现什么干扰，都要坚定不移推进改革。

习近平指出，学习贯彻党的十八届三中全会精神，必须凝聚共识，使全党全社会都理解改革、支持改革、参与改革。宣讲全会精神，要联系实际、研机析理、解疑释惑，引导干部群众全面准确地把握各项改革举措，不要盲人摸象、以偏概全，不要不明就里、大而化之。

习近平强调，行动最有说服力。学习贯彻党的十八届三中全会精神，重在结合实际，抓好中央重大改革措施的细化和落实。要正确推进改革，坚持改革是社会主义制度自我完善和发展。要准确推进改革，认真执行中央要求，不要事情还没弄明白就盲目推进。要有序推进改革，该中央统一部署的不要抢跑，该尽早推进的不要拖宕，该试点的不要仓促推开，该深入研究后再推进的不要急于求成，该得到法律授权的不要超前推进。要协调推进改革，注重改革的关联性和耦合性，把握全局，力争最大综合效益。要善于把自觉维护中央大政方针的统一性、严肃性和因地制宜、充分发挥主观能动性结合起来。任务一经确定，就要一步一个脚印、稳扎稳打向前走，积小胜为大胜，积跬步致千里。

习近平强调指出，全面深化改革任务艰巨、矛盾繁多，对党的执政能力和领导水平是一个新的考验。党的建设各项工作，都要紧紧围绕全面深化改革来定任务、添措施、建机制，都要用保证和促进全面深化改革的实际成效来检验。各级领导干部要着眼于领导好全面深化改革这场攻坚战，加强学习和实践，努力提高思想政治能力、动员组织能力、驾驭复杂矛盾能力，做到信心坚定、行动坚决，科学推进、勇于担当。要时时处处为群众作示范、当表率，让群众跟着来、一起干，不断增强人民群众投身改革的积极性和主动性。

王沪宁、栗战书和中央有关部门负责同志陪同考察。

# 习近平：手中有粮 心中不慌

（新华网 2013 年 11 月 28 日）

**新华网北京 11 月 28 日电** 据新华社“新华视点”微博报道，习近平在山东农科院召开座谈会，听取农业专家、农业主管部门、基层干部意见。他表示，手中有粮，心中不慌。保障粮食安全对中国来说是永恒的课题，任何时候都不能放松。历史经验告诉我们，一旦发生大饥荒，有钱也没用。解决 13 亿人的吃饭问题，要坚持立足国内。

习近平表示，农业出路在现代化，农业现代化关键在科技进步。我们必须比以往任何时候都更加重视和依靠农业科技进步，走内涵式发展道路。矛盾和问题是科技创新的导向。要适时调整农业技术进步路线，加强农业科技人才队伍建设，培养新型职业农民。

习近平表示，小康不小康，关键看老乡。新世纪以来，农民收入连续 9 年增长，生活水平不断提高，但全面建成小康仍极为艰巨。要大力增加农民收入，不要让平均数掩盖了大多数，要看大多数农民收入水平是否得到提高。

习近平表示，要继续下大气力加快扶贫开发。一手抓城镇化，一手抓新农村，即使将来城镇化达到 70%，30% 的人还在农村生活。要通过推进基本公共服务均等化，发展现代农业，积极推进新农村建设，让农村成为农民幸福生活的美好家园。

习近平表示，要稳步推进农村改革，创造条件赋予农民更多财产权利。对中央工作部署，要准确领会政策要点和要领，不能随意解读，想怎么干就怎么干。城镇化不是土地城镇化，而是人口城镇化，不要拔苗助长，而要水到渠成，不要急于求成，而要积极稳妥。

# 学习贯彻习近平总书记视察山东重要讲话<br>用改革创新精神全面推进三农工作

（山东新闻联播　2013年12月3日）

【导语】围绕贯彻党的十八届三中全会精神做好“三农”工作，是习近平总书记视察山东调研的一项重要内容。习近平总书记对“三农”工作高度重视、深怀感情，使全省农业战线的广大干部群众备受鼓舞，深感做好“三农”工作责任重大、使命光荣。

【正文】经国家统计局核准，今年山东粮食生产实现了十一连增，总产905.6亿斤，比去年增产3.36亿斤，为国家粮食安全做出了重要贡献。习近平在调研时指出，保障粮食安全是一个永恒的课题，任何时候都不能放松。

【同期声】山东省农业厅巡视员 林建华

粮食生产是山东的优势，粮食的生产也面临着资源和科技的制约，我们想在资源利用上，在农业科技集约配套上进一步发展山东的粮食生产，特别是提高亩产达到总产总体水平的再提高。

【同期声】山东省小麦产业技术体系首席专家 黄承彦

我们要培育更多的高产优质广适新品种，适应现代农业发展需求的新技术；加强农民的技术培训、指导和服务，使我们的新技术新品种，在生产中发挥重要作用。

【正文】在参观了山东省农科院智能化温室和农业信息化综合服务平台演示后，习近平提出，当前，重点要以解决好地怎么种为导向，加快构建新型农业经营体系；要加快构建新型农业经营体系，深入推进农业发展方式转变，给农业插上科技的翅膀。

【同期声】山东省农业厅巡视员 林建华

从经营方式上，从小规模分散经营向规模化集约化方式转变，发挥市场在农业资源配置过程当中的决定性作用，激发农业农村的内在发展活力，在更高的层次上创造山东农业发展新优势。

【同期声】山东省农科院党委书记 周林

真正按照总书记提出的建立高产、优质、高效、生态、安全的农业技术体系，来建立我们的创新体系；真正让老百姓吃得好，吃得安全。

【正文】习近平总书记对农民工工作十分关心。他要求要把农民工政策落实好，并在实践中不断完善。目前山东大约有2330万农民工，占全国9%，占全省人口的24%，如果把农民工家庭也考虑在内的话，这一群体涉及全省近6000万人口。

【同期声】济南市劳动就业办公室就业培训指导处科长 魏登丰

我们将为农民工提供全面、贴心的就业培训服务，让我们的农民工兄弟更好地融入我们的城市。

【同期声】济南市劳动就业办公室副主任 丁麟宏

对农民工关心的子女教育问题、户籍问题、维权问题、社会保障问题等等，各个方面要进一步理顺办理程序，严格、严密地制定相关的制度，认认真真的完成好，将农民工的每项政策落实好。

记者：侯洪强 韩妍妍

# 习近平在农科院屡问如何促进农民增收

（《齐鲁晚报》 2013 年 11 月 29 日）

“手中有粮，心中不慌。解决 13 亿人吃饭问题，要坚持立足国内。”“要大力促进农民增加收入，不要平均数掩盖了大多数。”“对中央工作部署，要准确领会政策要点和要领，不能随意解读，想怎么干就怎么干。”

27 日下午，习近平前往省农科院，视察智能化温室和省农村农业信息化综合服务平台。在现场，他详细询问各种农业科技能否推广、如何推广，并十分关心农业专家是否经常深入田间地头。而在和农业专家举行的座谈会上，习近平表示，手中有粮，心中不慌。要重视和依靠农业科技进步，大力促进农民收入增加。

**原定只看三分之一，结果一直看到头**

27 日下午 4 点 15 分，省现代农业产业技术体系蔬菜首席专家王淑芬在智能化温室迎接习近平。在蔬菜立体及无土栽培展示区，习近平对各种蔬菜很感兴趣。在水培蔬菜展区，王淑芬向习近平讲解。习近平指着蔬菜下面的液体问：“这是水？”“不是水，是营养液。”王淑芬回答。

“总书记很专业地问我‘正常的土壤栽培一茬要多长时间？水培要多长时间？’”王淑芬回忆。此时，习近平已经参观了温室内三分之一的部分，“按照原计划，只参观三分之一就该结束了，没想到总书记还往里走，我赶紧跟上”。

介绍培育的田七时，王淑芬说：“田七也叫养心菜，吃了对心脏好。”习近平说：“哦，这个菜我好像没怎么吃过，怎么吃？”走到新培育的西红柿旁，习近平问：“这个西红柿有什么优点？”王淑芬解释，这个品种耐低温、弱光。

习近平接着又问：“会不会吃起来像某些品种那样硬邦邦的，口感不好？”王淑芬说，这是按照国人饮食习惯培育的，不会感觉口感不好。习近平听了频频点头。此时，他已经走到温室的最里头。

**时隔五年，依然挂念寿光农业**

习近平很关心农业科技能否促进农民增收。参观水培蔬菜时，他问这与常规的土壤栽培相比产值怎么样？投入是不是要大一些？

“我说肥料的投入当然是节省的，”王淑芬说，但总书记指了指摆放作物的架子，“当时我就明白，总书记的意思是这些设施也需要投入，我就解释说最初的投入的确要大一些，但长期来看是节省的。”

蔬菜花卉研究所所长刘开昌介绍新培育的花卉和马铃薯时，习近平又问了同样的问题：“这对促进农民增收方面效果怎么样？”刘开昌说，在滕州的马铃薯试验田每年的最高产量能达到 1.3 万斤，按照地头收购价格，农民可收入 1 万至 2 万元，这还是单季节的，双季的话收入能高一些。

“总书记关心的不仅是我们取得了哪些农业科技成果，更关心哪些能被农民使用，这些技术能不能普及、能不能惠及农民、农民怎么用等等。”刘开昌说。2008 年 5 月，习近平曾到寿光蔬菜高科技示范园调研，如今，他依然对那里的农业发展很牵挂。他问刘开昌农科院和寿光之间是什么样的关系。“我介绍了我们联系非常密切，为寿光培育了很多新品种。”听后习近平点了点头。

**问农业专家，经常到农村去吗**

下午4点38分，习近平来到演播大厅，参观山东省农村农业信息化综合服务平台。山东省农科院小麦栽培专家王法宏和东阿前苫村农民进行视频交流，通过远程视频系统指导农民种田。“那里离这里多远？”视频开始之前，习近平问了这么个问题。“150公里。”省农科院科技信息所所长阮怀军回答。

交流开始，农民问了旺长小麦应该怎么管理、下了小雨后还浇不浇越冬水等几个问题，王法宏一一做出解答。在这期间，习近平连着追问了好几个问题。视频交流结束后，习近平向门口走去，大家都以为参观就此结束，没想到习近平又忽然回头问王法宏：“你经常到农村去吗？”王法宏是我省小麦栽培专家，经常出现在田间地头，他回答说：“我一年有一半的时间在农村指导农民种地，特别是今年10月以来，有70%的时间在农村指导农民。”他还提到，有一个种田大户在科技指导下种植小麦比当地农民每亩地节省300元钱。

**促进农民增收，平均数不要掩盖大多数**

据新华社官方微博“新华视点”介绍，在随后的座谈会上，习近平听取了我省农业科研机构、农业行政部门等工作人员对农业问题的看法。他表示，手中有粮，心中不慌。保障粮食安全对中国来说是永恒的课题，任何时候都不能放松。历史经验告诉我们，一旦发生大饥荒，有钱也没用。解决13亿人吃饭问题，要坚持立足国内。

省农科院党委书记周林当时参加了座谈会，他记得，习近平特别强调粮食安全，对于解决好地怎么种的问题，他指出要加快构建新型农业经营体系。

座谈会上，习近平还表示，农业现代化关键在科技进步。要大力促进农民增加收入，不要平均数掩盖了大多数，要看大多数农民收入水平是否得到提高。

习近平表示，要稳步推进农村改革，创造条件赋予农民更多财产权利。对中央工作部署，要准确领会政策要点和要领，不能随意解读，想怎么干就怎么干。城镇化不是土地城镇化，而是人口城镇化，不要拔苗助长，而要水到渠成，不要急于求成，而要积极稳妥。“我们作为农业科研单位，感到肩上的担子很重。”周林表示。

**看到水龙头被碰开，习近平开玩笑——“我以为水龙头一有人就出水”**

视察过程中，习近平和现场工作人员幽默了几句，“让大家感觉很亲切”。农科院摆放了小麦、玉米、棉花、花生四大作物和果树、蔬菜品种以及羊、鸡标本等实物。看到表皮鲜红的泰山大红石榴时，习近平跟省农科院党委书记周林开玩笑：“颜色怎么这么红，会不会是染的？”大家哈哈大笑。在智能化温室也出现了几个小插曲。王淑芬回忆，众人跟随总书记走到摆放立体栽培架的时候，一名摄像记者不小心绊到了地上的水龙头开关，水“呼”一下子冒了出来。“怎么回事？”这一幕来得突然，大家都觉得纳闷。王淑芬赶紧解释，是水龙头不小心被碰开了。

就在她感觉尴尬时，习近平的一句话让大家笑开了：“我以为这个水龙头也是智能的，我们一站这儿就出水了。”“一说这话，紧张的气氛顿时就缓和了。”王淑芬说。就在此前几分钟，农科院蔬菜花卉研究所所长刘开昌刚向习近平介绍，在智能化温室内，可以通过触摸屏对室内温湿度等进行控制。

随后，王淑芬继续陪同习近平往前走，走到下一排立架前，习近平已经先走了进去，但看到后面跟着的摄像记者，自己又退回来，示意他先进去。由于刚刚地上喷了不少水，加上还有青苔，地面很滑，摄像记者不小心一个踉跄，差点跌倒，习近平赶紧提醒他小心点。

记者 马云云 见习记者 徐瀚云

# 农业专家“住”农村　总书记很满意

（《济南日报》 2013 年 11 月 30 日）

27 日下午，习近平来到山东省农科院视察智能化温室和省农村农业信息化综合服务平台演播厅。29 日，记者再访省农科院，专家告诉记者，习近平参观过的不少技术，已经能够在普通农民大棚使用。

**详细了解农业新技术**

“在水培蔬菜展区，总书记指着蔬菜下面的液体问我：‘这是水？’我说：‘不是，这是营养液。’”山东省现代农业产业技术体系蔬菜首席专家王淑芬回忆，她向总书记介绍，无土栽培模式可以起到充分利用肥料、蔬菜清洁生产、蔬菜茬数增多等效果。“总书记很专业地问我：‘普通土壤栽培一茬需要多长时间？无土营养液栽培一茬需要多长时间？’”王淑芬说。“按照原定计划，只参观一部分就结束，没想到总书记意犹未尽，一直走到最里头了。”王淑芬说，“在西红柿展区，总书记问我：‘这个品种吃起来会不会有硬邦邦的感觉？’我说：‘这一品种是按照中国人的饮食习惯培育，口感不错。’”

王淑芬告诉记者，习近平了解的多个农业新技术，并非只能在设施齐备的研究所才能实现，在农民自家的蔬菜大棚里也能够使用，有些技术市民在自家阳台也可用来种植蔬菜。

**对专家“住”村很满意**

27 日下午 4 点左右，习近平来到山东农村农业信息化综合服务平台演播厅。省农科院小麦栽培专家王法宏和远在 150 公里外的聊城市东阿县前苫村农民进行视频交流。

“农民提问了‘旺长小麦应如何管理？’和‘刚下了小雨后还浇不浇越冬水？’两个问题，我从小麦旺长的原因、后果及旺长麦田如何管理，浇越冬水的好处、时机及注意问题等方面做了细致的解答。”王法宏说。

“活动结束，总书记向门口走去的时候问我是不是经常去农村。我如实汇报，一年有二分之一的时间在农村指导农民种地，特别是今年 10 月 1 日以来，我有 70% 的时间在农村指导农民。”王法宏回忆，“听到这里，总书记说‘很好’，又和我们大家一一握手后才离开了演播大厅。”

记者 张晓莉

# 关于学习贯彻习近平总书记视察我院重要指示精神的通知

（鲁农科党发〔2013〕34号 2013年12月3日）

院属各单位：

11月27日下午，中共中央总书记、国家主席、中央军委主席习近平在省委书记姜异康和省长郭树清等领导陪同下，来我院视察。在视察期间，习近平总书记对农业和农业科研工作作出重要指示，充分体现了党和国家对农业和农业科技工作的高度重视，必将对我院的长远发展、科学发展产生重大意义。为在全院深入学习贯彻重要指示精神，统一凝聚全院干部职工思想和行动，现就学习贯彻重要指示精神作如下通知：

**一、深刻认识习近平总书记视察我院的重大意义，切实增强使命感和责任感**

习近平总书记在山东调研期间，将我院作为调研的重点，并在我院召开座谈会作出重要指示，充分体现了党和国家对农业和农业科技工作的高度重视，充分体现了对农业科研院所的关心，充分体现了对农业科技工作者的殷切期望，是我院宝贵的精神财富，也是对我院全体干部职工的莫大鼓舞和极大鞭策。总书记的重要指示全面系统、深刻透彻，具有很强的针对性、思想性和指导性，为我们当前和今后工作指明了方向。全院干部职工要把总书记的亲切关怀转化为推动工作的强大动力，进一步增强农业科研工作的责任感、使命感与紧迫感，以更加坚决的态度、更加奋发有为的精神、更加自觉的行动、更加有力的举措、更加科学的方法，加倍努力工作，为农业现代化多做贡献，不辜负总书记的期望。

**二、认真学习领会总书记重要指示精神的丰富内涵**

习近平总书记在我院视察讲话内涵丰富、观点鲜明、论述精辟、富有创新，全院干部职工要认真学习领会，在深刻理解上狠下功夫，真正把握精神实质。

*一要深刻领会粮食安全是永恒课题的重要论述。*农业的首要任务是粮食安全，我国用10%耕地养活了世界1/4人口，今年又实现粮食十连增，达到1.2万亿斤，稳居世界第一，为国家稳定发展提供了重要物质基础。但农业丰收时间越长，压力越大，目前我国农产品结构属于紧平衡状态，世界粮食贸易总额还不足我们需要的10%，我们不能靠别的国家养活。手中有粮心中不慌，饥荒时有钱也买不到粮食。因此长期立足于自己供给是我们永恒的课题。农产品发展要提高自给率，在提高农业综合生产能力上下功夫。

*二要深刻领会农业要走内涵式发展道路必须依靠科技进步的重要论述。*解决中国农业问题，科技进步是出路。近年来我国人口压力增大、土地紧缺、耕地面积减少、劳动力数量质量下降，土地开发已到极限，许多还要退耕，我们不像国外资源丰富，不可能再外延发展，只能走内涵式发展。当前我国农业科技贡献率达50%以上，与发达国家相比仍有差距，我们必须比以往任何时候都更加重视和依靠农业科技进步，要给农业插上科技的翅膀，按照增产增效并重、良种良法配套、农机农艺结合、生产生态协调的原则，促进农业技术集成化、劳动过程机械化、生产经营信息化、安全环保法治化，加快构建适应高产、优质、高效、生态、安全农业发展要求的技术体系。

*三要深刻领会矛盾和问题是科技创新导向的重要论述。*我国已进入加快改造传统农业向有中国特色现代化农业转变的关键时期，确保国家粮食安全、生态安全、食品安全、农民增收和农业可持续发展，是当前农业科技创新面临的主要问题。我们要根据矛盾和形势的发展，适时调整农业技术进步路线，明确农业科技创新方向，突出农业科技创新重点，为农业现代化建设提供有力支撑。

*四要深刻领会解决"三农"问题根本在于深化改革的重要论述。*当前，解决好"三农"问题，根本在于深化改革，走中国特色现代化农业道路。重点要以解决好地怎么种为导向，加快构建新型农业经营体系；以解决好地少水缺的资源环境约束为导向，深入推进农业发展方式转变；以满足吃得好吃得安全为导向，大力发展优质安全农产品。

**三、迅速掀起学习贯彻习近平总书记重要指示的热潮**

学习宣传贯彻总书记重要指示精神，是我院当前和今后一个时期的重要政治任务，也是我们做好今后工作的重要保障。各级党组织要以高度的政治责任感，把学习贯彻总书记重要指示精神摆在突出位置，加强组织领导，精心周密安排，用指示精神统一大家思想，在全院迅速掀起学习宣传贯彻的高潮。一要坚持领导带头学习。各级领导干部尤其是主要领导干部要率先垂范，努力学深学透，用指示精神统一思想、指导实践、推动工作。要深入实际、深入群众，指导学习贯彻工作有序进行。要采取有力措施，组织引导干部职工全面、准确地领会和掌握其中的精神实质。二要广泛宣传，营造浓厚学习氛围。各单位要利用多种形式和手段，全方位、多角度地宣传总书记重要指示精神，形成学习贯彻的强大舆论声势。要通过院网站、工作简报等及时反映各单位学习贯彻情况。三要紧密联系实际，抓好贯彻落实。各单位要结合单位实际，精心组织、统筹安排学习活动，抓好贯彻落实，把学习热潮变成推动工作的强大动力。院办公室要及时了解和掌握贯彻落实情况，确保学习贯彻落到实处、见到实效。

**四、以习近平总书记重要指示精神为指引，全面推进我院改革发展**

总书记对农业和农业科研工作的重要指示，为我院今后工作指明了努力方向。我们要深刻领会，与贯彻党的十八届三中全会精神结合起来，扎实推进全院各项工作科学发展。

*一要进一步提升对现代农业的科技支撑能力。*要结合现代农业发展方向，优化学科布局。以主导农产品和共性关键技术为核心，充分利用生物技术、信息技术等，进一步做大做强传统优势学科；以适应农业转方式、调结构的现实要求，扶持发展食品安全、生态安全等新兴学科。要转变创新方式，强化协同创新能力。加强与高校、科研院所、企业及国外科研机构的合作攻关，切实提高创新的水平和质量。要结合《强院建设提升工程规划》编制，科学提出发展目标和任务，确保在新起点上实现新发展。

*二要进一步强化服务"三农"的能力。*要围绕山东重大发展战略需求，搞好对接服务，为高产创建、现代农业示范区建设、农业十大产业振兴规划实施提供品种和技术支撑。要利用我院搭建的农村专业合作组织、家庭农场科技联谊会，把成果转化做到田间地头，进一步提高科技创新效率和农业科技贡献率。要进一步创新科技服务方式，探索科技成果、品种转化的市场机制，推进成果的资本化、产业化。要继续利用好农村农业信息化服务平

台，为广大农民提供服务。

*三要进一步激发科技创新的内部活力*。要加快推进内部机制改革，以调动科技人员科技创新服务积极性为目标，改革科技人员管理考评方式，建立科学的竞争激励制度，激发创新活力。要结合群众路线教育实践活动整改和建章立制，出台新的科技奖励制度和科研项目管理制度，提高全院科技管理水平。

让我们更加紧密地团结在以习近平同志为总书记的党中央周围，以总书记视察我院为契机，站在新的历史起点，以更加奋发有为的精神，深入学习贯彻党的十八届三中全会、习近平总书记系列重要讲话和视察我院重要指示精神，求真务实，开拓进取，努力开创我院工作新局面。

# 周林同志在学习贯彻习近平总书记视察我院重要指示精神暨院党委理论中心组学习扩大会议上的讲话

（2013 年 12 月 3 日）

同志们：

11 月 27 日下午，中共中央总书记、国家主席、中央军委主席习近平在省委书记姜异康和省长郭树清陪同下，来我院视察，并对农业科研工作作出重要指示，充分体现了党和国家对农业科技事业的关心和重视，这是对我院全体干部职工的莫大鼓舞和极大鞭策，是我们山东农科院的骄傲和自豪。现将相关情况通报如下：

**一、习近平总书记视察山东的有关情况**

11 月 24 日至 28 日，中共中央总书记、国家主席、中央军委主席习近平在省委书记姜异康和省长郭树清陪同下，到青岛、临沂、济宁、菏泽、济南等地，深入革命老区、企业、科研院所、文化机构等，考察经济社会发展情况，推动党的十八届三中全会精神学习贯彻。

25 日上午，习近平来到华东革命烈士陵园，向革命烈士纪念塔敬献花篮，参观沂蒙精神展，听取沂蒙地区革命战争历史介绍，并会见了当地先进模范和当年支前模范后代代表。

习近平说，沂蒙精神与延安精神、井冈山精神、西柏坡精神一样，是党和国家的宝贵精神财富，要不断结合新的时代条件发扬光大。

在临沂金兰物流基地，习近平视察了物流信息中心，考察物流运输企业。他同管理人员和装卸工亲切交谈，详细了解物流业运行过程和成本效益，问他们还有哪些问题需要政府帮助解决。习近平指出，物流业一头连着生产、一头连着消费，在市场经济中的地位越来越凸显。要加快物流标准化信息化建设，提高流通效率，推动物流业健康发展。

25 日下午，习近平来到临沭县曹庄镇朱村，观看这个抗战初期就建立党组织的支前模范村村史展，了解革命老区群众生产生活。在 83 岁的“老支前”王克昌家中，他挨个房间察看，并坐下来同一家人拉家常，关切询问家里有几亩地、搞柳编能挣多少钱、有什么困难？听老人说家里的生活有了改善，习近平很高兴。他强调，生活一天比一天好，但我们不能忘记历史，不能忘记那些为新中国诞生而浴血奋战的烈士英雄，不能忘记为革命做出重大贡献的老区人民。习近平叮嘱当地干部，让老区人民过上好日子，是我们党的庄严承诺，各级党委和政府要继续加大对革命老区的支持，形成促进革命老区加快发展的强大合力。

随后，习近平又来到位于济宁的山东如意科技集团有限公司，听产品介绍、看生产车间，了解企业生产经营。他指出，企业是创新主体，掌握了一流技术，传统产业也可以变为朝阳产业；要深入实施以质取胜和市场多元化战略，支持有条件的企业全球布局产业链，加快形成出口竞争新优势，提高抵御风险能力。

26 日上午，习近平来到曲阜孔府和孔子研究院参观考察，并同有关专家学者座谈。

在听取大家关于中华传统优秀文化研究的情况介绍后，习近平强调，一个国家、一个民族的强盛，总是以文化兴盛为支撑的，中华民族伟大复兴需要以中华文化发展繁荣为条件。对历史文化特别是先人传承下来的道德规范，要坚持古为今用、推陈出新，有鉴别地加以对待，有扬弃地予以继承。习近平指出，国无德不兴，人无德不立。必须加强全社会的思想道德建设，激发人们形成善良的道德意愿、道德情感，培育正确的道德判断和道德责任，提高道德实践能力，尤其是自觉践行能力，引导人们向往和追求讲道德、尊道德、守道德的生活，形成向上的力量、向善的力量。只要中华民族一代接着一代追求美好崇高的道德境界，我们的民族就永远充满希望。

26 日下午，习近平在菏泽市调研，考察了尧舜牡丹产业园，对菏泽发展牡丹产业、探索牡丹加工增值、带动农民增收致富的情况进行了具体了解。随后，习近平专门同菏泽市及其县区的主要负责同志座谈，共同探讨扶贫开发和加快发展的良策。习近平指出，一个地方的发展，关键在于找准路子、突出特色。欠发达地区抓发展，更要立足资源禀赋和产业基础，做好特色文章，实现差异竞争、错位发展。欠发达地区和发达地区一样，都要努力转变发展方式，着力提高发展质量和效益，不能“捡进篮子都是菜”。抓扶贫开发要紧紧扭住增加农民收入这个中心任务、健全农村基本公共服务体系这个基本保障、提高农村义务教育水平这个治本之策，突出重点，上下联动，综合施策。

27 日下午，习近平来到济南市外来务工人员综合服务中心，了解当地政府为外来务工人员提供一揽子服务、帮助农民工融入城市等情况。他同窗口单位工作人员和前来办事的农民工亲切交谈，了解为农民工的服务有哪些项目，农民工工作稳不稳定、收入是不是在增长、有没有自己的房子住、孩子上学问题解决得怎么样，叮嘱当地干部把涉及农民工的政策落实好，并在实践中不断完善。习近平对从事家政服务的“阳光大姐”说，家政服务大有可为，要坚持诚信为本，提高职业化水平，做到与人方便、自己方便。

围绕贯彻党的十八届三中全会精神做好“三农”工作，是习近平此次调研的重要内容。27 日下午，他来到我院，视察蔬菜花卉所智能化温室和信息所承建的省农村农业信息化综合服务平台，了解依靠科技创新促进农业发展和农民增收的情况，随后召开座谈会，听取农业科研机构、农业行政部门、基层干部等有关人员对“三农”工作的意见和建议。

调研期间，习近平听取了山东省委和省政府工作汇报，对山东近年来的工作给予肯定，希望山东认真学习贯彻党的十八届三中全会精神，锐意改革，敢创新路，坚决打好转方式调结构攻坚战，切实做好保障和改善民生、创新社会管理这篇大文章，努力在推动科学发展、全面建成小康社会历史进程中走在前列。

习近平指出，党的十八届三中全会已经胜利闭幕，军令状已经下达，集合号已经吹响。一分部署，九分落实。改革蓝图有了，现在的关键是把蓝图一步步变为现实。学习贯彻党的十八届三中全会精神，重点是坚定信心、凝聚共识、落到实处。

习近平强调，改革开放使我国以世所罕见的速度发展起来了，但改革开放只有进行时，没有完成时。解决我国发展面临的难题，不深化改革不行，深化改革力度小了也不行。全党同志对把改革蓝图变成现实要有信心。无论遇到什么困难，无论出现什么干扰，都要坚定不移推进改革。

习近平指出，学习贯彻党的十八届三中全会精神，必须凝聚共识，使全党全社会都理解改革、支持改革、参与改革。宣讲全会精神，要联系实际、研机析理、解疑释惑，引导干部群众全面准确地把握各项改革举措，不要盲人摸象、以偏概全，不要不明就里、大而化之。

习近平强调，行动最有说服力。学习贯彻党的十八届三中全会精神，重在结合实际，抓好中央重大改革措施的细化和落实。要正确推进改革，坚持改革是社会主义制度自我完善和发展。要准确推进改革，认真执行中央要求，不要事情还没弄明白就盲目推进。要有序推进改革，该中央统一部署的不要抢跑，该尽早推进的不要拖宕，该试点的不要仓促推开，该深入研究后再推进的不要急于求成，该得到法律授权的不要超前推进。要协调推进改革，注重改革的关联性和耦合性，把握全局，力争最大综合效益。要善于把自觉维护中央大政方针的统一性、严肃性和因地制宜、充分发挥主观能动性结合起来。任务一经确定，就要一步一个脚印、稳扎稳打向前走，积小胜为大胜，积跬步致千里。

习近平强调指出，全面深化改革任务艰巨、矛盾繁多，对党的执政能力和领导水平是一个新的考验。党的建设各项工作，都要紧紧围绕全面深化改革来定任务、添措施、建机制，都要用保证和促进全面深化改革的实际成效来检验。各级领导干部要着眼于领导好全面深化改革这场攻坚战，加强学习和实践，努力提高思想政治能力、动员组织能力、驾驭复杂矛盾能力，做到信心坚定、行动坚决，科学推进、勇于担当。要时时处处为群众作示范、当表率，让群众跟着来、一起干，不断增强人民群众投身改革的积极性和主动性。

王沪宁、栗战书和中央有关部门负责同志陪同考察。

**二、习近平总书记视察我院情况及重要指示精神**

11 月 27 日下午 4 点 12 分，习近平总书记在省委书记姜异康、省长郭树清等领导的陪同下来我院视察。我和万院长在蔬菜花卉所智能化温室南门等候迎接。

习近平总书记下车后，和我们同志亲切握手。在进往温室的通道中，通过三张展板和部分实物展陈了我院主要科研成果。展板中介绍了我院的基本情况，包括科研、推广、人才、平台建设等内容，还图文介绍了泰山一号、鲁棉一号、济麦 22 等功勋品种。实物展区布置了我院选育的作物、蔬菜、水果、畜禽等品种及在食品安全、生态安全方面所取得的科研成果。我在简单介绍我院历史和基本情况之后，着重汇报了我院服务“三农”取得的成果、品种优势，历史上的功勋品种，以及现在主推的小麦、玉米、棉花、花生、蔬菜等品种。在听取鲁棉一号情况时，总书记称赞说鲁棉一号名声远扬。当听到济麦系列小麦在全国屡创纪录，推广达到 3.5 亿亩时，总书记点头并称赞。

在实物展区，总书记饶有兴趣地仔细观看我院培育的粮、棉、油、菜、果等作物品种，他拿起我们培育的棉花，看到棉花有那么多棉桃，非常高兴。我汇报了“鲁棉研”系列棉花的科研情况。总书记对高油酸的花生很感兴趣，详细进行了询问。在看到鲁单 9066 适合机收、符合现代农业发展趋势时，他频频点头。总书记非常关心我们利用秸秆培育蘑菇的技术，仔细查看各种蘑菇品种，还拿起了谷子、大葱、石榴等品种仔细观看。他拿起泰山红石榴边看边开玩笑问，是染的吗，怎么这么红？我说，是天然的，我们的石榴不但皮红，心里也红。总书记会心地笑了。总书记还非常关注缓控释肥、生态安全、农产品安全和检测、生物防控等问题，仔细询问科研进展情况，还查看了我院培育的鲁西黑头肉羊、鲁禽 1 号、3 号麻鸡的标本。

参观完科技成果展区，总书记关心地询问我们单位属于什么性质？在全国处于什么位置？我都一一向总书记做了汇报。在说到我们单位在全国的排名时，农业部部长韩长赋向总书记汇报说，他们在全国排名是靠前的。

进入蔬菜智能化温室，蔬菜花卉所所长刘开昌在门口迎接，并向总书记介绍了智能化温室的功能。在设施蔬菜高效栽培模式试验区，省现代农业产业技术体系蔬菜首席专家王淑芬，向总书记汇报了无土栽培等科研情况。在介绍到水培模式的节肥节水、产品清洁安全和栽培茬次与产出高的时候，总书记详细询问了无土栽培蔬菜需要的时间、成本、产值等情况。总书记又来到新品种展示区，查看了大白菜、萝卜、番茄、黄瓜等新品种。在一株已经挂了好几穗果的番茄前，总书记询问这个品种有什么优点，口感如何。王淑芬回答，这个品种耐低温、弱光，而且适合中国人的口味。在离开温室的时候，总书记询问我们的蔬菜与寿光有没有联系。刘开昌所长回答说，有联系，而且联系非常密切。总书记要求我们要多帮帮他们。

离开温室大棚，我和万书波院长陪同总书记来到信息所承建的省农村农业信息化综合服务平台。信息所所长阮怀军在综合服务平台演示大厅迎接。总书记首先与参加汇报演示的工作人员一一亲切握手，随后详细听取了山东省农村农业信息化综合服务平台情况介绍。阮怀军向总书记汇报了平台的作用、主要版块、服务功能、服务手段、服务效果等，总书记询问了平台热线服务是否免费、产业信息服务系统建设是否包括海洋水产、智慧农业系统应用等相关情况。接着，由山东国家农村农业信息化示范省首席专家、中国农业大学教授李道亮演示了远程控制系统，利用物联网技术远程监测海水养殖生产现场实时数据，并通过电脑和手机远程控制水池增氧机设备。随后我院小麦专家王法宏研究员通过远程视频系统，解答了聊城市东阿县刘集镇前苫山村村民提出的小麦冬季管理问题。在听完王法宏研究员的解答后，习总书记意犹未尽，又把他叫到身边进一步询问。在演播厅活动结束向门口走去的时候，总书记又问王法宏：是不是经常去农村。王法宏汇报说，一年有一半的时间在农村。听到这里后，总书记表扬说很好，之后与工作人员一一握手后离开。

习总书记 16 时 52 分离开演示大厅，到我院创新大楼三楼会议室召开座谈会。我、万院长、我院小麦育种专家赵振东研究员，省科技厅厅长刘为民，农业厅厅长王金宝，海洋渔业厅厅长王守信，济南市济阳县曲堤镇党委书记白宝强，章丘市农业局植保站站长胡延萍，山东布莱凯特黑牛科技股份有限公司董事长董雅娟共 9 人参加了座谈。我第一个做了汇报发言，主要围绕加大调整学科力度，提升自主创新能力；转变创新方式，强化协同创新；创新科技服务方式，增强服务“三农”能力；推进内部机制改革，提升科技创新活力等四个方面进行了汇报。在汇报中，习总书记不时插话，询问协同创新的情况，知识产权的问题。我都分别如实作了回答。总书记对我们的工作给予了肯定，并指出要把我们下面的研究所办出特色。

座谈会上，习近平总书记发表了 40 多分钟的重要讲话。讲话主要内容如下：

**第一，手中有粮，心中不慌。农业首要任务是粮食安全，我国现在单产达 438 公斤，用 10% 耕地养活了世界 1/4 人口，不容易。今年又实现粮食十连增，达到 1.2 万亿斤，稳居世界第一，为国家稳定发展提供了重要物质基础。因此，我们不能靠别的国家养活，世界粮食贸易总额还不足我们需要的 10%，所以长期立足于自己供给，是我们永恒的课题。饥荒时，有钱也买不到粮食。农业丰收时间越长，压力越大。农产品结构属于紧平衡，宽平衡也不行，棉花靠外面，还有大豆，供给不足，牛羊肉水产靠补充，我们农产品发展要提高自给率，在提高农业综合生产能力上下功夫。**

**第二，要给农业插上科技的翅膀。解决中国农业问题，科技进步是出路。我们祖先就重视精耕细作，近年来人口压力增大、土地紧缺、耕地面积减少、劳动力数量质量下降，农业发展要内涵发展为主，因为土地开发已到极限，许多还要退耕，我们不像国外资源那样丰富，不可能再外延发展，只能走内涵式发展。内涵式发展要靠科技，当前我国农业科技贡献率达 50% 以上，与发达国家相比仍有差距，我们必须比以往任何时候都更加重视和依靠农业科技进步，走内涵式发展道路。矛盾和问题是科技创新的导向。要适时调整农业技术进步路线，加强农业科技人才队伍建设，培养新型职业农民。当前，解决好“三农”问题，根本在于深化改革，走中国特色现代化农业道路。重点要以解决好地怎么种为导向，加快构建新型农业经营体系；以解决好地少水缺的资源环境约束为导向，深入推进农业发展方式转变；以满足吃得好吃得安全为导向，大力发展优质安全农产品。要按照增产增效并重、良种良法配套、农机农艺结合、生产生态协调的原则，促进农业技术集成化、劳动过程机械化、生产经营信息化、安全环保法治化，加快构建适应高产、优质、高效、生态、安全农业发展要求的技术体系。**

**第三，小康不小康，关键看老乡。这些年来，农民收入持续增长，尤其这三年增长幅度高于城镇居民收入增长幅度，但增收致富奔小康任务依然艰巨，不能简单看平均数，贫困人口还相当多，要多方发力促进农民增收。在推进城乡一体化建设过程中，也要搞好新农村建设，消除城乡差距。**

座谈会进行到 18 点 30 分结束，在总书记离开创新中心大楼上车时，我代表全院职工对总书记表示感谢，总书记高兴地说，你们干得很好！这是对我们莫大的鼓舞和极大的鞭策。

三、个人体会

全程陪同总书记视察我院并参加座谈会，感到莫大的荣耀，得到极大的鞭策，也受到切身的教育，对习总书记的品格、思想和作风留下了深刻印象。

（一）印象。

1. 领袖风范，平民心结。作为大国领袖，习总书记大气稳重，言语不多、掷地有声，始终胸怀党和国家的大业、民族的振兴，对事关全局的农业发展问题给予高度重视，尤其是对粮食安全忧心忡忡，表现出强烈的国家、民族责任感。但另一方面，作为一个从基层上来的领袖，心里平民心结很重，时刻想着普通老百姓。问品种技术时，首先问对农民有无利处，实用不实用，符不符合农民的心愿。谈起话来，也始终用平民的角度而没有居高临下的感觉。

2. 平易近人，思想深邃。从整个陪同过程看，习总书记平易近人，使我们没有半点紧张，谈话自然平实，有时还很诙谐，让你感到有朋友的感觉。视察过程中他从来没有说过大道理和套话，但朴实的语言还透露着他深邃的思想，比如说到寿光蔬菜时，他希望我们多帮帮他们；他谈到粮食安全时，要求我们把饭碗端在自己手里；谈到科技时，要让农业插上科技的翅膀等等，语言通俗平实，但都透出很深的哲理和思想。

3. 高瞻远瞩，专业准确。在视察和座谈过程中，总书记发表的指示、讲话，都是站到历史和现实的高度来审视农业、粮食安全、农民增收、农业科技等问题，眼光超前，深谋远虑。同时，对农业和农业科技工作有很专业和精准的论述，比如：提出的“三个导向”等都很准确、专业，让我们感到非常到位。

（二）启示。

1. 农业科技地位重要、任重道远。这次中央选择我院视察并在此召开座谈会，首先表明农业的重要、农业科技的重要。从另一个侧面也说明，我们农业科技工作还有差距，还需要加强，任务还非常艰巨，需要不断提升科技对农业发展的支撑能力。

2. 机遇是用平时扎实工作和充分准备换来的。这次总书记来我院视察，首先是省委、省政府对我院的关怀和厚爱，其次也是对我们工作的肯定和信任。这种肯定和信任是我们农科院人多年以来不断奋斗、不断取得成果和业绩奠定的，也是今年我们院庆增加了科技显示度，有了较好准备得来的。所以我们只要付出就有收获，扎实工作是一切收获的前提。

3. 要正视差距，保持谦虚，承担起我院的历史责任。这次习近平总书记来我院无疑为我们带来了莫大的荣誉和宝贵的财富，特别是在我院创建110周年之际，又一位国家领袖视察，为我院历史增光添彩，值得骄傲和自豪。但是我们也要保持清醒的头脑，习总书记来并不代表我们的工作就做得很好，主要是中央、省委对我们的关怀，是对农业科技的重视，我们要多宣传这些，而不能沾沾自喜，要谦虚低调，要倍感压力，要看到我们离总书记的期望和要求还有很大的差距，还需要增加使命感，埋头苦干，再创佳绩，才能不辜负总书记对我们的殷切希望，才无愧于习近平总书记视察的唯一农科院的崇高荣誉。

习近平总书记来我院视察，全体干部职工都能以大局为重，服从院里的一切安排要求，表现出较高的政治水平和思想素质。参与筹备的各有关单位、部门和人员，尤其是直接参与承担接待任务的院办公室、科研处、行政保卫处、蔬菜所、信息所等部门单位，更是以高度的责任心，以精益求精、一丝不苟的精神，圆满完成此项任务，经受住了考验，为我院争得了荣誉，为山东添了彩，值得表扬。我代表院党委和院行政对全院职工表示衷心的感谢！

**四、关于我院贯彻落实习近平总书记重要指示精神的意见**

习近平总书记来我院视察并作重要指示，对我院的长远发展、科学发展、根本发展具有重大指导意义，全院上下要认真学习、深刻领会，现就贯彻落实研究提出以下意见：

（一）深刻认识习近平总书记视察我院的重大意义，切实增强使命感和责任感。

习近平总书记在山东调研期间，将我院作为调研的重点，并在我院召开座谈会作出重要指示，充分体现了党和国家对农业和农业科技工作的高度重视，充分体现了对农业科研院所的关心，充分体现了对农业科技工作者的殷切期望，是我院宝贵的精神财富，也是对我院全体干部职工的莫大鼓舞和极大鞭策。总书记的重要指示全面系统、深刻透彻，具有很强的针对性、思想性和指导性，为我们当前和今后工作指明了方向。全院干部职工要把总书记的亲切关怀转化为推动工作的强大动力，进一步增强农业科研工作的责任感、使命感与紧迫感，以更加坚决的态度、更加奋发有为的精神、更加自觉的行动、更加有力的举措、更加科学的方法，加倍努力工作，为农业现代化多做贡献，不辜负总书记的期望。

（二）认真学习领会总书记重要指示精神的丰富内涵。

习近平总书记在我院视察讲话内涵丰富、观点鲜明、论述精辟、富有创新，全院干部职工要认真学习领会，在深刻理解上狠下功夫，真正把握精神实质。

一要深刻领会粮食安全是永恒课题的重要论述。农业的首要任务是粮食安全，我国用10%耕地养活了世界1/4人口，今年又实现粮食十连增，达到1.2万亿斤，稳居世界第一，为国家稳定发展提供了重要物质基础。但农业丰收时间越长，压力越大，目前我国农产品结构属于紧平衡状态，世界粮食贸易总额还不足我们需要的10%，我们不能靠别的国家养活。手中有粮心中不慌，饥荒时有钱也买不到粮食。因此长期立足于自己供给是我们永恒的课题。农产品发展要提高自给率，在提高农业综合生产能力上下功夫。

二要深刻领会农业要走内涵式发展道路必须依靠科技进步的重要论述。解决中国农业问题，科技进步是出路。近年来我国人口压力增大、土地紧缺、耕地面积减少、劳动力数量质量下降，土地开发已到极限，许多还要退耕，我们不像国外资源那样丰富，不可能再外延发展，只能走内涵式发展。当前我国农业科技贡献率达50%以上，与发达国家相比仍有差距，我们必须比以往任何时候都更加重视和依靠农业科技进步，要给农业插上科技的翅膀，按照增产增效并重、良种良法配套、农机农艺结合、生产生态协调的原则，促进农业技术集成化、劳动过程机械化、生产经营信息化、安全环保法治化，加快构建适应高产、优质、高效、生态、安全农业发展要求的技术体系。

三要深刻领会矛盾和问题是科技创新导向的重要论述。我国已进入加快改造传统农业向有中国特色现代化农业转变的关键时期，确保国家粮食安全、生态安全、食品安全、农民增收和农业可持续发展，是当前农业科技创新面临的主要问题。我们要根据矛盾和形势的发展，适时调整农业技术进步路线，明确农业科技创新方向，突出农业科技创新重点，为农业现代化建设提供有力支撑。

四要深刻领会解决“三农”问题根本在于深化改革的重要论述。当前，解决好“三农”问题，根本在于深化改革，走中国特色现代化农业道路。重点要以解决好地怎么种为导向，加快构建新型农业经营体系；以解决好地少水缺的资源环境约束为导向，深入推进农业发展方式转变；以满足吃得好吃得安全为导向，大力发展优质安全农产品。

（三）迅速掀起学习贯彻习近平总书记重要指示的热潮。

学习宣传贯彻总书记重要指示精神，是我院当前和今后一个时期的重要政治任务，也是我们做好今后工作的重要保障。各级党组织要以高度的政治责任感，把学习贯彻总书记重要指示精神摆在突出位置，加强组织领导，精心周密安排，用指示精神统一大家思想，在全院迅速掀起学习宣传贯彻的高潮。一要坚持领导带头学习。各级领导干部尤其是主要领导干部要率先垂范，努力学深学透，用指示精神统一思想、指导实践、推动工作。要深入实际、深入群众，指导学习贯彻工作有序进行。要采取有力措施，组织引导干部职工全面、准确地领会和掌握其中的精神实质。二要广泛宣传，营造浓厚学习氛围。各单位要利用多种形式和手段，全方位、多角度地宣传总书记重要指示精神，形成学习贯彻的强大舆论声势。要通过院网站、工作简报等及时反映各单位学习贯彻情况。三要紧密联系实际，抓好贯彻落实。各单位要结合单位实际，精心组织、统筹安排学习活动，抓好贯彻落实，把学习热潮变成推动工作的强大动力。院办公室要及时了解和掌握贯彻落实情况，确保学习贯彻落到实处、见到实效。

（四）以习近平总书记重要指示精神为指引，全面推进我院改革发展。

总书记对农业和农业科研工作的重要指示，为我院今后工作指明了努力方向。我们要深刻领会，与贯彻党的十八届三中全会精神结合起来，扎实推进全院各项工作科学发展。

一要进一步提升对现代农业的科技支撑能力。要结合现代农业发展方向，优化学科布局。以主导农产品和共性关键技术为核心，充分利用生物技术、信息技术等，进一步做大做强传统优势学科；以适应农业转方式、调结构的现实要求，扶持发展食品安全、生态安全等新兴学科。要转变创新方式，强化协同创新能力。加强与高校、科研院所、企业及国外科研机构的合作攻关，切实提高创新的水平和质量。要结合《强院建设提升工程规划》编制，科学提出发展目标和任务，确保在新起点上实现新发展。

二要进一步强化服务“三农”的能力。要围绕山东重大发展战略需求，搞好对接服务，为高产创建、现代农业示范区建设、农业十大产业振兴规划实施提供品种和技术支撑。要利用我院搭建的农村专业合作组织、家庭农场科技联谊会，把成果转化做到田间地头，进一步提高科技创新效率和农业科技贡献率。要进一步创新科技服务方式，探索科技成果、品种转化的市场机制，推进成果的资本化、产业化。要继续利用好农村农业信息化服务平台，为广大农民提供服务。

三要进一步激发科技创新的内部活力。要加快推进内部机制改革，以调动科技人员科技创新服务积极性为目标，改革科技人员管理考评方式，建立科学的竞争激励制度，激发创新活力。要结合群众路线教育实践活动整改和建章立制，出台新的科技奖励制度和科研项目管理制度，提高全院科技管理水平。

让我们更加紧密地团结在以习近平同志为总书记的党中央周围，以总书记视察我院为契机，站在新的历史起点，以更加奋发有为的精神，深入学习贯彻党的十八届三中全会、习近平总书记系列重要讲话和视察我院重要指示精神，求真务实，开拓进取，努力开创我院工作新局面。

# 万书波同志在学习贯彻习近平总书记视察我院重要指示精神暨院党委理论中心组学习扩大会议上的讲话

（2013 年 12 月 3 日）

同志们：

昨天我们召开会议传达了习近平总书记来我院视察情况和重要指示精神，周书记就学习贯彻党的十八届三中全会精神给大家作了精彩报告，也是一次党课，而且大家对强院建设提升工程规划进行了讨论研究，提出了很好的意见和建议。在我院创建 110 周年的这个节点上，总书记来我院视察意义重大、影响深远，这是我院弥足珍贵的精神财富，我们一定要将总书记视察激发的高涨热情转化为推动工作的强大动力，以更加奋发有为的精神干事创业，为现代农业产业发展做出新的更大贡献。下面，我向大家通报一下 2013 年主要工作进展情况，并对年底前各项工作作一下安排部署。

**一、2013 年主要工作进展情况**

2013 年是我院创建 110 周年，也是我院发展史上极其重要的一年。年初我院印发了全院工作要点分工方案，年中根据工作需要，进行了适当调整，进一步明确了责任分工。一年来，在省委、省政府的正确领导下，各部门、各单位求真务实、真抓实干，扎实推进农业科技强院建设，各项事业发展都取得了显著成效。这次会议不是进行年终总结，不是面面俱到，主要是对重点工作进展情况的一次调度。

*一是重大成果培育成效显著。*主持完成的“高产高油酸花生种质创制和新品种培育”和“滨海盐碱地棉花丰产栽培技术体系的创建与应用”2 项成果分别通过了国家技术发明二等奖和国家科技进步二等奖的评审，现已公示完毕。获得省科技进步一等奖 2 项、二等奖 11 项，三等奖 2 项。

*二是人才培养工作实现突破。*赵振东同志通过了中国工程院院士申报的评审答辩，正在公示期。山东大学农学院自主设置二级学科点方案获批，批准设立作物生物学、畜禽生物学两个学科点。我院博士后科研工作站取得了独立招收资格。

*三是试验地建设取得重大进展。*在积极努力下，济阳试验示范基地获得了省发改委立项批复，完成了地块移交，签订了《基地土地使用合同》，并安排了部分作物试验。实现了海南南繁基地的土地换租，改善了试验条件。

*四是对接“三个十”行动扎实开展。*围绕全省农业发展需求，我院提出的对接“三个十”行动，得到分管省领导的重视和肯定。现已落实了小麦、玉米、水稻、花生、棉花、大豆、马铃薯等十个高产创建万亩方，今年对接的陵县夏玉米高产示范方，种植我院玉米品种鲁单 818 和鲁单 9066，通过良种良法集成，大面积示范平均亩产 839.63 公斤，比一般大田增产 8.36%，亩节本增效 200 多元。

*五是种业集团实现了顺利运营。*完成了种业集团注资到 1.5 亿元的增资工作，完成了对鲁研公司的投资和对奥克斯公司的投资复评，论证并组织实施了 3000 万元的种业集团

科技研发和运行补助项目。种业集团被评为济南市农业产业化龙头企业。

六是科技产业化拓宽了路径。我院与中种集团签订了战略合作协议，约定共建国家小麦分子育种中心，签订了中种集团、现代农业发展基金对鲁研公司投资的协议或意向书。

七是成立了全国首个省级农业灾害预警与应急专家服务团。遴选省市农科院 80 多名专家组成 5 个专家组，深入生产一线，开展农业灾害预测预警、抗灾救灾等工作，科技支撑农业防灾减灾。

八是成立了山东省农业科研院所科技协作委员会。由我院牵头，联合省农机研究院和济南市农科院等 18 家地市农科院共同组建，也是我院科技咨询委员会。制定了山东农业科研院所科技合作方案，并召开了对接会，构建了全方位、多层次、实质性的科技合作格局。

九是启动了农业高层次论坛——舜耕论坛。与山东省科协、山东农学会联合举办，搭建了政府部门、农科教单位和企业之间的交流合作平台，力争打造成农业学术交流精品。邀请原农业部副部长万宝瑞、中央党校研究室巡视员曾业松进行了开讲第一课。

十是“财务管理提升”活动取得了扎实成效。自去年年底以来，我院组织开展了“财务管理提升”活动 ，得到了省财政厅的认可和肯定，组织了全院财务人员业务培训，全面提升了我院财务管理水平。

十一是切实解决了一些民生问题。门诊所被列为省直医保定点医疗机构。完成了一次性住房资金补偿挂账工作。无房职工一次性住房补偿工作进展顺利。职工子女上小学问题已初步解决，我院职工子女可顺利到工北二小上小学。

十二是认真搞好了 110 周年院庆活动。突出公益院庆、学术院庆、文化院庆、和谐院庆四大主题，举办了一系列活动，把院庆办到了田间地头，让成果惠及了千家万户，并建成了科技展览馆、编印了 110 年画册、拍摄了院形象宣传片。院庆期间组织召开了中国农业科技管理研究会领导科学工作委员会 2013 年年会、国际石榴大会以及省直机关“第一书记”、家庭农场、农民专业合作社科技对接会。全国政协副主席罗富和来我院视察，并对我院工作给予了肯定，省政府参事室、省委政研室、山东农业大学等单位来我院调研交流，营造了浓厚的院庆氛围。

十三是扎实开展了教育实践活动。我院是第一批教育实践活动单位，也是赵润田副省长教育实践活动的联系点，对开展好活动高度重视，认真组织安排。目前学习教育、听取意见和查摆问题、开展批评环节的工作基本完成，通过广泛征求意见，梳理汇总出各类问题 131 项，现已形成整改落实方案、专项治理方案上报省委督导组。通过开展活动，切实达到了改进作风、促进工作的目的。

另外，内部管理和保障能力不断提升，机构编制清理规范工作圆满完成，正着手准备开展院机关及院属单位的清理规范工作。一期土地拍卖资金 4.5 亿元已经到位，争取到财政资金 3.49 亿元，为事业发展提供了资金保障。老干部工作扎实开展，纪检和审计监督工作不断强化。全院呈现出和谐稳定、风清气正的良好发展局面。

## 二、扎实做好年底前的各项工作

目前距春节还有不到两个月时间，各项工作头绪多、任务重，大家一刻也不能放松，对已经完成的工作要全面总结，对还没完成的工作要抓紧完成，对以后的工作要积极谋划。下面就做好当前各项工作，我再讲以下几点：

*一是深入贯彻落实总书记来我院视察时的重要指示精神*。习近平总书记来我院视察时指出，解决好“三农”问题，要围绕“三个导向”，即以解决好地怎么种为导向，加快构建新型农业经营体系；以解决好地少水缺的资源环境约束为导向，深入推进农业发展方式转变；以满足吃得好吃得安全为导向，大力发展优质安全农产品，并强调要给农业插上科技的翅膀，“农业出路在现代化，农业现代化关键在科技进步。我们必须比以往任何时候都更加重视和依靠农业科技进步，走内涵式发展道路。矛盾和问题是科技创新的导向。要适时调整农业技术进步路线，加强农业科技人才队伍建设，培养新型职业农民”。同时，总书记要求我们在科研创新上体现地域特色和差异性，这为我们的事业发展指明了努力方向，并提出了新的更高要求。下一步我院要深入贯彻、认真领会总书记指示精神，内化于心、外化于行，着力在保障粮食安全、生态安全和食品安全，促进农业发展方式转变，服务新型经营体系发展，支持山东特色农产品及其产业发展等方面，强化科技创新和转化服务，按照增产增效并重、良种良法配套、农机农艺结合、生产生态协调的原则，研发一批新品种、新技术，着力解决制约现代农业发展的关键共性问题，支撑现代农业实现内涵式发展，不断提高我省的农业科技贡献率。

*二是筹备组织好2014年全院工作会议*。时至年底，是筹备召开全院工作会议，总结好当前工作，谋划好明年思路的关键时期。结合教育实践活动的整改落实，院领导、各处室要认真开展好工作调研。11月份我们下发了集中开展工作调研的通知，院领导要深入下去，结合分管工作，在院内外开展工作调研，摸清事业发展底数，找准工作差距，并形成书面材料，在12月20日前提交院办公室调研科。各单位要认真总结好2013年的工作，对已经完成的工作做好梳理提炼，对还没有完成的工作，年底前要抓紧推进，争取有大的进展。同时，要提出2014年的工作思路和目标，这点很关键，要敢于给自己定几个硬指标，舍得给自己加加压，把潜力激发出来，都用在干事创业上。各单位总结材料提交时间和要求，院办公室将专门下发通知。工作会议之前，组织召开全院老干部情况通报会，通报2013年工作情况和强院建设提升工程规划编制情况，征求老领导、老专家的意见建议。

*三是切实抓好规划编制和论证工作*。昨天对强院建设提升工程规划大家进行了认真讨论，今天上午各小组都提出了很好的修改意见和建议，规划编制小组要认真吸纳，进一步修改完善，确保规划具有前瞻性、科学性和可操作性。年底前将邀请专家对规划进行论证，使之成为当前至2020年指导我院事业发展的纲领性文件。同时对我院土地拍卖资金的使用情况进行论证，确保支出科学合理。本次规划中专门对实现强所提升有明确要求，各单位要根据强院建设提升规划中的要求，结合本行业、本领域的形势新变化、新特点，谋划提出本单位到2020年的强所建设提升工程规划。

*四是积极推进试验地建设工作*。今年以来，新试验地购置领导小组做了大量的工作，下一步要根据立项批复内容，尽快进入土地征用手续的办理程序，进一步修订完善基地修建性详细规划，既要满足高标准、高水平的要求，又要分区合理、方便实用，满足试验需

求，年底前要拿出规划方案。完成围墙招标，启动围墙建设工作。切实做好南繁基地新换租试验地围墙建设和因“海燕”台风损毁的设施维修工作。

*五是抓好重大项目成果的争取和落实。*科研处要配合各单位，紧密跟踪有关部委和我省有关部门的科研政策动态，紧张有序地做好项目和成果申报工作，该落实的项目一定要落实下来，能争取的要创造条件都争取到，确保今年的立项和成果双丰收，同时做好明年项目争取的筹备工作。另外，各单位要加快预算执行进度，按照省财政要求，压减结余结转资金。小麦玉米国家工程实验室要加快建设进度，年底前完成仪器设备购置工作。各建设类项目要使用好配套资金，尽快完成建设任务，确保该验收的顺利验收。

*六是做好重大平台的申报立项。*做好与中种集团共建国家小麦分子育种中心、与寿光合作建设国家设施蔬菜工程技术研究中心的准备工作，年底前向有关部委进行汇报，确保落到实处。财计处、科研处要配合做好作物分子设计育种研究中心、畜禽重大疫病防控与健康养殖研究中心、农产品综合利用与农业信息化研究中心 3 个平台的立项申报工作，年底前就项目立项工作上报省发改委。

*七是加强与分院的合作。*从山东省农业科研院所科技协作委员会成立以来，各研究所积极与分院对接，但是目前存在散、乱现象，年底前召开座谈会，对与分院合作、农业科研院所科技协作网建设进行部署安排，统一步调、有效对接，形成“一盘棋”。

*八是加快推进山大农学院工作。*积极与山东大学对接，年底前完成共建山东大学农学院补充协议的会签工作。研究生教育中心要认真做好当前研究生的管理工作，研究生公寓建设目前施工企业已经确定，要尽快进驻施工，力争明年上半年投入使用。

*九是扎实做好安全保卫工作。*虽然通过组织这次接待任务，对创新大楼的安全和消防工作进行了梳理整治，但也暴露出一些亟须规范提升的问题。关于核心区院落和创新大楼安全管理问题我再强调一下，安全生产责任重大，怎么强调也不过分，大家一定要绷紧这根弦。对核心区和办公楼要实行 24 小时监控和外围巡查联动管理，实行大门、院落、办公楼三级安全统一管理，为科研、办公提供良好的后勤保障。春节前，分管领导要组织行政处、保卫处专门组织一次全院范围的安全生产专项治理，全面摸底排查、严肃纪律、排查隐患、不留死角。要畅通群众利益诉求渠道，把工作做深、做细、做实，努力将矛盾和问题消除在萌芽状态，确保不出现任何安全问题，全力维护我院和谐稳定局面。同时，要根据省财政厅的统一部署，切实完成好无房职工一次性住房补偿试点工作。

*十是认真开展送温暖活动。*按照中央和我省的部署要求，结合教育实践活动实施，深入基层、深入群众，解决好困难职工的实际问题。切实做好老复员军人、军烈属等重点优抚对象和劳动模范、先进工作者及离退休老专家、老同志的走访慰问工作。发挥院所领导联系专家制度的作用，探索建立送温暖长效机制，充分用好各项社会保障制度，帮助我院困难职工家庭落实救济政策。

*十一是切实抓好整改落实、建章立制工作。*当前，我院教育实践活动进入了整改落实、建章立制环节，做好此环节的各项工作，对确保整个活动成效具有重要意义。各单位根据整改落实方案的时间表要求，切实进行整改，整改不要急于求成、一步到位，先急后缓确

保实效。建章立制是本次活动的重要内容，各单位要高度重视制度建设工作，推进内部管理实现科学化、规范化。目前院里已经梳理出了需要新建、修订和废止的制度，各部门要根据分工，尽快形成制度讨论稿，提交会议研究。

十二是开展好“慵懒散”专项治理活动，正风肃纪，转变工作作风，提高工作效率。特别强调一下，年关将至，各级领导干部要严格遵守八项规定和省委实施办法，以及其他党风廉政建设规定，看好自己的门，管好自己的人，自觉做到清正廉洁，确保不出现任何问题，纪检监察和审计部门要搞好监督检查。

同志们，距离年底还不到两个月，时间紧、任务重，大家一定要以贯彻落实习近平总书记来我院视察的指示精神为动力，按照院党委要求，求真务实、真抓实干、开拓进取，为增创农业农村发展新优势做出新的更大贡献。

# 院领导及分工

## 关于院党委成员工作分工的意见

（鲁农科党发〔2013〕14号　2013年6月21日）

为明确责任、利于工作，按照集体领导、科学分工、权责统一的原则，对院党委成员工作分工及联系单位明确如下：

**院党委书记：**周林

负责院全面工作和干部、人才工作，分管人事处、现代农业发展研究中心。

联系单位：玉米所、畜牧兽医所、奶牛中心。

**院党委副书记、院长：**万书波

主持院行政全面工作和财务工作，分管院办公室、财务计划处。

联系单位：质标所、信息所、资源中心。

**院党委委员、副院长：**逯岩

负责科技开发经营、科技产业化和老干部工作，分管科技产业处、老干部处、种业集团，协助周林同志分管人事处。

联系单位：资环所、植保所、农药中心。

**院党委委员、副院长：**贾无

负责行政后勤、治安保卫和基地建设工作，分管行政处、保卫处、试验基地服务中心，协助万书波同志分管院办公室、财务计划处。

联系单位：蔬菜花卉所、蚕业所、花生所。

**院党委委员、副院长：**张立明

负责科研和推广、国际国内合作与交流、学科及山东大学农学院建设工作，分管科研处、国际合作处、研究生教育中心、黄淮海创新中心。

联系单位：作物所、家禽所、生物中心、果树所。

**院党委委员、纪委书记：**李维民

负责院纪律检查委员会、机关党委、来信来访、审计、政工和工青妇工作，分管政工处、法律审计处、纪检监察室。

联系单位：棉花中心、农产品所、持续发展所、水稻所。

（2013年12月26日，鲁委〔2013〕633号，张明志同志任山东省农业科学院党委委员、纪律检查委员会书记。）

## 工作报告

# 脚踏实地 开拓创新
# 在新起点上实现强院建设新发展

——周林同志在2013年全院工作会议上的报告

（2013年2月26日）

同志们：

今天，我们在这里隆重召开2013年全院工作会议。这次会议的主要任务是：深入贯彻落实党的十八大和省第十次党代会、中央和我省农村工作会议以及中央和省委1号文件精神，认真总结2012年工作，在深入查找不足、正确把握形势的基础上，安排部署2013年工作任务。下面，我代表院党委和行政作工作报告。

### 2012年全院工作回顾

2012年是我院发展史上极其重要的一年，是攻坚克难的一年，也是收获的一年。一年来，在省委、省政府的正确领导下，我院深入贯彻落实科学发展观，紧密对接国家和省重大战略需求，扎实推进农业科技强院建设，各项事业发展都取得显著成效。特别是，土地拍卖取得理想收益，山东种业集团揭牌成立，新试验地购置有了新进展，首次荣获了山东省科技最高奖，干部队伍调整取得了良好成效，岗位设置人进其位、圆满完成，职工食堂等民生问题也获解决，全院呈现出和谐向上、风清气正的良好氛围。

**一、科研创新成效显著**

我院综合实力显著提升，在“十一五”全国农业科研机构综合科研能力评估工作中，我院有9个研究单位进入全国百强，百强所数量继续位居全国省级农科院首位，而且位次普遍前移。

科研立项方面，全院新上项目310余项，立项总经费2.35亿元。其中，主持公益性行业科研专项、转基因重大专项、国家发改委育种能力建设专项、省自主创新专项等重大课题8项，承担重大课题的能力又有新提升。共有12个院属单位年立项经费超过1000万元，其中作物所超过3000万元，畜牧兽医所超过2000万元。

基础研究方面，涌现出一批国际领先的学术成果，提升了我院的学术影响力。全年公开发表论文论著680篇，其中SCI、EI等收录论文117篇，比上年增长13.6%。在植物抗逆研究、动物重大疫病机理研究和生物反应器研究等方面取得了重要进展。

应用研究方面，取得了一批具有重大影响的实用性成果，为农业农村经济发展提供了有力支撑。共有51个农作物品种通过国家或省级审定，获得植物新品种权2项。审认定标准48项。获授权发明专利112项，比上年增长87.5%。

获奖成果方面，赵振东研究员荣获2012年山东省科学技术最高奖，这是我院获得的第一个省最高奖，实现了新的突破。全年共获得省级以上成果奖励23项，其中国家科技进步二等奖 1 项（济麦 22），省科技进步一等奖 3 项。

条件建设方面，小麦玉米国家工程实验室正式揭牌，这是我省首个作物类国家工程实验室。农业部黄淮海平原农业环境重点实验室启动。山东省农产品精深加工技术实验室获批，至此我院省级重点实验室达到 12 个。山东省首个地方鸡品种资源活体基因库批复立项。山东省作物遗传改良与生态生理重点实验室再次入选省十大重点支持实验室。

**二、科技推广服务扎实有效**

扎实开展了“农业科技促进年”活动。联合各地政府和分院，深入推进服务乡村、服务农民、服务农业龙头企业的“三服务”行动。我院与省科协合作组建了山东省科普惠农联盟。一年来，共举办各类科技培训班 280 余期，观摩交流会 12 次，培训农业技术员和种养殖大户 5 万余人次。建立了 6 个院级科技示范基地，在全省各地参与建设小麦、水稻、棉花等高产高效农业示范区 50 余处。我院被评为全国“农业科技促进年”活动先进集体。

努力为保障粮食安全和主要农产品有效供给提供科技支撑。积极参与我省千亿斤粮食生产能力规划和农业十大特色产业振兴规划实施，充分发挥国家和省产业体系专家和试验站站长作用，为山东粮食“十连增”做出了重要贡献。有 14 项生产技术和 19 个作物品种被列入国家或省主推技术和主导品种。

对接“第一书记”开展科技扶贫活动。组建了 25 个专家服务团针对 4 地市 291 个贫困村开展“第一书记”帮扶工作，争取到省财政 500 万元的专项经费。选派三名同志到聊城市三个村担任“第一书记”，开展抓党建促脱贫工作，得到了省委组织部领导和当地干部群众的充分肯定。

积极服务我省重点区域带动战略实施。根据黄河三角洲高效生态经济区建设的科技需求，推广转化了耐盐碱甘薯新品种济徐 23、盐碱地棉花高产栽培技术和盐碱地牧草栽培引种等一批品种和技术。

积极服务我省农产品质量安全和农业防灾减灾。推广应用了盲蝽蟓等果蔬重大病虫害防控、猪蓝耳病等重大畜禽疫病防控技术，完成了烟台苹果主产区套袋安全性风险评估、韭菜专项质量安全和蔬菜农药残留例行检测等任务，为动植物疫病防控和农产品质量安全提供了有力支撑。

**三、人才队伍建设不断加强**

圆满完成了岗位设置工作。争取的二级和正高级岗位在省属科研院所及高校中最多，其他岗位也基本满足了现有人员需要，全院共有 1049 人因岗位设置实现增资，占全院职工总数的 61%。机构编制清理规范工作有序推进，清理规范方案现已上报省编办。

干部队伍调整取得良好成效。根据事业发展需要，对全院中层领导班子进行了大范围调整，共有 134 名同志提拔、交流或退出处级领导干部岗位，新增了 4 个正处级党委。中层班子结构明显优化，活力明显增强。干部团结奉献、干事创业蔚然成风，广大职工的满意度明显提高。

人才引进培养工作持续强化。新增泰山学者特聘专家、海外特聘专家各 1 人，享受国务院政府特殊津贴 1 人。新引进 22 名博士、17 名硕士来院工作。充分发挥山东大学农学院、博士后科研工作站和研究生联合培养基地的作用，扩大了在院研究生规模。在今年我省启动的现代农业产业技术体系创新团队中，争取到 1 个首席和 2 个专家岗位。争取到农业部农业科研杰出人才及其创新团队 2 个。

## 四、科技产业稳步发展

种业集团组建是我院一项重点工作，经过不懈努力，克服各种困难，于去年 12 月份完成注册登记取得营业资质，今天正式揭牌成立。这不仅是我院也是我省种业发展中的一件大事，为推进新形势下我院事业发展拓宽了路子。今年，省财政厅已将对种业集团的 3000 万元财政补助经费纳入了年度预算。

各单位科技产业工作持续稳步推进。企业自主创新能力不断提升，共组织申报各级产业项目 18 项，立项经费 3511 万元，其中过千万项目 1 项。建立了产业项目数据库，产业项目管理更加规范。奥克斯公司与济南市畜牧局共建了国内规模最大的高产优质荷斯坦奶牛种质资源基地。创新源公司被评为济南市农业产业化龙头企业。

产学研合作取得新成效。“服务济南”活动深入推进。我院牵头申报的山东省农村信息化、畜禽兽药产业及甘薯产业联盟已列入省第三批产业技术创新战略示范联盟。

## 五、保障能力显著提升

土地拍卖顺利完成。在历届土地拍卖分管领导和同志们的不懈努力下，去年 11 月 14 日我院电建路地块完成拍卖，拍卖总价 16.1 亿元，其中 60% 用于我院，为今后一个时期的事业发展提供了资金保障。

新试验地购置取得阶段性进展。在多方考察和综合比较的基础上，选定济阳县太平镇地块作为我院新试验地。特别是王军民副书记来院视察后，这项工作得到了省市各级领导的关心支持。目前已与济阳县达成了试验地购置框架协议，首期计划建设 2000 亩，满足我院科研试验需求。

财政资金保障和管理能力不断提升。2012 年争取财政资金 3.81 亿元，比上年增长 34%；争取省财政厅追加了创新大楼超支经费；优化资金使用管理，实现了财务收支平衡；组织开展了“财务管理能力提升”活动；加强了国有资产监管，原省植保站院落土地和房产已经成功划转我院；强化“三公”经费管理，有效控制了“三公”经费支出额度。

审计监督作用进一步强化。充分发挥内审职能，对 14 个单位负责人进行了离任经济责任审计。配合省审计厅对我院法人顺利进行了离任经济责任审计，取得良好结果。强化了科研项目结题审计和重大项目专项审计，科研经费管理进一步规范。

## 六、合作交流全面拓展

国际方面，以深入实施“同纬度、同生态国际先进农业技术成果引进计划”为主线，围绕作物种质资源利用，蔬菜、果树、畜牧等技术引进，与波兰、美国、加拿大、韩国、巴西和墨西哥等国家深化了交流合作。新上科技部国家级国际合作项目等各级各类合作项目 19 项。承建了山东省中加果蔬加工合作研究中心等国际合作平台。援建的苏丹农业技术示范中心现已进入技术合作期，鲁棉研 28 号通过苏丹国家审定，创造了苏丹转基因棉花合法种植的历史。

国内方面，山东大学农学院已进入运行阶段，目前已合作招收博士 5 名，硕士 8 名。与长清区政府和北京首农集团等单位签订合作协议，参与共建济南西区安全农产品标准化示范区；与寿光市政府签订合作协议，共建国家现代农业示范园区。各分院在项目申报、成果培育和科技推广等方面与我院紧密合作，实现了互利共赢，共同发展。在此，我代表省农科院向各分院的领导和同志们表示衷心感谢！

**七、和谐院所建设取得新成效**

重视民生问题，着力解决职工工作生活中的热点难点问题。职工餐厅正式营业，运转良好，职工比较满意。院区的室内外体育场和一二宿舍健身活动场所建成，丰富了职工文体生活。完成了医保改革工作，减轻了驻济单位医疗费用支出压力。实施了创新中心主楼亮化工程和核心区绿化美化提升工程。创新中心和宿舍区的物业管理工作更加科学规范。完成了宿舍区换热站“气改水”及暖气管道改造工程，集中对供电线路进行了检查维修，对排水系统进行了疏通清理。安全生产、治安保卫和消防工作始终紧抓不放，实现了全年无重大安全事故和汛灾疫情。继续高度重视老干部工作，认真落实了老干部政治、生活两项待遇。在省级以上媒体上刊发宣传我院稿件 120 多篇，提升了我院社会影响力，营造了和谐发展的良好氛围。

**八、党建与精神文明建设全面加强**

党的思想、组织、作风、制度和反腐倡廉建设全面加强。高度重视理论武装工作，深入学习贯彻了党的十八大和省第十次党代会精神，干部职工的理论素养不断提升。顺利完成了基层党组织改建和换届工作。扎实推进党务公开工作，受到省委省直机关工委考核组的高度评价。坚持不懈地抓好党风廉政建设，不断强化纪检监督，筑牢了党员干部拒腐防变的思想道德防线。精神文明建设卓有成效。群团组织和统一战线积极发挥作用，举办了一系列丰富多彩的文明创建活动。我院连续 7 年被评为省级文明单位，作物所和果树所晋升为省级文明单位，9 个研究所为省直文明单位，涌现出一批先进集体和先进个人。

以上各项成绩的取得，离不开省委、省政府的坚强领导和省直有关部门的大力支持，离不开全院广大干部职工的团结协作和共同努力。在此，我代表院党委和行政，向一年来在各自岗位辛勤工作的广大干部职工，向关心支持全院事业发展的老领导、离退休职工，表示衷心的感谢并致以崇高的敬意！

在看到成绩的同时，我们也要清醒地认识到，我院事业发展中还存在一些问题和不足，主要表现在：一是科技创新储备不足。我院研究领域广泛，但是真正在国内具有明显优势和特色的学科少，优质高产广适的新品种和适用性强的新技术不够多，后续储备品种缺乏。近年培植的新兴学科还没有形成绝对优势，如何增创特色优势，增强发展后劲，实现可持续发展，亟须我们认真研究。二是人才队伍建设缺少有竞争力的制高点。我院学科领军人才、国内一流的创新团队和优秀企业家还非常缺乏。三是科技支撑与服务能力还有待提高。我院科技成果转化渠道还不够通畅，转化模式还需要创新，在全省的影响力和显示度还有待提高。四是内部管理还有待加强。在改革不断深化的新形势下，针对各类人才队伍的激励约束机制、考核评价体系还不健全，调动广大干部职工干事创业热情的长效机制还需要探索推进。对以上存在的问题和不足，大家一定要高度重视，正确对待，研究切实可行的有效办法，认真加以解决。

## 2013 年全院总体思路和工作部署

2013 年是深入贯彻落实党的十八大精神的开局之年，是为全面建成小康社会奠定坚实基础的重要一年，也是我院在创建 110 周年这个新起点上实现新发展的起步之年。做好今年的工作，意义十分重大。

当前，我院事业发展面临新形势、新任务。国家和我省出台了一系列支持农业和农业科技发展的新政策，为我们农业科研单位提供了良好的发展机遇。但同时也要看到，目前我国农业发展面临“双高”和“双紧”问题，就是农业生产发展已经进入高成本、高风险阶段，进入资源环境约束趋紧、青壮年劳动力紧缺阶段。发展现代农业面临巨大挑战，同样对农业科技工作也提出了新的挑战。新形势下，中央和省委对“三农”工作高度重视，对农业科技提出了新的任务和要求，我们农业科研单位面临前所未有的压力。同时，中央和省委的重视、投入的加大和我院土地变现，有了一定财力基础，为我们提供了新的发展机遇和条件。作为全省农业科技创新的龙头，我院必须抢抓机遇，应对挑战，勇担重任，加快发展。

今年全院工作的总体思路是：全面贯彻党的十八大和省十次党代会精神，以邓小平理论、“三个代表”重要思想、科学发展观为指导，认真落实中央和我省农村工作会议提出的各项任务目标，以 110 周年院庆为契机，以争创全国文明单位为动力，启动实施以济南本部为创新极和以新试验地为增长极的“两极带动”战略，坚持科研立院、服务兴院、人才强院、文化铸院、开放办院，进一步解放思想、开拓创新、脚踏实地、稳中求进，努力在新起点上实现强院建设新发展，为增创山东农业农村发展新优势提供有力的科技支撑。

要突出抓好五件大事：一是积极推进新试验地购置建设，二是完善山东大学农学院运转机制，三是实现种业集团顺利运营，四是启动实施强院建设提升工程，五是搞好 110 周年院庆，争创全国文明单位。

2013 年要着力在“八个新”上下功夫，推动农业科技强院建设实现新发展。

### 一、强院建设谋划新的思路

经追根溯源和专家论证，我院科研历史发轫于 1903 年清政府在济南设立的山东农事试验场，这也是我省省级农业科研机构的起源。经过跨世纪的改革发展，我院历经沧桑，成就辉煌。特别是强院建设以来的这 9 年，我院各项事业突飞猛进，事业发展进入了一个新的阶段。2013 年我院迎来了创建 110 周年华诞，我们要以此为契机，推动强院建设再上新的台阶。要创新院庆方式，以“院庆促发展，创新惠三农”为主旨，突出抓好公益院庆、学术院庆、文化院庆、和谐院庆四大主题系列活动。总的原则是要协同推进、院所联动、厉行节约、注重实效。各单位要统筹安排年度工作计划和院庆有关活动，做到统筹兼顾、有机结合、相互促进。年前，院里已经成立了院庆工作领导小组及办公室，会后要抓紧制定下发院庆方案，组织协调好各项工作。要通过院庆继承和弘扬老一辈农科院人的光荣传统和良好作风，凝聚强院建设合力，推动事业发展不断开创新局面。

今年既是建院110周年，也是落实党的十八大精神的开局年，我们又成功拍卖土地，有了资金储备，山东种业集团成立、山大农学院运转又开辟了我院发展的新天地，今年将成为我院强院建设一个新的节点。我们要在深入分析形势、认清发展趋向、准确把握我院阶段性特征的基础上，认真谋划新阶段的发展思路，努力在新起点上实现新发展。要抓紧制定实施强院建设提升工程，明确我院今后一个时期事业发展方向和发展定位，科学提出总体目标和阶段性任务，并明确保障措施，有计划、有步骤地推动强院建设实现可持续发展。要搞好规划论证，通过强院建设提升工程的实施，再创强院建设新的辉煌。

**二、科技创新打造新的优势**

坚持科研立院，着力提升自主创新能力。狠抓学科建设。要系统考虑产业需求、行业发展趋向和我院研究基础，围绕服务农业全产业链找准定位，调整优化学科布局，确定需要培强的具有相对优势的学科领域、培优的传统特色学科领域和培植的新兴学科领域。要统筹协调好传统学科与新兴学科的关系、当前与长远的关系，学科与队伍建设、平台建设的关系，促进传统学科优势巩固提高，形成新的增长点，新兴学科打造出新的优势。要尽快制定科学完善的学科建设方案。紧密对接国家和我省科技部署，抓好各级各类计划项目申报工作，加强横向课题争取力度，实现承担项目数量和层次"双提高"。切实加强在研项目管理，创新科技产出考核机制，整改重申报、轻管理的问题，不断提高项目执行质量。强化重大成果培育，有关部门和单位要协调配合，遴选有潜力的重大苗头成果，搞好凝练提升，加大培育力度，确保我院持续获得高层次成果奖励。

对接我省农业生产的现实需求，实施重大关键共性技术攻关行动。加强生物育种的研发，围绕粮食千亿斤生产能力建设需求，尽快在高产、优质、抗逆、专用等品种培育方面取得新突破，提升我省种业科技竞争力。加强优质蔬菜水果品种和畜牧品种培育，推动我省品牌产品、地理标志产品的提纯复壮。加强农业资源高效利用和生态环境保护技术的研发，积极为中低产田改造、宜农荒地开发提供技术支持，促进农业可持续发展。加强农业防灾减灾技术和农产品安全生产与质量控制技术研发，不断提升动植物重大灾害防控和质量安全控制与检测水平。加强宏观农业研究，针对当前玉米、蔬菜、大豆、生猪等产业发展严峻形势，提出推进产业发展的意见建议，增强我院在全省农业宏观决策和农业科技宏观战略制定中的话语权。

**三、科技服务能力得到新的提升**

坚持服务兴院，深入开展"三服务"行动，着力提升我院科技服务能力。对接我省重大战略需求，围绕保障粮食增产、促进农民增收和服务企业发展，组织开展扎实有效的科技服务活动。在关键农时组织专家深入基层搞好农技推广服务，当前要做好以服务春播春管为重点的推广服务工作，为我省粮食持续增产做出应有贡献。扎实开展"对接园区建设，助推连增连快"科技服务活动，对接全省19个现代农业示范区，采用合作实施科研推广项目、开展技术培训服务、共建农业研究机构等形式，为我省现代农业示范区建设提供科技支持。扎实做好"第一书记"科技扶贫和对接帮扶工作。不断创新推广服务模式，加强院地、院企、院社合作，加大对基层技术人员和生产大户的科技培训，积极培养现代职业农民，加速科技向基层延伸和转化。

着力提升科技支撑产业发展的能力和水平，通过调整整合，增强我院科技产业的竞争力，为全省农业产业发展起带动示范。当前，要集中精力抓好种业集团运营工作，通过种业集团培植我院产业化优势，带动全省种业产业转型升级。尽快完成集团增资，抓紧完善运营机制，制定发展规划，明确发展方向，兼顾自身和社会效益。按照现代企业管理要求，面向社会招聘有思路、懂经营、会管理的专业人才或团队，打造“育繁推一体化”的育种体系，力争将种业集团打造成山东省种业航母，成为全省乃至区域种业龙头企业和省委、省政府调控全省种业发展的重要平台。牵头筹建北方种业创新联盟，联合兄弟省市农科院、种子企业，共同开展科研创新、商业运作等方面合作，促进行业技术进步，推动种业产业发展。另外，加大对我院科技产业进军省市农业产业化龙头企业、省著名商标、省高新技术企业的培养争取力度，不断提高我院科技产业整体实力。

**四、队伍和平台建设实现新的突破**

坚持人才强院，促进“人才—平台—项目”一体化发展，创造人尽其才、才尽其用的良好环境，为我院事业发展提供坚强保障。启动实施领军人才引进和青年英才培养计划，根据学科发展需求，面向海内外引进学科领军人才，形成与“国家千人计划”“泰山学者建设工程”等高层次人才引进计划相衔接的人才建设体系，着力打造一批国内一流的创新团队。同时，有计划地选送一批青年骨干到国外知名高校、科研机构进修，促进我院优秀青年人才尽快成长，做好人才储备。人事处要认真研究制定相关办法，确保引进的人才留得住，优秀的人才用得好。认真做好机构清理规范工作，积极向省编办做好方案的汇报争取，确保有利于维护全院大局和事业可持续发展。扎实做好绩效工资实施工作，这是项硬任务，3 月底前须完成驻济事业单位津贴补贴、奖金清理核查工作，之后将现执行的津贴补贴合并成基础性绩效工作，进行绩效工资总量核定、补发差额。济外单位绩效工资按属地政策执行。绩效工资实施工作小组要吃透绩效工资政策，摸清全院职工的增资情况，维护好广大职工切身利益。

要以综合性试验示范基地购置建设为抓手，着力提升我院科研条件。去年我们遴选确定了济阳县太平镇地块为我院新试验地，并与地方政府签订了基地建设框架协议。下一步，院基地管理中心要创新思维，积极推进，探索与政府共建等多种模式，边申报、边规划、边建设，切实加快工作进度。要坚持高标准规划建设，将新基地建成既要满足科研试验示范需求，又集试验、展示、培训、观光等多种功能于一体，代表山东农业科研水平和山东农业发展水平，体现我省和我院特色优势的现代农业示范样板。另外，还要加快推进院共享平台建设，建好小麦玉米国家工程实验室，有关部门、单位要搞好协调配合，提高工作效率，尽快提升我院科研条件。

**五、对外合作取得新的进展**

坚持开放办院，不断提升国际交流合作的层次与水平。继续深入实施“同纬度、同生态国际先进农业技术成果引进计划”，引进一批先进种质资源和技术成果，搞好试验筛选、驯化研究和再创新，在省内示范推广，见到成效。依托承建的国家和省级国际科技合作平台，吸引更多海外高层次人才来我院创业，探索建立长效的人才交流培养机制。着力推进联合实验室和研究中心共建工作。持续加大国际科技合作项目申报力度。深入实施“走出去”战略，做好援非项目“苏丹农业技术示范中心”后续工作，并不断拓宽国际合作新领域。

着力加强国内合作，实现互利共赢、协同发展。完善山东大学农学院运行机制。加强与山东大学的沟通协调，统筹考虑双方利益需求，制定好农学院建设方案，尽快理顺运行机制。用好山大农学院这个高层次平台，引进高层次人才，提升基础研究水平。要尽快把硕士、博士点上去，力争今年实现独立招生，满足我院日益增长的人才需求。依托中国农业科技黄淮海创新中心和山东省农业科技创新中心，联合省内相关农业科技力量，有效整合科技资源，建立协同创新机制，积极构建山东省新型农业科技创新体系。加强与各市分院的实质性合作，联合申报项目、培育成果和推广服务，实现共同发展。

**六、管理水平要有新的提高**

强化管理，推进内部管理规范化、科学化，是现代院所建设的重要内容。一是强化管理，提质增效。人、财、物和项目管理要增强质量效益意识，各有关部门要把提质增效作为强化管理的目标，无论经费投入、项目执行都要强化预算执行，厉行节约，反对浪费。尤其是要重视资金使用效益和项目执行效益，强化绩效考核，提高资金使用效益，降低成本，避免资源流失，维护好全院整体利益。二是推进管理创新，增强服务保障能力。当前，我院在人事、财务、科研、产业和后勤管理等方面，都面临着新的课题，需要我们用新的机制、新的办法来提高我们的服务保障能力。各部门要解放思想，更新观念，积极推动管理改革，以适应新体制的要求。尤其是在科研项目管理、知识产权管理、“三公”经费管理、绩效工资管理等方面要有新的突破。三是加强监督审计，强化执行管理。要加强工作监督，继续执行月报告制度、限时办结制度和请假报备制度。要加强民主监督，管理人员要切实改进作风，自觉接受群众监督，提高服务水平。要注重审计结果运用，对存在问题及时进行整改。同时，要不断提高机关工作效率，推行办公自动化，加强内网建设。

**七、和谐院所建设开创新的局面**

注重解决民生问题，让广大职工共享发展成果。以 110 周年院庆为契机，集中为职工办一些实事，关注职工生活，帮助职工解决实际问题。继续推进院区环境整治、绿化提升、基础设施维修、原办公楼外墙装饰，不断优化办公区环境。推进研究生公寓改造。围绕重大成果、重要活动做好科技宣传，提高我院的显示度和影响力，为事业发展营造良好的外部环境。扎实做好老干部工作，鼓励老干部、老同志积极为强院建设建言献策，在全院营造尊老敬老的良好风气。扎实做好安全稳定工作，严格落实安全生产责任制，切实抓好防火、防盗、防疫和危险品安全管理，坚决杜绝重大责任事故发生。加强治安综合治理，提高预防预警和应急处理能力，排查消除安全隐患，为广大职工营造安全舒适的工作生活环境。

**八、党建精神文明建设再上新的水平**

以创建全国文明单位为动力，全面加强党的建设和精神文明建设。着力加强理论武装，将学习贯彻党的十八大精神作为今年党建工作的首要任务，坚持和完善院所两级中心组学习制度，建设学习型班子和学习型院所。切实加强基层党组织建设。充分发挥院党委的领导核心作用，在事关全院长远发展和全局发展的重大问题上，把方向、谋全局、定决策，团结带领全院广大干部职工，推动强院建设各项事业实现又好又快科学发展。着力加强党风廉政建设，认真落实党风廉政建设责任制，贯彻好中央八项规定和我院的实施意见，厉行勤俭节约，反对铺张浪费，严格执行廉洁从政有关规定，切实做到为民、务实、清廉。坚持党务公开与院务公开、所务公开紧密结合，推进权力公开透明运行，确保政令畅通。坚持文化铸院，提炼新时期农科院精神，形成富有特色的创新文化。着力加强精神文明建设，充分发挥工青妇等群团组织和统一战线作用，按照全国文明单位的标准，积极开展一系列精神文明创建活动，为争创全国文明单位奠定良好基础。

同志们，当前我院事业发展处在一个新起点。在新起点实现新发展需要大家凝心聚力，奋发进取。让我们紧密团结在以习近平同志为总书记的党中央周围，在省委、省政府的正确领导下，围绕中心，服务大局，脚踏实地，开拓创新，全力推进农业科技强院建设再上新水平，努力为增创山东农业农村新优势做出新的更大贡献！

# 真抓实干 开拓奋进
# 全面完成院工作会议确定的目标任务

——万书波同志在2013年全院半年工作会议上的报告

(2013年7月25日)

同志们:

这次全院半年工作会议是院党委研究决定召开的。会议的主要任务非常明确，就是要在时间过半的当下，贯彻落实中央和省委、省政府有关部署要求，针对年初全院工作会议确定的各项目标任务，盘点上半年工作进展情况，看看哪些工作基本完成、完成得比较好，哪些工作实现了时间过半、任务过半，哪些工作进展缓慢、离目标要求差距较大，通过查找问题和不足，对下半年工作进行再动员、再部署、再强调，号召全院上下真抓实干、开拓奋进，为全面完成年度目标任务而不懈奋斗。院党委对开好这次会议高度重视，会前结合党的群众路线教育实践活动进行了深入调研，召开党委会对会议材料进行了认真研究。下面，我代表院党委和行政作全院半年工作报告。

## 一、上半年工作回顾

上半年，在省委、省政府正确领导下，院党委团结带领全院广大干部职工，全面落实全院工作会议精神，紧密对接国家和我省重大战略需求，脚踏实地，开拓创新，推动各项工作都有了新进展，有些方面取得了重要突破。

### (一)科技创新成效显著。

狠抓了科研项目申报。上半年，全院新上项目228项，初步统计立项总经费1.52亿元。主持或参与了公益性行业科研专项、863计划、国家科技支撑计划、转基因重大专项等一大批国家主体科技计划课题。新增加了食用菌、家禽2个省现代农业产业技术体系首席专家岗位。

突出了重大成果争取。我院主持完成的“高产高油酸花生种质创制和新品种培育”和“滨海盐碱地棉花丰产栽培技术体系的创建与应用”2项成果通过了国家科技奖励初评。另外，获得山东省农牧渔业丰收奖一等奖1项、二等奖3项、三等奖1项。

强化了知识产权保护。获得授权专利128项，其中发明专利76项；获得授权软件著作权9项。通过认定地方标准29项；通过审（认）定品种20个，其中国家审定4个；发表论文344篇，其中SCI/EI收录61篇。

加强了条件平台建设。济阳试验地购置建设取得重要进展，目前已完成了租赁地块移交，并开展了部分夏季作物试验。一批部级、省级条件平台建设项目获得批复立项。小麦玉米国家工程实验室建设有了明显进展，第一批采购仪器已陆续到位并投入使用。

### (二)推广服务扎实有效。

围绕全省农业发展需求，我院提出了“对接三个十”行动，即对接服务十个高产创建万亩方、对接服务十个现代农业示范区、对接服务我省十大产业振兴规划实施，得到分管省领导的重视和肯定。目前，印发了“对接三个十”行动实施方案，落实了玉米、棉花、花生、水稻、大豆高产创建万亩方和3个现代农业示范区的对接项目。

按照农业部的部署，扎实开展了“送带促”活动。举办棉花、果树、蔬菜、小麦等各类科技培训班100余期、现场观摩会8次，培训农业技术员和种养殖大户2.8万余人次，发放各类技术资料8万余份。全力以赴做好我院“第一书记”选派帮包工作，扎实开展了对291个“第一书记”帮包村的科技扶贫工作。我院选派的3位同志在我省第一批“第一书记”考核中均为优秀，有2位同志受到通报表彰。新选派3人任第二批“第一书记”，帮包工作实现了顺利交接。

（三）科技产业提质增效。

种业集团启动运营。按照现代企业制度要求，集团制定了组建方案和战略发展规划，完善了法人治理结构，招聘了工作人员，初步建立了管理制度。对6家院内企业进行了审计、尽职调查和评估，确定了部分子公司投资方案。开展了集团试验示范基地的考察选购工作，申报了省财政厅种业研发和运转资金补助项目并编制了预算，与有关研究所和大型企业进行了产学研合作机制探讨。

全院产业结构进一步调整优化。奥克斯公司长清项目进展顺利。各单位积极组织创收，申报争取科技产业项目，加强对外合作和咨询服务工作，促进了科技成果转化。

（四）人事人才管理更加规范。

机构编制清理规范方案获批。经过积极汇报争取，省编办同意我院对4个院属单位进行更名，对部分单位加挂牌子，试验农场改建为全额拨款的试验基地服务中心，对8个单位的编制进行了调整，解决了部分单位长期因编制限制无法引进人才的问题。总的来说，本次批复方案实现了我院利益的最大化。

绩效工资实施稳步推进。按照政策要求，结合我院实际，提出了薪酬体系改革工作初步方案，对近3年来我院津补贴发放、收入支出情况进行了统计摸底，并对驻济职工绩效工资进行了初步测算。目前启动的离退休人员绩效工资工作已上报省人社厅审核。

强化了人才引进培养。上半年有2人通过泰山学者海外特聘专家评审，新增省有突出贡献中青年专家2人；引进博士38人、硕士17人，接收4名博士后进站工作；召开了11场专题座谈会，认真梳理我院近年来的人才政策及执行情况，明确了下一步人才工作的思路与重点。

（五）内部管理效能逐步提升。

今年年初，我院按照中央和省委要求，出台了《关于落实中央政治局八项规定的实施意见》，半年来严格落实改进工作作风、密切联系群众的八项规定，进一步加强管理，提高了工作效率。

财务管理方面，上半年争取到了较好的财政预算盘子，与去年相比预算增长18.9%。土地拍卖首批资金已经到账，并向省财政厅申请了追加预算方案。强化预算执行，有效提高了资金使用效率。严控财务开支，制定了院机关五项费用管理办法，降低了机关运行成本。加强了国有资产管理，原植保站办公楼及院落正式移交我院。

审计监督方面，充分发挥内审职能，对 7 个单位进行了离任或任中经济责任审计，完成了 7 项国家基金项目结题财务审计工作，并对审计发现问题整改情况进行了督促检查。

制度建设方面，制定出台了院党委会议和院长办公会议议事规则，建立了领导联系专家制度，坚持以制度管人、按制度办事，进一步推动了内部管理规范化。

（六）和谐院所建设卓有成效。

上半年，在积极争取协调下，解决了原电力负荷不足和双电源保障问题；完成了原院机关办公楼外墙装饰工程；完成了核心区大型绿化树种和果树移栽工作，进一步美化了院区环境；完成了研究生公寓改造的设计工作；强化了餐厅、物业、维修、社区、教育卫生、安全保障六大服务，后勤管理进一步规范，服务保障能力不断提升。

安全生产、治安保卫和消防安全工作始终紧抓不放，实现了半年来无重大安全事故和汛灾疫情。按照我省要求，自 6 月开始在全院启动了历时 3 个月的安全生产大检查，认真排查整改安全隐患。

老干部工作扎实开展。认真落实了老干部的政治、生活两项待遇，保证了离退休干部生活费及时足额发放，按时向老干部通报工作情况，征求吸纳老干部对事业发展的意见和建议。

（七）开放办院工作迈出新步伐。

坚持以“引进同纬度、同生态国际先进农业技术成果计划”为主线，选派 17 人次赴巴西、波兰、美国等国家就作物种质资源利用、生物技术等成果引进进行考察，与两家国外机构签订了科技合作协议。在作物育种、生物肥料、生物农药等研究领域，邀请国外知名研究机构来院访问交流 28 人次。获批省级以上国际合作项目 9 项，立项总经费 625 万元，其中国家级项目 4 项。积极实施“走出去”战略，援助苏丹建设的农业技术示范中心项目进入技术合作期，各项工作进展顺利。

（八）110 周年院庆工作扎实开展。

年初对 110 周年院庆工作进行了部署安排，印发了关于做好院庆工作的意见，成立了院庆工作领导小组，提出了开展公益院庆、学术院庆、文化院庆、和谐院庆四大专题系列活动，确定了具体任务，明确了责任分工。上半年，各单位围绕院庆工作的主旨要求，开展了一系列丰富多样、扎实有效的院庆活动。农业科技展览馆建设工作正在积极推进，展览馆内部设计初稿已完成，将在广泛征求意见的基础上进一步完善。通过院庆活动，对内凝聚了发展共识，对外扩大了社会影响。

（九）党建和精神文明建设不断加强。

上半年，我院党的建设不断加强。院党委带头加强班子自身建设，提出了“五个坚持”“六个建设”。“五个坚持”即坚持正确的政治方向，确保党的路线方针政策贯彻执行；坚持一张蓝图绘到底，确保各项工作的连续性；坚持顾大局、讲团结，确保全院和谐稳定、奋发向上；坚持执政为民、真抓实干，确保各项工作落到实处；坚持率先垂范、严格要求，确保清正廉明、风清气正。“六个建设”，即建设一个信念坚定、政治清醒的领导班子；建设一个善于学习、开拓创新的领导班子；建设一个民主集中、制度严明的领导班子；建设一个认真履职、勇于担当的领导班子；建设一个服务于民、作风优良的领导班子；建设一个严于律己、团结奋进的领导班子。“七一”前夕，周林书记在专题党课上对全院党员干部提出了“发扬四种作风，提高四种能力”的要求，即发扬求真务实的作风、反对形式主义，发扬联系群众的作风、反对官僚主义，发扬艰苦奋斗的作风、反对享乐主义，发扬勤俭节约的作风、反对奢靡之风；提高把握大局的能力、开拓创新的能力、民主管理的能力和攻坚克难的能力。全院各级党组织不断加强思想和作风建设，各级领导干部的党性修养进一步提高。注重加强了中心组理论学习，健全了院所两级中心组学习制度。切实加强了党风廉政建设，严格落实了党风廉政建设责任制。强化了纪检监督，进一步筑牢了各级领导干部拒腐防变的思想道德防线。工青妇等群团组织充分发挥桥梁纽带作用，开展了一系列卓有成效的精神文明创建活动，涌现出一批先进集体和先进个人。

同志们，以上成绩的取得，得益于省委、省政府的正确领导和省有关部门的大力支持，得益于院党委和行政的科学决策，得益于各处所的开拓创新和真抓实干，也得益于全院广大干部职工的共同努力和积极奉献。在此，我代表院党委和行政向大家表示衷心的感谢，并致以崇高的敬意！

总的看，上半年我院事业发展取得了新的明显成效，强院建设在新起点上实现了新的发展，但一分为二看，我院上半年的工作也存在一些不容回避的问题和不足。主要表现在：一是有些工作抓得不够紧，推进力度不够大，尤其是年初确定的五件大事有的进展缓慢，有的尚未破题，离完成年度目标要求差距很大，亟须攻坚克难、加大力度、加快进度；二是有些科研人员习惯于在实验室做实验写论文，不愿意深入田间地头，“不接地气”，缺乏解决农业生产实际问题的能力和水平；三是我院的科技服务对接政府和农民需求还不够紧密，科技示范的典型样板还不够多，在广大农村、农民中的显示度和影响力还有待提高；四是院内各领域都不同程度地存在浮躁风气，特别是学术氛围不够浓厚，创新文化建设还比较滞后，脚踏实地、艰苦奋斗的意识有所淡化；五是如何建立更加符合当前形势和我院实际、更为科学高效的内部管理运行机制，充分调动发挥每个人的积极性、主动性和创造性，有待进一步深入研究。这些问题需要引起我们的高度重视，结合党的群众路线教育实践活动的深入开展，连同其他查摆出的问题，都要制定有效措施，切实加以整改。

## 二、下半年工作部署

年初全院工作会议要求今年要在“八个新”上下功夫，突出抓好五件大事。我们要坚持一张蓝图绘到底，定下来的工作任务要一抓到底、抓出实效。2013年时间已经过半，全院上下都要切实增强责任感和紧迫感，按照年初提出的总体要求，进一步明确任务、创新思维，真抓实干、开拓奋进，确保圆满完成各项工作任务。针对上半年工作中的不足和薄弱环节，下半年要抓好十个抓手、实现十个提升：

### （一）以开展党的群众路线教育实践活动为抓手，着力提升党建水平和工作成效。

深入开展党的群众路线教育实践活动是当前全党的一项重大政治任务，中央和我省对此作了部署安排，提出了明确要求，我们一定要以高度的政治责任感和历史使命感，切实抓紧抓实抓好。根据省里的统一部署，7月24日我院召开了党的群众路线教育实践活动动员会，对教育实践活动进行了动员部署。大家要领会好动员会议精神，把思想和行动高度统一到中央、省委和院党委部署要求上来，按照“照镜子、正衣冠、洗洗澡、治治病”的总要求，认真查找并整改在形式主义、官僚主义、享乐主义和奢靡之风这“四风”上存在的问题，着力解决职工反映强烈的突出问题。要建立作风建设长效机制，通过作风建设带动党的思想、组织、制度和反腐倡廉建设，不断提升全院党建水平，为实现强院建设新发展提供坚强政治保证。领导小组和办公室要切实负起责任，积极开展好“学习教育、听取意见，查摆问题、开展批评，整改落实、建章立制”三个环节的活动。处级以上领导干部是本次活动的参与者、组织者、推进者和监督者，一定要带好头、当好表率。各单位要以此为契机，按照统一部署要求，以活动促进党的建设，以活动促进当前工作，确保教育实践活动取得实实在在的效果。

（二）以启动实施强院建设提升工程为抓手，着力提升我院综合实力。

强院建设是一个长期的、持续的发展过程，需要农科院人一以贯之、不懈奋斗。启动实施强院建设提升工程是年初定下的一项重点工作，事关我院长远可持续发展。下一步，编制工作领导小组要在广泛调研的基础上，立足我院职能定位和发展基础，理清事业发展思路，集思广益，科学设定，编制出台强院建设提升工程实施方案，并组织好专家论证，使其成为指导我院今后一个时期发展的纲领性文件。各有关处室要按照责任分工，搞好配合衔接。方案要坚持“有所为有所不为”，突出重点、打造亮点，不能大而全、平拥平推，还要统筹兼顾好当前与长远、济内与济外的关系，实现全院协调发展。要坚持“开门编方案”，多学习兄弟单位的先进经验，多听取方方面面的意见建议，使方案的编制过程成为统一思想、凝聚共识、共谋发展的过程。强院的基础在于强所，各研究所是强院建设提升的基本单元，方案是否科学前瞻、是否切实可行直接关系各单位今后的发展，要积极配合、主动参与方案编制工作，多提建设性意见和建议，确保方案符合强院强所发展需求。同时，各单位也要结合强院建设提升工程，根据本单位的实际，认真分析当前行业形势，找准差距，找准定位，找准方向，启动本单位强所建设提升工程。

（三）以推进学科建设为抓手，着力提升全院科研创新能力。

在前期工作基础上，下半年要进一步完善学科建设方案，使之更趋科学合理、切实可行，早日付诸实施。根据我省农业产业链向两端延伸的要求，调整优化学科布局，加强产前、产后领域相关学科建设，在巩固传统优势学科的同时，不断培育新兴学科、特色学科。要以学科建设为抓手持续强化科研创新工作，继续抓好国家科技支撑计划、公益性行业科研专项、国家基金项目等重大项目的立项工作，实现我院科研经费稳定增长。当前，国家对科研项目的支持政策有所调整，不少科研项目如我省自主创新专项鼓励支持企业和高等院校、科研单位以产学研相结合的方式申报，各研究单位对此要高度重视，通过自主申报、联合申报等多种形式利用好每一个申报机会。跟踪做好省级以上高等次成果奖励，特别是国家级奖励的评奖工作，确保我院持续获得高等次奖励。及早着手遴选重大苗头成果予以培育提升，做好成果储备。坚持“课题来源于实践，成果应用于生产”，鼓励支持科研人员面向生产一线自主选题，着力解决我省农业生产中的实际问题。

（四）以实施“对接三个十”行动为抓手，着力提升服务“三农”能力。

“对接三个十”行动是我院今年及今后一段时期科技推广服务的主线。要通过实施“对接三个十”行动，充分发挥我院公益性职能，在服务全省农业发展大局上有所作为，不断提升我院的社会形象。要注重与农业部“送带促”活动、服务“第一书记”和公益院庆活动的紧密结合，搞出农科院特色，打造出样板典型。有关处室和研究所要在充分调研和沟通的基础上，搞好与省农业厅和地市农业局、农科院以及农技推广机构的对接，进一步细化方案，做好组织协调，落实工作措施，围绕政府关注和农民需求将行动落到实处。已落实的高产创建万亩方和现代农业示范区项目，后续工作务必跟上，不能有始无终、虎头蛇尾；还没有落实的，要搞好对接，抓紧落实。下半年要遴选专家，组建我院农业灾害预警应急专家服务团，适时召开成立启动会，力争尽早开展工作，为我省农业灾害预警应急提供有力支撑。

（五）以试验基地购置建设为抓手，着力提升全院科研试验条件。

新试验地购置建设事关我院事业的长远发展，是当前工作的重中之重，全院上下一直高度关注，有关单位要加快工作进度。目前济阳新试验地土地预审已经完成，下一步要争取省发改委尽快立项。按照高起点规划、高标准建设、高水平管理的要求，在广泛征求意见和专家论证的基础上，科学编制修建性详细规划，力争尽快开工建设。畜牧示范基地要抓紧筹划战略转移，有关单位要尽快着手调研、选址等前期工作。另外，要加强与海南当地有关单位的磋商，有效解决南繁基地条件差、试验难开展的问题。各研究所也要加强现有基地管理，不断提升基地的科研试验条件。另外，要加强科研平台建设与管理，加大各类高层次平台争取力度。以山大农学院为基础探索建立省部共建实验室。完善共享平台运行管理办法，健全平台管理制度。加强平台建设管理，在建农业基本建设项目要确保顺利实施，该验收复审的项目要确保按时验收复审。

（六）以运营好山东种业集团为抓手，着力提升科技产业发展质量。

种业集团是我院事业发展新的增长点，要全力做好集团的整体组建和规范化运营管理工作。确保注册资本金到位，初步完成集团公司母子公司架构，进一步做好子公司和分公司的设立、论证和投资工作，做好主要农作物和畜禽良种的创新及经营业务，加强企业文化建设。完成相关企业并购工作，进一步整合我院科技产业资源。按照“育繁推一体化”种业企业要求，筹建试验、繁育、示范、生产基地和种子加工中心，逐步构建商业化育种体系。要积极引进高层次企业管理人才，提高企业人才的核心竞争力；要建立健全企业管理制度，院与种业集团签订目标责任书，董事会与总经理签订目标责任书，定岗、定责、定任务，实行绩效考核，实现种业集团规范化、科学化运营。同时，要加强产业项目争取和管理，落实好省财政厅种业研发和运转资金补助项目；要积极拓宽产业创收来源，适时与中种集团签订战略合作协议，加强与地市农科院和农业企业的产业合作，积极推动我院科技产业转型升级。

（七）以培养引进高层次人才为抓手，着力提升人才队伍建设水平。

人才资源是第一资源。各单位要将人才队伍建设摆在更加重要的位置，突出科研人员的主体地位。要在吃透精神的基础上，积极争取政策支持，探索建立人才引进、岗位管理和薪酬激励相结合，覆盖引进、培养、奖惩各环节的人事人才工作体系。进一步论证完善“院高层次人才及创新团队引进计划”和“院青年英才培养计划”，结合学科建设需要，着力引进能够填补我院相关学科领域空白的高层次人才和创新团队，并强化青年人才培养，做好人才储备。充分发挥山大农学院和博士后科研工作站的作用，加强科研流动层培养，壮大科研辅助力量。继续做好院机构编制清理规范的后续工作，并着手启动院属单位的清理规范工作，着力解决在内设机构设置等方面存在的问题。以推进绩效工资改革工作为契机，力争在落实在职人员基础性绩效工资、争取最大限度财政保障的基础上，制定出台既符合上级要求又体现我院特点的分配激励政策，探索建立科学合理的绩效考核办法。

（八）以国内协同创新与国际科技合作为抓手，着力提升开放办院水平。

要以建立协同创新机制为重点，形成大联合、大协作的国内科技合作新局面。筹划成立全省农业科研院所科技协作委员会各项工作已就绪，将于26日召开成立大会，以共享科技资源、共建优势学科、联合申报项目、联合开展科技推广服务为载体，形成全省农业科研院所全方位、多层次、实质性的科技合作网络。先期考虑筹集一定资金，推动形成全省育种协作体系，共同为我省民族种业发展贡献力量。同时，聘请各分院院长为我院科技咨询委员会委员，凝聚多方力量为我院事业发展出谋划策。进一步深化与农业科研教育“国家队”的合作，加强与有关高等院校和农业企业的合作，助推我省农业科技创新体系构建。山大农学院要找准互利共赢的突破口，抓紧破题，力争实现独立招生，有关单位要创新工作思路，加快工作进度。同时，要围绕“引进同纬度、同生态国际先进农业技术成果计划”实施，积极引进国外先进成果和种质资源，搞好消化、吸收和再创新。积极申报落实国际合作项目，鼓励科技人员参加国际学术交流活动。继续组织实施好援助苏丹建设农业技术示范中心项目和其他援非工作。

（九）以强化制度建设为抓手，着力提升管理的精细化和规范化水平。

制度带有根本性、全局性、稳定性和长期性。下半年，要结合教育实践活动，进一步健全我院管理制度体系，依靠制度来管人管事。各职能处室要切实负起责任，根据新形势新要求不断研究完善科学高效的管理办法。落实好土地拍卖第二批补偿金，加快制订出台土地拍卖收入管理办法，明确资金的使用方式和支持重点，为强院建设提供有力资金保障；制定出台科研项目经费管理办法、科研项目绩效考核办法，强化在研项目管理，确保执行质量；其他方面的管理办法也要结合实际陆续出台。同时，以制度建设为抓手进一步强化内部管理，提高全院管理的科学化水平。要继续加强资金争取，强化预算执行，建立“三公”经费管理问责制，实现全院“三公”经费支出只减不增。要加强纪检和审计监督，下半年省委巡视组将来我院开展为期至少2个月的驻院巡视，有关处室要做好工作安排，根据要求配合开展好工作。要加大督促检查力度，完善督办工作机制，形成一级抓一级、层层抓落实的责任体系，特别是要强化院重大事项的督办，做到事事有回音、件件有着落。

（十）以110周年院庆为抓手，着力提升和谐院所建设水平。

当前，公益院庆、学术院庆、文化院庆、和谐院庆各项专题活动正在紧张有序地进行，全院广大干部职工积极参与，院所结合、上下联动，取得了很好的效果。下一步，要通过院庆，进一步继承弘扬老一辈农科院人的优良传统，激发在职人员爱岗爱院的光荣感、责任感与自豪感，营造良好的事业发展氛围。对农业科技展览馆建设及布展、画册编制、形象宣传片拍摄等院庆重点项目，各责任部门要高度重视，有关单位搞好配合，确保按时完成。结合院庆活动，适时启动农业高层论坛——“舜耕论坛”，通过与媒体合作，将其打造成农业科技行业有较大影响力的论坛品牌。以院庆为契机，持续推进和谐院所建设，着力解决好关系广大职工切身利益的问题。进一步加强职工食堂和宿舍区、核心区物业管理。在创新大楼及核心区公共设施维修维保方面探索新的管理机制。兑现职工一次性住房资金补偿挂账，多渠道筹措资金解决旧宿舍楼房屋维修问题。组织职工健康查体，争取门诊所列入省直医保定点单位。开工建设研究生公寓改造项目。当前正值雨季，要重视做好防汛工作，保障干部职工人身和财产安全。以争创全国文明单位为动力，扎实开展一系列精神文明创建活动，一如既往做好老干部、工青妇、安全生产、保密保卫、科技宣传等工作，维护好我院安全稳定的大局与和谐发展的良好环境。

**三、做好下半年工作的几点要求**

当前，我院的发展思路非常清晰，任务目标已经明确，核心的问题在于如何去干，在于如何想方设法把院党委作出的安排部署落到实处，这就是马克思讲的“一步实际行动比一打纲领更重要”。“政治路线确定之后，干部就是决定的因素”，对我院来说，完成下半年艰巨繁重的任务，院中层领导班子和领导干部责任重大。在此，我提四点要求：

（一）解放思想，放宽眼界。

思路决定出路，眼界决定境界。这几年，我院之所以在发展氛围和环境上发生了深刻变化，关键源自于解放思想、创新思维。党的十八大提出，要坚持走中国特色自主创新道路，以全球视野谋划和推动创新，提高原始创新、集成创新和引进消化吸收再创新能力，更加注重协同创新。当前，我院事业发展站在了一个新的起点上，要解决前进中遇到的困难和问题，必须解放思想，走协同创新的路子。倡导建立山东省农业科研院所科技协作委员会，就是要把省内农业科研力量联合起来，一起干点实事，用协同创新推动全省农业科技事业发展，形成服务全省农业产业发展的强大合力。各单位尤其是单位的主要负责同志都应进一步解放思想、创新思维，不要墨守成规、因循守旧，“小成即满、小富即安”，而要善于放宽眼界、提升境界，以推动全省农业发展、推动行业科技进步的心胸来谋划发展，加强与院内外单位的合作，组织协同创新，实现合作共赢。

（二）求真务实，真抓实干。

古语云：“政如农功。”为官干事就像种庄稼，不能急于求成、心浮气躁，更须日夜思之、勤于耕耘。尤其当前我院事业发展进入了关键时期，更需要坚持真抓实干，一张蓝图绘到底，以实干的精神推动工作落实，以实干的成效赢得发展。要积极转变作风，牢固树立周书记提出的“中心在科研、核心在人才、重心在基层”的“三心”观念，把思想统一到干事业上，把精力集中在做实事上，少说空话、套话，多干实事、好事，事儿干成了比什么都强。要注重开展调查研究，切实解决“不接地气”的问题，农业科研单位不了解生产实际，创新就成了无源之水、无本之木，必须更多地深入农业生产一线，更多地倾听农民呼声，提高解决农业生产实际问题的能力和水平。要强化执行，定下来的事情就要雷厉风行、抓紧实施；部署了的工作就要督促检查、一抓到底。要切实做到不推诿、不扯皮，勇于负责、敢于担当，对上对下都要遮风挡雨、履职尽责，一些关键的、重要的环节，各级领导干部更要身先士卒，靠前指挥，抓紧抓好。上半年，赵润田副省长提出并在农口部门实行了月报告制度，对农口单位工作尤其是重点工作每个月都进行督导检查，对我院每月上报的工作要点，各单位一定要瞪起眼来抓好落实，确保月月有明显进展，推动工作取得实效。

（三）找准定位，树立形象。

有为才能有位。作为全省唯一的省级综合性、公益性农业科研单位，我们应当在服务全省发展大局中找准定位，抓住政府关心、社会关注、农民关切的热点和难点问题，上为党委政府排忧，下为农民群众解难，树立我院良好的社会形象。最近，郭树清省长强调，农业生产关键要抓好两端，对延长农业产业链提出了明确要求，这为我们农业科技创新指明了努力方向。我们要按照省委省政府的要求，进一步拓展学科，拉长链条，强化对农业全产业链的科技支撑能力。各单位要主动吃透上情、熟悉下情，善于将事业发展与全省大局、全院大局和行业需求结合起来，以推动行业发展为己任，分析形势，找准差距，牢牢把握工作主动权，不断开创事业发展新局面。

（四）清正廉洁，警钟长鸣。

持之以恒抓好党风廉政建设，严格落实好中央八项规定和我省实施办法。要讲政治、顾大局、守纪律，珍惜组织的培养和个人的成长，正确使用手中的权力，诚心诚意接受组织和群众的监督，严于律己，廉洁勤政，兢兢业业、干干净净地工作，树立为民务实清廉的良好形象。各单位党政主要负责人要坚持一岗双责，带头落实党风廉政建设责任制，在管好自己的同时，切实担负起第一责任人的责任，抓好班子、带好队伍，确保在廉政方面不出问题。

同志们，目前距年底还有 5 个多月的时间，完成全年工作时间紧、任务重。全院上下一定要强化大局观念和责任意识，坚定不移地贯彻落实省委、省政府的决策部署和院党委的工作安排，树立“全院一盘棋”的思想，形成强大工作合力，以更加昂扬向上、奋发有为的精神状态，以更加求真务实、真抓实干的工作作风，推动各项事业又好又快科学发展，圆满完成年度各项目标任务，在新起点上实现强院建设新发展，为再创农业农村发展新优势做出新的更大贡献！

重要讲话

# 王金宝同志在院党委扩大会议上的总结讲话

（2013 年 1 月 29 日）

同志们：

刚才，我们传达学习了习近平总书记的重要批示、中央和我省系列重要会议的主要精神，周林院长简要总结了去年我院的主要工作，并对当前工作进行了部署安排，大家一定要深刻领会，认真抓好贯彻落实。下面，我再讲三点意见：

**一、要切实提高认识，把思想和行动高度统一到中央和我省部署要求上来**

这段时间以来，中央和我省关于改进作风、厉行节约问题下发的文件比较密集。十八届中央政治局制定改进工作作风、密切联系群众的八项规定，充分体现了新一届中央领导集体从严治党、实干兴邦的坚定决心。省委、省政府坚决贯彻中央精神，对如何抓好贯彻落实提出了明确要求，省委常委会研究制定了落实八项规定的实施办法，有关精神刚才我们都进行了传达学习。近日，习近平总书记作出了关于厉行勤俭节约反对铺张浪费的重要批示。省委办公厅和省政府办公厅联合下发了《关于开展厉行勤俭节约反对铺张浪费专项行动的通知》。我院紧密结合自身实际，按照从严从紧原则，研究制定了《关于落实中央政治局八项规定的实施意见》，昨天上午召开院党委会对这个实施意见进行了认真研究，今天印发给大家，大家要认真抓好贯彻落实，确保把中央和省委精神不折不扣地落到实处。

*第一，要提高认识改进作风。*全院各级领导干部要深入学习领会党的十八大精神和习近平总书记一系列重要讲话、中央政治局八项规定和我省制定的实施办法，深刻认识改进作风的极端重要性和紧迫性，切实用中央精神和我省要求统一思想，指导实践，推动工作。要弘扬科学务实的作风，讲政治、讲大局、讲纪律，严格执行院机关月报告制度、限时办结制和处所主要负责人外出请假报备制度。院属单位实行重点工作月报告制度，由院办公室汇总整理印发。各单位在组织有外单位参加的重要会议时实行报备制度，及时向院办公室报备。要从群众反映集中的问题入手，深入查找存在的问题，认真制定整改措施并切实整改到位，以良好作风推动事业发展、维护和谐稳定。

*第二，要深入基层调查研究。*把调查研究作为决策重要依据。健全完善先调研后决策机制，在决策和部署重要工作之前，采取各种形式进行调研论证，广泛征求意见。健全完善定期研究重大问题制度，进一步提高院党委会、院长办公会、院领导碰头会及所长办公会等院所两级会议对研究解决实际问题的效率，对事关单位发展全局的重大问题要集思广益，注重前瞻性研究，把握指导工作的主动权。改进调研工作作风。院机关领导干部要经常到院属单位调研，认真听取意见和建议，帮助基层单位解决实际问题。院属单位领导干部要经常深入农业科研与生产一线调研，根据农民和农业企业的现实需求确定科研方向，解决生产难题。调研坚持轻车简从，不搞层层多人陪同。除工作需要外，不去名胜古迹、

风景区参观。完善党委成员联系点制度。院领导班子成员要经常深入联系的院属单位调研，了解基层单位情况，总结联系工作经验。要把联系点作为改进作风、联系群众的重要阵地，直接了解基层干部群众的所想、所急、所盼，真心实意为基层解决困难。

第三，要减少会议提高效率。减少会议活动。提倡少开会、开短会，能用文件、电话等形式解决的问题，不召开会议。内容相近、时间靠近、与会人员重叠的会议，可合并套开或者接续召开。未经院主要领导批准，党委成员不出席各类剪彩、奠基活动和纪念会、表彰会等，院属单位要减少举办此类活动。提高会议实效。召开会议要注重解决实际问题。适当增加小范围研究问题、协调解决问题的专题会。院和各单位会议，一般在单位驻地举行。各类会议都要提高效率和质量，会前精心准备；开会讲短话、讲管用的话，力戒空话、套话；会后抓好督促检查和跟踪落实。降低会议成本。严格控制会议规模和会期。部门召开的全院性会议，只安排与会议内容有关联的单位参加。各类会议严格按照有关规定，不得提高食宿标准，不组织娱乐、健身活动，工作会议不摆花草、不制作背景板、不搞豪华布置，严禁发放纪念品。

第四，要精简文件提高质量。减少文件制发。凡国家法律法规和党内法规已作出明确规定的，一律不再制发文件。没有实质内容、可发可不发的一律不发。减少各类简报制发，压缩篇幅，提高质量。规范办文程序。院属各单位严格按照程序报文，不得直接向院领导个人报文。需要批复的重要文件和请示事项，应根据时限及时批复。控制发文规格。可以部门名义制发的，不以院党委和行政名义制发。贯彻上级部门文件精神，一般以对口部门名义行文。提高质量实效。对文件的报送程序和格式进行规范，明确主题，控制篇幅，加强综合协调和审核把关。推广电子公文等信息化手段，降低成本，提高效率。

第五，要厉行节约反对浪费。全院各级领导干部要厉行勤俭节约，反对铺张浪费，严格执行公务接待制度，不提特殊要求，不做特别安排，不吃高档菜肴，不接受礼金、有价证券、支付凭证和基层赠送的礼品。加强“三公”经费等各类经费管理，专项制定科研经费管理办法和院控股企业经费管理办法，强化预算执行，严肃财经纪律，确保专款专用。严禁用公款到高档娱乐健身场所消费及购买香烟、高档酒，严禁设立“小金库”，严禁用公款大吃大喝、相互宴请、组织旅游和娱乐健身活动，严禁违反规定乱发奖金、津贴，严禁公车私用。院领导班子成员要从严要求自己，带头简化接待工作，减少应酬，出席活动不摆花草和豪华用品，坚决反对搞形式讲排场。我省明确要求，春节期间，党政机关、事业单位内部不搞联欢会和聚餐会，严禁借总结、表彰、联欢之名用公款宴请。目前，省里已经成立督导组，深入全省各地，进行督导检查。特别强调，以整治春节期间的公款吃喝风为重点，发现违规现象，坚决严肃查处。大家一定高度重视，坚决刹住相互宴请、公款吃喝的风气，别往枪口上碰。

第六，要规范出访注重实效。认真贯彻落实中央和我省有关因公出国（境）管理规定，结合我院科研发展和对外科技交流合作的需求，合理制定年度出访计划。严格出访经费管理，控制出访人次和时间，无实质性内容的出访不予安排。出访不搞迎送，由国际合作处负责安排相关事宜。

第七，要廉洁自律率先垂范。健全完善各项规章制度，确保制度执行到位。进一步加强各级领导班子建设，加大党务、院务、所务公开力度，全力推进开放办院、民主办院。要结合民主生活会，对照检查存在问题，认真开展批评和自我批评。要严格遵守《中国共产党党员领导干部廉洁从政若干准则》等廉洁自律各项规定，严格要求亲属和身边工作人员，严格执行住房、车辆配备等工作和生活待遇的规定。

第八，要加强监督强化落实。各级领导干部要自觉接受党内监督、民主监督、社会监督和舆论监督。院办公室要加强督查督办，提高全院执行效率。纪检监察和审计部门要把监督执行落实中央八项规定的实施意见作为一项经常性工作来抓，持续强化审计监督。全院广大干部职工要加强对这项工作执行情况的监督，共同把各项要求落到实处。

## 二、要切实认清形势，科学把握农业科技事业发展方向

当前，中央和省委关于“三农”工作的新思想、新论断、新观点、新举措，对我院农业科技事业发展具有很强的指导性和针对性。大家一定要统一思想，提高认识，深刻领会，把握精髓，切实用以指导实践，推动工作。

### （一）要准确把握稳中求进的总基调。

今年，中央和我省都把工作的总基调定为继续稳中求进。姜异康书记在全省经济工作会议上，讲到2013年全省经济工作的总体要求时指出，要以提高经济增长质量和效益为中心，稳中求进，促进工业化、信息化、城镇化、农业现代化同步发展。在近期我省召开的其他会议上，稳中求进的总基调也都得到了体现和强调。这是省委、省政府在全面分析世情、国情、省情和民情基础上作出的重要决策，对于保持我省经济社会发展的良好势头具有十分重要的意义。

对我院来讲，把握稳中求进的总基调也很合时宜、符合实际。今年是我院创建110周年，作为一个百年老院，我们有深厚的文化底蕴和充足的发展后劲。特别是强院建设以来的这九年，我院各项事业突飞猛进，科研、办公条件得到了根本改善，立项经费连续两年超过2亿元，事业发展到了一个较高层面。在这个层面上如何持续发展，如何处理好质量和速度问题，如何正确设定我们的目标方向，需要我们认真思考、科学把握。可以说，现在我们搞科研，钱已经不是最大的问题，甚至很多学科的经费已经比较充裕。从另一个角度来看，科研经费多了，科研任务也重了，我们的专家一个人主持和参与多项课题，但是这些课题目标设定是不是科学，经费支出是不是规范，是否能出效益，研究上有没有突破，能不能按时结题，结题后具不具备申报重大成果的条件和水平，这些问题恐怕大家都需要深入思考。所以，在目前这个发展层面上，我们应该根据新阶段新特点适当调整一下思路，坚持稳中求进，更加注重发展的质量，更加注重重大品种、重大成果、主导产业与核心产品的研发和培育。按照稳中求进这个总基调来筹划发展，推进改革，制定措施，部署工作，解决矛盾，规避风险。

### （二）要准确把握农业科技发展的新形势。

去年，我国粮食实现了“九连增”，我省实现了“十连增”，其中农业科技起到了重要支撑作用。当前，农业发展正从主要依靠资源消耗加快转到主要依靠科技进步上来，这

是政策导向，也是现实需要。近期召开的中央及我省农村工作会议按照十八大精神要求，对新时期“三农”工作作出了重要部署，制定了“保供增收惠民生、改革创新添活力”的工作目标，对农业科技事业提出了明确要求，也赋予了艰巨使命。农业部在部署 2013 年重点工作时，除了强调“两个千方百计、两个努力确保”的目标外，首次提出“两个持续提高”，即持续提高农业科技进步贡献率和农业资源利用率。今年中央和省委 1 号文件在培育新型经营主体、深化产业经营等方面也有新阐述，对我们的科技产业化提出了新要求。党和政府对农业科技的高度重视，为我们农业科研单位指明了发展方向，提供了发展机遇，创造了良好的发展环境，我们应该十分珍惜，切实把握和用好这个重大机遇。

另外，去年年底我省出台了科技 16 条和知识产权 12 条，这对加速科技资源流动、促进成果转化和提高科技人员的创新积极性具有重要作用，我院要紧密结合实际，认真研究落实办法，在充分调动大家积极性的同时，又要保护我们院所利益，避免资源流失。

同时，我们也要清醒地认识到面临的压力和挑战。这次中央农村工作会议在分析当前“三农”发展形势时指出，我国现代化建设中最薄弱的环节仍然是农业现代化滞后，农业发展面临“双高”和“双紧”问题，就是农业生产发展已经进入高成本、高风险阶段，进入资源环境约束趋紧、青壮年劳动力紧缺阶段。今年省委 1 号文件分析我省农业存在“三难”和“三低”问题，即农民增收难、融资难、农产品流通难，以及农民的组织化程度、农业社会化服务、农村公共服务水平仍比较低。要解决这些问题，作为全省唯一的综合性、公益性省级农业科研单位，我们必须强化科技支撑，扎实服务农业生产，责无旁贷，也时不我待。

（三）要准确把握我院发展的主方向。

科学分析形势、把握形势之后，我们就要紧密结合自身实际明确发展方向，做到因势利导，顺势而为，乘势而上。现在，我院完成了土地拍卖，今后一段时间事业发展有了资金保障，这些钱怎么花、要干哪些事、能出什么成效，这件事就交给周院长牵头组织相关部门认真研究。关于当前和下一步工作总的要求是：全面贯彻党的十八大精神，以邓小平理论、“三个代表”重要思想、科学发展观为指导，认真落实中央和省委 1 号文件及有关重要会议提出的各项任务，深入实施科研立院、服务兴院、人才强院、文化铸院、开放办院五大方略，坚持稳中求进，创新体制机制，统筹协调发展，不断增创我院学科和产业发展新优势，努力为我省农业持续增产、农民持续增收、农村面貌持续改善提供有力的科技支撑。

重点围绕保障粮食安全和主要农产品有效供给、现代农业高新技术、食品安全、动植物重大疫病防控、农业生态和宏观农业研究等重点热点问题，深入推进学科建设；围绕培育我院主导产业、引领和带动我省种业产业转型升级，运营好山东种业集团；围绕集中体现山东农业特色优势、打造高水平现代农业示范区的目标要求，购置建设综合试验示范基地；围绕培育领军人才、打造优秀创新团队、提升核心竞争力的目标，抓好人才队伍建设，并发挥好山东大学农学院的作用；围绕“院庆促发展，创新惠三农”的主旨和提振信心、凝聚力量、树立形象的目标要求，扎实抓好院庆年活动。

## 三、要切实增强责任感与紧迫感，创造性开展工作

过去的一年，我院事业发展取得了显著成效，特别是事关发展全局的几件大事取得了实质性进展：土地拍卖获得了理想收益，打了一个胜仗、大胜仗；种业集团完成了工商注册，近期就要正式揭牌；新试验地购置与济阳县签订了框架协议，正在加紧推进；创新大楼的超支款通过向省财政积极汇报争取，也都得到了圆满解决；完成了岗位设置和中层班子调整，职工午餐有了保证，全院形成了一种向上的冲劲儿、一股凛然的正气和一个良好的精神状态。

最近对各单位进行了年终考核，从考核组汇报情况来看，自去年中层班子调整以来，开局非常好，在很短的时间内，多数单位的工作都有了很大起色，见效很快。在外部环境营造、科研经费争取、重大成果申报、管理制度完善、民生问题解决等各个方面都取得了突破性进展，展现了良好的精神风貌和强烈的创业热情。干部队伍中，奉献至上的思想境界、大局至上的政治境界、事业至上的工作境界都得以激活迸发，广大职工的满意度明显好于往年。

2013 年是全面贯彻落实党的十八大精神的开局之年，是我院创建 110 周年，也是对中央和我省重要政策的落实年。关于年底前后的工作，刚才周林同志作出了安排部署。大家要以时不我待、只争朝夕的精神，创造性开展工作，切实抓好贯彻落实。那么怎样才能创造性开展工作呢？我想我们的领导干部起码要做到以下三点。

**第一，要坚持“两点论”和“底线思维”。**“两点论”和“底线思维”是中央和我省多次强调的工作方法，是对领导干部想问题、办事情的基本要求。坚持“两点论”，就是要在分析形势时，既要看到有利条件和积极因素，也要看到各种困难和严峻挑战，也就是坚持历史唯物主义的辩证法和方法论。坚持“底线思维”，要求我们凡事先要做好最坏打算，向最好的方向努力，处理问题时做好迎接更大困难的准备，努力争取最好的结果，这也是忧患意识、责任意识的集中体现。我院有些干部在坚持“两点论”和“底线思维”上还有很多欠缺，有时候只看到有利条件，盲目乐观，轻率冒进，为事业发展埋下了不少隐患；有时候又只看到不利条件，消极悲观，畏缩不前，长期打不开工作局面。这些态度和做法都不能要，对单位对个人都没有好处。以后，大家在处理矛盾、谋划工作的时候，一定要一分为二地看问题，未雨绸缪地做准备。只有正确认识形势的“优劣”和自己的“长短”，特别是对不利因素作更加充分的估计和更加充足的准备，看清底线和症结所在，挖掘问题背后的深层次原因，才能激发更大的主动性和创造性，坚定信心，积极应对，从而推动事业科学发展。

**第二，要学会弹钢琴，善于抓重点。**从 2004 年开始，我们每年都会确定几个事关全局性、战略性、方向性的问题，作为全年甚至更长一段时间工作重点，比如重大成果培育、土地拍卖、种业集团筹建、试验基地购置建设等等，目前来看这些工作带动全院发展的成效还是很明显的。各研究所作为法人单位，不管规模大小，方方面面的工作都很多，如果不分主次、不看缓急，眉毛胡子一把抓，那肯定不行，就会好事办不好，大事办不成。院里的做法和经验，各单位可以学一学，每年也定上几件大事，集中精力抓出成效，办不成

不罢休。在这个问题上，各单位的主要负责同志起关键作用，不但要自己保持清醒头脑，而且要发挥群策群力，在深入调查研究、广泛征求意见的基础上确定哪些才算得上是大事。当然，抓大事，不是要放弃常规工作，而是要通过抓大事来带全局，关于大事和全局之间的关系就不多讲了，相信大家一定能统筹安排好。

**第三，要强化执行，狠抓落实。**目标任务确定后，能不能落实到位，取得理想的效果，关键在于执行力的强弱。关于执行力问题，以前我讲过多次，以后还要强调。为什么？因为执行力对一个单位来讲太重要了，这是决定成败的关键因素，也是检验一个干部的党性觉悟、责任意识、领导能力的重要标准。强化执行要有一股韧劲儿。要有那种“咬定青山不放松”的精神，对各项既定任务，不管难度有多大，都要敢于迎难而上，在攻坚克难中积极作为。对院里确定下来的工作要立说立行，以雷厉风行的速度抓紧落实。对一些关键环节和大事难题，各单位负责人要身先士卒靠前指挥，敢打敢拼，敢于负责，不能推诿扯皮或者层层交办，贻误时机，影响发展。另外，强化执行还要会用巧劲儿。要善于用脑，创新思维，根据院里的总体要求，结合本单位实际，创新工作方法、创新工作机制，创造性开展工作。在执行过程中，大家很可能会面对许多复杂情况，甚至是重大困难，这就需要动脑筋、用智慧去克服。我常说办法总比困难多，办法总比问题多。如果工作上没有困难和问题，还要我们的干部做什么？领导干部就是要来克服困难、解决问题的。当然，创造性工作也要守规矩，解决问题的办法要建立在遵纪守法、合理合规的基础上，绝不能碰触红线，胆大妄为，否则害人害己。

同志们，让我们紧密团结在以习近平同志为总书记的党中央周围，深入贯彻落实党的十八大和中央、我省重要会议精神，凝心聚力，扎实工作，不断推进农业科技强院建设再上新水平，努力为我省增创农业农村发展新优势、提前全面建成小康社会做出新的更大贡献！

# 周林同志在院党委扩大会议上的讲话

（2013 年 1 月 29 日）

同志们：

刚才，传达学习了习近平总书记的重要批示精神和近期召开的中央及我省一系列重要会议精神，大家要深刻领会，紧密结合自身实际，切实抓好贯彻落实。全院要以贯彻落实这些重要会议精神为契机，进一步推动当前工作。下面，我讲三个方面的问题。

**一、深入学习领会中央和我省系列重要会议精神，进一步增强发展的责任感与紧迫感**

今年年底，中央和我省召开的系列会议非常重要，对我院做好当前和今后一段时期的工作具有重要指导意义，我们一定要把贯彻落实这些重要会议精神与推动当前工作紧密结合起来，把思想和行动高度统一到中央和省委部署要求上来，切实将会议精神落到实处。

*一要深刻认识中央和我省对当前国际国内形势的分析和判断。*这几次重要会议在分析形势时，都指出我们处于重要战略机遇期的基本判断没有变，各种发展机遇和有利条件依然存在，但面临的矛盾和问题也不少。会议指出当前农业农村经济发展站在了新的历史起点上、面临新的历史机遇、承载新的历史使命，作出了农业发展呈现“双高”“双紧”阶段性特征的重要判断，分析了我省目前存在的“三难”和“三低”问题。我们要清醒地认清当前新形势新特点，既要看到大好形势，又要明确严峻挑战，在全面分析面临形势和农业发展阶段性特征的基础上，将我院各项工作置于全省大局来谋划，明确目标任务，做出应有贡献。

*二要深刻理解中央和我省重要会议的总体要求。*通过贯彻会议精神，我们要更加清醒地认识到，做好今年经济和农村工作，要牢牢把握“稳中求进”的工作总基调，树立以提高增长质量和效益为中心的发展导向，把握“稳增长、调结构、促改革、惠民生”的基本要求，深化改革开放、强化创新驱动，促进“四化”同步发展。我们要牢牢把握基调，突出重点，结合我院实际，明确自身定位，努力为培育形成农业农村发展新活力、新动力、新体系、新优势提供科技支撑。

*三要准确把握中央和我省重要会议的重大部署。*通过贯彻会议精神，我们要明确目前“四化同步”中最关键最紧迫的任务是加快建设农业现代化，准确把握“三农”工作中“不动摇不削弱、不麻痹不松懈、不放松不滑坡、不折腾不跑偏、不减弱不走样、不徘徊不停顿”的重大要求，结合我院实际，强化中央和我省的决策部署的贯彻落实，在保障粮食安全和重要农产品有效供给上下功夫，在着力提高农业质量和效益上下功夫，在促进农民收入持续增长上下功夫，在推动城乡一体化发展上下功夫，积极为推进现代农业发展贡献力量。

*四要紧密对接国家和我省重大战略需求。*研究制定切实有效的工作措施，特别是要围绕我省“蓝黄”两大重点区域带动战略、千亿斤粮食生产能力规划和十大特色产业振兴规划实施，以及种业创新能力提升、现代农业示范区建设、农产品质量安全建设等方面，研究制定如何提供农业科技支撑的具体措施，以自身贡献赢得各方支持，努力将强院建设推

向新阶段。

## 二、总结回顾好2012年工作，坚定发展的信心和决心

2012年1月4日和12月4日，省委副书记、省长姜大明和省委副书记王军民分别来我院视察，对我院事业发展给予了充分肯定，极大鼓舞了我院干部职工干事创业的热情。一年来，我院在省委、省政府的正确领导下，深入贯彻落实科学发展观，紧密对接国家和省重大战略需求，扎实推进农业科技强院建设，各项事业发展都取得显著成效，有些工作实现了重大突破。

### （一）六项重点工作取得突破性进展。

一是土地拍卖取得理想收益。在省市各级领导的关心支持下，我院通过深入调研，多方汇报，竭力争取，克服重重困难，在土地拍卖工作负责同志和相关处室的不懈努力下，2012年11月14日下午完成拍卖，拍卖总价16.1亿元，取得了理想收益。电建路地块拍卖既是落实省政府重大支持政策的重要举措，也为我院今后一个时期的跨越发展提供了资金保障。

二是种业集团组建正式注册成立。种业集团组建作为我院一项重点工作，专门成立了工作领导小组和筹建办公室，经过充分调研论证，积极汇报争取，整合院内优势资源，引入战略合作伙伴，报批集团组建方案，研究制定发展规划等各项程序，12月份已完成工商注册登记，取得公司营业执照。争取省财政厅已将种业集团的运转费纳入了明年财政预算。下一步要抓进完善各项制度，尽快启动运营。

三是新试验地购置取得阶段性进展。2012年以来，继续就地块遴选进行了多方考察，与地方政府进行了深入对接。在综合比较的基础上，确定了济阳太平镇地块。特别是王军民副书记来院视察后，这项工作得到了省市各级领导的关心支持。目前已与济阳县达成了试验地购置框架协议。总体建设规模大约在5000亩左右，分两期进行，一期建设2000亩。下一步院基地管理中心要加快基地规划建设进度，可以采取边申报、边规划、边建设的办法，尽快理顺工作机制，高标准、高水平规划建设，使基地既满足我院科研需要，又力争建成我省乃至全国现代农业的示范样板。

四是小麦玉米国家工程实验室揭牌。经过一年的筹备，小麦玉米国家工程实验室于今年5月份正式揭牌成立。这成为我院承建的第一个国家级实验室，也是我省首个作物类国家工程实验室。贾万志副省长出席仪式并为实验室揭牌。

五是获得山东省科学技术最高奖。赵振东研究员荣获2012年山东省科学技术最高奖，这是我院获得的第一个最高奖，也是我院高层次人才培养的重要突破。

六是岗位设置和机构清理规范工作基本完成。圆满完成了岗位设置工作，我院争取的二级和正高级岗位在省属高校及科研院所中是最多的，其他岗位也基本满足了现有人员需要，全院共有1049人因岗位设置实现增资，占全院职工总数的61%。扎实做好机构清理规范工作，按照实现我院利益最大化和符合长远发展需求的原则，制定了机构清理规范方案，目前已上报省编办，将于近期批复。

### （二）科研创新方面。

在全院广大科技人员的努力下，我院自主创新能力和综合实力显著提升，“十一五”全国农业科研机构综合科研能力评估工作中，我院有9个研究单位进入全国百强研究所，继续位居全国第一。科研立项方面。据初步统计，2012年全院共争取新上项目300余项，立项总经费超过2亿元。其中，主持公益性行业科研专项、科技支撑计划、转基因重大专项、国家发改委育种能力建设专项、省自主创新专项等重大课题8项。在今年我省启动的现代农业产业技术体系创新团队中，争取到棉花产业首席专家岗位及棉花、羊产业专家岗位3个。争取到农业部农业科研杰出人才及其创新团队2个。成果奖励方面。“超高产稳产多抗广适小麦新品种济麦22的选育与应用”成果获得国家科技进步二等奖，实现了我院国家级奖励连续11年不断线。获得省级科技奖励14项，其中省科技进步一等奖3项，省技术发明二等奖2项，省科技进步二等奖3项。获得省农牧渔丰收奖一等奖1项。获得授权专利201项，其中发明专利120项。获得软件著作权58项，植物新品种权2项，审认定品种44个，制订地方/行业标准48项。学科建设方面。结合我院科研实际，提出了“十二五”学科建设的整体思路和学科设置框架方案，研究制定了学科建设管理办法、相关政策和考评体系，广泛征求了院所各层面的意见。组织开展了学科及创新团队专家和学科骨干培养对象的遴选，为下一步工作奠定了基础。科研条件方面。农业部黄淮海农业环境重点实验室建设项目启动。山东省农产品精深加工技术实验室获批，至此我院省级重点实验室总数达到12个。我省首个“山东省地方鸡品种资源活体基因库”获批立项。国家花生改良中心青岛分中心二期建设项目通过验收，农业部蚕桑产业产品质量监督检验测试中心（烟台）顺利通过了复审。山东省作物遗传改良与生态生理重点实验室再次获选省十大重点支持实验室。我院连续5年获得济南市大型科研仪器设备共享工作先进单位荣誉称号。

（三）推广服务方面。

对接“第一书记”开展科技扶贫活动。组建了25个专家服务团针对4地市291个贫困村开展“第一书记”帮扶工作，举行了科技扶贫活动对接会，争取省财政科技推广服务经费500万元，实现我院科技推广服务经费零的突破。同时，选派3名同志到聊城市3个村担任“第一书记”，开展抓党建促脱贫工作，共筹集帮扶资金300万元，为帮扶村解决了饮水问题，建设了“农业科技大院”，赠送了2万斤小麦良种，得到了省委组织部领导和当地干部群众的充分肯定。扎实开展“农业科技促进年”活动。一年来，面向我省蓝黄两大经济区和沂蒙革命老区发展需求，扎实开展服务乡村、服务农民、服务企业“三服务”行动。依托我院“农业部现代农业技术培训基地”和“山东省星火培训基地”等平台，充分履行国家和省现代农业产业技术体系岗位科学家（专家）、综合试验站站长职责，大力开展农技培训活动，举办各类科技培训班280余期，观摩交流会12次，培训农业技术员和种养殖大户5万余人次，发放各类技术资料16万余份。在全省各地参与建设小麦、水稻、棉花等高产高效农业示范区50余处，新建院级科技示范基地4处。一批优良品种和先进技术被列为国家和省主导品种和主推技术。发挥媒体优势促进成果转化。与农村大众报签署战略合作协议，共同打造“服务新农村大讲坛”，多次选派专家参与了“齐鲁大篷车，文化三下乡”等公益活动，受到当地农民和广大观众的普遍好评。在省级以上媒体上刊发了120多篇科技宣传稿件，有力推介了我院的新成果、新技术。1人被评为全省科技兴农功勋专家和山东十佳三农人物。1人被评为全省科技兴农先进个人，荣立二等功。1人被评为全国粮食生产先进个人。1个单位被评为全省科技兴农先进集体。

（四）科技产业方面。

千方百计加强开发创收。以产业转调升级为主线，在稳定传统优势产业的同时，依托新兴学科探索新的产业增长点，各单位圆满完成了上缴任务。企业自主创新能力不断增强。共组织全院企业申报各级产业项目18项，立项经费3511万元，其中过千万项目1项。加大了对新产品、新技术的研发力度。建立了产业项目数据库，规范产业项目管理。奥克斯公司与济南市畜牧局在长清共建了“奶牛优良种植创新与遗传改良平台”项目，建成后将成为国内规模最大的高产优质荷斯坦奶牛种质资源基地。规范经营性资产管理。配合相关部门和单位完成了南院房产交接工作，保证了房产租赁业务的正常开展。严格把关国有资产投资事项，确保国有资产运营不出问题。奥克斯公司、鲁研公司等企业进行了增资扩股。强化了企业安全生产。督促各单位制定了严格的操作规程标准，本年度各企业未出现安全责任事故。为确保钴源安全使用，对设备进行了升级改造，并将退役钴安全运离我院。产学研结合取得新成效。组织召开了14省市农科院种业发展研讨会，探讨新形势下农业科研单位发展现代种业的思路和做法。与济南市科技局合作搭建了产业发展和科技服务平台，“服务济南”活动深入推进。与中农集团种业有限公司签订玉米研发战略合作协议，探索出一条资本、技术合作的新途径。

（五）人才队伍方面。

调整优化了干部队伍结构。3月至7月，对全院中层领导班子进行了大范围调整，共有134名同志离开、交流或提拔到处级领导干部岗位，同时任命了33名党的基层组织负责同志，中层班子的学历结构、年龄结构以及性别结构得到了明显优化。抓好高层次人才队伍建设。实施“领军人才培养工程”和“杰出人才引领计划”，加大海外高层次人才引进力度，今年新增泰山学者特聘专家1人与泰山学者海外特聘专家1人，新增享受国务院政府特殊津贴1人。新引进了22博士、17个硕士来院工作。强化科研“流动层”建设。山东大学农学院已进入运行阶段，目前共招收博士5名，硕士8名，2013年将实现独立招生。充分发挥博士后科研工作站和研究生联合培养基地的作用，2012年招收博士后9人，出站7人，4人获得副研究员职称资格；累计合作培养研究生404人，目前在读研究生169人，各类人才为强院建设献智出力的开放兼容环境逐步形成。扎实开展教育培训工作。组织开展了处级干部培训会议，充分调动了中层干部队伍干事创业积极性。组织开展了专业技术人员培训和新进工作人员培训，取得了良好效果。干部教育培训工作逐渐向专业化、制度化、体系化转变。

（六）国际合作方面。

国际方面，以深入实施“同纬度、同生态国际先进农业技术成果引进计划”为主线，扎实开展各类富有成效的国际合作。围绕作物种质资源利用、蔬菜、果树、畜牧等技术引进，与波兰、美国、加拿大、韩国、巴西和墨西哥等国家加强了访问交流，签订了科技合作协议，开辟了新的合作渠道。邀请国外知名研究机构和科技人员来院访问，在果树生物技术、乳酸菌生物功能分析等领域，与美国、印度等国家的高层次专家开展联合攻关。新上各级各类合作项目17项（其中2项通过专家组评审待落实），其中科技部国家级国际合作项目2项。积极落实国家中非农业合作战略，选派专家赴厄立特里亚进行农业示范中心考察，为我国援非工作探索可行路径。集中全院力量援助苏丹项目取得显著成效，苏丹农业技术示范中心现已竣工，并进入技术合作期，我院棉花品种“鲁棉研28号”顺利通过苏丹国家审定，将在苏丹棉花生产中发挥重要作用，创造了苏丹转基因棉花合法种植的历史。苏丹农业技术示范中心被我国商务部作为援助非洲20个国家农业示范中心的典型给予表彰。

国内方面，加强了与中国工程院、中国农科院、山东大学、山东农大和青岛农大等国内知名科研机构和高等院校合作，推动产学研、农科教、上中下紧密结合。加强了创新联盟建设。我院牵头申报的山东省农村信息化、畜禽兽药产业及甘薯产业联盟已列入省第三批产业技术创新战略示范联盟。与省科协合作组建了山东省科普惠农联盟，实现了科协系统的组织优势和我院成果与人才优势的有机结合。与地方政府合作建设了示范区。与北京首农集团、长清区人民政府签署协议，共建农产品标准化园区。与寿光市人民政府签署协议，共建国家现代农业示范园区。

（七）强化管理方面。

人事管理方面。完成了医保改革工作，今年起全院驻济单位医疗保险所需费用由个人、单位和社会保险共同承担，其中单位缴费由省财政承担，从根本上减轻了驻济单位医疗费用支出的压力。财务管理方面。共争取财政资金3.81亿元，比2011年增加9700万元，增长34%，有力地保障了全院和谐稳定和科研事业的持续快速发展。争取省财政厅全额追加了创新大楼超支经费。在全院范围内组织开展了“财务管理提升”活动，完成了“财务管理提升”活动的动员会暨首期业务培训工作培训。对会计中心职能进行了重新调整，由集中核算改为单位自行会计核算的财务管理体制，目前全院财务运行良好。集中组织了各类财务检查，加强了国有资产监管，植保站院落土地和房产已经成功划转我院。内部审计方面，充分发挥内审职能，借助社会力量加大审计力度，对14个单位进行了离任经济责任审计。配合省审计厅对我院法定代表人进行了离任经济责任审计。强化了对我院承担的转基因重大科研项目、国家自然基金等项目专项审计和结题审计，做到边审计边整改，切实做到防患于未然。节能减排方面，强化“三公”经费管理，有效控制了“三公”经费支出额度。在全院组织开展了节能宣传周活动，认真做好节约型机关建设工作，节能减排工作取得显著成效。

（八）和谐院所方面。

切实为职工谋福祉，着力解决职工工作生活中的热点难点问题。职工餐厅和健身活动场所建设全面完工。职工餐厅正式开业，多年来职工中午吃饭问题得到解决。另外，为丰富职工文体生活，办公区的室内外体育场和一二宿舍健身活动场所全面建成。创新中心主楼亮化工程于6月28日顺利通过验收。完成了院机关办公家具的采购安装工作。实施了核心区大型苗木移栽、景石增置等绿化美化提升工程。创新中心和宿舍区的物业管理工作进一步走向科学化与规范化。对创新中心主供电源进行了增容，目前低压部分已完成招投标。完成了换热站“汽改水”及暖气管道改造工程，集中对宿舍区供电线路进行了检查维修，对排水系统进行了疏通清理。安全生产、治安保卫和消防工作始终紧抓不放，实现了全年无重大安全事故和汛灾疫情。继续高度重视老干部工作，充分发挥老干部作用，召开了全院老干部工作会议和情况通报会，选派老干部代表在院处所长竞争性选拔工作中参加民主推荐与测评，认真落实了老干部政治、生活两项待遇。

（九）党的建设方面。

党的思想、组织、作风、制度和反腐倡廉建设得到全面加强。高度重视理论武装工作。年初对全年政治理论学习进行统一安排规划，坚持中心组学习制度，组织党员干部职工学习了党的十八大和省十次党代会等会议精神，印发了《关于认真学习宣传贯彻党的十八大精神的实施意见》，举办了纪念中国共产党成立 91 周年专题党课，进一步提升了广大党员的思想境界和理论水平。积极开展基层组织建设年活动。8 个基层党组织改建为党委、7 个基层党组织改建为党总支，28 个党组织按时完成了换届。全年发展新党员 11 名，预备党员转正 15 名，党员队伍结构进一步优化。2 名同志当选省第十次党代会代表，3 名同志当选省直机关党代会代表。精神文明建设不断加强。文明创建活动卓有成效，创先争优活动深入开展。积极组织开展慈善捐助活动，驻济单位共上缴善款 12.4 万元，并为我院 1 名职工家属申请了帮扶救助。深入开展“能力年”主题实践活动，组织开展了“我的履职能力从哪里来”征文和演讲比赛。群团组织和统一战线积极发挥作用，举办了全院第十五届职工运动会，组织召开了“学习雷锋，岗位建功”座谈会、“五好文明家庭”表彰会等一系列丰富多彩的活动。我院连续 7 年保持省级文明单位荣誉称号，1 个研究所晋升为省级文明单位，9 个研究所为省直文明单位，全院文明创建工作取得丰硕成果，院所更加和谐。扎实推进党务公开工作。印发了《关于进一步推进全院党务公开工作的通知》，充分发挥典型带动作用，有效保证了党员群众的民主权利。省委省直机关工委党务公开工作领导小组来考察时，对我院党务公开工作给予了充分肯定和高度评价。加强反腐倡廉建设。召开了全院党风廉政建设会议，签订了党风廉政建设责任书，在全院党员领导干部中开展了“恪守从政道德、保持党的纯洁性”教育活动，组织开展了警示教育活动，强化了纪检监督职能，筑牢了党员干部拒腐防变的思想道德防线。

**三、扎实做好当前各项工作，确保我院和谐稳定**

还有十来天就是春节了，年底大家要对已经完成的工作进行全面总结，对还没完成的工作要抓紧完成，对以后的工作要积极谋划，各项工作头绪多、任务重，我们一刻也不能松懈。下面，就做好当前工作，我着重强调几点：

一是科学谋划明年工作思路。2013 年是深入贯彻落实党的十八大精神的开局之年，是我院创建 110 周年，做好 2013 年的各项工作事关全局、至关重要。“凡事预则立不预则废”，强调的就是工作要有计划性。当前，中央和我省都相继召开了一系列重要会议，对明年的工作做出了重要部署，为农业科技事业发展指明了方向。大家一定要在深刻领会国家和我省重要会议精神、正确把握当前形势特点的基础上，抢抓发展机遇，结合自身实际，提前谋划好大思路，争取有大作为。同时，抓好项目争取和成果申报工作，科研处要配合各单位，紧跟有关部委和我省有关部门的科研政策动态，为上大项目、建大平台、出大成果创造条件。财计处要超前谋划，积极向省有关部门汇报争取，为明年有一个好的预算盘子奠定基础。有关处室要抓紧研究省成果转化 16 条政策的对应管理办法，既要调动科技人员的积极性，又要规范好成果转化，维护好单位利益。

*二是扎实做好院庆组织筹备工作*。经专家论证确认我院前身系创建于 1903 年的山东农事试验场，今年是我院创建 110 周年。根据院党委会研究意见，成立了院庆工作领导小组。目前，已经初步拿出了筹备工作意见，以“院庆促发展，创新惠三农”为主旨，突出公益院庆、学术院庆、文化院庆、和谐院庆四大主题，坚持“把院庆办到田间地头，让成果惠及千家万户”，做到院庆上地头，农民进院区，产研大对接，全员共参与。以院庆为抓手推动全院各项事业实现又好又快科学发展，为经济文化强省建设做出新的更大贡献。

*三是确保节日期间安全稳定*。2013 年春节马上就要到了。扎实做好安全生产和治安保卫工作，全力维护我院来之不易的和谐稳定的发展局面，对做好 2013 年各项工作具有重要意义。发展是第一要务，维稳是第一责任，各单位要高度重视，始终绷紧安全生产这根弦儿，时刻不能放松。行政处、保卫处的同志们要进一步提高警惕，切实负起责任，推动我院安全管理工作再上新台阶。要严格落实安全生产责任制，认真做好防火防盗工作，行政处要协调物业管理部门切实搞好节日期间的水电暖供应，为广大职工的工作生活提供有力的后勤保障。同时，要全力维护我院和谐稳定，把工作做深、做细、做实，畅通群众利益诉求渠道，扎实做好矛盾纠纷排查化解工作，努力将矛盾和问题消除在萌芽状态。要建立健全各类突发事件的应急预案，充分做好应对和处置各类突发事件的准备工作。认真执行节日期间 24 小时值班制度，各单位都要安排专人在岗值班，领导干部在岗带班，保证及时处理相关事务，确保不出任何安全问题。

*四是扎实开展送温暖活动*。各级各部门要按照中央和我省的部署要求，以对人民群众高度负责的精神，转变作风，深入基层，深入群众，解决好困难职工的实际问题。切实做好老复员军人、军烈属等重点优抚对象和劳动模范、先进工作者及离退休老专家、老同志的走访慰问工作。要探索建立送温暖长效机制，充分用好各项社会保障制度，帮助我院困难职工家庭落实救济政策。要切实做好与职工生产生活密切相关的供水、供电、供气、供暖等工作，确保广大职工过一个欢乐祥和的春节。

*五是持续加强廉政建设*。各级领导干部要严格遵守中央八项规定和省委《关于贯彻落实中央八项规定的实施细则》以及习近平同志关于厉行勤俭节约反对铺张浪费重要批示精神，大力发扬艰苦奋斗、勤俭节约的优良传统，坚决防止讲排场、比阔气、铺张浪费现象，严禁用公款搞相互走访、相互送礼、相互宴请等拜年活动，严禁用公款大吃大喝、旅游和参与高档消费娱乐、健身活动。要严肃财经纪律，严禁以各种名义年终突击花钱和滥发津贴、补贴、奖金和实物，严格控制年终评比达标表彰活动，削减一切不必要开支，纪检监察和审计部门要搞好监督检查。大家要廉洁自律过好“年关”，严禁以各种名义接受和赠送礼品、礼金、有价证券和支付凭证，不但要管住管好自己，同时还要管好自己身边的人，

把好自家门，各扫门前雪，确保不出任务问题。

同志们，习近平总书记强调“空谈误国，实干兴邦”，我们要认真领会，切实做到讲实话、办实事、求实效、不空谈，以扎实业绩为农业科技事业做出应有贡献。在新春佳节即将来临之际，在这里给大家拜个早年，感谢大家一年来对院党委的支持和拥护，同时也恭祝大家蛇年吉祥、万事如意！

# 王金宝同志在2013年全院工作会议上的讲话

（根据录音整理 2013年2月26日）

同志们：

刚才，周林同志代表院党委和行政作了一个很好的报告，从八个方面对去年工作进行了总结，确定了2012年的基本估价，即去年是我院发展史上极其重要的一年，是攻坚克难的一年，也是收获的一年；对今年工作作出了“八个新”的具体安排，尤其是作出了在新起点上实现新发展的总体部署，大家要认真学习领会，切实抓好贯彻落实。我院自2004年院第一次党代会正式提出强院建设战略，之后几年不断丰富内涵、提高标准。截至目前，这一阶段的强院建设目标任务已经基本完成，综合实力跃居全国省级农科院前列，强院建设站到了一个新的起点上。当前，我国农业现代化建设进入了依靠工业化、信息化、城镇化、市场化带动农业发展的新阶段。我院事业发展薪火相传，迎来了创建110周年。农业科研单位面临国家新型农作物种业创新体系加快构建、人才竞争异常激烈、现有分配激励机制难以突破的新形势。因此，在这个节点我们召开全院工作会议非常重要。下面，我再讲五个方面的问题。

**第一，回顾强院建设以来的发展成效，我们应该总结哪些成功经验？**

强院建设以来，我院在省委、省政府的正确领导下，在老一辈农科院人打下的良好基础上，不断强化自主创新，提升科技支撑能力，推动各项事业取得又好又快科学发展，成为我院发展史上最好的时期之一。工作做法和成效可概括为“一二三四五”，即确立了“一个目标”，就是建设国内一流、国际有影响的农业科技强院；狠抓了科技自主创新和成果转化“两大任务”，全院年科研立项经费先后迈上1亿元（2007年1.03亿）、1.5亿元（2009年1.65亿）和2亿元（2011年2.16亿）三个台阶；加强了学科建设、科研条件建设和人才队伍建设“三大建设”，学科—平台—人才—项目“一体化”的工作格局基本形成；在全国百强所数量、国家级成果、产业体系专家、农业部重点实验室和实验站数量等四个方面位居全国省级农科院第一；实现了“五个翻番”：科研立项经费（2012年2.35亿元/2004年0.46亿元，5.11倍）、国有资产总值（2012年11.55亿元/2004年4.33亿元，2.67倍）、国家和部级创新平台数量（2012年38个/2004年14个，2.71倍）、博士数量（2012年251人/2004年21人，11.95倍）、高等次成果奖励数量（2004年强院建设以来获得省一等以上奖励37项，是强院建设前9年的2.14倍）。

强院建设以来，我们坚持顶层设计，制定实施了院《科技创新工程“十一五”规划》和《科研发展核心区修建性详细规划》，目前这两大规划确定的目标任务都已基本完成，标志着我院事业发展上升到了一个新的阶段；建成了创新大楼，改善了院容院貌，实现了几代农科院人梦寐以求的夙愿；完成了土地拍卖，为今后一个时期的事业发展奠定了资金基础；组建了山东种业集团，定位是要发展成为江北最大的种业航母；与山大共建了山东大学农学院，开启了我院合作办学的一个重要里程碑，成为我院上水平、上档次、大发展的一个重要平台；自2009年开始我院职工工资实现了省财政全额保障；我院连续7年被评为省级文明单位。

回顾强院建设以来的工作，体会很多，归纳起来主要有以下几条：第一，始终坚决落实省委、省政府决策部署。紧密对接国家和我省重大战略需求，主动将我院置身全省和行业发展大局来谋划、来思考、来行动，把服务“三农”作为全部工作的出发点和落脚点，找准科技服务经济社会发展的切入点，积极投身经济社会发展主战场。第二，始终坚持抢抓机遇、超前谋划。密切关注农业和农业科技发展趋向，坚持借势发展、顺势而为，在准确把握形势的基础上科学制定规划，科学设定总体思路和目标任务，牢牢把握发展的主动权。第三，始终坚持谋全局，抓大事。每年都明确事关我院全局和长远发展的几件大事，突出重点，统筹兼顾，以点带面，促进全院各项事业协调发展。第四，始终坚持以人为本，推动单位发展与个人发展相结合。把人才发展需求与单位发展需求统筹起来考虑，干部调整做到因才施用，鼓励科技创新，让科研人员有尊严，岗位设置实现了单位利益和职工利益的最大化，奖励激励政策有效调动了人才工作积极性，在推动强院建设发展过程中实现了人的发展。第五，始终坚持“五个更加注重”的发展理念。即，更加注重提高自主创新能力；更加注重社会公益职能的发挥；更加注重管理体制和机制创新；更加注重全方位扩大对外开放；更加注重推进院所和谐发展。近年来，我院不但院内和谐，而且内外和谐，更重要的是广大干部职工的精神风貌发生了重大变化。以上这些经验是被实践证明了的成功经验，需要我们继承和发扬，用以指导今后工作。

**第二，站在新的历史起点，我们的干部队伍应该保持怎样的工作作风？**

自去年对全院中层班子调整以来，大家的干劲很足，推动事业发展较快，立项经费、成果培育、产业开发等各项工作都呈现出了良好势头，全院形成了一种正气，一种向上的力量。这次年终考评，各单位考核测评得分明显高于去年，本单位职工对班子的评价基本上都超过了95分，只有一个单位是在90到95分之间，这说明了广大职工对班子的认可度提高了，体现出人心思齐、风清气正的状态和氛围。要保持和发展这个好势头、好状态，就要持续加强干部队伍建设，坚持正确的用人导向，按照习近平总书记的要求，褒奖和重用那些对上对下都实实在在、不玩虚招、清正廉洁、深得群众拥护的干部。

要重点加强作风建设。年前，中央印发了关于改进工作作风、密切联系群众的八项规定，习近平总书记作出了关于厉行勤俭节约反对铺张浪费的重要批示，以及我省的相关文件密集下发，对各级领导提出了明确要求，年前我们召开院党委扩大会议进行了传达学习。大家一定要认真学习贯彻，切实做到务实、节俭、科学、清廉。务实，就是要讲实话、干实事，敢作为、勇担当，言必行、行必果。要带着问题深入基层调查研究，听真话，摸实情。要想摸实情，关键是愿意听真话，包括尖锐刺耳的话。要鼓励大家讲真话，谈问题，不能哪里反映问题，就否定哪里的工作。我们转作风不能停在表面，关键是要转到实事求是地研究和解决实际问题上来，真正做到干工作讲质量、抓常态，不搞形式、不造“盆景”。节俭，就是要厉行勤俭节约，反对铺张浪费，坚决压缩“三公”经费支出，把钱花在刀刃儿上。这一点，我们春节前后做得不错，坚决刹住了吃喝风，没有发现大吃大喝、相互宴请、公款旅游等现象，下一步关键在于长期坚持，不是搞一阵风，而是要建立相关的机制，培养节约的习惯。今天我们用半天的时间召开3个会，节约了办会成本，这也是节俭的体现。科学，就是要研究面临形势，结合自身实际，把握工作规律，制定有针对性、可操作性强的工作措施，把各方面的工作纳入科学发展的轨道。我们的干部既不要冒进，也不能偷懒，要静下心来多思考本单位、本行业发展的形势、规律和趋向性问题，把形势分析透，把政策把握准，把自己的定位、目标、任务都搞明白，才能保证工作的科学性。越是从事具体工作越要有战略思维，越是在部门工作越要有大局意识，只有这样才能保证我们的目标科学、定位准确。清廉，就是要慎独、慎微、慎初，筑牢防线，不触红线，真正管住管好自己、家属和身边的工作人员，并且自觉接受组织监督和群众监督，争做廉洁勤政的表率。这些年，我院廉政建设成效显著，作为拥有1800多名在职职工的大单位，连续7年被评为省级文明单位，做到这一点很不容易，也时刻不能懈怠。清廉，不只是对领导干部的要求，对广大科研人员来讲也很重要。在我们科研单位，主体就是科研人员。近年来，随着科研经费的快速增加，现在人均经费达到了二三十万，手里经费过百万的专家也有不少。今年我院要专门研究制定科研、产业经费管理办法，领导干部和科研骨干一定要把好清廉关，凡是法律规定的一定不能触碰，这是红线，坚决不能逾越。当前，针对科研经费的各级审计越来越多、越来越严，如果经济上出了问题谁也救不了你。我院连续7年被评为省级文明单位，省级文明单位在廉政问题上实行一票否决，所以大家一定要始终绷紧清廉这根弦。

**第三，面向政府和市场需求，我们应该如何把握科技创新的方向？**

当前，我们要根据新形势、新要求，来明确我们的新责任、新使命，总体来讲我们的科研要面向国家需要、社会需要和农民需要。大家要围绕这些需要来确定我们的创新方向，明确科研重点，主要包括以下四个方面。

*一是粮食安全问题*。“米袋子”实行省长负责制。今年，姜大明省长在省十二届人大一次会议上作政府工作报告时指出，要深入实施千亿斤粮食产能建设规划，继续深化高产创建活动，力争今年粮食生产再获丰收。全省经济工作会议和全省农村工作会议也都对此做出了部署安排。2013年，我省计划新增300万亩“旱能浇、涝能排”高标准农田。经有关部门测算，每增加一亩高标准农田，粮食就能增产300斤左右，政府对此高度重视，这也给我们提供了广阔的用武之地。

下一步，我们要按照政府工作报告和全省经济、农村工作会议精神的要求，坚持把保障粮食安全作为科研创新的首要任务。要积极参与高产创建和标准农田建设，突出抓好种子创新，研究良种良法配套，强化品种和技术支撑，努力为我省粮食“十一连丰”、力争“十一年增”做出贡献。

*二是种业创新问题*。要面向国家和省重大战略需求，着力强化种业创新，勇于承担振兴民族种业的责任与使命。近年来，外国种业集团凭借品质优势和营销优势，大举进入我国市场。当前，我们的口粮品种基本还可以自给，小麦还有一定优势，但饲料粮品种受到国外品种的强力冲击。我国大豆产业已受制于外资，失去了话语权。玉米产业进入了“战国时代”，除了以先玉系列为代表的国外品种外，还有郑单、浚单、农大、登海、金海丰

等等来自省内外的很多品牌，竞争异常激烈。近几年，我院鲁单玉米品种面临来自各方面的冲击，市场占有率迅速下降，目前我们还有鲁单818、鲁单9066等几个比较有潜力的品种，但后续品种还有多少？就养猪业来说，形势更加严峻，中国人在肉类消费中把猪肉作为主要肉食，但目前市场上大多数品种是国外进口，而且专业养猪场也逐渐被外国公司收购。振兴民族种业是我们农业科研单位的职责所在，我们的育种家要切实担负起这个重任，加快培育具有自主知识产权的优良动植物新品种。

当前，国家政策要求省部级科研院所重点开展育种材料的改良创制、育种理论技术等基础性研究，同时鼓励企业搞商业化育种，加快构建以企业为主体的商业化育种体系。随着我院高层次人才不断聚集，科研条件不断改善，近几年我院开展基础研究的条件已经基本具备。下一步要着力加强基础研究，绝不能只把自己定位在应用研究了。在发展目标和方向上，中国农科院提出要“顶天立地”，对我院来讲也应该有这样的谋划和定位。“顶天”就是要达到国际农业科技前沿高峰，某些学科要做到国内和国际一流；“立地”就是要在农业科技产业化、科技服务过程中发挥关键作用，让我们的成果在广大农村转化成现实生产力。最可怕的就是上不着天下不着地，从中间悬着。各部门、各单位要搞清楚哪里是天、哪里是地，锁定目标，制定措施，脚踏实地的干好工作。

*三是食品安全问题*。当前，食品安全成为一个备受关注的热点问题，瓜、菜、肉、奶等领域的问题层出不穷。我们中国人吃的食品应该和出口国外的标准一样，不应该差别对待。导致这些问题有多种原因，其中包括技术规程和生产标准不健全的原因，还有更为隐蔽的土壤、水源污染等原因。针对这些问题，有关单位要认真研究，食品安全检测要提高效益，加快核心技术研发，努力为保障食品安全提供技术支撑，为政府解忧，让消费者受益。

*四是农民增收问题*。要面向市场，着力强化高端高质高效农业和特色学科研究，不断增强促进农民增收的支撑能力。充分发挥我院专业与人才优势，着力研发促进农民持续增收的特色项目，引领农业发展转到提高质量和效益上来，努力为全省农业转调创提供科技支撑。要按省领导提出的要求，重点围绕品牌和地理标志产品的提纯复壮开展科技创新，服务地方特色农业产业发展，推动我省农业以质取胜，不断增创新优势。

同时，还要在农业全产业链中找准我院位置。长期以来，我院学科建设主要是围绕农业产前、产中环节设立的。但是，面向产后环节的农产品加工、食品质量检测等新兴学科，尽管这两年发展较快，但还没形成特色优势。下一步，我们要以市场需求为导向，围绕农产品深加工、食品快速检测、农业面源污染防控等研究领域，调整学科发展方向，把别人没有咱有的学科做好做出特色，把别人有咱也有的学科做强做成优势，加快突破一批关键技术。要形成产前、产中、产后相结合的学科发展格局，向两头延伸研究领域，努力为农民持续增收提供全面的科技支撑。

**第四，面对改革的新形势，我们应该如何抓好人才队伍建设？**

在改革形势上要清醒认识。当前，我们面临的改革形势非常严峻。国家在稳步推进事业单位分类改革的同时，医疗、养老等各个方面的改革都在探索推进。去年，我们已经完成了医疗保险改革。我国的事业单位养老制度改革现在正在搞试点，虽然这项改革还没有全面推开，但长远来看这肯定是个方向。所以，以后我们该用什么来吸引和留住人才，这需要深入思考。另外，随着企业成为商业化育种的主体，育种人才肯定会成为企业争夺的重点。应该说，我院新一轮的激励分配制度改革迫在眉睫，我们应该为科研人才创造更好的工作条件、生活条件和人文条件，要给科研人才更多的人文关怀。

在机制创新上要继续探索推进。强院建设以来，我们针对科研人才队伍制定出台了一系列激励政策，有效调动了广大科研人员的工作积极性与创造性，有力推动了我院科技创新事业的又好又快发展。但落实这些激励政策，我院也面临很大压力。不过，我们的激励政策必须要搞，至于怎么搞，需要我们开动脑筋，前提是一定不能违规违纪，一定要立足我院实际。下一步，人事处要牵头，联合科研处、财计处、审计处等有关部门，制定完善奖励激励办法，积极向省人事厅、审计厅等有关部门做好汇报争取工作，给做出贡献的各类人才名正言顺的奖励和待遇。要在实行岗位设置管理的基础上，改进职称评聘、业绩考评和人才管理制度，按照省里的要求推行绩效工资，探索有利于鼓励创新的薪酬体系，最大限度地维护职工利益，最大限度地调动创新创业的积极性。只有这样，才能稳定人才队伍，激发创新活力，切实解决人才“用不好、留不住”的问题。

在人才引进与培养上要加大力度。目前，我院人才已经形成了一定的体量，高级职称和博士硕士数量无论是纵向相比还是横向相比，人数规模都比较大。但是，高层次拔尖人才匮乏，国内外知名专家太少。以前我们说“山多峰少”，现在来看山也不多，峰也不高。下一步，要突出抓好高层次人才引进工作。实施好领军人才引进计划，从科研立项、经费投入、团队建设等各个方面，对引进的领军人才进行全方位支持。探索与山大合作的有效模式，争取引进一批具有世界水平的专家学者。要启动实施青年英才培养计划，大力培养35岁以下的具有国际化视野的青年人才。青年人才是我们农科院的未来和希望，我们也应该发挥好传帮带的作用，及早发现和培养具有潜力的青年骨干。要稳定用好现有人才。二三级研究员要带头，年轻同志要努力。院所两级科研管理部门要提高服务意识，更多的承担事务性工作，让我们的专家从申报项目、应对检查的工作中解脱出来，拿出更多地时间和精力用在科研上，多出成果、快出成果、出大成果。

**第五，落实了土地拍卖资金，我们应该如何启动新一轮强院建设提升工程？**

去年11月14日我们完成了电建路地块270亩净地拍卖，拍卖总价16.1亿元，取得了理想收益，按照政策我院与济南市六四分成。在房地产市场遇冷的情况下，能拍到这么高的价格难能可贵，很振奋人心，农科院人奔走相告，都为此感到高兴。这是落实省政府重大支持政策的重要举措，为下一步我院在新起点上实现新发展奠定了基础。土地拍卖有关负责同志坚持创新思维，敢打敢拼，克服了困难，经受了考验，打了一个胜仗、一个大胜仗。

当前，随着土地拍卖资金陆续到位，我们又站在了一个新起点。要启动实施强院建设提升工程，科学谋划和设定今后三年甚至更长一段时间的发展规划，努力在新起点上实现新发展。在规划中，既要抓好当前，解决急需突破的问题，为长远发展夯实基础；又要谋划长远，解决持续发展的问题，实现短期目标和长期目标相衔接。要在科学规划的前提下，重点办几件大事，定一件干一件，干一件成一件。要借鉴“十一五”期间，我院编制创新规划的成功经验，抓紧编制，搞好论证，确保把钱花到刀刃上。首先要保证综合性试验示范基地购置建设、山东种业集团增资、学科建设及创新团队建设、高层次人才培养引进等重点工作的用钱，以重点带全局，推动全院各项事业实现又好又快发展。

同志们，增创强院建设新优势任务繁重，做好今年工作意义重大。让我们在省委、省政府坚强领导下，求真务实，锐意进取，以我院创建 110 周年为契机，推动全院各项事业实现又好又快科学发展，努力为增创山东农业农村发展新优势做出新的更大贡献！

# 周林同志在山东种业集团揭牌仪式上的讲话

（2013 年 2 月 26 日）

同志们：

大家上午好！

今天我们在这里隆重举行山东种业集团股份有限公司揭牌仪式，这不仅是我院的一件大事，也是事关山东农业发展的一件大事，对促进我省种业创新、保障粮食安全和农产品有效供给具有重要意义。

科技兴农，种业先行。山东种业集团是贯彻国家种业发展战略，立足我省种业发展需求，依托山东省农科院科技优势，组建的大型国有控股种子企业。国务院〔2011〕8 号文件将农作物种业上升为国家战略性、基础性核心产业，强调重点支持“育繁推一体化”种子企业，把种业发展提升到了一个新的高度。山东作为农业大省和用种大省，常年农作物种植面积稳定在 1.6 亿亩以上，粮、棉、油、菜、菌及苗木花卉等用种量约 26.5 亿公斤，市场需求量大。近年来，随着外国种子公司的纷纷进入，目前在高端高效农业领域国外品种已经占领了我省相当大的市场份额。在此形势下，组建成立产学研结合、育繁推一体化的大型国有种子企业，对实现我省农业可持续发展影响深远。

我院作为山东省唯一的省级综合性、公益性农业科研单位和全省农业科技创新的龙头，在主要农作物和畜禽育种研究方面具有明显优势，为山东种业集团发展提供了坚实基础和有力支撑。自 2010 年开始，我院提出组建种业集团，连续将其作为年度重点工作，得到了省委省政府的高度重视和大力支持。2012 年 4 月，省政府批复同意组建山东种业集团股份有限公司，注册资金 3 亿元。2012 年 12 月，山东种业集团完成公司注册，今天正式揭牌成立。

山东种业集团成立后，要致力于振兴民族种业，勇于承担社会责任，严格按照国家有关法律法规来运营，高点定位、高端发展，将公司打造成技术先进、管理规范、运转高效的“育繁推一体化”种业集团，成为民族种业的一支重要力量。要致力于现代种业创新，紧密依托省农科院现有的资源、平台、基地和成果优势，强化产学研合作创新，尽快培育转化一批具有自主知识产权和市场竞争力的动植物新品种；要致力于推动山东农业产业转型升级，充分发挥在种业产业的引领示范和骨干作用，通过兼并重组，整合院内和我省的种业创新资源，着力打造全省的商业化育种平台，为推动山东种业产业转型升级、保障粮食安全、农产品有效供给和农业可持续发展做出应有贡献。

谢谢大家！

# 切实改进作风 推动强院建设新发展

## ——周林同志在庆祝建党 92 周年专题党课上的报告

(2013 年 6 月 28 日)

同志们：

在中国共产党迎来建党 92 周年之际，我院组织处级以上干部和院机关科级干部进行一次政治理论学习，院党委认为很有必要，也非常及时。最近，中央特别是习近平总书记发表了一系列关于改进作风的重要讲话，这些重要讲话，也是党的十八大之后新一届中央领导集体结合当前形势，就党的建设，特别是党员领导干部队伍建设，发出的重要指示、重要思想和重要理论，所以我们很有必要认真学习和贯彻落实。另外，作为院里来讲，院党委领导班子调整之后，新的领导班子成员需要和同志们一道，共同加强学习、形成共识，共同承担起摆在我们面前的艰巨任务。

新的党委领导班子组成以后，院党委迅即召开会议，要求班子成员首先从自身建设做起，提出了加强党委自身建设的六项要求，同时制定了院党委会议和院长办公会议事规则。大家一致认为：院党委统揽全局，其中很重要的一个方面，是首先从各级领导班子和干部队伍建设抓起，抓好领导班子建设和干部队伍建设，为全院做出表率。那么，抓领导班子和干部队伍建设，应该从哪里做起呢？我认为首先应该从思想建设抓起。在“七一”前夕安排这次党课，或者说是集体学习，是贯彻落实中央、省委一系列重要指示的具体体现。下面，我结合学习党的十八大精神和习近平总书记近期重要讲话精神，以及中央的八项规定和省委的实施办法，结合我院实际，以“切实改进作风，推动强院建设新发展”为主题，同大家交流学习的认识和体会。主要想谈三个问题：

### 一、充分认识改进作风的重要性和紧迫性

我们党历来重视作风建设，纵观党和国家发展的历史，在每一个重要时期和关头，中央都突出强调作风建设，并采取有力措施，狠抓作风建设。每一次作风的大改进，都能够带来我们党的事业的大发展。所以说，做大事，必须先“正衣冠”，这是我们党一贯的作风。当前来看，世情、国情、党情正处在深刻变化的时期，党的建设也处在大的变化时期。我们党也面临着四大考验、四大危险。四大考验是长期执政的考验、改革开放的考验、市场经济的考验和外部环境的考验，四大危险是精神懈怠的危险、能力不足的危险、脱离群众的危险和消极腐败的危险。所以要经受住这些考验，迎接挑战，把党和国家的事业稳步向前推进，一个很重要的前提，就是必须保持党的优良作风。

中央正是基于强烈的忧患意识和责任意识，在党的十八大刚刚结束之际，2012 年 12 月 4 日，习近平总书记主持召开新一届中共中央政治局会议，审议通过了中央政治局关于改进工作作风、密切联系群众的八项规定，随后又接连发出了一系列改进作风的重要指示和具体要求。最近，中央又召开会议，部署下半年开展群众路线教育实践活动，习近平总书记发表了重要讲话。6 月 25 号下午，中央政治局就中国特色社会主义理论和实践进行

了第七次集体学习。随后，中央政治局又就深化改进工作作风提出新的举措，提出发扬“钉钉子”精神，把八项规定落到实处。这充分显示了新一届中央领导集体，从严治党的决心和改进作风的力度，这也显示了我们党对广大人民群众意愿的尊重和回应。从这一点上来说，新的一届中央领导集体也得到了广大群众的广泛关注和高度赞誉。中央新的要求和群众新的期待，也让我们更加认识到改进作风的极端重要性。改进作风，不仅关系党的兴亡，也关系国家的前途和命运。

作为我们农科院，也有着优良的传统和过硬的作风。这些年来，我们的事业在不断发展，也正是得益于我们的领导干部和广大职工保持和发扬了优良的作风。回顾我们院的发展历史，无论是新中国成立前，还是新中国成立后，很重要一点就是靠着一种精神、一种作风。以前的条件非常差，广大职工更是靠着这种精神，才使我们的事业不断发扬光大。今天的农科院步入了一个新的发展阶段，从 2004 年提出科技强院建设以来，10 年时间，院里有了新的、大的变化。从现在看，我们又处在一个新的阶段，无论是中央和省委对我们的要求，还是我们自身科技创新、成果转化等发展的内在要求，都是我们面临的新的挑战。从这个方面来讲，都需要我们进一步加强改进作风。一方面是上级要求，另一方面也是我们自身发展的要求。特别是近期，省委就改进作风也发出了很多具体要求。前两天省里来我们院审计八项经费使用情况，从这些工作安排来看，省委、省政府是真抓实干，没有虚的。下半年，中央又要开展群众路线教育实践活动，习近平总书记亲自动员，要求全党，特别是党员领导干部要“照镜子、正衣冠、洗洗澡、治治病”。这次活动，也是近一段时期党内主要的活动。作为我们院来讲，下半年省委巡视组到我们院里巡视，检查我们执行中央八项规定和省委十项办法执行情况、领导班子建设情况等，至少要驻院两个月的时间。上级组织抓作风建设越来越紧，我们必须要看清这个形势，用过硬的作风争取工作上的主动。如果对形势没有正确的预判，就会处在一个被动的局面里。当然，不仅仅是上级要求我们改进作风，从自身来讲，我们也需要改进作风。我们院有好的传统和作风，我们的党员干部队伍整体也是好的，总体上来讲是积极向上、干事创业的一支队伍。这次省委对我们院领导班子的调整，也充分说明了省委对我们这支队伍的充分肯定。

当然，我们也存在一些作风建设方面的问题，不同程度的存在，有的轻一点，有的重一点。我认为主要原因，一是忽视了思想作风建设，认为只要把事情干好了，思想政治上的要求不必那么严谨，没有把它摆到一个非常重要的位置。二是官僚主义也确实在我们一些领导干部身上有所体现，主要表现为对群众、对职工的漠视，缺乏对科研人员应有的尊重，等等。有的干部把“官”看得重了一些。有这种苗头，也有这种现象。三是形式主义还不同程度的存在。主要表现为有些工作不扎实、浮漂，或者急功近利，只看眼前，不看长远。不愿干吃苦下力、扎扎实实对院里发展长远有利的事情。不仅是领导干部，包括科研人员也有这种心态，为了晋升职称，为了主持课题，光看眼前，而不扎扎实实地开展工作。享乐主义、奢靡之风也有些表现。一些同志在很多方面大手大脚，不注意节约，脑海里没有精打细算的意识，没有把国家给的钱花到刀刃上。办事情，不是花的钱越多越好。要尽可能少花钱、多办事，精打细算，花出效益。还有其他方面的一些表现，就不一一列举了。这些问题，如果不认真对待，不积极改进，总有一天就过不了组织、群众这一关。组织就会不满意，群众就会有意见。所以，作为我们各级领导干部一定要保持清醒头脑，“识时务者为俊杰”，对这些问题切不能糊涂，不能往枪口上撞，不要触碰红线，不能搞擦边球。大家一定要认清形势，不能习以为常，不能熟视无睹，不能对中央和省委的一再强调不当回事。所以，改进作风要有强烈的紧迫感，充分认识改进作风的重要性、紧迫性。在这里给大家提提醒，要大家多学习、多看报，深入领会中央精神，千万不能顶风而上，做人做事还得夹着尾巴，更不要有“前严后松”的侥幸心理，始终不要放松，不能放松！

**二、要以优良的作风推动强院建设向前发展**

改进作风，既要认真贯彻中央、省委的要求，也要紧密结合本单位的实际，有针对性地进行改进和提高。那么，改进作风，我们到底要从哪些方面入手呢？应该说主要是从思想作风、生活作风和工作作风来改进。我归纳为两大方面：一是发扬四种作风，二是提高四种能力。发扬四种作风，主要从思想作风上来改进；提高四种能力，主要是从工作作风上来改进。

（一）发扬四种优良作风，反对四种腐朽的风气。

一是要发扬求真务实的作风，反对形式主义。求真务实，是马克思主义一贯的科学精神，是我们党的思想路线，也是我们领导干部应有的政治品质。应该说，我们在强院建设中，最需要的就是实干精神。空谈误国、实干兴邦。同样对我们来讲，只有实干才能兴院兴所。当前来看，我们要努力克服浮夸、浮躁、急功近利、好大喜功、脱离实际、不求实效等问题。这些年，我们提出强院建设目标以来，大家脚踏实地，一步一个脚印做好工作。今后的工作，我们各级领导干部要一如既往地脚踏实地，解决好存在的作风问题，树立正确的政绩观。很多的形式主义是领导干部没有树立正确的政绩观。干事情、做工作，不是做给上级看的，也不是做给宣传看的，要脚踏实地、一个事情一个事情来做，特别是要注意做一些打基础、利长远的事情，这就要求我们要耐得住寂寞，只有耐得住寂寞，才能多做一些有利于院里发展、有利于为老百姓服务的事情。

二要发扬密切联系群众的作风，反对官僚主义。水可载舟，也可覆舟。密切联系群众是我们党的优良作风，新的时期同样重要。作为领导干部，解决同群众密切联系的问题，关键在于思想认识。一是明确树立群众才是发展主体的思想。我们搞强院建设依靠的是广大科技人员，科技人员是强院建设的主体。所以说，各级领导干部一定要摆正好位置，就是要为科研人员服务，这是“主人和仆人”的关系。各级领导干部要从思想上树立尊重知识、尊重劳动、尊重人才、尊重创造的意识。如果位置颠倒了，就会不自觉地高高在上，就会脱离群众，就会犯官僚主义，就会与群众背道而驰，就不会取得好的成绩。二是要急群众之所急，想群众之所想，把事情办在老百姓的心坎上。全心全意为人民服务是党的宗旨，作为共产党人，就是要不断增强为人民服务的意识。我院作为公益性科研单位，花的钱是老百姓纳的税，是国家财政的钱，所以必须要有为社会、为百姓服务的意识，这是“大服务”，服务社会，服务“三农”，大家心里首先要装着这一点。当然也要服务好单位和职工，这是“小服务”。“大服务”和“小服务”要有机结合起来，不能光考虑“大服务”，不考虑“小服务”，更不能牺牲“大服务”换取“小服务”，否则就是本位主义。搞不好“小服务”，调不动职工积极性也不行。“大服务”是一种境界，“小服务”是一种官德。最近我接触过几位院士，这些院士不仅知识渊博，更难得可贵的是，他们想问题、办事情，始终把国家、把民族、把人民的事业放在第一位，高于一切。当然，作为一个单位来讲，我们也要时刻关注广大职工的利益。领导干部一定要把职工放在心里，处理问题、解决问题一定要体现“公平、公道、公正”，认真对待每一个人，不能有私心。只为自己考虑就会出问题。“不患贫而患不均”，不公平就会出问题。为什么有些单位，条件不是很好，大家心气却很团结；有些单位条件不错，经费比较充足，反而问题比较多，关键是领导干部在管理思路上有偏差。密切联系群众，还是要从思想上解决问题，一旦和群众、和职工坐不到一个板凳上，在制定政策、采取措施的时候，就会只顾着小圈圈，忘了大圈圈。

三是发扬艰苦奋斗的作风，反对享乐主义。艰苦奋斗是优良传统。虽然现在条件好了，但是艰苦奋斗精神不能丢，反而更应该成为一种精神支柱。无论一个国家、一个民族，还是一个单位，都需要一种精神。我们党之所以经过了92年历程依然生机勃勃，也是证明了这个问题，我们党是讲精神的。作为农科院，也需要相应的精神。现在院里有一种倾向，干什么事情首先考虑资金的问题，资金固然重要，能够调动大家积极性，但是资金不是唯一的，因为有些事情很难用金钱来衡量，有些事情必须需要大家有一种牺牲精神，需要大家不计报酬去做。事事都要钱来做保证，是很难做好的。毛主席说过：人总是要有点精神的。这个方面还需要倡导，倡导“无私奉献、艰苦奋斗”，让无私奉献的人受到尊重，要有这种正确的导向。要让这样的好风气在农科院受到尊重、受到鼓励，这也是我们干好事业的力量源泉、动力所在。

四是发扬廉洁勤俭的作风，反对奢靡之风。“奢靡之始，危亡之渐”。奢侈历来会坏事，“历览前贤国与家，成由勤俭败由奢”，勤俭节约是中华民族的传统美德。所以我们要勤俭办事情，反对铺张浪费。现在来看，我们主要是在经费支出这个方面需要特别注意。要杜绝中央八项规定明确禁止的一些做法和现象，要牢牢守住底线，明令禁止的坚决不要碰，坚决不能越过红线。各位领导干部能够走上领导岗位，应该说是组织信任、职工支持的结构，要胸怀感恩之心，要常有敬畏之意，不要过于在乎待遇的问题，不要过于追求太多的东西。在群众路线教育实践活动开展之前，建议大家把该做的工作提前做，提前整改，争取主动。领导干部要充分认识到，权利是把双刃剑，有权利不一定是好事情。要像前苏联一位领导说的，把权利当作一个负担。如果把权利当成乐趣，就很危险了。这个事情太重要，一旦出现问题就来不及，悔之晚矣。院党委常常提醒大家，常常约束大家，主要就是基于这些考虑，是保护大家、爱护大家。

（二）提高四种能力，适应强院建设新要求。

一是提高把握大局的能力。把握政治方向，自觉与中央保持一致，自觉服务服从于大局。做任何事情，放在大局下谋划。我们把握大局，努力形成全院一盘棋，主要就是要解决“上有政策、下有对策”的问题。要有局部服从全局的思想。如果一个领导干部，只为本单位着想，不为大局负责，这是典型的本位主义。正确处理好局部和全局的关系，也是检验领导干部水平的试金石。我们首先是党的干部，然后才是单位的领导。如何处理局部和全局的关系，也是检验领导水平和领导艺术的重要因素。既能把全局处理好，又能把局部处理好，这才是合格的领导干部。

二是提高开拓创新的能力。强院建设任务十分艰巨，需要我们进一步解放思想、创新观念。当前来看，我们确实需要增强创新能力，不要不思进取、缺乏动力，甘当“维持会长”，不作为、滥作为，推一推、动一动，表面看没有什么错误，却贻误了发展时机，耽误了工作。在其位就要谋其政，应该有所作为。有些同志尽管在领导岗位上，主要精力却没有完全放在工作岗位上，有的忙自己的事多一些，工作不到位的现象时有发生。有的热衷往外跑，把家里的事情耽误了。要正确处理好工作和业务的关系。希望大家，从事管理工作的应该把主要精力放在管理上，有些业务上的工作可以让其他同志来做一做。管理水平上不去，就会影响一个单位、一个集体的发展。从这个角度讲，领导干部要有一些牺牲精神。

三是提高民主管理的能力。全面贯彻民主集中制是基本原则，民主集中可以保证科学决策，保证充分调动方方面面的积极性。现在来看，确实需要坚持集体领导，充分发挥集体的作用。从院党委、院行政，到机关处室班子，再到所里的班子，在重大问题、重大事项、重大开支上，一定要发挥集体的作用进行决策。再一个是正确处理好权利的分配。权利分配，对我们来讲就是党要管党、政要管政。我们的现行体制，院里是党委领导下的院长负责制，研究所是所长负责制、党组织发挥政治核心和保障作用。不管是从事党的工作，还是从事行政管理工作，大家都要相互支持，尊重对方。我们干的是同一件事，为的是同一个目标，没有本质的分歧。所以要靠素质、要靠制度来逐步建立起科学的领导体制。党组织干什么事，行政干什么事，学术委员会干什么事，要有科学的制度来规范保证。要充分发挥广大职工的民主监督作用，充分调动方方面面的积极性。在任何一个单位，我们都不能忽视任何一个人，任何一个人的存在都是有价值的。怎么来发挥、怎么来调动他们的积极性，这是领导干部需要思考的，只有这样做，我们才能形成很好的创新体系。

四是提高攻坚克难的能力。强院建设征程中还有很多急难险重的工作。我们领导干部要勇挑重担，勇于担当。我们虽然是厅级单位，但也是大基层，也面临许多现实问题和困难，需要我们不怕得罪人，不怕触及矛盾，不推诿、不扯皮，迎难而上。很多优秀领导干部，都是在攻坚克难中成长起来的，如果没有经历这些问题，很难成长成才。党的领导干部，就是要解决困难、解决矛盾，如果不这样做，就没有存在的价值。要有这种意识，这也是从政之德，只摘花不摘刺，是从政之耻。

**三、采取有效措施，推动作风改进**

改进作风是一场自我革命。习总书记要求我们“照镜子、正衣冠、洗洗澡、治治病”。如何搞好这场革命，我认为要从四个方面入手：

一是要把加强学习、提高党性修养作为改进作风的基础前提。改进作风，首先要从思想上树立正确的认识，解决好“总开关”的问题，解决好领导干部世界观、人生观、价值观的问题。只有解决好“总开关”的问题，才能有正确的权力观、地位观、利益观，才能在实践中提高党性修养。提高自身党性修养，最重要的就是加强学习，提高认识水平、理论水平，因为只有将党的理论、方针、政策学深学透，才能够和中央保持一致，才能够牢固树立正确的世界观、人生观、价值观，才能正确地对待权力、地位和利益。现在我们党员领导干部中，确实也存在不注意学习的问题。从院党委来讲，我要带好这个头。宣布班子之后，今天是第三次集体学习了。中央也在带头，这次中央政治局学习，政治局委员都要自己写体会。对于这次党课，我对院政工处的负责同志讲，不用处里写稿子，我要先学深学，然后形成自己的学习认识和体会，这样才能讲的出来。不管水平高低，关键是要自己真正去学习、去领会、去钻研。大家不能把学习当成负担，不能是摆样子。党的领导干部自己不去学，怎么去要求群众学？怎么要求群众去贯彻党的路线、方针、政策呢？学习也是工作的需要，或者说是任务的需要。现在确实面临新的问题，解决这些新的问题，很重要的就是要靠学习。大家要树立终身学习的理念，要有本领恐慌的意识。学习是进步之基，选择了学习，就选择了进步。学习不单是从书本上学，还要向前辈学、向群众学、向国内外先进经验学。总之，重视学习，带头学习，这样我们才能够为改进作风奠定一个好的思想基础。

二是要把贯彻执行党规党纪和建章立制作为改进作风的保障条件。作风的改进，必须依靠铁的纪律和有力的制度来保障。我们党有十分明确的党规党纪，关键是怎么来落实好。首先我们要严格遵守《党章》，中央也是这么要求的，所谓对照镜子，就是对照《党章》来严格检查自己。其次是要严明政治纪律，当前尤其要防止个人主义和本位主义。有令不行、有禁不止的现象还一定程度的存在，有些还比较严重。再次要严格执行反腐倡廉的规定，自觉把权利关进笼子里。这个方面，希望有关部门和单位加强反腐倡廉制度建设，让真正涉及权利的问题，要有章可依，尽量减少人为因素。下一步我院在选拔干部、人事安排、重大支出，都要拿出制度来约束。

三是要把真抓实干作为改进作风的重要途径。真抓实干是优良作风的具体体现，像习总书记强调的那样，要以“踏石留印、抓铁有痕”的劲头，扎实有力抓作风建设，不能就作风而谈作风，说到底是为了更好地开展工作。踏踏实实干事，一切问题都是在实干中才能解决的。所以说好的作风，实质上就是真抓实干。抓作风就是抓实干，好作风是抓出来的、干出来的。

四是要把领导带头作为改进作风的关键环节。作风建设，党员干部是主体，领导干部是重点。今天上党课，首先让领导干部来上党课。领导干部的一言一行、一举一动，不仅上级组织在看着，群众也在看着。“其身正，不令而行；其身不正，虽令不从”，所以领导干部要带头执行各项规定，才能形成改进作风的正能量。院党委调整以后，我们也提出了加强领导班子自身建设的意见。这个方面，也希望广大干部职工给予我们监督。同样我们各级领导班子也要守土有责，看好自己的门、管好自己的人，自觉接受大家的监督，真正做到一级带一级，带出好作风，其中领导干部的带头作用是非常关键的。从院党委来讲，在开展工作、执行八项规定方面也欢迎大家监督批评。

同志们，改进作风现在只是刚刚打响，对我们来讲，要明大势、识大体、早行动，从自身做起。下一步中央要专门部署开展群众路线教育实践活动，今天我们先把院中层领导干部召集来，给大家预预热，早行动、早查找、早改正，争取在这场党内新的整风中赢得主动，给党和人民交出一份合格的答卷。希望通过这次学习，各个单位回去以后还要进一步组织学习，严肃对待、认真执行，接受组织和群众的考验。我相信大家能够做好！

今天就改进作风讲了一些认识和体会，不对的地方，请大家指正！

# 周林同志在2013年全院半年工作会议上的总结讲话

（根据录音整理　2013年7月25日）

同志们：

刚才，万书波院长代表院党委和行政作了全院半年工作报告。报告实事求是地总结了上半年全院工作，对做好下半年工作进行工作安排，提出具体要求。万院长的工作报告针对性很强，也很实在，对上半年工作讲得透彻。希望大家认真学习贯彻，切实抓好对下半年工作的落实，根据会议精神安排好本单位的工作。各单位要把传达学习和贯彻落实情况，于8月5日前写成书面材料报送院办公室。

今年上半年全院工作稳步发展，呈现出良好势头，有些方面工作取得了实质性进展。这是各单位、各部门开拓进取，全院干部职工共同努力的结果。尽管上半年总体开局不错，但我们也要看到下半年任务还十分艰巨。希望各单位、各部门按照院里部署要求，结合自身实际制定措施、抓好落实、一抓到底，确保全年任务圆满完成。今年是我院创建110周年，我们正处在重要的历史结点上。从国家层面讲，习近平总书记提出中国梦，正带领全国人民朝这一梦想奋发努力。作为我院来讲，从2004年提出强院建设以来，取得了很大的发展成效。尤其是土地拍卖以后，我们开始了一个新的征程。面对这样一个时期，我们这一代农科院人，该如何做才能无愧于时代？下面，我讲三点意见。

**一、我们要肩负起新一代农科人的使命**

今年是我院创建110周年。我院科研历史与山东近代农业科技发展史一脉相连，从1903年晚清政府建立山东农事试验场开始，山东农业科研脚步就已启动，历经晚清、民国到共产党时期，虽经政权更迭，但山东农业科研历史线索没断。今天我们扛过的旗是前辈一代代传下来的，回顾历史对认清当前使命非常有意义。尽管新中国成立前处在一个战乱、民不聊生的时期，那一代农业科技工作者肩负着那个时代的重任，为民族振兴付出了艰苦劳动，虽然没有实现农业振兴的梦想，但唤醒了国人对科技特别农业科技重要性的认识。

1946年，我们党在莒南创建山东省农业实验所，开始了农业科技的创业历程。从莒南、青州到济南一步步走过来，应该说在那个时期，我们是在着力解决老百姓吃不上饭的问题。那一代农业科技工作者在艰苦的条件下做了很多工作，努力肩负起那个时代赋予他们的责任。

改革开放后，我们迎来了科学的春天。这一代农业科技工作者着力解决老百姓吃饱的问题，是粮食、果品、蔬菜产量提高最快的时期，为国家经济发展和改革开放作出了应有的贡献。本世纪以来，我们农业科技工作者的使命，不仅仅是解决吃饱的问题，还包括让老百姓如何吃好的问题。所以，这一代农业科技工作者，在提高产量的同时，积极研究提高农产品质量，付出了很多智慧和汗水，努力履行了他们的时代使命。

历史走到今天，我们这一代农科人，面临的时代给我们提出了新的使命。我们这一代要解决的不仅让人民吃饱吃好，还要研究让子孙后代吃饱吃好的问题，这就是可持续发展的问题、环境友好问题。当前，时代赋予我们肩上的责任更重，我们科研创新遇到的困难和挑战更多。无论是从传统农业向现代农业转变来看，还是从国家提出的“四化同步”要求来看，新形势、新任务对农业科技的要求越来越高，涉及面越来越广，给我们提出的新课题也越来越多。我们这一代农科人要接过历史的接力棒，肩负起新时代的使命：一是肩负起国家、民族赋予我们的使命，多出品种，多出成果，多做贡献，多出人才；二是肩负起山东赋予我们的建设农业强省的使命，紧密对接省里的重大战略部署，紧密对接产业需求，紧密对接农民的期盼，为我省现代农业发展提供科技支撑；三是肩负起全院职工赋予我们建设强院的使命，主要是提高科技的综合实力，提高全院干部职工的幸福指数。

**二、我们要铸造新一代农科人的精神**

历史的凝聚是文化的凝聚、精神的传承。今天，我院走到创建 110 周年的历史节点，我们要很好地总结凝练农科院精神。一个单位需要有一种精神，如果失去精神，这个单位就失去了灵魂，就会变得一盘散沙。所以，我们要把优良传统、文化和优秀的精神作为宝贵财富，继承和发扬好，用新的时代精神来推动事业发展，凝聚事业发展的强大合力。回顾历史，晚清政府成立山东农事试验场时就曾提到要“为国家图富强，为斯民筹本计”，这就是一种精神，救国图强。这种精神也激励着老一辈农科人走过了那些艰难岁月，尽管那时候是饱受战苦，但也做了很多拓荒式的工作。新中国成立后，五六十年代，那个时候工作条件很艰苦，科研条件简陋，搞科研就是“一把尺子，一杆秤，用牙咬，用眼瞪”。那时候，老一辈农业科技工作者自强不息、艰苦奋斗、团结一心、不计名利、甘于奉献，在地里摸爬滚打毫无怨言，为我们今天的科技事业奠定了良好基础。我们院的优势学科，或者比较强的学科，大部分都得益于五六十年代那批人奠定的基础。没有那批人的艰苦奋斗，也就没有我们今天的科研优势。这是一点点积累起来的，靠艰苦奋斗的精神干出来的，这个方面没有捷径。我们搞院庆不是为了庆祝，而是为了更好地总结历史，从中抽出发展经验和农科精神，搞好继承和发扬。

在继承好优良传统的基础上，我们也要形成新的时代精神，当然这些方面还要靠大家来总结提炼。我个人认为，起码有这么四种精神，要体现在我们这代人身上。

*一是爱国爱院*。爱国主义是我们全民族的价值观念，也是我们这一代农科人的思想品格，爱国爱院体现在方方面面，这是一个很重要的精神支柱。我们搞科研到底是为了什么？需要我们把国家和民族的利益放在第一位，把我院的使命和国家利益统一起来，把爱国和爱院统一起来，努力做一名心里装着民族大义、百姓冷暖、积极投身强院建设的新一代农科院人。

*二是开拓创新*。我们从事科研，就要敢于拼搏，勇于创新，这是学术品格，是一种需要倡导的科学精神，没有创新便是死路一条。无论是我们土生土长的老专家，还是这些年新近的年轻科研人员，无论是学历高，还是实践经验丰富，都需要不断创新，拓宽思路，因循守旧的思想是要不得的。

*三是合作开放*。新时期面对的问题越来越复杂，现在的科研工作不像以前的单打独斗，

而是需要团队协作、共同奋斗，需要大家有开放的思想，主动加强与别人合作，将竞争和合作有机结合起来。这也是对心胸和品德的考验，一个人只相信自己，也是一种自私的表现。开放的姿态，合作的心态，是时代的主流，也是我们倡导的观念。

*四是求真务实。*注重实践，求真务实，脚踏实地，能够耐得住寂寞，这是搞科研所必需的，也是农科人应有的品格。诚实守信、扎实肯干、不弄虚作假，不剽窃他人成果，自觉抵制科研浮躁的风气。

以上这些是我个人认识，不一定全面准确。总之，我们需要在新时代继承和发扬好的已有的优良传统，同时也要凝练形成新的时代精神，这是历史赋予的使命，也是时代提出的要求。

**三、我们要共筑新一代农科人的梦想**

习近平总书记指出，每个人都有理想和追求，都有自己的梦想。现在，大家都在讨论中国梦。实现中华民族伟大复兴，就是中华民族近代以来最伟大的梦想。这个梦想，凝聚了几代中国人的夙愿，体现了中华民族和中国人民的整体利益，是每一个中华儿女的共同期盼。总书记关于“中国梦”的这番深刻阐述，让我们很受鼓舞，也很受教育。作为新一代农科人，我们每个人都有自己的个人梦想，也应该有我们的共同梦想，那就是强院之梦。这一个多世纪以来，经过几代农科人的不懈努力，今天的山东省农科院已经由原来简陋的小场、小所，发展成为山东省农业科技创新的龙头和支撑黄淮海农业发展的一支重要力量，综合实力跻身全国省级农科院前列。在“十一五”全国农业科研机构综合能力评估中，我院拥有的全国百强所数量增加到9个，继续保持全国省级农科院首位。

当然我们还有不足和差距，实现强院梦，还有很长的路要走。实现强院之梦，一要走强院之路。坚持强院建设的正确方向，坚持“一张蓝图绘到底”，瞄准目标持续做下去。强院的核心是人才强。强院先强人，核心在人才，有人才事业才能有发展。要形成多出人才、快出人才的环境，营造“尊重劳动、尊重人才、尊重知识、尊重创造”的良好氛围。强院的中心是科研强，这一点要达成共识。无论做科研工作、管理工作，还是服务工作，中心都是为科研服务。强院主要是强在科研上，当然其他方面也得做好。强院建设重心是在基层强。强院先强所，所以要下大气力，研究强所之路，通过强所来推动强院目标的实现。二要靠强院力量。强院建设的力量来自于科技人员和干部职工。要充分调动全院科技人员和干部职工的积极性，发挥好每个人的聪明才智，凝聚每个人的力量，我们的强院之梦才能实现。大家要脚踏实地，艰苦奋斗，同心协力，凝成一股绳，汇集成推动强院建设的强大合力。我们要将个人的梦想与强院的梦想、强国的梦想统一起来，在实现强院之梦的过程中实现自身价值，努力为实现民族复兴的中国梦做出我们应有的贡献。

同志们，我们山东省农科院是一个有着悠久历史的农科院，也是有着光荣传统的农科院；是一个承担社会责任的农科院，也是一个关心职工和尊重人才的农科院。我们新一代农科人要在省委、省政府的坚强领导下，继承优良传统，承担历史使命，培养时代精神，为实现共同梦想而不懈奋斗！

110 周年院庆

# 山东省农业科学院院史论证意见

2012 年 9 月 6 日，山东省农业科学院邀请山东大学、山东师范大学、山东农业大学、济南大学、山东社会科学院及本院的有关专家、教授，组成专家论证委员会，对山东省农业科学院的创建日期、发展沿革等历史问题进行了充分论证。

论证委员会认真听取了山东省农业科学院关于该院创建日期追溯和演化析并情况的汇报，认真审读了课题组撰写的专题报告，对山东省农业科学院创建日期、机构设置、人员组成、场址情况、统属关系等进行了座谈讨论，一致认为报告资料翔实、脉络清晰、论证严谨、结论可靠。

通过对该院创建日期和发展演变历史的认真论证，论证委员会认为：从 1903 年成立的山东农事试验场到民国时期的山东农事试验场、山东省立第一农事试验场、山东农业实验所、山东省第一区农场，日伪政权华北农事试验场济南支场，到抗战胜利后的农业改进所、农林处及解放区所属的山东省农业实验所，在机构设置、人员组成、场址设施、试验推广等方面，有着前后相继、赓续相连的历史承继性。1948 年人民政权全面接管原国民政府所属农业试验机构，将其与原解放区的农事试验机构合并。历史资料证明，山东省农业科学院与清末和民国时期的省立农事试验机构以及解放区农业科研机构存在着历史渊源关系。1903 年成立的山东农事试验场是山东省农业科学院的源头。因此认定，山东省农业科学院初创时间应追溯至 1903 年。

论证委员会建议进一步补充相关材料，以臻完善。

山东省农业科学院创建历史论证委员会主任：吕伟俊

**论证委员会名单：**

| 山东大学教授 | 山东师范大学教授 | 济南大学教授 |
| --- | --- | --- |
| 吕伟俊 | 李宏生 | 党明德 |
| 山东大学教授 | 山东农业大学档案馆馆长 | 山东社会科学院研究员 |
| 刘培平 | 王廷超 | 庄维民 |
| 山东社会科学院研究员 | 山东省农业科学院研究员 | 山东省农业科学院高级农艺师 |
| 刘大可 | 刘振岩 | 唐令鸣 |

2012 年 9 月 6 日

# 关于做好我院 110 周年院庆工作的意见

（鲁农科发〔2013〕18 号 2013 年 4 月 3 日）

经历史考证和专家论证，我院发轫于 1903 年创立的山东农事试验场，今年是我院创建 110 周年。为创新院庆方式，扎实有效地搞好院庆活动，按照中央和我省关于节俭举办庆典活动的有关规定，根据 2013 年全院工作会议安排部署和第一次院长办公会研究意见，特制定本工作意见。

**一、院庆活动主旨**

深入贯彻党的十八大精神和省十次党代会精神，全面落实全院工作会议部署，以我院创建 110 周年为契机，回顾百年历程，凝练百年文化，传承光荣传统，弘扬辉煌成就，推进强院建设，扎实服务三农，通过组织开展公益院庆、学术院庆、文化院庆、和谐院庆四个方面的系列活动，彰显“院庆促发展，创新惠三农”的院庆主旨，推动强院建设在新的起点上实现新的发展。

要积极创新院庆方式，通过扎实开展系列活动，进一步增强全院广大干部职工投身农业科技事业的责任感、使命感与自豪感，进一步提高全院广大干部职工锐意改革创新发展的凝聚力、向心力和创造力，进一步提升我院的社会知名度、显示度和影响力，脚踏实地、开拓创新，努力为经济文化强省建设和增创山东农业农村新优势提供更加有力的农业科技支撑。

**二、院庆工作原则**

（一）院所联动原则：各部门各单位要根据院庆工作统一部署，组织承办相应的院庆活动，实现院所上下联动，职工广泛参与。

（二）协同推进原则：各部门各单位要把院庆有关活动纳入年度工作计划安排，做到统筹兼顾，有机结合，相互促进，同步开展。

（三）注重实效原则：通过系列院庆活动，对内凝心聚力促进工作开展、对外加强宣传扩大社会影响，力避形式俗套，注重活动成效。

（四）厉行节约原则：严格界定审核院庆活动的内容和范围，严格经费预算管理，坚决杜绝铺张浪费，切实节俭办会搞活动。

**三、院庆活动主要内容和工作分工**

（一）公益院庆活动：充分发挥我院人才、成果和平台优势，更好地服务农民、服务农村、服务农企。通过科技服务、科普活动和科技上地头、群众进院区、院地合作、产研对接等多种方式，提升我院公益形象。

责任部门：科研处（科技产业处负责院企合作有关活动）

承办单位：有关部门、各单位

活动时间：4 月—10 月底前

（二）学术院庆活动：充分激发我院科技创新活力，进一步浓厚学术氛围。通过院所举办研讨、论坛等多种形式的系列学术活动，促进院内外科技合作与交流，不断提升我院科研创新实力和水平。

责任部门：科研处

承办单位：有关部门、各单位

活动时间：4 月—10 月底前

（三）文化院庆活动：充分打造创新文化，进一步提升我院文化软实力。通过举办文明创建、文化提升、文化娱乐等系列活动，创新文化形式，凝练文化内涵，融入时代特点，传承百年文明，打造富有特色的创新文化，丰富职工精神文化生活。

责任部门：政工处

承办单位：有关部门、各单位

活动时间：4 月—10 月底前

（四）和谐院庆活动：充分营造团结和谐的发展环境，进一步提高我院的向心力与凝聚力。通过院区环境整治完善和民生服务项目推进落实，不断改善提升工作和生活条件，不断提高广大干部职工的幸福指数。

责任部门：行政处

承办单位：有关部门、各单位

活动时间：4 月—10 月底前

（五）几项具体工作：

1. 拍摄宣传片。通过声像展现我院悠久历史、院所文化与发展成就，要求画面生动，解说准确，富有时代感和渲染力。

责任部门：院办公室、政工处、信息中心

完成时间：8 月底前

2. 编印院庆画册和宣传画册。院庆画册注重通过图文数字反映我院基本情况、历史脉络、重要发展成就，要求主题突出，内容准确，结构合理，风格简约，突出收藏和史料价值；宣传画册要注重反映院所基本概况和重要成就，突出宣传和实用价值。

责任部门：政工处、院办公室、人事处

完成时间：8 月底前

3. 展示发展成就。通过声光电、图文、实物等方式全面展示我院科技发展和建设成就，要求设计新颖，内容丰富，形式多样，凸显农业科技特色优势。

责任部门（单位）：院办公室、政工处、科研处、财计处、行政处、蔬菜所和相关工作小组

完成时间：9 月底前

4. 编印《强院之路—媒体眼中的山东省农科院》。收录 2004 年强院建设以来中央和省市各级媒体对我院发展成就的重要报道，作为宣传展示我院历史新阶段发展成就的一个重要载体。

责任部门：院办公室

完成时间：8 月底前

5. 筹办中国农业科技管理研究会领导科学工作委员会2013年年会及农业科技创新高层论坛。

责任部门：院办公室、科研处

完成时间：10月底前

6. 设计制作院庆文化传播用品。体现农科特色，传播百年文明。

责任部门：院办公室

时间安排：7月底前

**四、院庆工作组织领导和基本要求**

（一）院成立院庆工作领导小组，负责院庆工作的领导以及院庆工作意见、方案的审定和重要活动事项的决策。周林任组长，李维生、万书波、逯岩、贾无、张立明、李维民、刘世军为成员。

（二）院庆工作领导小组下设办公室，贾无任主任，范本荣、齐以芳、刘兆辉、孙万刚、齐世军为成员。负责院庆活动的筹备组织协调、监督检查指导。领导小组办公室日常工作由院办公室承办，根据工作需要适时从有关处所抽调人员，承办相应工作。

（三）四个方面院庆主题活动和各项具体工作的责任部门负责根据本工作意见分工，加强对各研究所开展公益院庆、学术院庆、文化院庆、和谐院庆相关活动的日常指导和协调，研究制定分工负责事项的工作方案和经费预算。工作方案及经费预算报院庆工作领导小组同意后组织实施。

（四）各单位要认真落实院庆工作部署，积极配合并承办相应的院庆工作，组织动员广大干部职工踊跃参加院庆活动，切实把院庆活动列入本单位年度工作计划进行安排部署并抓好落实。各单位要围绕公益院庆、学术院庆、文化院庆、和谐院庆主题，结合本单位实际至少开展一次服务三农公益活动、举办一次科研创新学术活动、进行一次精神文明文化活动、组织一次关爱职工服务活动。

（五）各部门、各单位要扎实搞好院庆宣传工作，通过院门户网站设立专栏、充分使用110周年院庆标志、邀请新闻媒体进行专题报道等多种方式加大宣传力度。院办公室负责统筹策划全院院庆活动的宣传推介，各部门、各单位要精心组织好相关活动，积极创新活动方式，提升活动质量，挖掘新闻线索，打造新闻亮点，努力提高各类新闻媒体对本单位系列活动宣传报道的质量和数量，既要确保活动取得扎实成效，又要努力扩大社会影响。

# 山东省农科院：开启创新驱动引擎

（《科技日报》 2013 年 10 月 25 日）

**改革发展新景象**

经历过严寒与酷暑，经历过干旱与湿涝，今年山东在夏粮再创新高之后，秋粮又颗粒归仓。山东粮食连续 11 年丰产，为保障国家粮食安全做出了重要贡献。这其中，山东省农科院的品种和技术支撑功不可没。

国以农为本，民以食为天。面对消费需求刚性增长、耕地数量减少、水资源短缺等严峻挑战，科技进步无疑是提高农业综合生产能力的根本出路。要实现农业转方式调结构，最终还要依靠创新驱动产生的强大推力，而山东省农科院正是齐鲁大地创新驱动引擎的一个开启者。

**从作物到畜禽，着力强化品种支撑**

种子是农业的核心，占据农业产业链前端的重要位置，在当前农业转方式调结构中发挥着关键作用。“十五”以来，山东省农科院共有 316 个动植物新品种通过省级以上审定。在全省种植面积过千万亩的小麦、棉花、花生、果树等大宗作物中，该院育成的品种所占比例分别达 60%、80%、60% 和 60%。

“十五”以来，小麦育种获得国家和省部级科技进步奖 20 余项，先后育成济南 17、济麦 19、济麦 20、济麦 22 等一批高产优质新品种。其中济麦 22 创造了单产最高、年推广面积最大、适应范围最广 3 项全国之最；2012 年在黄淮麦区种植 3660 万亩，占比达 1/4，累计推广 1.44 亿亩，实现了小麦超高产育种的新突破。而鲁原 502 成为继济麦 22 之后又一个高产、广适新品种，受到市场青睐。

玉米学科，先后育成审定品种 30 多个，获得植物新品种权 50 余项。鲁单 981 连续 4 年在全国种植超过 1000 万亩，是农业部公布的全国第三大玉米品种。近年育成的超级玉米新品种鲁单 818，小面积亩产超 1000 公斤，推广前景广阔。

培育出抗虫杂交棉、常规抗虫棉和抗虫短季棉三大类型“鲁棉研”系列新品种 34 个，成为山东和黄河流域棉区的主栽品种。其中，鲁棉研 15 曾创我国抗虫杂交棉单产皮棉最高纪录，鲁棉研 28 成为山东省种植面积最大的棉花品种。

花生领域，先后育成高产优质专用花生新品种 28 个。其中花育 19 号、花育 22 号、花育 33 号在高产攻关中，都创造了平均亩产 630 公斤的高产典型。

蔬菜学科，主要开展了大白菜、萝卜、辣椒、黄瓜、甜瓜等蔬菜新品种选育和栽培技术研究，近年来育成了一大批优质高产新品种，为蔬菜种子国产化做出了重要贡献。

自“十五”以来，引进保存各类果树种质资源 3000 余份，选育出苹果、桃、梨、樱桃、蓝莓等果树优系 384 个，为农业转方式、调结构增加了品种选择，成为果农增收致富的好帮手。

在畜禽育种方面，育成的鲁农 I 号猪成为山东省第一个通过国审的猪配套系，被确定为国家主推品种。鲁禽1号、鲁禽3号麻鸡配套系成为我国长江以北地区第一个拥有自主知识产权的家禽品种。围绕荷斯坦种公牛开展了种质创新、分子育种等高新技术研究，年生产奶牛冻精150余万剂，占全国市场的1/3以上，为推动山东由畜牧大省向畜牧强省跨越提供了有力支撑。

从山东省农业科技的探索者到众多“中国第一”的创造者，山东省农科院农业科研的“水滴石穿”，并非一日之功。

**从历史到现实，110年追梦之旅**

山东省农科院发轫于1903年清政府在济南设立的山东农事试验场。110年风雨兼程，110年沧桑巨变。今天的山东省农科院综合实力已跻身全国省级农科院前列。

自1978年全国科学大会以来，全院共取得各级各类科技成果1400多项，627项获省部级以上奖励，其中国家级奖励57项。

特别是自2004年实施强院建设以来，该院作为主持完成单位共获得国家级成果奖励12项，占全国省级农科院获国家奖总量的1/4强，位列全国第一，实现了连续10年获得国家级奖励不断线。

一个省级科研院所，为何能屡屡问鼎国家科技进步大奖？核心因素是人才。

山东省农科院通过实施人才强院战略，着力引进和培养高层次人才，组建高水平创新团队，不断提升自主创新的核心竞争力。截至目前，该院有博士289人、硕士363人，拥有百千万人才工程国家级人选3人，国家、省有突出贡献中青年专家分别为5人、20人，享受政府特殊津贴90人，“泰山学者”（含海外特聘专家）15人。小麦、棉花、玉米、花生创新团队先后被农业部评为中华农业科技奖优秀创新团队。2011年，与山东大学合作共建的山东大学农学院在该院揭牌成立，成为凝聚高层次人才和培养专业人才的新高地。

“栽下梧桐树，引得凤凰来。”山东省农科院作为中国农业科技黄淮海创新中心和山东省农业科技创新中心的承建单位，在主要研究领域建有小麦玉米国家工程实验室、国家花生工程技术研究中心等国家和省部级创新平台82个，其中国家及部级创新平台55个。承建的农业部食品质检中心作为重要检测平台，常年承担政府和社会赋予的大量质检任务。山东省农作物生物资源中心设计保存能力20万份，拥有国内最大的省级种质资源库……

该院作为国家国际科技合作基地，坚持“走出去”与“引进来”相结合，扎实推进全方位开放办院。目前，已同国际玉米小麦改良中心等10多个国际组织和50多个国家的科研教学机构建立了良好的交流合作关系。

数据是枯燥的，但每一项数据背后凝聚着一个艰苦求索的故事，有汗水，有智慧，更有收获。

从实验室到田间地头，打通农科落地“最后一公里”。

**一粒种子如何改变世界？**

如果不能落地，诞生在实验室里的一项项高精尖成果只是好看不好用的“花拳绣腿”。将田间地头作为永远的实验室，才使高科技的种子改变世界有了现实可能性。

花生压榨过后，花生粕只能作为畜牧业和水产业的饲料原料，市场价约为2500-3000

元／吨，附加值较低，造成巨大浪费。从中提取的花生多糖，具有显著的抗氧化活性，能显著提高机体免疫力，可制成功能食品。从废料中提取“宝藏”是山东农科院向“农产品精深加工”新兴学科寻找效益的最新努力。眼下，院农产品所与山东金胜粮油集团合作的花生粕提取多糖技术，上演了“变废为宝”的传奇。

在山东大地上“施展拳脚”，将科研之手落在技术上，落在产业上，这家志在“根植齐鲁，服务三农”的科研单位还有更多的抱负：

紧密对接高产创建、现代农业示范区和农业十大产业振兴规划，在关键农时组织专家走上田间地头，把成果送到千家万户；12396 信息服务热线方便了农民与专家的远程交流，成为广大农民朋友的连心线和致富线。截至目前，该院在山东省建立了 70 多处高水平示范基地，形成了覆盖全省的科技推广服务网络，成果转化率达 90% 以上。

10 月 9 日，山东省农科院与中种集团、现代种业发展基金签署科企战略合作协议，这是中国科研单位携手大型种业企业引入国家财政产业扶持资金的最新尝试。去年年底，山东省依托省农科院技术成果和人才优势，注册成立了山东种业集团股份有限公司。

而这次合作，将以山东种业集团为平台，对鲁研公司进行战略投资，着力在种质资源创新、育种平台建设、关键技术研究、成果转化推广以及人才队伍培养、营销网络构建等方面开展全方位深层次合作。

科技产业是转化成果的重要渠道。自改革开放以来，从摸索建立的小型经营实体，到公司制改革，再到定位于“育繁推一体化”的山东种业集团成立，该院科技产业实现了转型升级，对推动山东种业产业发展起到了重要作用。

记者：魏东　通讯员：王祥峰

# 齐鲁大地上的科技尖兵

## ——山东省农业科学院110年发展走笔

（《大众日报》 2013年10月25日）

广袤神奇的齐鲁大地不仅孕育了底蕴深厚的孔孟文化，而且造就了辉煌璀璨的农业文明。历史上，诞生了氾胜之、贾思勰、王祯等世界著名的古代农学家，《氾胜之书》《齐民要术》《农书》等一批农学巨著流传天下。今天，山东省农科院人作为齐鲁大地上的农业科技创新尖兵，秉承着这光辉传统，肩负着时代使命，正以蓬勃的英姿续写出现代农业的新篇章。

**根植齐鲁大地 传递科研圣火**

作为全省唯一的省级公益性、综合性农业科研单位，山东省农科院的科研历史与山东近代农业科技发展史一脉相连，发轫于1903年晚清政府在济南设立的山东农事试验场，它的成立标志着山东农业由经验农学开始向实验农学迈进。山东农事试验场自成立之初就以“为国家图富强，为斯民筹本计”为己任，致力于富民利农，着手开展引种试验。历经民国时期的山东省立第一农事试验场、第一区农场，抗战时期的华北农事试验场济南支场，新中国成立前的山东省农业改进所，科研工作一直未曾间断。

抗战胜利后，1946年10月，我党在革命老区莒南县成立了山东省农业实验所。1948年随着济南解放，农业实验所迁址济南，并接收了国民党政府的农业科研机构。至此，传递农业科研圣火的两段历史汇流合一，开启了山东农业科研事业的新征程。1950年，山东省农业实验所改称山东省农业科学研究所，1959年扩建为山东省农业科学院，名称沿用至今。

经过逾百年的改革发展和几代农科院人的不懈奋斗，今天的山东省农科院综合实力跻身全国省级农科院前列，成为山东省农业科技创新的龙头和支撑黄淮海区域农业发展的一支重要力量。目前，主要研究领域从成立之初简单的作物引种和土壤改良，发展到粮经作物、畜禽、桑蚕、土肥、植保、农产品加工、农业生物技术、信息技术、遥感技术等40多个学科。

110年沧桑巨变，一路走来硕果累累。老一辈农科院人在不同历史时期都为推动农业科技进步作出了应有贡献。自1978年全国科学大会以来，全院共取得各级各类科技成果1400项，有627项成果获得省部级以上奖励，其中国家级奖励57项。自1982年品种审定以来，共有522个品种通过了国家或省审（认）定。

山东省农科院在事业发展中沐浴着党和国家领导人的亲切关怀。1958年8月和1959年9月，毛泽东主席两次亲临视察院棉花试验田。1959年2月，邓小平同志视察了院小麦试验田。2009年10月，胡锦涛总书记视察了院食用菌试验示范基地。领导关怀成为推动省农科院事业发展的强大动力，鼓舞和鞭策着全院广大干部职工在科技创新的道路上不断前进！

**坚持科研立院 强化创新驱动**

山东省农科院始终将科研作为立院之本，不断强化自主创新，目前在优质小麦、转基因抗虫棉、出口大花生、高产夏玉米和落叶果树育种、畜禽品种选育、重大疫病防控、新型肥料创制等方面形成了明显优势。培育的小麦、玉米、棉花、花生等新品种均创造过全国最高单产纪录，形成了“济麦”系列小麦、“鲁单”系列玉米、“鲁棉研”系列棉花和“花育”系列花生等良种品牌，为促进我省农作物品种更新换代做出了重要贡献。

在作物研究领域，近年来育成的济麦 22 小麦新品种实打亩产 789.9 公斤，刷新了我国冬小麦单产纪录，创造了单产最高、年推广面积最大、适应范围最广三项“全国之最”。鲁原 502 是继济麦 22 之后的又一个高产小麦新品种，推广前景广阔。超级玉米新品种鲁单 818，小面积亩产超过 1000 公斤。培育出“鲁棉研”系列新品种 34 个，年推广面积 1500 万亩以上，成为山东和黄河流域棉区的主栽品种。花育 19、花育 22、花育 33 号花生都创造了平均亩产 630 公斤以上的高产典型，花育 32 是国际上第一个橄榄油型高油酸直立型花生品种。香粳 9407、圣稻 15、圣稻 16 水稻成为山东省主导品种。育成山东系列、鲁白系列及天正系列大白菜新品种，推广面积最大时约占全国大白菜面积的 60% 以上，为蔬菜种子国产化做出了应有贡献。自“十五”以来，引进保存各类果树种质资源 3000 余份，选育出苹果、桃、梨、樱桃、蓝莓、核桃、板栗、枣等果树优系 384 个，为农业转方式、调结构增加了品种选择。

良种良法配套是高产稳产的基础。省农科院还针对全省粮食生产中重大共性关键技术问题，创新出一大批节本增效生产技术。先后在小麦垄作节水高效栽培技术、保护性耕作增效技术、小麦氮素化肥高效利用技术以及小麦耕层优化双行沟播栽培技术等方面取得突破。玉米高产栽培技术理论研究和大面积高产技术开发等研究领域处于国内领先水平，“夏玉米高产简化栽培技术”连续被确定为山东省农业主推技术。“盐碱地棉花丰产栽培技术”连续多年被农业部列为主推技术。“花生高产高效栽培技术体系建立与应用”于 2008 年获得国家科技进步二等奖。

在动物研究领域，省农科院还注重优质畜禽新品种选育和高效养殖技术研究，为畜牧大省发展提供了有力支撑。育成的鲁农 I 号猪配套系成为山东省第一个通过国家审定的猪配套系，被确定为国家主推品种。育成的鲁禽 1 号、3 号麻鸡配套系，成为江北第一个通过国家审定的家禽品种。培育的鲁西黑头肉羊新品系，具有生长速度快、繁殖率高，且耐粗饲、羊肉品质好的特点，推动了我国肉羊产业向高产、优质、高效发展。奶牛种公牛站现已跻身全国种公牛站前三位，年生产冻精 160 万支，占全国总量的 10%，山东总量的 40%。动植物重大疫病防控技术研究取得重大突破，2011 年“猪主要繁殖障碍病防控技术体系的建立与应用”获得国家科技进步二等奖。

“十一五”以来，全院共有 56 个作物畜禽新品种通过国家审定，206 个品种通过省级审定，获得植物新品种权 84 项、发明专利 270 件。在“十一五”全国农业科研机构综合能力评估中，该院拥有的全国百强所数量增加到 9 个，百强所数量居全国省级农科院首位。在“十二五”国家现代农业产业技术体系建设中，该院拥有包括 1 个首席科学家在内的 22 个科学家岗位和 16 个试验站站长岗位，总量居全国省级农科院第一位。

**对接战略需求　服务农业生产**

省农科院始终把服务“三农”作为全部工作的出发点和落脚点，紧紧围绕“蓝黄”两大区域带动战略和“一圈一带”战略实施，紧密对接高产创建万亩方、对接现代农业示范区、对接我省农业十大产业振兴规划，扎实服务全省农业生产，努力为保障粮食安全和主要农产品有效供给提供科技支撑。

科技支撑的原动力来自省农科院的人才与成果优势。目前，全院现有在职职工 1800 多人，其中高级专业技术职务人员 621 人，博士 289 人，硕士 363 人，“泰山学者”和“泰山学者海外特聘专家”15 人。“十一五”以来，获得省级以上科技成果奖励 182 项，其中国家技术发明二等奖 1 项，国家科技进步二等奖 9 项，占全国省级农科院获国家奖总量的 1/4 强。另外，获省技术发明一等奖 1 项，省科技进步一等奖 18 项。

为了让科技成果更便捷地走进千家万户，省农科院不断创新科技推广服务方式：

一是坚持以农业科技示范基地为平台，以保障粮食安全与主要农产品有效供给为目标，推广示范新品种新技术。目前，已在全省 80 多个县建立了 200 多处科技推广服务联系点和 70 多处高水平示范基地。

二是以实施科研与产业化项目为抓手，密切院企合作，有效推动了农业科技成果转化。目前，全院有 50 余项科研课题在企业示范推广。比如，在惠民县鲁洁棉业、农兴种业、华棉种业三家公司建立了抗虫杂交棉制种繁育基地，在专家指导下建立了“县有技术组、公司有技术部、村有技术员、户户有一个科技明白人”的农业技术服务网络体系。目前，惠民县抗虫棉繁育已发展到 6 万亩，年产优质棉种 750 万公斤，成为全国棉花良种繁育基地县。省农科院不但快速转化了科技成果，而且提升了企业的创新能力。

三是以全省农业科技创新协作网为依托，与地方政府、地方农业科研单位开展全方位、多层次的科技合作。今年 7 月份，山东省农科院牵头与济南市农业科学研究院等 19 家省内农业科研院所，共同组建了山东省农业科研院所科技协作网，明确了任务和分工，通过联合开展科技攻关和科技推广服务，形成科技成果推广转化的合力。

四是结合农村农业信息化示范省建设，开展农业信息化服务提升行动。充分发挥该院农村信息化平台和 12396 服务热线的作用，开展远程诊断和技术服务，组织专家集中坐席会诊，通过电话连线、电脑视频等多种方式开展远程技术培训和服务，解决农业信息服务“最后一公里”的问题。

另外，针对“第一书记”的科技需求和家庭农场等新型农村经营主体的发展需要，山东省农科院主动搞好对接服务。去年，组建了 25 个专家服务团针对 4 地市 291 个贫困村开展“第一书记”帮扶工作，努力充当起“第一书记”的科技后盾。今年 9 月 28 日，在济南发起成立了山东家庭农场科技联谊会，为家庭农场主获取科技支持和信息服务搭建起一个高层平台。今年 8 月 31 日，山东省农科院牵头组建了全国首个省级农业灾害预警和应急专家服务团，对我省农业防灾、减灾发挥了重要作用。

目前，在我省种植面积过千万亩的小麦、棉花、花生、果树等大宗作物中，省农科院育成的品种所占比例分别达到 60%、80%、60%、60%，占有主体地位。全院科技成果转化率达到 90% 以上，年新增社会经济效益 100 多亿元。

记者：王亚楠　通讯员：王祥峰 安静 张伟

# 二、科技创新

## 科研成果

# 国家技术发明二等奖

**高产高油酸花生种质创制和新品种培育**

完 成 单 位：花生所

主要完成人：禹山林　杨庆利　王晶珊　王积军　迟晓元　潘丽娟

# 国家科技进步二等奖

**滨海盐碱地棉花丰产栽培技术体系的创建与应用**

完 成 单 位：棉花中心

主要完成人：董合忠　李维江　辛承松　段留生　孙学振　唐　薇　张冬梅　李振怀　孔祥强　代建龙

# 中华农业科技奖优秀创新团队

**玉米遗传育种和栽培生理研究团队**

依托单位：玉米所

主要成员：孟昭东　汪黎明　郭庆法　叶金才　刘治先　高新学　都森烈　张秀清　王庆成　王春英　韩志景　张发军　穆春华　刘铁山　徐立华　刘　霞　鲁守平　徐相波　丁照华　李宗新

**花生遗传育种与栽培生理研究团队**

依托单位：花生所

主要成员：禹山林　王才斌　张建成　王传堂　杨庆利　焦　坤　曲明静　迟玉成　陈　静　迟晓元　杨　珍　王　通　陈　娜　孙　杰　于丽娜　江　晨　吴正锋　潘丽娟　陈明娜　王　冕

# 省科技进步奖

## 奶牛现代育种关键技术研究与核心种质创新应用

完成单位：奶牛中心

主要完成人：仲跻峰　李建斌　侯明海　王长法　高运东　张思聪　王玲玲　王洪梅　刘文浩　黄金明　李荣岭　王　洪

奖励等级：山东省科技进步一等奖

## 花生种质资源鉴定评价与创新利用

完成单位：花生所

主要完成人：单世华　郑奕雄　闫彩霞　李春娟　张廷婷　钟瑞春　李尚霞　郭　峰　刘　涛　陈少婷　焦　坤　江　晨

奖励等级：山东省科技进步一等奖

## 大豆优异基因资源挖掘与系列品种选育

完成单位：作物所

主要完成人：徐　冉　王彩洁　张礼凤　李　伟　郝欣先　蒋惠兰　戴海英　程洪兵　尹秀波

奖励等级：山东省科技进步二等奖

## 作物抗逆增效产品研发与作用机理

完成单位：资环所

主要完成人：李　彦　张玉凤　张英鹏　聂洪臣　董　亮　孙　明　王学君　王　琦　郜玉环

奖励等级：山东省科技进步二等奖

## 山东省盲蝽区域性灾变规律与治理技术

完成单位：植保所

主要完成人：于　毅　门兴元　李耀发　高占林　张君亭　范广华　周洪旭　王英姿　姜瑞德

奖励等级：山东省科技进步二等奖

## 转基因作物检测技术体系研究及应用

完成单位：植保所

主要完成人：路兴波　孙红炜　皇甫超河　刘红梅　李　凡　赖　欣　贾　曦　王　慧　吴　修

奖励等级：山东省科技进步二等奖

## 主要设施蔬菜连作障碍防控关键技术研究与开发

完成单位：蔬菜花卉所　植保所

主要完成人：焦自高　王克安　齐军山　杨凤娟　胡永军　王淑芬　王献杰　张卫华　李絮花

奖 励 等 级：山东省科技进步二等奖

**桔梗品种选育及规范化高效生产技术研究**

完 成 单 位：农产品所

主要完成人：王志芬　杜方岭　陈庆亮　单成钢　朱京斌　倪大鹏　王维婷　张　锋　张教洪

奖 励 等 级：山东省科技进步二等奖

**冷榨花生蛋白粉生产及高值化利用技术**

完 成 单 位：花生所

主要完成人：杨庆利　于丽娜　孙　杰　杨伟强　刘洪对　王敬华　张初署　毕　洁　朱　凤

奖 励 等 级：山东省科技进步二等奖

**梨优质高效关键技术研究与应用**

完 成 单 位：果树所

主要完成人：王少敏　王淑贞　张　勇　王宏伟　魏树伟　苏胜茂　彭　波　宋建忠　劳建中

奖 励 等 级：山东省科技进步二等奖

**核桃种质资源评价与新品种选育**

完 成 单 位：果树所

主要完成人：张美勇　徐　颖　相　昆　李国田　杜方岭　沈广宁　王晓芳　薛培生　刘庆莲

奖 励 等 级：山东省科技进步二等奖

**山东桑树种质资源收集鉴定与创新利用**

完 成 单 位：蚕业所

主要完成人：梁明芝　王照红　杜建勋　陈传杰　刘　霞　孙日彦　衣葵花　石瑞常　赵东晓

奖 励 等 级：山东省科技进步二等奖

**山东省现代种业发展对策研究与应用**

完 成 单 位：省农科院　鲁研公司

主要完成人：张立明　刘开昌　赵海军　汪宝卿　张　伟　武　军　杨今胜　解树斌　董建军

奖 励 等 级：山东省科技进步二等奖

**二季作马铃薯高产高效育种技术研究及新品种培育**

完 成 单 位：蔬菜花卉所

主要完成人：王培伦　马伟清　杨元军　董道峰　刘　芳　李广存

奖 励 等 级：山东省科技进步三等奖

**猪链球菌病流行病学调查和防治技术体系的建立与应用**

完 成 单 位：健牧公司　省农科院

主要完成人：范伟兴　秦卓明　张　伟　王凯宬　张喜悦　陈　静

奖 励 等 级：山东省科技进步三等奖

**蒙山九州虫草的基础研究与开发应用**

完 成 单 位：资环所（第二单位）

主要完成人：凌建亚　宫志远　张长铠　姚　强　张国英　王　琦　韩建东　张海英　郜玉环

奖 励 等 级：山东省科技进步二等奖

**花生根瘤菌生物学特性与高效施氮技术**

完 成 单 位：花生所（第二单位）

主要完成人：王才斌　王铭伦　赵　柯　吴正锋　郑亚萍　解永军　孙学武　王月福　杨伟强

奖 励 等 级：山东省科技进步二等奖

**莱芜猪的保种选育与遗传资源创新利用**

完 成 单 位：畜牧兽医所（第三单位）

主要完成人：武　英　王　诚等

奖 励 等 级：山东省科技进步二等奖

# 其他省部级奖励

**保育猪生物发酵床环保养殖技术研究与示范**

完 成 单 位：畜牧兽医所（第二单位）

主要完成人：张先勤　盛清凯　张　青　郝家宏　王红琴　武　英

奖 励 等 级：云南省科技进步三等奖

**花生加工副产品高值化利用技术**

完 成 单 位：花生所

主要完成人：杨庆利　于丽娜　孙　杰　董建军　刘　阳　冯健雄　吴　修　邢福国
杨伟强　高俊安　张初署　毕　洁　朱　凤　彭美祥　娄华敏

奖 励 等 级：中华农业科技奖科研成果二等奖

**农药、重金属、微生物危害控制与风险评估**

完 成 单 位：质标所

主要完成人：滕　葳　柳　琪　张树秋　王　磊　谷晓红　丁蕊艳　黎香兰　王玉涛
董　崭　郭栋梁

奖 励 等 级：中华农业科技奖科研成果三等奖

**低温条件下沼气池持续高效产气关键技术研究**

完 成 单 位：资环所

主要完成人：王艳芹　姚　利　袁长波　李　彦　刘　英　曹德宾　边文范　柳洪艇
徐延熙　张昌爱

奖 励 等 级：中华农业科技奖科研成果三等奖

**山东省1000万亩旱地小麦节本增效技术推广**

完 成 单 位：作物所

主要完成人：孔令安　张　宾　李升东　司纪升　冯　波　王法宏　李华伟　赵连法
张　成　宋兆文　田　虎　张　英　赵元森　仲伟升　王国飞　张西平
王秀娟　岳　颖　栾波波　王文刚　曹春雷　王坤春　郑　辉　秦兴国

奖 励 等 级：农业部农牧渔业丰收奖农业技术推广成果奖二等奖

**蔬菜绿色植保技术示范与推广**

完 成 单 位：植保所

主要完成人：李长松　齐军山　张　博　贾　曦　张悦丽　张　勇　曹长余　缪玉刚
辛增英　李　美　赵玖华　张迎新　王　勇　刘金智　孙明伟　徐加利
刘家魁　李国强　徐　高　曹凤展　高宗军　戴　争　赵　亚　韩宪东
王振昌

奖 励 等 级：农业部农牧渔业丰收奖农业技术推广成果奖二等奖

**4000万亩专用小麦济南17和济麦20优质栽培技术示范与推广**

完 成 单 位：鲁研公司

主要完成人：罗继春　阚天君　郭玉秋　陈晓霞　解树斌　刘和平　王美华　方会见　徐业平　薛春芝　刘　健　撒德山　庞承良　周兴华　赵　楠　王金龙　赵　飞　王成超　黎海峰　王曰妍　郭　钢　崔长胜　蒋明洋　赵宇栋　徐恒永

奖 励 等 级：农业部农牧渔业丰收奖农业技术推广成果奖三等奖

**猪蓝耳病综合防控技术推广**

完 成 单 位：畜牧兽医所

主要完成人：吴家强　田夫林　杜以军　李玉杰　李　俊　王忠坤　丛晓燕　时建立　孙文博　徐绍建　张祯涛　齐　静　张　贝　孟凡军　霍翠梅　程玉花　庄茹菲　张桂新　李　峰

奖 励 等 级：山东省农牧渔业丰收奖农业技术推广成果奖一等奖

**花生高效施肥技术集成与推广应用**

完 成 单 位：花生所　生物中心

主要完成人：孙学武　郭　峰　郑亚萍　吴兰荣　王军强　赵海军　王福毅　赵旭光　陈　娟　华　伟　成　强　孙茂浩　孙明珍　杨洪宾　解永军　郭景新　程绍东　张翠欣　孙　辉　卢俊玲

奖 励 等 级：山东省农牧渔业丰收奖农业技术推广成果奖二等奖

**丹参种质资源创新应用及推广**

完 成 单 位：农产品所

主要完成人：单成钢　倪大鹏　陈令梅　朱连先　朱京斌　张教洪　王光超　唐　勇　陈秀德　段友臣　马开旺　韩金龙　孙黎明　张　谦　郑　军　杨福丽　李建勇　刘红山　曹建华　谭长杰

奖 励 等 级：山东省农牧渔业丰收奖农业技术推广成果奖二等奖

**盲蝽区域性治理技术研发与应用**

完 成 单 位：植保所

主要完成人：门兴元　张安盛　李丽莉　周仙红　杜亚君　庄乾营　于　毅　魏春芝　王凤月　赵忠范　崔淑华　张思聪　于国鹏　孙军杰　董会如　刘喻敏　刘永超　宫群英　陈会传　吴　震

奖 励 等 级：山东省农牧渔业丰收奖农业技术推广成果奖二等奖

**优质高产强抗逆蚕桑新品种及配套技术的推广应用**

完 成 单 位：蚕业所

主要完成人：王照红　娄齐年　陈传杰　张凤林　杜建勋　王安皆　梁明芝　周丽霞　聂　磊　王　娜　华丽峰　于振诚　郭　光　孙日彦　赵东晓　李智峰　王向誉　朱　红　尹遵伟　陈华宾

奖 励 等 级：山东省农牧渔业丰收奖农业技术推广成果奖三等奖

# 院科技进步奖

**花生品质评价及标准体系的建立**

完 成 单 位：质标所

主要完成人：滕 葳 万书波 柳 琪 单世华 张树秋 谷晓红

奖 励 等 级：院科技进步一等奖

**红花标记抗虫杂交棉鲁 05H9 及其生产技术示范推广**

完 成 单 位：棉花中心

主要完成人：陈 莹 高明伟 王秀丽 王家宝 姜 辉 赵军胜

奖 励 等 级：院科技进步一等奖

**类胡萝卜素、花青素相关基因的挖掘及在品质改良中的应用**

完 成 单 位：生物中心

主要完成人：王兴军 李长生 夏 晗 姜娜娜 赵传志 安 静

奖 励 等 级：院科技进步一等奖

**鲁南花生优质高产高效安全生产技术研究**

完 成 单 位：临沂分院

主要完成人：陈香艳 唐洪杰 郭 青 张 谦 刘进谦 姜启双

奖 励 等 级：院科技进步一等奖

**小麦玉米秸秆全还田条件下高产高效生产技术示范推广**

完 成 单 位：泰安分院

主要完成人：朱国梁 董 浩 牟小翎 史桂芳 尹逊栋 孙 哲

奖 励 等 级：院科技进步一等奖

**红色西洋梨新品种引选研究**

完 成 单 位：果树所

主要完成人：王少敏 魏树伟 李国田 张 勇 王宏伟 冉 昆

奖 励 等 级：院科技进步一等奖

**优质高产可插扦桑树新品种鲁插 1 号选育**

完 成 单 位：蚕业所

主要完成人：陈传杰 王照红 杜建勋 孙日彦 梁明芝 李智峰

奖 励 等 级：院科技进步一等奖

**猪圆环病毒 2 型遗传演化、诊断及基因工程疫苗研制**

完 成 单 位：畜牧兽医所

主要完成人：李 俊 时建立 徐绍建 丛晓燕 袁小远 吴家强

奖 励 等 级：院科技进步一等奖

**多胎多羔洼地绵羊选育利用研究与健康养殖技术示范推广**

完 成 单 位：滨州分院

主要完成人：沈志强　任艳玲　李金林　王玉茂　刘吉山　王建军
奖 励 等 级：院科技进步一等奖

**黄河三角洲高效生态农业科技发展战略研究**

完 成 单 位：持续发展所
主要完成人：杨　萍　王祥峰　季承润　杨　洁　杨　楠　袁方曜
奖 励 等 级：院科技进步一等奖

**油菜资源创新及早熟抗寒新品种培育**

完 成 单 位：日照分院
主要完成人：李修宝　李玉华　韩顺英　李　峰　刘为光　宋维勇
奖 励 等 级：院科技进步二等奖

**夏玉米新品种筛选与全程机械化生产技术研究推广**

完 成 单 位：济宁分院
主要完成人：韩成卫　吴秋平　孔晓民　刘　丽　袁邦义　姚凤娟
奖 励 等 级：院科技进步二等奖

**黄淮海夏大豆优质多基因聚合新种质创新**

完 成 单 位：济宁分院
主要完成人：赵　云　杨　旭　赵恩海　付贵阳　周　静　黄新阳
奖 励 等 级：院科技进步二等奖

**大蒜－玉米持续高产栽培技术研究与应用**

完 成 单 位：临沂分院　玉米所
主要完成人：李俊庆　王志武　庄克章　吴荣华　张春艳　田英欣
奖 励 等 级：院科技进步二等奖

**苹果果实着色基因 MdMYB1 的鉴定与利用**

完 成 单 位：果树所
主要完成人：苑克俊　刘庆忠　魏海蓉　王长君　王绛辉　孙瑞红
奖 励 等 级：院科技进步二等奖

**苹果省力优质高效栽培技术集成与示范**

完 成 单 位：威海分院
主要完成人：杨　鹤　隋　静　薛玉平　毛积磊　胡　静　王同勇
奖 励 等 级：院科技进步二等奖

**夏季食用菌大杯蕈新品种选育及高产栽培技术研究**

完 成 单 位：泰安分院
主要完成人：于清伟　安秀荣　王明才　王庆武　李秀梅　兰玉菲
奖 励 等 级：院科技进步二等奖

**多效冷凝制冷压缩机组的研制和冷库应用**

完 成 单 位：果树所

主要完成人：鲁墨森　杨娟侠　沈广宁　于兰岭　王淑贞　辛　力
奖 励 等 级：院科技进步二等奖

**豆粕酶解液制备咸味香精的热反应协同脂肪氧化调控新技术**

完 成 单 位：济南分院
主要完成人：黄翊鹏　陈海华　王雨生　张荣亭　张　军　郭守鹏
奖 励 等 级：院科技进步二等奖

**高产优质中长绒棉新品种选育及其配套栽培技术**

完 成 单 位：德州分院
主要完成人：史加亮　李凤瑞　杨秀凤　袁海涛　张东楼　董灵艳
奖 励 等 级：院科技进步三等奖

**硅钙型矿物肥的研究与利用**

完 成 单 位：德州分院
主要完成人：李子双　王　薇　李冬刚　李洪杰　周晓琳　赵同凯
奖 励 等 级：院科技进步三等奖

**我国基层农业科技服务体系建设研究**

完 成 单 位：持续发展所
主要完成人：袁方曜　杨　萍　季承润　杨　洁　刘　洋　李　芹
奖 励 等 级：院科技进步三等奖

## 论文著作

# SCI、EI和部分学报论文统计表

| 论 文 题 目 | 单位 | 主要作者 | 发 表 刊 物 |
|---|---|---|---|
| Deep Roots are Pivotal for Regulating Post-Anthesis Leaf Senescence in Wheat (*Triticum aestivum* L.) | 作物所 | 孔令安<br>司纪升<br>孙铭泽 | J Agro Crop Sci<br>2013,199:209-216 |
| Characterization of carbohydrates and their metabolizing enzymes related to the eating quality of fresh waxy corn | 作物所 | 龚魁杰<br>陈利容 | Journal of food biochemistry<br>2013,37(5):619-627 |
| Agronomic improvements through the genetic and physiological regulation of nitrogen uptake in wheat (*Triticum aestivum* L.) | 作物所 | 孔令安<br>王法宏 | Plant Biotechnol Rep<br>2013,7:129-139 |
| Increasing in ROS levels and callose deposition in peduncle vascular bundles of wheat (*Triticum aestivum* L.) grown under nitrogen deficiency | 作物所 | 孔令安<br>王法宏<br>司纪升 | Journal of Plant Interactions<br>2013,2:109-116 |
| Environmental modification of wheat grain protein accumulation and associated processing quality: a case study of China | 作物所 | 孔令安<br>司纪升<br>张　宾 | Australian Journal of Crop Science<br>2013,7:173-181 |
| Effect of wx genes on amylose content, physicochemical properties of wheat starch, and the suitability of waxy genotype for producing Chinese crisp sticks | 作物所 | 马红勃<br>张　晓<br>王灿国 | Journal of Cereal Science<br>2013,58(1):140-147 |
| Effects of Shading on the Photosynthetic Capacity, Endogenous Hormones and Root Yield in Purple-Fleshed Sweetpotato (*Ipomoea batatas* (L). Lam) | 作物所 | 王庆美<br>侯夫云<br>董顺旭 | Plant Growth Regul<br>2013,DOI 10.1007/S10725-013-9842-3 |
| Inventory and general analysis of the ATP-binding cassette (ABC) gene superfamily in maize (*Zea mays* L.) | 玉米所 | 庞凯元<br>李艳娇<br>刘梦涵 | Gene<br>2013,526(2):411-428 |

| 论 文 题 目 | 单位 | 主要作者 | 发 表 刊 物 |
| --- | --- | --- | --- |
| Co-expression of genes ApGSMT2 and ApDMT2 for glycinebetaine synthesis in maize enhances the drought tolerance of plants | 玉米所 | 何春梅<br>何 影<br>刘 强 | Molecular Breeding<br>2013,31(3): 559-573 |
| Preparation of Antibodies against Maize Inbred Lines Storage Proteins | 玉米所 | 刘月辉<br>王 军<br>杨新超 | Advanced Materials Research<br>2013,pp 1717-1722 |
| Performance of Indirect ELISA for Maize Hybrid Purity Test | 玉米所 | 刘月辉<br>王 军<br>杨新超 | Advanced Materials Research<br>2013, pp 1741-1744 |
| Aboveground dry matter and grain yield of summer maize under different varieties and densities in North China Plain | 玉米所 | 李宗新<br>刘开昌<br>刘春晓 | Maydica<br>2013,58:189-194 |
| An in-situ study of inorganic nitrogen flow under different fertilization treatments on a wheat-maize rotation system surrounding Nansi Lake, China | 资环所 | 谭德水<br>江丽华<br>刘兆辉 | Agricultural Water Management<br>2013,123:45-54 |
| Zeolite as slow release fertilizer on spinach yields and quality in a greenhouse tes | 资环所 | 刘兆辉<br>张英鹏<br>李 彦 | Journal of Plant Nutrition<br>2013,36:1496-1505 |
| Effect of Ionic Liquids on Organic Reactions Based on Activity Coefficients at Infinite Dilution | 资环所 | 马 征<br>董晓霞<br>胡玉峰 | Chinese Journal of Chemical Engineering<br>2013,21(12):1370-1375/2013.12 |
| Effects of crop species richness on pest-natural enemy systems based on an experimental model system using a microlandscape | 植保所 | 赵紫华<br>时培建<br>门兴元 | Science China Life Sciences<br>2013, 1(56):1-9 |
| Biological control of insect pests in apple orchards in China | 植保所 | 周洪旭<br>于 毅<br>谭秀梅 | Biological Control<br>2014,68:47-56 |
| Genetic diversity and inferences of potential source areas of adventive frankliniella occidentalis (thysanootera: thripidae) in Shandong, China based on mitochondrial and microsatellite markers | 植保所 | 段惠生<br>于 毅<br>张安盛 | Florida Entomologist<br>2013,96(3),964-973 |

| 论 文 题 目 | 单位 | 主要作者 | 发 表 刊 物 |
|---|---|---|---|
| Sudden widespread distribution of frankliniella occidentalis (thysanootera: thripidae) in Shandong province, China | 植保所 | 段惠生<br>于 毅<br>张安盛 | Florida Entomologist<br>2013,96(3),933-940 |
| Chemical characteristics of normal, woolly apple aphid-damaged, and mechanically damaged twigs of six apple cultivars, measured in autumn wood. | 植保所 | 周洪旭<br>王西存<br>于 毅 | Journal of Economic Entomology<br>2013,106(2):1011-1017 |
| Ectoparasitic insects and mites on Yunnan red-backed voles (Eothenomys miletus) from a localized area in southwest China | 植保所 | 郭宪国<br>董文鸽 | Parasitology Research<br>2013,112:3543-3549 |
| The "general" ontogenetic growth model is inapplicable tocrop growth | 植保所 | 时培建<br>门兴元<br>哈德夫 | Ecological Modelling<br>2013,266:1-9 |
| Transcript profile analyses of maize silks reveal effective activation of genes involved in microtubule-based movement, ubiquitin-dependent protein degradation, and transport in the pollination process | 植保所 | 徐晓辉<br>王 芳<br>陈 昊 | Plos one<br>2013,8(1): e53545 |
| ALS herbicide resistance mutations in Raphanus raphanistrum: evaluation of pleiotropic effects on vegetative growth and ALS activity | 植保所 | 李 美<br>余 琴<br>韩和平 | Pest management Science<br>2013,69: 689-695 |
| Reference Gene Selection for qRT-PCR Analysis in the Sweetpotato Whitefly, Bemisia tabaci (Hemiptera:Aleyrodidae) | 植保所 | 李如美<br>谢 文<br>张友军 | Plos one<br>2013,8( 1): e53006 |
| The Determination of PAHs in Fish by GC-QqQ-MS/MS | 质标所 | 李慧冬<br>霍鲁格<br>王文博 | Polycyclic Aromatic Compounds<br>2013.33:97-107,2013/2013.3.27 |
| Gene expression profiles deciphering leaf senescence variation between early and late-senescence cotton lines | 棉花中心 | 孔祥强<br>罗 振<br>董合忠 | Plos One<br>2013,208(7): e69847 |

| 论 文 题 目 | 单位 | 主要作者 | 发 表 刊 物 |
|---|---|---|---|
| Genetic dissection of the introgressive genomic components from *Gossypium barbadense* L. that contribute to improved fiber quality in *Gossypium hirsutum* L. | 棉花中心 | 王芙蓉<br>徐珍珍<br>孙　冉 | Molecular Breeding<br>2013,32:547-562 |
| A geographically weighted model of the regression between grain production and typical factors for the Yellow River Delta | 信息所 | 杨玉建<br>仝雪芹 | Mathematical and Computer Modelling<br>2013,58 :582-587 |
| Identification of two SCAR markers co-segregated with the dominant Ms and recessive ms alleles in onion (*Allium cepa* L.) | 蔬菜花卉所 | 杨妍妍<br>霍雨猛<br>缪　军 | Euphytica,<br>2013,190(2): 267-277 |
| MicroRNA expression analysis of rosette and folding leaves in Chinese cabbage using high-throughput Solexa sequencing | 蔬菜花卉所 | 王凤德<br>李利斌<br>张一卉 | Gene<br>2013,532:222-229 |
| Molecular characterization of novel haplotypes of eIF4E family in Chinese cabbage (*Brassica rapa* L. ssp. *pekinensis*) | 蔬菜花卉所 | 刘栓桃<br>张志刚<br>李巧云 | Genes&Genomics<br>2013,35:777-785 |
| Draft Genome Sequence of Ralstonia solanacearum race 4 biovar 4 strain SD54 | 蔬菜花卉所 | 李浩勋<br>范仁春<br>李利斌 | Genome A<br>2013,1(6):e00890-13 |
| Construction of Reference Chromosome-Scale Pseudomolecules for Potato: Integrating the Potato Genome with Genetic and Physical Maps | 蔬菜花卉所 | 单伟伟<br>杨晓慧<br>马伟清 | G3 (Genes, Genomics, Genetics)<br>2013,3 (11): 2031-2047 |
| The contents of extractable and non-extractable polyphenols in the leaves of blueberry | 农产品所 | 程安玮<br>陈相艳<br>王文亮 | Czech Journal of Food Sciences<br>2013,31(3):275-282 |
| Comparison of the phenolic content and antioxidant activity of red and yellow onions | 农产品所 | 程安玮<br>陈相艳<br>王文亮 | Czech Journal of Food Sciences<br>2013,31(5):501-508 |
| The caspase pathway of linoelaidic acid (9t, 12t-C18:2)-induced apoptosis in human umbilical vein endothelial cells | 农产品所 | 邱　斌<br>饶　欢<br>胡蒋宁 | Lipids<br>2013,48:115-126 |

| 论 文 题 目 | 单位 | 主要作者 | 发 表 刊 物 |
|---|---|---|---|
| One-pot three-enzyme synthesis of UDP-Glc, UDP-Gal, and their derivatives | 农产品所 | 邹 洋<br>薛梦阳<br>王文君 | Carbohydrate Research<br>2013,373:76-81 |
| Molecular and morphological data reveal two new species of Scolecobasidium | 农产品所 | 任 军<br>揭春玉<br>周庆新 | Mycoscience<br>2013,54:420-450 |
| Determination of the domain structure of the 7S and 11S globulins from soy proteins by XRD and FTIR | 农产品所 | 陈 军<br>陈相艳<br>赵晓燕 | Journal of Food Science and Agriculture<br>2013,93:1687-1691 |
| Surface characterization of corn stalk superfine powder studied by FTIR and XRD | 农产品所 | 赵晓燕<br>陈 军<br>陈锋亮 | Colloids and Surfaces B: Biointerfaces<br>2013,104:207-212 |
| FTIR spectroscopic characterization of soy proteins obtained through AOT reverse micelles | 农产品所 | 陈相艳<br>汝 医<br>赵晓燕 | Food Hydrocolloids<br>2013,37(1):164-168 |
| Genome-wide association studies for hematological traits in swine | 畜牧兽医所 | 王继英<br>罗艳茹<br>付未轩 | Animal Genetics<br>2013,44(1):34-43. |
| Identification of Genome-Wide Copy Number Variations among Diverse Pig Breeds Using SNP Genotyping Arrays | 畜牧兽医所 | 王继英<br>王海飞<br>蒋纪才 | Plos one<br>2013,8(7):e68683 |
| HMGR messenger RNA and protein expression in liver, kidney and muscle in pigs of two breeds | 畜牧兽医所 | 蔺海朝<br>刘桂芬<br>傅金恋 | Animal Science Papers and Reports<br>2013,30 (1):35-43 |
| Effects of Soybean Small Peptides on Rumen Fermentation and on Intestinal and Total Tract Digestion of Luxi Yellow Cattle | 畜牧兽医所 | 万发春<br>王文娟<br>杨维仁 | Asian-Aust. J. Anim. Sci<br>2013,26(1):72-81 |
| Porcine epidemic diarrhea virus variants with high pathogenicity, China. | 畜牧兽医所 | 王金宝<br>赵鹏伟<br>郭立辉 | Emerg. Infect. Dis.<br>2013,19(12): 2048-2049 |
| Differentiation of PCV1 and PCV2 by a multiplex real-time PCR assay | 畜牧兽医所 | 李 俊<br>时建立<br>吴晓燕 | Vet. Rec.<br>2013,173(14):346-347 |

| 论 文 题 目 | 单位 | 主要作者 | 发 表 刊 物 |
|---|---|---|---|
| Positive Inductive Effect of Swine Interleukin-4 on Immune Responses Elicited by Modified Live Porcine Reproductive and Respiratory Syndrome Virus (PRRSV) Vaccine | 畜牧兽医所 | 彭　军<br>王金宝<br>吴家强 | Viral Immunol.<br>2013,26(6):404-414 |
| Degradation of CREB-binding protein and modulation of type I interferon induction by the zinc finger motif of the porcine reproductive and respiratory syndrome virus nsp1α subunit | 畜牧兽医所 | 韩明远<br>杜以军<br>宋　程 | Virus Res<br>2013,172:54-65 |
| Poly(I:C) inhibits porcine reproductive and respiratory syndrome virus replication in MARC-145 cells via activation of IFIT3 | 畜牧兽医所 | 张莉莉<br>刘　洁<br>白　娟 | Antiviral Res<br>2013,99:197-206 |
| Characterization of an avian influenza virus of subtype H4N6 isolated from ducks in the northern China | 畜牧兽医所 | 许传田<br>鲁　梅<br>胡北侠 | Virus Genes<br>2013, 1572-994X(lectronic)<br>2013 Nov 21 |
| Two amino acid residues in ion channel protein M2 and polymerase protein PA contribute to replication difference of H5N1 influenza viruses in mice | 畜牧兽医所 | 许传田<br>陈化兰<br>胡北侠 | Virus Research<br>2013,178:511-516 |
| Proteomic Analysis of Escherichia coli Exposed to Fluoroquinolone Antibiotic, Enrofloxacin | 畜牧兽医所 | 齐　静<br>杜以军<br>白　华 | Microb. Drug Resist<br>2013,19(1):6-14 |
| Food-animal related Staphylococcus aureus multidrug-resistant ST9 strains with toxin genes | 畜牧兽医所 | 贺文强<br>刘玉庆<br>齐　静 | Foodborne Pathog Dis<br>2013,10(9):782-788 |
| Development of ceftriaxone resistance affects the virulence properties of Salmonella enterica serotype Typhimurium strains | 畜牧兽医所 | 李　亮<br>杨玉荣<br>廖晓萍 | Foodborne Pathog Dis<br>2013,10(1):28-34 |
| Effects of Low Level Water-soluble Pentosans, Alkaline-extractable Pentosans, and Xylanase on the Growth and Development of Broiler Chicks | 畜牧兽医所 | 盛清凯<br>杨林青<br>赵红波 | Asian Australas. J. Anim. Sci<br>2013,26:1313-1319 |

| 论 文 题 目 | 单位 | 主要作者 | 发 表 刊 物 |
|---|---|---|---|
| Associations between Immune Traits and MHC B-F Gene in Shandong Indigenous Chickens | 家禽所 | 李福伟<br>逯 岩<br>雷秋霞 | Journal of Animal and Veterinary Advances<br>2012,11(19):3481-3485 |
| Associations of very low density lipoprotein receptor (VLDLR) gene polymorphisms with eproductive traits in a Chinese indigenous chicken breed | 家禽所 | 曹顶国<br>周 艳<br>雷秋霞 | Journal of Animal and Veterinary Advances<br>2012,11(19):3662-3667 |
| Detection of SNPs in the Cathepsin D Gene and Their Association with Yolk Traits in Chickens | 家禽所 | 盛 倩<br>曹顶国<br>周 艳 | Plos one<br>2013,8(2):1-4 |
| Structural, Antigenic, and Evolutionary Characterizations of the Envelope Protein of Newly Emerging Duck Tembusu Virus | 家禽所 | 于可响<br>盛志长<br>黄 兵 | Plos one<br>2013,8(8):e71319 |
| Seroprevalence of Newly Discovered Duck Flavivirus in Farm Animals | 家禽所 | 马秀丽<br>黄 兵<br>李玉峰 | Journal of Immunological Techniques in Infectious Diseases<br>2013,(2):1 |
| Comparative Proteomics Analysis on Development of Peanut Gynophore under Dark and Stimulation Treatments | 生物中心 | 孙 勇<br>王庆国<br>李 臻 | Journal of Proteome Research<br>2013,12:5502-5511 |
| Exogenous calcium alleviates photoinhibition of PSII by improving the xanthophyll cycle in peanut (*Arachis hypogaea*) leaves during heat stress under high irradiance | 生物中心 | 杨 莎<br>郭 峰<br>孟静静 | Plos one<br>2013,8(8):e71214 |
| Overexpression of Peanut Diacylglycerol Acyltransferase 2 in Escherichia coli | 生物中心 | 彭振英<br>李 兰<br>杨连群 | Plos one<br>2013,8(4):e61363. |
| Induced expression of AtLEC1 and AtLEC2 differentially promotes somatic embryogenesis in transgenic tobacco plants | 生物中心 | 郭凤丹<br>刘传亮<br>夏 晗 | Plos one<br>2013,8(8):e71714. |
| Differential expression of two novel odorantreceptors in the locust (*Locusta migratoria*) | 生物中心 | 徐浩智<br>郭 梅<br>游银伟 | BMC Neuroscience<br>2013,14:50 |

| 论 文 题 目 | 单位 | 主要作者 | 发 表 刊 物 |
| --- | --- | --- | --- |
| Transcriptome profiling of peanut gynophores revealed global reprogramming of gene expression during early pod development in darkness | 生物中心 | 夏 晗<br>赵传志<br>侯 蕾 | BMC Genomics<br>2013,14:517 |
| Genome-wide identification of Thellungiella salsuginea microRNAs with putative roles in the salt stress response | 生物中心 | 张 荃<br>赵传志<br>李 明 | BMC Plant Biology<br>2013,13:180 |
| Molecular cloning and expression analysis of FvMYB1 from Fraxinus velutina Torr | 生物中心 | 李 田<br>彭振英<br>毕玉平 | Turk J Agric For<br>2013,37(5): 517-526. |
| Interaction between calcium and actin in guard cell and pollen signaling networks | 生物中心 | 陈冬花<br>刘 炜<br>张 伟 | Plants<br>2013,2,615-634 |
| Functional expression of an Arabidopsis p450 enzyme, p-coumarate-3-hydroxylase, in the cyanobacterium Synechocystis PCC 6803 for the biosynthesis of caffeic acid | 生物中心 | 薛 勇<br>张 燕 | Journal of Applied Phycology<br>2013:1-8 |
| Protein Kinase LTRPK1 Influences Cold Adaptation and Microtubule Stability in Rice | 生物中心 | 刘 炜<br>计淑霞<br>房孝良 | Plant Growth Regulation<br>2013,32(3):483-490 |
| Effects of Ectopically Expressed Pyrococcus furiosus Ribulose-1,5-bisphosphate Carboxylase/Oxygenase on Tobacco Photosynthesis | 生物中心 | 李新国<br>杨 军<br>王 燃 | Photosynthetica<br>2013,51(3):387-394 |
| Identification of Expressed Resistance Gene Analogs from Peanut (L.) Expressed Sequence Tags | 生物中心 | 柳展基<br>冯素萍<br>潘 迪 | Journal of Integrative Plant Biology<br>2013,55:453-461 |
| Bovine fetal epithelium cells expressing shRNA targeting viral VP1 gene resisted gainst foot-and-mouth disease virus | 奶牛中心 | 王洪梅<br>刘 晓<br>武建明 | Virology<br>2013,439(2):115-21 |
| Multiple promoters and targeted microRNAs direct the expressions of HMGB3 gene transcripts in dairy cattle | 奶牛中心 | 潘 晴<br>鞠志花<br>黄金明 | Plos one<br>2013,8(3):e58795 |
| Genetic variations of HSBP1 gene and its effect on thermal performance traits in Chinese Holstein cattle | 奶牛中心 | 李黎明<br>黄金明<br>鞠志花 | Anim Genet<br>2013,44(3):241-50 |

| 论 文 题 目 | 单位 | 主要作者 | 发 表 刊 物 |
|---|---|---|---|
| Regulatory mutations in the A2M gene are involved in the mastitis susceptibility in dairy cows | 奶牛中心 | 王秀革<br>黄金明<br>夏 鹏 | Mol Biol Rep<br>2013,40(6):3877-3882 |
| Treating Cloned Embryos, But Not Donor Cells, with 5-aza-2'- deoxycytidine Enhances the Developmental Competence of Porcine Cloned Embryos | 奶牛中心 | 郇延军<br>朱 江<br>僻炳腾 | J ReprodDev<br>2013,26;59(5):442-9 |
| Novel splice variants of the bovine PCK1 gene | 奶牛中心 | 周 雷<br>王洪梅<br>鞠志花 | Genet Mol Res<br>2013,12(3):4028-4035 |
| Association of novel single nucleotide polymorphisms of the CXCR1 gene with the milk performance traits of Chinese native cattle | 奶牛中心 | 张泽宾<br>李荣岭<br>李建斌 | Genet Mol Res<br>2013,12(3):2725-39 |
| Effects of high air temperature on rice grain quality and yield under field condition | 水稻所 | 刘奇华<br>吴 修<br>马加清 | Agronomy Journal<br>2013,105(2):446-454 |
| Effects of elevated air temperature on physiological characteristics and grain yield in rice | 水稻所 | 刘奇华<br>吴 修<br>李 天 | Chilean Journal of Agricultural Research<br>2013,73(2):85-90 |
| Pyramiding of two BPH resistance genes and Stv-bi gene using marker-assisted selection in japonica rice | 水稻所 | 徐建第 | Crop Breeding and Applied Biotechnology<br>2013,13: 99-106 |
| Functional analysis of the phosphoenolpyruvate carboxylase on the lipid accumulation of peanut (*Arachis hypogaea* L.) seeds. | 花生所 | 潘丽娟<br>杨庆利<br>迟小元 | Journal of Integrative Agriculture<br>2013,12(1):36-44 |
| Characterization of Peanut Germin-like Proteins, AhGLPs in Plant Development and Defense | 花生所 | 王 通<br>陈小平<br>禹山林 | Plos one<br>2013,8(4):e61722. |
| Cloning and characterization of an NBS-LRR resistance gene frompeanuts (*Arachis hypogaea* L.) | 花生所 | 李春娟<br>刘 宇<br>郑奕雄 | Physiological and Molecular Plant Pathology<br>2013,(84):70-75 |
| An AS-PCR assay for accurate genotyping of FAD2A/FAD2B genes in peanuts | 花生所 | 于洪涛<br>杨伟强<br>唐月异 | grasas y aceites<br>2013,64(4):395-399 |

| 论 文 题 目 | 单位 | 主要作者 | 发 表 刊 物 |
| --- | --- | --- | --- |
| Development and characterization of four new high oleate peanut lines | 花生所 | 王传堂<br>唐月异<br>王秀贞 | Res. on Crops<br>2013,14(3):845-849 |
| Transforming peanut (*Arachis hypogaea* L.) : a simple in planta method | 花生所 | 王传堂<br>王秀贞<br>唐月异 | Res. on Crops<br>2013,14(3):850-854 |
| Identification of differentially expressed genes from developing seeds of a normal oil peanut cultivar and its high oil EMS mutant | 花生所 | 唐月异<br>王秀贞<br>吴 琪 | Res. on Crops<br>2013,14(2):511-516 |
| Genetic mapping and quantitative trait loci analysis for disease resistance using F2 population and F5 generation-based genetic maps derived from 'Tiffrunner'×'GT-C20' in peanut | 花生所 | 王 辉<br>Pandey<br>M. K.<br>乔利仙 | The Plant Genome<br>2013,(6):1-10 |
| Peanut protein–polyvinyl alcohol composite fibers extruded from an ionic liquid | 花生所 | 孙 杰<br>于丽娜<br>毕 洁 | RSC Advances<br>2013,(3):10619-10622 |
| The effectiveness of ISSR profiling for studying genetic diversity of Aspergillus flavus from peanut-cropped soils in China | 花生所 | 张初署<br>邢富国 | Biochemical Systematics and Ecology<br>2013,50:147-153 |
| Rhizoctonia solani Identified as the Disease Causing Agent of Peanut Leaf Rot in China | 花生所 | 张瑞琴<br>夏树春<br>迟玉成 | Plant Disease<br>2013,97(1):140-142 |
| Genomic organization and expression analysis of a farnesyl diphosphate synthase gene (FPPS2) in apples (*Malus domestica* Borkh.) | 果树所 | 苑克俊<br>王长君<br>辛 力 | Gene<br>2013,(524)2:90-94 |
| Molecular cloning and expression analysis of three cDNAs encoding nitrate transporters in Malus hupenensis Rehd. | 果树所 | 王新亮<br>彭福田<br>于 雯 | Journal of Horticultural Science & Biotechnology<br>2013,88 (4):447-456 |
| Characterising novel S-RNase and SFB alleles in Prunus virginiana | 果树所 | 谷 超<br>宗晓娟<br>王甲威 | Journal of Horticultural Science & Biotechnology,<br>2013,88 (2) |
| Inheritance of Hetero-Diploid Pollen S-Haplotype in Self- Compatible Tetraploid Chinese Cherry (*Prunus pseudocerasus* Lindl). | 果树所 | 谷 超<br>刘庆忠<br>杨亚楠 | Plos one<br>2013,8(4):e61219 |

审定品种

# 国家审定品种名录

**济徐 23**
选育单位：作物所
培 育 人：王庆美　张立明　马代夫　李爱贤　张海燕　侯夫云　解备涛　董顺旭　李　强

**齐黄 34**
选育单位：作物所
培 育 人：徐　冉　王彩洁　张礼凤　李　伟　戴海英　慈敦伟　汪宝卿　王红日　刘　佳

**济谷 16**
选育单位：作物所
培 育 人：管延安　杨延兵　秦　岭　张华文　王海莲　刘　宾　陈二影

**鲁 7619**
选育单位：棉花中心
培 育 人：张　军　王芙蓉　刘国栋　张传云　宫永超　张景霞　陈万杰　周　娟

**花育 40 号**
选育单位：花生所
培 育 人：王传堂　唐月异　王秀贞　徐建志　宋国生　杨　珍　吴　琪　孙全喜

**花育 36 号**
选育单位：花生所
培 育 人：陈　静　苗华荣　杨伟强　石运庆　胡晓辉　崔凤高　杨　珍

**鲁枣 9 号**
选育单位：果树所
培 育 人：张　琼　周广芳　单公华　沈广宁　薛培生　陈　雯　余贤美　胡少华

**鲁枣 12 号**
选育单位：果树所
培 育 人：单公华　周广芳　王中堂　张　琼　陈鸿飞　陈　雯　孙世香　崔广华

**鲁枣 14 号**
选育单位：果树所
培 育 人：王中堂　单公华　张　琼　周广芳　吕菲菲　亓雪龙　陈鸿飞　单保爽

**东岳早丰**
选育单位：果树所
培 育 人：明桂冬　许　林　田寿乐　沈广宁　孙晓莉　陈鸿飞　刘加芬

### 岱岳早丰

选育单位：果树所

培 育 人：沈广宁　柳　絮　田寿乐　明桂冬　孙晓莉　薛培生　许　林

### 红栗 2 号

选育单位：果树所

培 育 人：田寿乐　孙晓莉　沈广宁　亓雪龙　明桂冬　许　林　董庆龙

# 省级审定品种名录

**诺达 1 号**

选育单位：玉米所

培 育 人：刘玉敬　刘铁山　张成华　董　瑞　高新学　刘春晓　刘　强　何春梅　汪黎明　马　兰　王志武

**鲁单 818**

选育单位：玉米所

培 育 人：张秀清　刘铁山　穆春华　王庆成　李宗新　刘　霞　张　慧　刘　强　董　瑞　刘春晓　张成华　何春梅

**鲁单 9088**

选育单位：玉米所

培 育 人：孟昭东　张发军　孙　琦　李文才　于彦丽　张庆伟　窦圣强

**天正萝卜 14 号**

选育单位：蔬菜花卉所

培 育 人：王淑芬　刘贤娴　徐文玲　付卫民

**牛秋白 1 号**

选育单位：蔬菜花卉所

培 育 人：赵智中　张志刚　李巧云　刘栓桃　王立华

**春秋 9 号**

选育单位：蔬菜花卉所

培 育 人：王培伦　马伟清　杨元军　董道峰　刘　芳　陈广侠　马　蕾

**鲁原桔梗 1 号**

选育单位：原子能所

培 育 人：王志芬　陈庆亮　单成钢　朱京斌　张教洪

**鲁原丹参 1 号**

选育单位：原子能所

培 育 人：谭在澳　单成钢　徐云增　倪大鹏　朱彦威　王志芬

**圣稻 18**

选育单位：水稻所

培 育 人：杨连群　朱其松　吴　修　徐建第　朱文银　陈　峰　姜明松　尹　亮

**圣稻 19**

选育单位：水稻所

培 育 人：陈　峰　朱其松　朱文银　徐建第　姜明松　杨连群　孙　伟

**花育 35 号**

选育单位：花生所

培 育 人：禹山林　杨　珍　迟晓元　潘丽娟　陈明娜　陈　娜　王　通　王　冕
和亚男

**花育 50 号**

选育单位：花生所

培 育 人：禹山林　迟晓元　潘丽娟　陈明娜　杨　珍　陈　娜　王　通　王　冕

**花育 53 号**

选育单位：花生所

培 育 人：袁　美　石延茂　任　艳　王　辉　李双铃　孙秀山　许婷婷　迟玉成

**花育 56 号**

选育单位：花生所

培 育 人：王传堂　王秀贞　唐月异　吴　琪　杨　珍　胡东青　徐建志　汉丽萍

**花育 51 号**

选育单位：花生所

培 育 人：陈　静　胡晓辉　苗华荣　石运庆　杨伟强　崔凤高　焦　坤

**花育 52 号**

选育单位：花生所

培 育 人：陈　静　苗华荣　杨伟强　胡晓辉　石运庆　崔凤高

**花育 61 号**

选育单位：花生所

培 育 人：王传堂　唐月异　王秀贞　吴　琪　陈殿绪　崔凤高　宋国生　程贯召

**花育 48 号**

选育单位：花生所

培 育 人：崔凤高　石延茂　李尚霞　陈　静　王　辉　杨伟强　陈殿绪　江　晨

**花育 55 号**

选育单位：花生所

培 育 人：禹山林　迟晓元　潘丽娟　陈明娜　杨　珍　陈　娜　王　通　王　冕

**花育 58 号**

选育单位：花生所

培 育 人：禹山林　陈　娜　王　通　潘丽娟　迟晓元　陈明娜　杨　珍　王　冕

**花育 47 号**

选育单位：花生所

培 育 人：陈　静　苗华荣　胡晓辉　崔凤高　杨伟强　石运庆　焦　坤

**花育 45 号**

选育单位：花生所

培 育 人：石延茂　袁　美　王　辉　任　艳　李双铃

**泰　红**

选育单位：果树所

培 育 人：何　平　王海波　李慧峰　贺丽娜　杨建明　周广芳　李林光

**金　艳**

选育单位：果树所

培 育 人：王金政　薛晓敏　张安宁　张彦欣　王孝友　白佃林

**金　丰**

选育单位：果树所

培 育 人：王金政　薛晓敏　张安宁　张彦欣　王孝友　白佃林

**金　红**

选育单位：果树所

培 育 人：王金政　王贵平　薛晓敏　白佃林　王孝友　张彦欣

**金　玉**

选育单位：果树所

培 育 人：王金政　路　超　王贵平　安国宁　薛晓敏　聂佩显　陈　汝　钟呈星　王孝友　白佃林

**超　红**

选育单位：果树所

培 育 人：王少敏　王宏伟　冉　昆　王家喜　魏树伟

**凯斯凯德**

选育单位：果树所

培 育 人：王少敏　魏树伟　张坤鹏　冉　昆　张　勇

**红考密斯**

选育单位：果树所

培 育 人：王少敏　张　勇　隋曙光　刘　军　王宏伟

**早甘阳**

选育单位：果树所

培 育 人：刘庆忠　魏海蓉　王甲威　宗晓娟　张道辉　付　莹　陈　新　徐　丽　赵红军　张力思

知识产权

# 授权发明专利名录

**甘薯用底肥**

专利权人：省农科院

发 明 人：汪宝卿　张立明　王庆美　解备涛　董顺旭

**甘薯叶面肥及使用方法**

专利权人：省农科院

发 明 人：汪宝卿　解备涛　张立明　王庆美　董顺旭　张海燕　侯夫云　李爱贤

**一种防止重茬减产的山药种植方法**

专利权人：作物所

发 明 人：邱若瑞　李爱贤　王庆美　解备涛　张海燕　侯夫云　董顺旭

**一种选育超高产广适小麦的方法**

专利权人：作物所

发 明 人：宋健民　刘建军　李豪圣　刘爱峰　程敦公　戴　双　曹新有　赵振东

**检测小麦抗病基因的多重 PCR 试剂盒及其应用**

专利权人：作物所

发 明 人：曹新有　刘建军　程敦公　宋健民　李豪圣　刘爱峰　赵振东

**一种小麦组织活性氧荧光标记方法**

专利权人：作物所

发 明 人：孔令安　王法宏　冯　波　李升东　张　宾　司纪升

**提高小麦抗逆性与籽粒产量的化控制剂及其应用**

专利权人：作物所

发 明 人：孔令安　王法宏　司纪升　李升东　冯　波　宋华东　张　宾

**一种提高小麦干热风抗性的制剂及其应用方法**

专利权人：作物所

发 明 人：李升东　王法宏　司纪升　孔令安　张　宾　冯　波

**一种大葱与小麦轮作的施肥方法**

专利权人：资环所

发 明 人：谭德水　江丽华　刘兆辉　徐　钰　高新昊　林海涛

**一种冬小麦水肥一体化专用肥及其施用方法**

专利权人：资环所

发 明 人：谭德水　刘兆辉　林海涛　徐　钰　李洪梅　郑福丽　朱国梁　江丽华

**一种提高土壤生产能力的山丘地苹果园土肥管理方法**

专利权人：资环所

发 明 人：徐 钰 刘兆辉 江丽华 林海涛 高新昊 谭德水 宋效宗 郑福丽

**一种大量元素水溶肥料防结块剂及其制备与应用**

专利权人：资环所

发 明 人：沈玉文 刘兆辉 江丽华 林海涛 宋效宗 石 璟 王 梅 谭德水 高新昊 郑福丽 徐 钰

**引入微量元素的风化煤活化剂及活化方法与应用**

专利权人：资环所

发 明 人：沈玉文 刘兆辉 范本荣 江丽华 李文刚 杨 果 林海涛

**一种抗旱型小麦叶面肥及其制备方法**

专利权人：资环所

发 明 人：刘兆辉 张玉凤 江丽华 董 亮 谭德水 郑福丽 林海涛 徐 钰 石 璟 陈广思

**大蒜－玉米轮作中缓/控释氮肥与磷、钾肥配合高效施肥方法**

专利权人：资环所

发 明 人：杨 力 于淑芳 崔荣宗 张玉凤 魏建林 董 亮 田 叶

**一种含腐植酸尿素的水溶肥料及其制备方法**

专利权人：资环所

发 明 人：林海涛 刘兆辉 江丽华 宋效宗 石 璟 王 梅 沈玉文 谭德水 高新昊 郑福丽 徐 钰

**一种风化煤活化型有机无机复混肥料及其制备方法**

专利权人：资环所

发 明 人：林海涛 刘兆辉 江丽华 石 璟 王 梅 沈玉文 宋效宗 谭德水 高新昊 徐 钰 郑福丽

**一种富硒农产品专用缓释肥料含硒包膜剂及其制备方法**

专利权人：资环所

发 明 人：林海涛 刘兆辉 江丽华 沈玉文 石 璟 徐 钰 郑福丽 高新昊 谭德水 王 梅 宋效宗

**一种利用沼液矫治大棚土壤连作障碍的方法**

专利权人：资环所

发 明 人：张昌爱 李国生 姚 利 王艳芹 边文范 袁长波

**以沼渣和蚯蚓粪为主料的土壤改良剂及其制备方法**

专利权人：资环所

发 明 人：张昌爱 李国生 姚 利 王艳芹 边文范 袁长波

**一种利用沼液补充果园水肥的方法**

专利权人：资环所

发 明 人：张昌爱 姚 利 王艳芹 曹德宾 李国生 边文范 袁长波

**植物器官水溶性提取物化感作用的分析测试方法**

专利权人：资环所

发 明 人：刘 苹 杨 力 于淑芳 赵海军 魏建林 田 叶 李 瑾 江丽华

**一种具有缓释效果的山东大蒜专用肥及其应用**

专利权人：资环所

发 明 人：谭德水 江丽华 刘兆辉 高新昊 林海涛 郑福丽

**一种小麦播种施肥一体化方法**

专利权人：资环所

发 明 人：谭德水 江丽华 刘兆辉 卢绪松 朱国梁 李国红

**一种提高金针菇产量的方法**

专利权人：资环所

发 明 人：张海兰 万鲁长 黄春燕 张柏松 任海霞

**哈茨木霉扩张蛋白及其编码基因与应用**

专利权人：资环所

发 明 人：姚 强 宫志远 韩建东 王 琦 李 瑾 孙 涛 万鲁长 任鹏飞 任海霞

**一种提高桑黄总三萜类化合物产量的方法**

专利权人：资环所

发 明 人：姚 强 宫志远 单洪涛 韩建东 王 琦 高 能 孙 涛 万鲁长 任鹏飞 李 瑾 曲 玲

**以饲料废料为主料的食用菌栽培基质及其制备方法**

专利权人：资环所

发 明 人：姚 强 宫志远 于大志 高 能 韩建东 任鹏飞 万鲁长 任海霞 李 瑾 曲 玲

**一种以树皮废料为主料生产香菇菌棒的方法**

专利权人：资环所

发 明 人：姚 强 宫志远 于大志 高 能 王 琦 韩建东 万鲁长 任鹏飞 任海霞 李 瑾

**一种提高灵芝菌丝体中总黄酮产量的方法**

专利权人：资环所

发 明 人：姚 强 宫志远 单洪涛 韩建东 王 琦 高 能 孙 涛 万鲁长 任鹏飞 李 瑾 任海霞

**一种利用蛹虫草液体发酵生产纤溶酶的方法**

专利权人：资环所

发 明 人：姚 强 宫志远 单洪涛 韩建东 王 琦 高 能 孙 涛 任鹏飞 万鲁长 任海霞 李 瑾

**一种利用蛹虫草液体发酵生产虫草酸的方法**

专利权人：资环所

发 明 人：姚 强 宫志远 单洪涛 韩建东 王 琦 高 能 孙 涛 任鹏飞 万鲁长 赵军胜 李 瑾

**一种利用扩张蛋白提高虫草多糖产量的液体发酵方法**

专利权人：资环所

发 明 人：姚 强 宫志远 单洪涛 韩建东 王 琦 高 能 孙 涛 万鲁长 任鹏飞 赵军胜 曲 玲

**一种利用香菇液体发酵生产漆酶的方法**

专利权人：资环所

发 明 人：姚 强 宫志远 单洪涛 韩建东 王 琦 高 能 孙 涛 万鲁长 任鹏飞 曲 玲 任海霞

**一种糙皮侧耳 EST-SSR 分子标记特异引物体系及其应用**

专利权人：资环所

发 明 人：姚 强 宫志远 高兴喜 张雪梅 韩建东 任鹏飞 万鲁长 任海霞 赵军胜 李 瑾 曲 玲

**一种质粒载体 pLGF 及其应用**

专利权人：资环所

发 明 人：姚 强 宫志远 高兴喜 刘 岩 韩建东 任鹏飞 万鲁长 任海霞 赵军胜 李 瑾

**一种基于户用沼气池沼液的叶面肥及其制备方法**

专利权人：资环所

发 明 人：边文范 王艳芹 张玉凤 刘 英 张昌爱 姚 利 袁长波 曹德宾 李国生

**氮肥与玉米秸秆混合基施的冬小麦施肥方法**

专利权人：资环所

发 明 人：郑东峰 孙泽强 董晓霞 王学君 魏建林 田 叶 马 征

**一种滨海盐荒地的阻盐式台地种植方法**

专利权人：资环所

发 明 人：董晓霞 刘兆辉 李志禄 王学君 孙泽强 郑东峰

**利用食用菌菌渣生产无公害有机肥料及其制备与应用**

专利权人：资环所

发 明 人：魏建林 任鹏飞 肖建军 杨 果 崔荣宗 曲 玲 田 叶

**一种用于设施蔬菜的暖性冲施肥及其制备方法**

专利权人：资环所

发 明 人：宋效宗 刘兆辉 江丽华 林海涛 郑福丽 王 梅 石 璟

**一种沼液滴管肥料及其制备方法**

专利权人：资环所

发 明 人：王艳芹 魏建林 钟 林 姚 利 袁长波 边文范 杨 果 李国生 张昌爱

**一种食用菌菌渣资源化利用的处理方法及装置**

专利权人：资环所

发 明 人：王艳芹 边文范 任鹏飞 袁长波 张昌爱 姚 利 刘 英

**以玉米芯菌渣为原料厌氧发酵产沼气的方法**

专利权人：资环所

发 明 人：姚 利 袁长波 张昌爱 王艳芹 刘 英 曹德宾 边文范 李国生

**以中药药渣为原料厌氧发酵产沼气的方法**

专利权人：资环所

发 明 人：姚 利 李国生 王艳芹 边文范 张昌爱 袁长波 曹德宾

**一种厌氧反应器**

专利权人：资环所

发 明 人：袁长波 刘 英 徐延熙 王艳芹 姚 利 张昌爱 边文范 李国生 曹德宾

**一种东亚小花蝽的饲养方法**

专利权人：植保所

发 明 人：于 毅 张安盛 刘文静 李丽莉 门兴元 周艳红 张思聪 孙廷林

**一种西花蓟马饲养方法**

专利权人：植保所

发 明 人：于 毅 周仙红 张安盛 李丽莉 张思聪

**检测含有 Cry1Ac 的转基因植物及产品的基因芯片及其应用**

专利权人：植保所

发 明 人：路兴波 武海斌 孙红炜 李 凡

**一种紫菜甘蓝复合食品及制备方法**

专利权人：李瑞菊

发 明 人：李瑞菊 方丽萍 李慧冬 丁蕊艳

**一种紫菜茴香苗复合食品及制备方法**

专利权人：李瑞菊

发 明 人：李瑞菊 王学军 方丽萍 李慧冬 丁蕊艳

**一种豆瓣酱的制备方法**

专利权人：质标所

发 明 人：梁京芸

**反应性有机硅改性水性聚氨酯的制备方法**

专利权人：质标所

发 明 人：邬元娟　张树秋　王文博　张　萌　郭栋梁　邓立刚　徐玉兰

**一种低洼涝盐碱地棉花种植法**

专利权人：棉花中心

发 明 人：辛承松　罗　振　张　琮　董合忠

**一种含镍液体络合肥的生产方法**

专利权人：孟庆华

发 明 人：孟庆华　孟逸群

**一种防止大蒜子房培养污染的方法**

专利权人：蔬菜花卉所

发 明 人：孔素萍　段乃彬　陈运起　吴　雄　刘冰江　高莉敏　杨妍妍　徐培文　杨爱平

**耐低温生姜储藏窖**

专利权人：蔬菜花卉所

发 明 人：刘　波　吴　雄　谭　键

**大白菜 eIF4E-a 突变位点特异性分子标记及其应用**

专利权人：蔬菜花卉所

发 明 人：刘栓桃　赵智中　卢金东　李巧云　张志刚

**一种洋葱雄性不育基因 Ms 位点共分离的 SSR 共显性分子标记及其应用**

专利权人：蔬菜花卉所

发 明 人：吴　雄　霍雨猛　杨妍妍　刘冰江　缪　军

**控制大白菜细胞生长基因 BrTCP24 及其应用**

专利权人：蔬菜花卉所

发 明 人：高建伟　王凤德　张一卉　刘立锋　李化银　李利斌　王立华　王翠花

**与洋葱雄性不育恢复基因 Ms 紧密连锁的 SCAR 标记及其应用**

专利权人：蔬菜花卉所

发 明 人：吴　雄　杨妍妍　霍雨猛　刘冰江　缪　军　张一卉

**大白菜 EST-SSR 标记引物及其在品种鉴定中的应用**

专利权人：蔬菜花卉所

发 明 人：高建伟　李利斌　周新成　刘立锋　李化银　张　庶

**一种甜瓜吊秧整枝留瓜早熟方法**

专利权人：蔬菜花卉所

发 明 人：焦自高　王崇启　董玉梅　肖守华　李圣辉

**一种厚皮甜瓜分层持续留瓜方法**

专利权人：蔬菜花卉所

发 明 人：焦自高 王崇启 董玉梅 肖守华 李圣辉

**一种前萃取花生蛋白方法**

专利权人：农产品所

发 明 人：赵晓燕 陈 军 孙秀平 陈锋亮 王宪昌 阿明华 阴卫军

**一种植物复合蛋白果冻及其制备方法**

专利权人：农产品所

发 明 人：赵晓燕 陈相艳 陈锋亮 陈 军 王宪昌 邓 鹏

**一种果蔬超微粉营养粉丝及其制备方法**

专利权人：农产品所

发 明 人：赵晓燕 陈相艳 陈锋亮 陈 军 王宪昌 邓 鹏

**一种紫薯固体饮料及其制备方法**

专利权人：农产品所

发 明 人：赵晓燕 陈相艳 陈锋亮 李明华 王宪昌 陈 军 段友臣 邓 鹏

**一种山药薏米红枣超微营养粉的制备方法**

专利权人：农产品所

发 明 人：赵晓燕 陈 军 陈锋亮 王宪昌 邓 鹏

**一种鹰嘴豆超微营养全粉及其制备方法**

专利权人：农产品所

发 明 人：赵晓燕 陈 军 陈锋亮 邓 鹏

**一种从热榨花生粕中提取花生多糖的方法**

专利权人：农产品所

发 明 人：杜方岭 刘 洁 王文亮 徐同成 刘丽娜 陶海腾

**一种金针菇面条**

专利权人：农产品所

发 明 人：刘丽娜 王文亮 杜方岭 陶海腾 徐同成 程安玮 刘 洁 靳 琼

**一种速溶花生糊及其制备方法**

专利权人：农产品所

发 明 人：刘丽娜 杜方岭 王文亮 徐同成 陶海腾 程安玮

**一种延长生鲜板栗仁保鲜期的复合保鲜方法**

专利权人：农产品所

发 明 人：弓志青 王文亮 程安玮 靳 琼 潘运国

**一种含金针菇粉的混合粉及其制作方法**

专利权人：农产品所

发 明 人：王文亮 陶海腾 杜方岭 段友臣 高玉兰 刘丽娜 靳 琼

**采用超声波处理豆浆原料的方法**

专利权人：农产品所

发 明 人：王文亮 陈相艳 宋 康 周启刚 徐同成 弓志青 程安玮 陶海腾 靳 琼

**一种冷榨花生小麦胚芽复合油的生产方法**

专利权人：农产品所

发 明 人：王文亮 韩 伟 杜方岭 徐同成 邱 斌 陶海腾 程安玮 弓志青 张佩佩 靳 琼

**网笼式果蔬干燥箱**

专利权人：农产品所

发 明 人：程安玮 汝 医 王文亮 弓志青 王守经 胡 鹏

**高负压振荡仪**

专利权人：农产品所

发 明 人：程安玮 汝 医 王文亮 弓志青 王守经 胡 鹏

**一种丹参山药饮料及其制备方法**

专利权人：农产品所

发 明 人：王维婷 单成钢 王志芬 张 峰 倪大鹏 朱京斌

**一种丹参毛状根合成丹参酮Ⅱ A 的技术**

专利权人：农产品所

发 明 人：王维婷 单成钢 朱京斌 朱彦威 王志芬 宋 康

**丹参播种覆草机**

专利权人：农产品所

发 明 人：汝 医 王志芬 单成钢 朱彦威 朱京斌

**多功能丹参打捆机**

专利权人：农产品所

发 明 人：汝 医 王志芬 陈庆亮 朱彦威 朱京斌 倪大鹏

**一种桔梗绿叶茶的制备方法**

专利权人：农产品所

发 明 人：杜方岭 单成钢 靳维荣 倪大鹏 朱京斌

**底托式丹参收获机**

专利权人：农产品所

发 明 人：王志芬 单成钢 汝 医 陈庆亮 王维婷 张教洪

**螺旋式药材清洗机**

专利权人：农产品所

发 明 人：朱京斌 汝 医 单成刚 宋 康 陈庆亮 王维婷 张 峰

**联合式丹参收获机**

专利权人：农产品所

发 明 人：倪大鹏 王志芬 汝 医 朱彦威 朱京斌 张 锋

**负压式小麦清杂机**

专利权人：农产品所

发 明 人：汝 医 赵晓燕 陈锋亮 王守经 胡 鹏 李明华

**同时检测花生壳中 5,7- 二羟基色原酮，圣草酚和木犀草素的方法**

专利权人：农产品所

发 明 人：杜方岭 裘纪莹 祝清俊 王文亮 陈蕾蕾 孙 欣 刘孝永

**一种食用菌固态发酵玉米渣制作玉米粉的方法**

专利权人：农产品所

发 明 人：孙 欣 陈相艳 陈蕾蕾 刘孝永 祝清俊 王未名 周庆新 裘纪莹

**一种木霉生防菌种质评价方法**

专利权人：农产品所

发 明 人：陈建爱 杜方岭 周善跃 裘纪莹 刘孝永

**一种连续式哺乳仔猪定量诱食补料器**

专利权人：畜牧兽医所

发 明 人：成建国 林 松 武 英 郭建凤 孙守礼

**运牛专用车**

专利权人：畜牧兽医所

发 明 人：宋恩亮 成海建 刘晓牧 刘桂芬 谭秀文 万发春 赵新华 游 伟 苏文政

**一种牛保定修蹄架**

专利权人：畜牧兽医所

发 明 人：刘晓牧 谭秀文 成海建 苏文政 游 伟 赵新华 万发春 宋恩亮 刘桂芬

**一种降低高档牛肉生产成本的方法**

专利权人：畜牧兽医所

发 明 人：万发春 曹兵海 荆元强 刘晓牧 成海建 刘桂芬 谭秀文 宋恩亮 赵新华 朱荣生

**一种肉牛鼻环**

专利权人：畜牧兽医所

发 明 人：刘桂芬 刘晓牧 万发春 赵新华 苏文政 游 伟 谭秀文 成海建 宋恩亮

**一种贴壁培养的细胞的冷冻保存方法**

专利权人：畜牧兽医所

发 明 人：谭秀文 赵红波 宋恩亮 刘桂芬 成海建 刘晓牧 万发春

**一种快速鉴别牛羊肉的试剂盒与使用方法**

专利权人：畜牧兽医所

发 明 人：万发春 刘桂芬 刘晓牧 成海建 谭秀文 宋恩亮

**一种鉴别牛羊肉真假的 LAMP 检测方法**

专利权人：畜牧兽医所

发 明 人：万发春 刘桂芬 刘晓牧 成海建 谭秀文 宋恩亮

**一种复方油佐剂及其制备方法和应用**

专利权人：畜牧兽医所

发 明 人：王金宝 杜以军 齐 静 吴家强 李 俊 黄保华 丛晓燕 任素芳 孙文博 时建立 郭立辉 吕 伟

**一种副猪嗜血杆菌 LC 株及其应用**

专利权人：畜牧兽医所

发 明 人：吴家强 张玉玉 于 江 杜以军 丛晓燕 王大鹏 王金宝

**一种副猪嗜血杆菌 LZ.20100109 株及其应用**

专利权人：畜牧兽医所

发 明 人：吴家强 张玉玉 李 俊 于 江 杜以军 丛晓燕 王大鹏 王金宝

**两种含不同 CpG 序列 PCV2-ORF2 基因疫苗及其制备方法**

专利权人：畜牧兽医所

发 明 人：李 俊 王金宝 时建立 吴家强 程凯慧 徐绍建 丛晓燕

**欧美型猪繁殖与呼吸综合症病毒抗体鉴别诊断试剂盒的制备方法**

专利权人：畜牧兽医所

发 明 人：王金宝 张祯涛 李 俊 任慧英 吴家强 张秀美 丛晓燕 温建新 周 顺

**一株猪圆环病毒 2 型毒株及其应用**

专利权人：畜牧兽医所

发 明 人：李 俊 王金宝 时建立 徐绍建 吴家强

**一株 H9N2 禽流感病毒疫苗株及其在免疫保护上的应用**

专利权人：畜牧兽医所

发 明 人：许传田 张秀美 胡北侠 鲁 梅 颜世敢 杨少华 张 琳

**环介导等温扩增禽呼肠孤病毒的引物，禽呼肠孤病毒的检测试剂盒及检测方法**

专利权人：畜牧兽医所

发 明 人：张 琳 胡北侠 许传田 杨少华 张秀美 颜世敢

**环介导等温扩增超级细菌 NDM-1 基因的引物及检测超级细菌 NDM-1 基因的试剂盒及检测方法**

专利权人：畜牧兽医所

发 明 人：齐 静 刘玉庆 杜以军 白 华 骆延波 朱小玲 胡 明 胡新新 张秀美

**一种同时检测猪链球菌 2 型胞外蛋白因子和溶血素基因的荧光定量 PCR 方法**

专利权人：畜牧兽医所

发 明 人：颜世敢　朱丽萍　陆承平　陈正涛　崔道石　张秀美　胡北侠　许传田　杨少华　张　琳

**一种检测猪链球菌 2 型胞外蛋白因子和溶血素基因的多重 PCR 方法**

专利权人：畜牧兽医所

发 明 人：颜世敢　朱丽萍　陆承平　陈正涛　张秀美　胡北侠　许传田　杨少华　张　琳

**一种增加外三元猪肌内脂肪含量的饲料添加剂及使用方法**

专利权人：畜牧兽医所

发 明 人：盛清凯　赵红波　胡红梅　武　英　王星凌　胡　明　张广珠　刘玉民

**一种鸡饲料**

专利权人：畜牧兽医所

发 明 人：赵红波　张　伟　苑东鹏　朱小玲　李明辉

**苜蓿半干青贮用微生物添加剂及其制备方法和应用**

专利权人：畜牧兽医所

发 明 人：赵红波　王星凌　盛清凯　胡　明　游　伟

**肉牛发酵床及其制作方法**

专利权人：畜牧兽医所

发 明 人：赵红波　盛清凯　王星凌　宋恩亮　黄保华　杨林青　王　飞　杨赵军　刘华阳　刘玉民

**一种利用笼养蛋鸡舍发酵垫料制造有机肥的方法**

专利权人：家禽所

发 明 人：黄保华　李福伟　曹顶国　雷秋霞　武　彬　韩海霞　李桂明　周　艳

**一种韩国新型鸭肝炎病毒抗体 ELISA 检测试剂盒**

专利权人：家禽所

发 明 人：马秀丽　黄　兵　李玉峰　吴　静　于可响　宋敏训　秦卓明

**一组鸡 Cathelicidins 抗菌肽及其制备方法和应用**

专利权人：家禽所

发 明 人：吴　静　宋敏训　李玉峰　马秀丽　姜亦飞　黄　兵　林树乾　于可响

**鸡抗菌肽 Cathelicidin3 的制备方法**

专利权人：家禽所

发 明 人：于可响　吴　静　宋敏训　李玉峰　马秀丽　姜亦飞　黄　兵　林树乾

**一种罗布麻茶及其制备方法**

专利权人：持续发展所

发 明 人：贾春林　王国良　杨秋玲　吴　波　盛亦兵

**一种在盐碱地上利用茎段扦插繁殖罗布麻的方法**

专利权人：持续发展所

发 明 人：贾春林　王国良　吴　波　杨秋玲　盛亦兵

**一种提高盐碱地种植甜高粱出苗质量的方法**

专利权人：持续发展所

发 明 人：贾春林　管延安　盛亦兵　赵逢涛　王国良　张华文　杨秋玲　吴　波

**黄淮海平原秸秆全量还田条件下小麦专用肥及其制备方法**

专利权人：持续发展所

发 明 人：隋学艳　张晓冬　朱振林　袁奎明　王　勇　郭洪海　孙肖青　丁汉凤

**一种中低产田紫花苜蓿专用肥及其制备与施用方法**

专利权人：持续发展所

发 明 人：盛亦兵　张晓冬　王国良　隋学艳　贾春林

**一种利用茎段扦插繁殖獐茅的方法**

专利权人：持续发展所

发 明 人：王国良　吴　波　杨秋玲　贾春林　盛亦兵

**花生 AhFatA 蛋白及其编码基因与应用**

专利权人：生物中心

发 明 人：毕玉平　陈　高　单　雷　彭振英　李　兰　唐桂英　张　斌

**以固体发酵生产枯草芽孢杆菌活菌的方法**

专利权人：生物中心

发 明 人：游银伟　岳寿松　尤升波　柳　絮　范仲学　张　斌

**一种在花生种子中表达人 humanin 蛋白的方法**

专利权人：生物中心

发 明 人：夏　晗　王兴军　毕玉平　肖　寒　赵传志　李长生　李爱芹

**利用人工 microRNA 提高水稻抗黑条矮缩病的方法**

专利权人：生物中心

发 明 人：王兴军　赵传志　杨连群　夏　晗　李长生　李爱芹

**利用锌指核酸酶敲除牛整合素 β6 亚基基因的方法**

专利权人：奶牛中心

发 明 人：何洪彬　武建明　王洪梅　刘　晓　刘文浩　方永志　仲跻峰

**通过敲除口蹄疫病毒受体整合素 αv 亚基基因获得抗口蹄疫转基因牛的方法**

专利权人：奶牛中心

发 明 人：何洪彬　武建明　王洪梅　刘　晓　王晓晶　高运东　仲跻峰

**筛选乳腺炎抗性奶牛的 HSTN 基因 SNP 位点、方法及试剂盒**

专利权人：奶牛中心

发 明 人：鞠志花　黄金明　王长法　李秋玲　齐　超　张　燕　李建斌　侯明海

仲跻峰

**一种适用于种子长期保存的安全干燥方法及干燥装置**

专利权人：资源中心

发 明 人：张晓冬　李润芳　王　栋　李　湛　李娜娜　隋学艳　段乃彬　张　煜　孔维国　丁汉凤

**基因 OsBBX22b 在降低水稻株高方面的应用**

专利权人：水稻所

发 明 人：谢先芝　周晋军　赵　杰　王盈盈　张　程　程惠敏　闫丽华

**花生转基因苗的移栽方法**

专利权人：花生所

发 明 人：禹山林　陈明娜　杨庆利　潘丽娟　王　冕　迟晓元　杨　珍　陈　娜　王　通　和亚男

**一种转基因花生组培苗壮苗、生根方法**

专利权人：花生所

发 明 人：陈明娜　禹山林　杨庆利　潘丽娟　王　冕　迟晓元　杨　珍　陈　娜　王　通　和亚男

**一种花生组培苗的移栽方法及营养土**

专利权人：花生所

发 明 人：杨庆利　王积军　禹山林　朱　凤　陈明娜　迟晓元　杨　珍　潘丽娟　陈　娜

**一种高油酸高蛋白高产花生的育种方法**

专利权人：花生所

发 明 人：杨庆利　禹山林　朱　凤　迟晓元　潘丽娟　杨　珍　曹玉良　陈明娜　陈　娜

**花生抗黄曲霉侵染田间鉴定方法**

专利权人：花生所

发 明 人：单世华　闫彩霞　陈　高　孙　兵　李春娟　张廷婷

**花生叶片 DNA 微量快速提取方法**

专利权人：花生所

发 明 人：单世华　万书波　李春娟　张廷婷　闫彩霞

**根癌农杆菌介导的花生高效转基因方法**

专利权人：花生所

发 明 人：王传堂　王秀贞　李贵杰　于洪涛　唐月异　杨伟强　张建成　崔凤高　禹山林

**花生黑斑病和褐斑病的防治混配药剂及其使用方法**

专利权人：花生所

发 明 人：迟玉成　谢宏峰　刘媛媛　樊堂群　吴菊香　许婷婷　鄢洪海　崔凤高

**一种金龟甲类害虫食诱剂的制备和使用方法**

专利权人：花生所

发 明 人：曲明静　李　晓　鞠　倩　赵志强　姜晓静　杨伟强　禹山林　杨　珍　宋文武　江　晨

**一种利用性诱剂监测暗黑鳃金龟的方法**

专利权人：花生所

发 明 人：曲明静　姜晓静　鞠　倩　赵志强　杨伟强　江　晨　崔凤高　李双玲　许新军　陈全森

**一种花生抗氧化肽的制备工艺**

专利权人：花生所

发 明 人：于丽娜　杨庆利　张会翠　朱　凤　孙　杰　毕　洁　张初署

**一种花生活性肽的制备方法**

专利权人：花生所

发 明 人：于丽娜　杨庆利　孙　杰　张初署　毕　洁　朱　凤　张会翠

**一种用微生物发酵法制备花生膳食纤维的方法**

专利权人：花生所

发 明 人：于丽娜　杨庆利　张初署　李红霞　孙　杰　毕　洁

**一种抗黄曲霉侵染的涂膜贮藏花生的方法**

专利权人：花生所

发 明 人：于丽娜　杨庆利　张会翠　朱　凤　孙　杰　毕　洁　张初署

**一种花生酶法改性蛋白的制备方法**

专利权人：花生所

发 明 人：于丽娜　杨庆利　张　伟　张会翠　朱　凤　孙　杰　毕　洁　张初署

**一种利用热榨花生饼粕生产花生组织蛋白的方法**

专利权人：花生所

发 明 人：杨庆利　高俊安　于丽娜　矫丽媛　朱　凤　张初署　孙　杰　毕　杰

**一种花生浓缩蛋白的制备方法**

专利权人：花生所

发 明 人：杨庆利　杨伟强　江　晨　高俊安　于丽娜　矫丽媛　朱　凤　张初署　孙　杰　毕　洁

**一种花生蛋白八宝粥及制备方法**

专利权人：花生所

发 明 人：杨庆利　禹山林　朱　凤　高俊安　孙　杰　张初署　于丽娜　毕　洁

**一种混合酶酶解制备花生蛋白活性肽的方法**

专利权人：花生所

发 明 人：杨庆利　张　伟　张会翠　于丽娜　高俊安　朱　凤　孙　杰　张初署　毕　洁

**一种预防感冒的花生蛋白粉配方及制备方法**

专利权人：花生所

发 明 人：杨庆利　杨伟强　江　晨　高俊安　朱　凤　孙　杰　张初署　于丽娜　毕　洁

**一种采用离子液体制备花生蛋白复合纤维的方法**

专利权人：花生所

发 明 人：孙　杰　杨庆利　张　伟　于丽娜　刘少芳　张初署　毕　洁　朱　凤

**一种花生播种方法**

专利权人：花生所

发 明 人：杨庆利　禹山林　曹玉良　杨　珍　朱　凤

**苹果 FPPS 基因的三处突变及其鉴定方法**

专利权人：果树所

发 明 人：苑克俊　刘庆忠　艾呈祥　魏海蓉

**苹果 MdMYB1 基因中与着色相关的两处突变及其检测方法**

专利权人：果树所

发 明 人：苑克俊　黄立香　魏海蓉　刘庆忠

**高效自助电热消毒式叶片划伤排刀**

专利权人：果树所

发 明 人：孙清荣　孙洪雁　周广芳　辛　力　王江勇

# 授权实用新型专利名录

**一种便携式微电脑茎秆强度测量仪的钢针护环**

专利权人：玉米所

发 明 人：穆春华　张秀清　鲁守平　郭庆法　刘　霞　孙　萍

**一种便捷式深层原位土的取样装置**

专利权人：资环所

发 明 人：张英鹏　孙　明　李　彦　刘　苹　仲子文　杨　鹏

**一种土壤样品粉碎装置**

专利权人：资环所

发 明 人：张英鹏　孙　明　仲子文　李　彦　刘　苹　吴金欣

**一种制备含腐植酸尿素肥料的活化反应器**

专利权人：资环所

发 明 人：李　彦　刘兆辉　陈广思　张英鹏　张荣俊

**一种处理有机废弃物的系统**

专利权人：资环所

发 明 人：袁长波　徐延熙　王艳芹　姚　利　边文范　曹德宾　刘　英

**扩散皿水平固定装置**

专利权人：资环所

发 明 人：魏建林　崔荣宗　谭德水　刘　苹　张英鹏　马　征　杨　鹏

**一种处理有机废弃物的系统**

专利权人：资环所

发 明 人：袁长波　徐延熙　王艳芹　姚　利　边文范　曹德宾　刘　英

**一种扩散皿水平固定装置**

专利权人：资环所

发 明 人：魏建林　张柏松　徐长英　郑福丽　田　叶　马　征　王学君

**一种观测昆虫刺吸行为的装置**

专利权人：植保所

发 明 人：门兴元　赵旭辉　丁　楠　于　毅　张安盛　李丽莉　周仙红　庄乾营

**一种昆虫发生期测报装置**

专利权人：植保所

发 明 人：门兴元　丁　楠　于　毅　张安盛　周仙红　李丽莉　庄乾营

**一种昆虫飞行磨**

专利权人：植保所

发 明 人：李丽莉　于　毅　张思聪　张安盛　门兴元　周仙红　庄乾营

**一种全自动蔬菜样品处理机**

专利权人：质标所

发 明 人：王玉涛　汝　医　刘艳红　王文正　张　红

**一种负压式土壤颗粒层析仪**

专利权人：质标所

发 明 人：王玉涛　刘艳红　王文正　汝　医　张　红

**果蔬容重比对仪**

专利权人：质标所

发 明 人：梁京芸　李增梅　孙　铎　汝　医　赵善仓　邓立刚　郭长英

**接菌针**

专利权人：棉花中心

发 明 人：隋　洁　赵　鸣　王红艳　马　惠　雒珺瑜

**棉籽破壳器**

专利权人：棉花中心

发 明 人：隋　洁　赵　鸣　王仲敏　薛　超　雒珺瑜

**角度测量器**

专利权人：棉花中心

发 明 人：赵　鸣　隋　洁　王红艳　王仲敏　雒珺瑜

**喷雾器喷头**

专利权人：棉花中心

发 明 人：赵　鸣　隋　洁　王红艳　王仲敏　雒珺瑜

**连栋温室屋面自动喷淋清洗装置**

专利权人：蔬菜花卉所

发 明 人：刘　波　吴　雄

**手持式日光温室喷灌枪**

专利权人：蔬菜花卉所

发 明 人：刘　波　吴　雄

**桔梗收获机**

专利权人：农产品所

发 明 人：陈庆亮　朱京斌　闫树林　汝　医　王志芬

**桔梗种子播种机**

专利权人：农产品所

发 明 人：张　峰　王志芬　汝　医　倪大鹏　单成刚

**桔梗便携式套袋授粉装置**

专利权人：农产品所

发 明 人：单成钢　汝　医　张教洪　倪大鹏　朱京斌

**桔梗种子精选机**

专利权人：农产品所

发 明 人：张教洪　单成钢　朱彦威　王维婷　汝　医

**物品静态辐照自动翻转器**

专利权人：农产品所

发 明 人：王守经　汝　医　胡　鹏　王兆华　孙宏春　李海雷　许方佐　王志东　陈秀兰

**桔梗去皮机**

专利权人：农产品所

发 明 人：汝　医　单成钢　王志芬　张教洪　倪大鹏　朱京斌

**面制品醒发过程检测仪**

专利权人：农产品所

发 明 人：汝　医　陈相艳　阴卫军　王文亮　徐同成　刘丽娜　陶海腾　邱　斌

**一种烤制全羊烤炉**

专利权人：农产品所

发 明 人：柳尧波　王守经　汝　医　胡　鹏　马建军

**一种快速检测 PSE 肉的装置**

专利权人：农产品所

发 明 人：胡　鹏　柳尧波　汝　医　王守经　马建军

**面制品老化过程检测仪**

专利权人：农产品所

发 明 人：陈相艳　王文亮　王丽丽　安　静　汝　医　徐同成　刘丽娜　靳　琼

**光影式果蔬对比分拣机**

专利权人：农产品所

发 明 人：王文亮　陈相艳　王丽丽　安　静　程安玮　汝　医　弓志青　靳　琼

**一种连续式面制品熟制机**

专利权人：农产品所

发 明 人：陈相艳　周启刚　汝　医　王文亮　宋　康　弓志青　程安玮　靳　琼

**一种高通量肌肉滴水损失测定装置**

专利权人：畜牧兽医所

发 明 人：呼红梅　朱荣生　王彦平　郭建凤　王怀中　张　印　武　英　唐伟静　韩　红

**一种动物人工授精器械箱**

专利权人：畜牧兽医所

发 明 人：王金文　崔绪奎　孟宪锋

**一种用于肉羊育肥的笼子**

专利权人：畜牧兽医所

发 明 人：王金文　崔绪奎

**一种实验室废液缸**

专利权人：畜牧兽医所

发 明 人：李　俊　王金宝　时建立　丛晓燕　孙文博　杜以军　吴家强

**一种用于家畜样品采集的棉拭子刷**

专利权人：畜牧兽医所

发 明 人：李　俊　王金宝　时建立　丛晓燕　黄保华　徐绍建　孙文博

**一种便携式细菌培养箱**

专利权人：畜牧兽医所

发 明 人：骆延波　刘玉庆　齐　静　胡　明

**养殖用原料翻料机**

专利权人：畜牧兽医所

发 明 人：盛清凯　王利民　付言军　李会荣　孙家林　杨赵军　赵红波　武　英　宋恩亮　郭建凤　王星凌　李祥明

**一种集约化免用发酵床设施**

专利权人：畜牧兽医所

发 明 人：盛清凯　王文志　姜殿文　孙海涛　赵红波　王星凌　姜文学

**一种间接定量测定禽蛋比重的装置**

专利权人：家禽所

发 明 人：林树乾　傅　剑　黄中利　冯敏燕　赵增成　孙晓军　李桂明

**一种动物同居感染实验笼**

专利权人：家禽所

发 明 人：袁小远　王友令　李　丽　徐怀英　张玉霞

**一种实验室平皿贮存装置**

专利权人：省农科院

发 明 人：袁小远　李　俊　王友令　徐绍建　杨金兴

**一种幼鸡群饮水装置**

专利权人：家禽所

发 明 人：王友令　袁小远　李　丽　张玉霞　徐怀英

**家禽养殖舍环境网络监测系统**

专利权人：家禽所

发 明 人：孙　凯　连京华　宋敏训　殷若新　李惠敏　王生雨　伊善梅　刘　涛

**密闭禽舍负压自动调节系统**

专利权人：家禽所

发 明 人：连京华　孙　凯　宋敏训　殷若新　李惠敏　王生雨　伊善梅　孙晓军

**家禽养殖舍内环境智能手机监控系统**

专利权人：家禽所

发 明 人：孙 凯 连京华 宋敏训 殷若新 王生雨 董以雷 李惠敏

**一种方便清洗的鸡食槽**

专利权人：家禽所

发 明 人：李 霞 刘雪兰 董以雷 张立军 孙晓军

**一种鸡舍用臭氧消毒净化装置**

专利权人：家禽所

发 明 人：董以雷 李 霞 孙晓军 董亚文

**一种半封闭式鸭舍**

专利权人：家禽所

发 明 人：王生雨 程好良 黄保华 连京华 殷若新 李慧敏 孙 凯

**一种禽舍降温系统**

专利权人：家禽所

发 明 人：王生雨 黄保华 程好良 孙 凯 殷若新 李慧敏 连京华

**一种充气式鸭鼻套**

专利权人：家禽所

发 明 人：刘 涛 艾 武 亓丽红 王莉莉 李 霞 孙晓军

**一种家禽散养用脚铐**

专利权人：家禽所

发 明 人：刘 涛 艾 武 亓丽红 王莉莉 李 霞

**一种家禽养殖用保温禽舍**

专利权人：家禽所

发 明 人：艾 武 亓丽红 刘 涛 李 霞 王莉莉

**一种养鸡用加料车**

专利权人：家禽所

发 明 人：艾 武 亓丽红 刘 涛 王月明 孙晓军 张立军

**一种可调式肉鸭节料装置**

专利权人：家禽所

发 明 人：亓丽红 艾 武 刘 涛 王莉莉 李 霞

**一种养鸭用节水净水装置**

专利权人：家禽所

发 明 人：亓丽红 刘 涛 艾 武 王莉莉 李 霞

**一种基于植物水孔蛋白的污水净化装置**

专利权人：生物中心

发 明 人：李国卫 王兴军 赵传志 赵术珍 夏 晗 李爱芹 李长生 侯 蕾

**一种 DNA 检测取样器**

专利权人：生物中心

发 明 人：步 迅 王文博 汝 医 张全芳 张 璠

**奶牛挤奶现场奶样采集工具**

专利权人：奶牛中心

发 明 人：李建斌　李荣岭　侯明海　王　洪　鲍　鹏　王　兵　高　丹　高运东　仲跻峰

**种子粒径测量桶**

专利权人：资源中心

发 明 人：余　华　丁汉凤　马玉敏　王俊峰　谢　坤　白　静　李　莉

**种子沙埋瓶**

专利权人：资源中心

发 明 人：丁汉凤　余　华　马玉敏　李娜娜　张　煜　张晓冬　李润芳

**一种药剂浸种处理仪**

专利权人：资源中心

发 明 人：丁汉凤　余　华　孔维国　贾文斌　辛富刚　戴　双

**种子温汤浸种仪**

专利权人：资源中心

发 明 人：余　华　丁汉凤　王效睦　颜廷进　戴　双　张文兰　李　群

**一种象鼻式稻田小麦播种机**

专利权人：水稻所

发 明 人：孙公臣　陈　峰　汝　医　马加清　吴　修　刘奇华　周学标　赵庆雷　徐建第　朱文银　刘　蓬　李华东

**一种稻苗微量喷雾器**

专利权人：水稻所

发 明 人：孙公臣　朱文银　汝　医　陈　峰　马加清　吴　修　刘奇华　赵庆雷　王　瑜　李华东　刘　蓬　高　洁

**一种场间稻谷收集机**

专利权人：水稻所

发 明 人：陈　峰　马加清　汝　医　徐建第　孙公臣　周学标　刘奇华　赵庆雷　陈博聪　王　瑜　高　洁　周起先

**一种稻米定量分装机**

专利权人：水稻所

发 明 人：陈　峰　刘奇华　汝　医　马加清　徐建第　朱文银　周学标　孙公臣　赵庆雷　高　洁　陈博聪　王　瑜

**一种稻田拉绳器**

专利权人：水稻所

发 明 人：陈　峰　朱文银　袁守江　汝　医　徐建第　姜明松　杨连群　马加清　王海凤

**一种水稻秧板快速分区器**

专利权人：水稻所

发 明 人：徐建第　陈　峰　汝　医　朱文银　姜明松　吴　修　周学标　马加清　杨连群　袁守江　王海凤

**一种家蚕条状饲料成型装置**

专利权人：蚕业所

发 明 人：娄齐年　王安皆　周丽霞　华丽峰　张凤林　王　娜　李智峰　郭　光　于振诚　聂　磊

**一种简易花生播种器**

专利权人：花生所

发 明 人：陈殿绪　焦　坤　迟玉成　许曼琳　谢宏峰　孙秀山　许婷婷　吴菊香　李尚霞　杨吉顺

**一种自备水流量大小控制的电动喷雾器**

专利权人：花生所

发 明 人：许曼琳　迟玉成　谢宏峰　吴菊香　许婷婷　陈殿绪　孙秀山　李尚霞　杨吉顺

**一种花生蚜虫诱捕器**

专利权人：花生所

发 明 人：迟玉成　许曼琳　谢宏峰　王　磊　陈殿绪　焦　坤　许婷婷　吴菊香

**一种蓖麻打孔器**

专利权人：花生所

发 明 人：朱立贵　许曼琳　谢宏峰　王　磊　焦　坤　许婷婷　吴菊香　迟玉成

**一种太阳能杀虫器**

专利权人：花生所

发 明 人：吴菊香　许婷婷　陈殿绪　焦　坤　许曼琳　谢宏峰　王　磊　迟玉成

**用于果树杂交育种的授粉花标记套签**

专利权人：果树所

发 明 人：王海波　李林光　徐　丽　李慧峰　何　平

**用于果树枝接的切口装置**

专利权人：果树所

发 明 人：李慧峰　李林光　刘嘉芬　王海波　何　平

**高空悬挂式节水喷灌装置**

专利权人：果树所

发 明 人：李慧峰　范世峰　李林光　何　平　王海波

**一种简易蓄水发酵装置**

专利权人：果树所

发 明 人：李慧峰　李林光　王海波　何　平　杨建明

**用于果树幼苗的防护装置**

专利权人：果树所

发 明 人：魏树伟　王小阳　王　越　冉　昆　王少敏

**用于黄金梨的套袋**

专利权人：果树所

发 明 人：魏树伟　王少敏　王宏伟　冉　昆

**一种甜樱桃栽培大棚环境因子测控仪**

专利权人：果树所

发 明 人：张道辉　刘庆忠　王绛辉　魏海蓉　宗晓娟　王甲威

**甜樱桃树打破冬季休眠需冷量积累数显仪**

专利权人：果树所

发 明 人：张道辉　刘庆忠　王甲威　魏海蓉　宗晓娟　陈　新　徐　丽　张庆霞

**红茶发酵促进器**

专利权人：果树所

发 明 人：宋鲁彬　姚元涛　魏传坤

**一种自补水式诱虫器**

专利权人：果树所

发 明 人：孙瑞红　武海斌　曹广平　张坤鹏　宫庆涛

**一种烟雾杀虫剂定时点火装置**

专利权人：果树所

发 明 人：张坤鹏　宫庆涛　武海斌　孙瑞红

**新型配药桶**

专利权人：果树所

发 明 人：范　昆　曲健禄

**多功能果树拉枝开角器**

专利权人：果树所

发 明 人：孙洪雁　于兰岭　孙清荣　孙玉刚　魏国芹　王晓芳　苟尚伟

**植物试管苗切断器**

专利权人：果树所

发 明 人：孙洪雁　孙清荣　苏胜茂　张　琮　陈鸿飞　李　军　王来平

**育种实验用自动换种播种机**

专利权人：省农科院

发 明 人：李朝科　孙万刚　李　浩　侯　涛　汝　医

# 计算机软件著作权名录

**塑料大棚茶园智能化监控系统 V1.0**

著作权人：信息所

完 成 人：王风云　阮怀军　李乔宇　唐　研　王利民　秦磊磊

**土壤－茶水肥决策支持系统**

著作权人：信息所

完 成 人：杨玉建　仝雪芹

**土壤－济麦 22 水肥空间决策支持软件**

著作权人：信息所

完 成 人：杨玉建　仝雪芹

**山东省农业信息化一村一网智能建站系统**

著作权人：信息所

完 成 人：焦喜东　王　磊　李乔宇　梅　林　董　暐　王剑非　秦磊磊

**大蒜病虫害专家决策系统 V1.0**

著作权人：蔬菜花卉所

完 成 人：刘　波　孔素萍

**高湿挤压组织化蛋白产品纤维取向度定量分析辅助软件**

著作权人：农产品所

完 成 人：陈锋亮　魏益民　张　波　赵晓燕　王宪昌

**玉米病虫害监控与控制系统 V1.0**

著作权人：农产品所

完 成 人：陈相艳　陈蕾蕾　刘孝永　陶海腾　张　翔　裘纪莹

**农药实施监控软件 V1.0**

著作权人：农产品所

完 成 人：杜方岭　陈蕾蕾　刘孝永　段友臣　王未名　周庆新

**蚕蛹活性蛋白稳态化加工工艺软件 V1.0**

著作权人：创新源公司

完 成 人：邓　鹏　韩金龙

**黄粉虫活性蛋白提取工艺软件 V1.0**

著作权人：创新源公司

完 成 人：韩金龙　邓　鹏

**家禽品种资源信息库软件**

著作权人：家禽所

完 成 人：李惠敏　连京华　孙　凯　殷若新　李福伟　李　虎　刘　娟

**种禽企业信息检索系统软件**

著作权人：家禽所

完 成 人：连京华　宋敏训　殷若新　孙　凯　李惠敏　伊善梅　李　虎

**山东省花生产业经济预警系统 V1.0**

著作权人：持续发展所

完 成 人：杨　洁　季明川　杨　萍　张倩倩　刘晓宇

**花生种子休眠破除方法的演示系统 V1.0**

著作权人：花生所

完 成 人：陈　静　胡晓辉　苗华荣　杨庆利　崔凤高　石运庆　杨伟强

**花生种子芽期耐盐性鉴定方法演示系统 V1.0**

著作权人：花生所

完 成 人：陈　静　苗华荣　石运庆　胡晓辉　杨伟强　杨庆利　焦　坤

**有机花生标准化生产专家决策系统 V1.0**

著作权人：花生所

完 成 人：吴菊香　田云云　许婷婷　陈殿绪　王　磊　谢宏峰　许曼琳　焦　坤　迟玉成

**花生病虫草害综合防治系统软件 V1.0**

著作权人：花生所

完 成 人：许曼琳　田云云　迟玉成　王　磊　谢宏峰　焦　坤　陈殿绪　吴菊香　许婷婷

**中国花生害虫分布数据管理系统 V1.0**

著作权人：花生所

完 成 人：曲明静　李　晓　鞠　倩　赵志强　姜晓静

**中国花生病害分布数据管理系统 V1.0**

著作权人：花生所

完 成 人：曲明静　李　晓　鞠　倩　赵志强　姜晓静

**中国花生杂草分布数据库软件 V1.0**

著作权人：花生所

完 成 人：曲明静　李　晓　鞠　倩　赵志强　姜晓静

**基于金龟子诱捕器的演示系统 V1.0**

著作权人：花生所

完 成 人：曲明静　李　晓　鞠　倩　赵志强　姜晓静

**无公害花生专家管理系统软件 V1.0**

著作权人：花生所

完 成 人：许曼琳　迟玉成　袁　美　任　艳　李尚霞　杨吉顺　谢宏峰　许婷婷　吴菊香

## 认定标准

# 国家及行业标准名录

**花生干燥与贮藏技术规程**

起 草 单 位：省农科院

主要起草人：万书波　滕　葳　郭　峰　孙海艳　李　林　范仲学　孟静静　黄　超　贾　曦　李新国　单世华

**麦田套种花生生产技术规程**

起 草 单 位：省农科院

主要起草人：万书波　郭　峰　赵海军　李　军　李新国　李　林　张佳蕾　孟静静　刘登望　李　萌　张廷婷　王才斌

**高油花生生产技术规程**

起 草 单 位：省农科院

主要起草人：万书波　贾　曦　李向东　赵海军　郭　峰　单世华　李　萌　王才斌　张智猛　孙秀山　李新国

**夏直播花生生产技术规程**

起 草 单 位：省农科院

主要起草人：万书波　李向东　郭　峰　董建军　贾　曦　孟静静　刘　苹　王才斌　张佳蕾　陈殿绪　孙秀山

**绿色食品 花生生产技术规程**

起 草 单 位：省农科院

主要起草人：万书波　郭　峰　贾　曦　李新国　孟静静　李　林　黄　超　刘登望　闫彩霞　王祥峰　王才斌

**覆膜花生机械化生产技术规程**

起 草 单 位：省农科院

主要起草人：王铭伦　万书波　赵长星　孙海艳　李　萌　王才斌　王月福　张晓军　张智猛　单世华

**高蛋白花生生产技术规程**

起 草 单 位：省农科院

主要起草人：李向东　万书波　孙海艳　赵海军　许婷婷　王才斌　贾　曦　郭　峰　单世华　孙秀山　张佳蕾

**旱薄地花生高产栽培技术规程**

起 草 单 位：省农科院

主要起草人：万书波　王月福　郭　峰　张晓军　孙海艳　张智猛　王铭伦　刘　苹　赵海军　王祥峰　单世华　王才斌

**花生单粒精播高产栽培技术规程**

起 草 单 位：省农科院

主要起草人：万书波　王铭伦　郭　峰　王月福　贾　曦　王才斌　赵长星　李新国　张智猛　孟静静　张佳蕾

**花生连作高产栽培技术规程**

起 草 单 位：省农科院

主要起草人：万书波　刘　苹　王月福　郭　峰　王铭伦　李新国　张晓军　王才斌　张智猛　李　萌

**花生防空秕栽培技术规程**

起 草 单 位：省农科院

主要起草人：万书波　郭　峰　李向东　李新国　孙海艳　孟静静　张智猛　赵海军　陈殿绪　刘　苹　张佳蕾

**花生防早衰适期晚收高产栽培技术规程**

起 草 单 位：省农科院

主要起草人：万书波　赵海军　王月福　郭　峰　赵长星　王祥峰　李新国　张智猛　陈殿绪　王才斌　张佳蕾

**花生田镉污染控制生产技术规程**

起 草 单 位：省农科院

主要起草人：万书波　单世华　李春娟　闫彩霞　张廷婷　陈殿绪　许婷婷　董建军

**花生种子生产技术规程**

起 草 单 位：省农科院

主要起草人：万书波　单世华　闫彩霞　张智猛　张廷婷　李　萌　郭　峰　董建军　孙秀山　孟静静　张佳蕾

**农作物品种区域试验与审定技术规程　花生**

起 草 单 位：省农科院

主要起草人：万书波　单世华　张廷婷　张智猛　闫彩霞　李春娟　郭　峰　许婷婷　贾　曦　赵海军　陈殿绪　孙秀山

**植物新品种测试特异性、一致性和稳定性测试指南　大葱**

起 草 单 位：作物所

主要起草人：姚凤霞　张　晗　陈运起　王立平　宋国安　张文兰　段乃彬　李汝玉　许金芳　王东建　孙加梅

**植物新品种测试特异性、一致性和稳定性测试指南　大蒜**

起 草 单 位：作物所

主要起草人：姚凤霞　段乃彬　张　晗　宋国安　王立平　张文兰　孔素平　堵苑苑　李汝玉　许金芳　王东建　孙加梅

**植物新品种测试特异性，一致性和稳定性测试指南　西葫芦**

起 草 单 位：作物所

主要起草人：张　晗　吕　波　姚凤霞　宋国安　堵苑苑　张文兰　段乃彬　李汝玉　许金芳　王东建　孙加梅

**小麦品种鉴定技术规程 SSR 分子标记法**

起 草 单 位：作物所

主要起草人：李汝玉　张　晗　刘　平　王东建　孙加梅　姚凤霞　唐　浩　郑永胜　许金芳　堵苑苑　段丽丽　李　华

**大白菜品种鉴定技术规程 SSR 分子标记法**

起 草 单 位：作物所

主要起草人：李汝玉　张　晗　王东建　张新明　郑永胜　孙加梅　宋国安　姚凤霞　许金芳　段丽丽　李　华　王雪梅

**植物新品种特异性、一致性和稳定性测试指南 丹参**

起 草 单 位：作物所

主要起草人：李汝玉　王东建　张　晗　单成钢　孙加梅　倪大鹏　姚凤霞　许金芳　杨旭红　朱彦威　郑永胜

**植物新品种特异性、一致性和稳定性测试指南 芦笋**

起 草 单 位：作物所

主要起草人：许金芳　孙加梅　李　霞　张　晗　王立平　包艳存　王东建　李书华　李汝玉　于继庆　王雪梅　郑永胜　姚凤霞

**植物新品种特异性、一致性和稳定性测试指南 姜**

起 草 单 位：作物所

主要起草人：王东建　李汝玉　刘振伟　张　晗　孙加梅　李庆芝　姚凤霞　许金芳　王立平　郑永胜　王雪梅　段丽丽　李　华

**植物新品种特异性、一致性和稳定性测试指南 紫苏**

起 草 单 位：作物所

主要起草人：张　晗　温春秀　姚凤霞　孙加梅　李汝玉　刘丽娜　王东建　许金芳　王立平　段丽丽　李　华　郑永胜　王雪梅

**植物新品种特异性、一致性和稳定性测试指南 山药**

起 草 单 位：作物所

主要起草人：张　晗　孙加梅　王　飞　王东建　姚理岩　李汝玉　许金芳　王立平　郑永胜　姚凤霞　冯　敏　赵　勇　刘玉霞　白自伟　王雪梅　段丽丽　李　华

**植物新品种特异性、一致性和稳定性测试指南 萝卜**

起 草 单 位：蔬菜花卉所

主要起草人：郎丰庆　王淑芬　李汝玉　王东建　孙加梅　张　晗　徐文玲　王立平

何启伟　姚凤霞　许金芳　刘贤娴

**农作物种质资源鉴定评价技术规范 核桃**

起 草 单 位：果树所

主要起草人：刘庆忠　李国田　江用文　张力思　熊兴平　陈　新　徐　丽　魏海蓉　赵红军　王甲威　宗晓娟

**农作物种质资源鉴定评价技术规范 板栗**

起 草 单 位：果树所

主要起草人：刘庆忠　陈　新　江用文　魏海蓉　熊兴平　张力思　李国田　徐　丽　赵红军　王甲威　宗晓娟　朱建淼

# 省级地方标准名录

**冬小麦－夏玉米节水省肥高产高效技术规程**

起 草 单 位：玉米所

主要起草人：李宗新 刘开昌 冯 波 刘春晓 王庆成 赵海军 张 慧 刘 霞 刘书聪 翟学旭

**鲁单 818 超高产栽培技术规程**

起 草 单 位：玉米所

主要起草人：李宗新 张秀清 刘 霞 张 慧 王庆成 刘开昌 刘书聪 翟学旭

**鲁中南地区夏玉米超高产栽培技术规程**

起 草 单 位：玉米所

主要起草人：刘 霞 张秀清 尹秀波 刘开昌 李宗新 张 慧 刘书聪 赵海军 翟学旭

**山东半岛地区夏玉米超高产栽培技术规程**

起 草 单 位：玉米所

主要起草人：王庆成 刘 霞 李宗新 张 慧 刘开昌 齐世军 刘书聪 赵海军 翟学旭

**山东黄泛平原夏玉米超高产栽培技术规程**

起 草 单 位：玉米所

主要起草人：刘 霞 王庆成 李宗新 张 慧 张秀清 刘开昌 刘书聪 赵海军 翟学旭

**夏玉米机械化生产技术规程**

起 草 单 位：玉米所

主要起草人：王庆成 李宗新 刘 霞 张 慧 刘开昌 赵海军 刘书聪 翟学旭

**无公害食品 灵芝生产技术规程**

起 草 单 位：资环所

主要起草人：万鲁长 韩建东 赵爱鸿 杨会坤 张传坤 任鹏飞 李 瑾 杨 鹏 单洪涛 郭惠东 曲 玲 张振水

**杀菌剂防治鸡腿菇黑斑病田间药效试验准则**

起 草 单 位：资环所

主要起草人：万鲁长 韩建东 杨会坤 张传坤 黄春燕 任海霞 张海兰 单洪涛 郭惠东 李 瑾 赵淑芳 高 霞

**食用菌菌渣基质化堆制技术操作规程**

起 草 单 位：资环所

主要起草人：万鲁长 宫志远 韩建东 任海霞 王 梅 单洪涛 任鹏飞 杨 鹏 曹修才 王文丽 张振水 赵钦刚

**平菇菌种良好作业规范**

起 草 单 位：资环所

主要起草人：万鲁长　宫志远　韩建东　任鹏飞　黄春燕　李　瑾　任海霞　郭惠东　高　霞　赵淑芳　盛　岩　张振水

**有机食品 杏鲍菇工厂化生产技术规程**

起 草 单 位：资环所

主要起草人：万鲁长　宫志远　韩建东　高　燕　郑孝国　韩克军　程邦仲　任鹏飞　任海霞　王忠春　高士友　苏建昌

**食用菌菌渣堆肥处理技术操作规程**

起 草 单 位：资环所

主要起草人：万鲁长　任鹏飞　赵爱鸿　韩建东　任海霞　王　梅　杨　鹏　曲　玲　魏祥圣　王忠春　张汉兵　程邦仲

**良好农业规范 富硒鲍鱼菇生产技术规程**

起 草 单 位：资环所

主要起草人：黄春燕　万鲁长　高　燕　张海兰　任海霞　单洪涛　李　瑾　郭惠东　曲　玲　常　猛　宋益胜　王延林

**日光温室黄瓜有机肥安全施用技术规程**

起 草 单 位：资环所

主要起草人：高新昊　仲子文　朱国梁　孙　明　刘　苹　张英鹏　李　彦

**山东小麦－玉米轮作有机肥安全施用技术规程**

起 草 单 位：资环所

主要起草人：张英鹏　刘　苹　夏光利　刘兆辉　仲子文　李　彦　孙　明　高新昊

**茶园绿盲蝽综合防治技术规程**

起 草 单 位：植保所

主要起草人：门兴元

**梨园绿盲蝽综合防治技术规程**

起 草 单 位：植保所

主要起草人：门兴元

**绿色食品冬枣园绿盲蝽防治技术规程**

起 草 单 位：植保所

主要起草人：门兴元

**绿色食品 桃园绿盲蝽防治技术规程**

起 草 单 位：植保所

主要起草人：门兴元

**棉田绿盲蝽综合防治技术规程**

起 草 单 位：植保所

主要起草人：门兴元

**苹果园绿盲蝽综合防治技术规程**

起 草 单 位：植保所

主要起草人：门兴元

**葡萄园绿盲蝽综合防治技术规程**

起 草 单 位：植保所

主要起草人：门兴元

**樱桃园绿盲蝽综合防治技术规程**

起 草 单 位：植保所

主要起草人：门兴元

**设施蔬菜棕榈蓟马综合防治技术规程**

起 草 单 位：植保所

主要起草人：张安盛

**梨小食心虫综合防治技术规程**

起 草 单 位：植保所

主要起草人：李丽莉

**桃小食心虫综合防治技术规程**

起 草 单 位：植保所

主要起草人：李丽莉

**农村农业信息资源建设规范 第 1 部分：总体框架**

起 草 单 位：信息所

主要起草人：阮怀军 尚明华 王风云 李景岭 王 磊 封文杰 刘延忠 唐 研 王利民 张维战 刘 锋

**农村农业信息资源建设规范 第 2 部分：核心元数据规范**

起 草 单 位：信息所

主要起草人：尚明华 阮怀军 王 磊 封文杰 王剑非 赵 佳 孔庆富 郑纪业 王风云 王丽丽 刘炳福

**农村农业信息资源建设规范 第 3 部分：资源唯一标识规范**

起 草 单 位：信息所

主要起草人：王风云 王 磊 秦磊磊 李景岭 张晓燕 郑纪业 尚明华 梅 林 董 偉 焦喜东 房 毅

**农村农业信息资源建设规范 第 4 部分：数据交换接口规范**

起 草 单 位：信息所

主要起草人：李景岭 尚明华 阮怀军 秦磊磊 封文杰 梅 林 黎香兰 刘淑云 孔庆富 张丽荣 董 偉

**农村农业信息资源建设规范 第 5 部分：建库技术规范**

起 草 单 位：信息所

主要起草人：尚明华 王风云 王 磊 王剑非 刘淑云 赵文祥 王利民 赵 佳 唐 研 王丽丽 徐淑良

**厚皮甜瓜杂交种子设施繁育技术规程**

起 草 单 位：蔬菜花卉所

主要起草人：王崇启 焦自高 董玉梅 肖守华 刘 波

**无公害食品－不结球白菜生产技术规程**

起 草 单 位：蔬菜花卉所

主要起草人：王淑芬 徐文玲 刘贤娴 付卫民 刘 波 隋好林 丁永发 管学东

**二季作地区马铃薯脱毒种薯三级留种繁殖技术规程**

起 草 单 位：蔬菜花卉所

主要起草人：王培伦 董道峰 刘 芳 杨元军 刘 波 丁永发 管学东

**无公害食品茼蒿生产技术规程**

起 草 单 位：蔬菜花卉所

主要起草人：刘 波 焦自高 王淑芬 吴 雄 孔素萍 刘冰江 高莉敏 缪 军 孙敬强 杨晓慧 刘树森 崔艳秋

**德州驴冷冻精液生产技术规程**

起 草 单 位：奶牛中心

主要起草人：王长法 高运东 张 燕 张思聪 王玲玲 朱涛涛 张瑞涛 黄金明 仲跻峰 侯明海 王银朝 闫金华 沈善义

**奶牛性控冻精人工授精技术规范**

起 草 单 位：奶牛中心

主要起草人：李建斌 侯明海 李荣岭 李秋玲 赵秀新 王长法 王玲玲 齐 超 王 洪 薛光辉 鲍 鹏 高 丹 仲跻峰

**转 hLTF 基因奶牛的 PCR 鉴定技术规程**

起 草 单 位：奶牛中心

主要起草人：黄金明 侯明海 鞠志花 张思聪 冯敏燕 李秋玲 王长法 齐 超 张 燕 李建斌 何洪彬 戴蕴平 仲跻峰

**牛结核病 γ 干扰素酶联免疫吸附试验诊断技术**

起 草 单 位：奶牛中心

主要起草人：杨宏军 高运东 丁家波 田夫林 何洪彬 张 亮 宋玲玲 侯佩莉 侯明海 仲跻峰

# 条件建设

## 2013 年新增科研创新平台一览表

| 平 台 名 称 | 建设依托单位 | 批准单位 | 批准时间 |
| --- | --- | --- | --- |
| 农业部农产品质量安全生物性危害因子风险评估实验室 | 省农科院 | 农业部 | 2013.4 |
| 国家棉花改良分中心二期 | 棉花中心 | 农业部 | 2013.9 |
| 山东省优质粳稻原原种扩繁基地 | 水稻所 | 农业部 | 2013.6 |
| 山东省畜禽生物制品工程研究中心 | 畜牧兽医所 | 省发改委 | 2013.6 |

# 三、科技推广与成果转化

# 科技推广概况

2013 年，紧密围绕院工作会议确定的推广服务工作重点，创新工作思路，狠抓工作落实，为全省粮食“十一连增”和农民增收提供了有力的技术支撑，取得了显著的工作成效，服务“三农”的能力得到进一步提升。

**一、以开展“对接三个十”行动方案为重要抓手，围绕我省农业重大战略需求，保障粮食安全与主要农产品有效供给**

制定实施了“对接三个十”科技服务活动，有效整合我院人才优势、科技成果，集成配套新技术，对接服务十个高产创建万亩方；突出示范带动，对接服务十个现代农业示范区；以新品种选育与农产品精深加工技术研发为重点，延伸产业链条，对接服务我省十大产业振兴规划实施。其中，作物所牵头陵县、兖州、滕州小麦高产创建万亩方，亩产全部超过 630 公斤；玉米所在省内外建立 5000 亩以上的新品种示范、推广基地 7 处，其中万亩以上基地 4 处，鲁单系列玉米品种在全省种植面积达 40% 以上，亩产超过 900 公斤。

**二、以全省农业科技创新协作网为依托，加强与当地政府、地方农业科研单位开展全方位、多层次的科技合作**

牵头与济南市农科院等 19 家省内农业科研院所，组建了山东省农业科研院所科技协作网，签订了农业科技合作协议，明确了任务和分工，重点推进共享科技资源、共建优势学科、联合科技攻关、开展科技推广服务等方面的科技合作。我院与德州、滕州等地市政府签订了科技战略合作协议，在平台建设、项目申报、基地建设、科技推广服务等方面开展全面合作，形成优势互补，资源共享，共同推进县域农业、农村经济发展的新局面。

**三、创新农业防灾减灾工作机制，切实发挥专家在指导农业防灾减灾、指导农业生产形势等方面的支撑服务作用**

为进一步提升科技对农业灾害预警、防灾减灾的支撑作用，提高山东省农业灾害预警响应，遴选了省市农科院知名度高、业务能力强，能深入生产一线指导生产的 80 多名专家组成粮棉油作物、园艺作物、畜牧兽医、综合 4 个工作组和 1 个地市分院专家组成立预警和应急专家服务团，按照“防灾重于减灾”的原则，开展农业灾害预测预警、灾时抗灾救灾和恢复生产技术研究与推广、灾后农情和灾情分析、信息宣传与政策研究等工作。

**四、积极探索科技推广服务工作的新机制、新模式，提高科技推广服务工作的针对性、时效性和实用性**

结合农村农业信息化示范省建设，开展农业信息化服务提升行动，启动 12396 绿色之声对农直播间。结合优势农产品和产业布局，组织开展了小麦、玉米、大豆、高粱等新品种和小麦“两深一浅”、粮油作物均衡增产栽培技术模式等现场观摩会，推广转化我院新品种、新技术和新模式。与《农村大众》联合举办了服务新农村大讲坛、农业新技术发布会，宣传推广我院技术成果。针对家庭农场、农民专业合作社等新型农业经营组织的快速发展，探索建立了面向家庭农场的社会化服务模式，组建了家庭农场科技联谊会，并采取农业科技开放日、专家讲堂、科技展览会、技术观摩会和成果发布会等形式，推广、传播适宜规模化、标准化的种植、养殖技术。

# 2013年山东省农科院春季科技服务活动实施方案

（鲁农科研发〔2013〕17号　2013年3月18日）

2013年是贯彻落实党的十八大精神的开局之年，全院要深入贯彻落实《中共中央国务院关于加快发展现代农业进一步增强农村发展活力的若干意见》、《中华人民共和国农业技术推广法》和省委1号文件精神，按照农业部、省政府关于春季农业生产工作的有关部署，抓住春季农业生产的关键时节，围绕粮食增产和农民增收，面向全省开展农业科技服务活动，为实现全省夏粮“十一连增”、农民收入“十一连快”提供强有力的技术支撑。现根据全院工作会议总体要求，制定以下全院春季科技服务活动实施方案。

## 一、目标任务

2013年全院科技推广服务工作要准确把握“三农”发展面临的形势和任务，紧密对接全省“一黄、一蓝、一红”战略，围绕“保障粮食安全和重要农产品有效供给、保证农产品质量安全”为中心，发挥我院的科技和人才优势，按照院党委、院行政提出的“三个服务、五个对接”和“对接农业园区、助推连增连快”的要求，深入农业生产一线开展科技推广服务活动和大规模农业科技培训，为粮食生产“十一连增”提供技术支撑，为再创山东农业农村发展新优势做出新的贡献。重点完成以下任务：（1）对接春季科技下乡服务行动，重点做好小麦春季生产的田间科学管理指导和科技下乡服务工作；（2）对接第二轮“第一书记”科技扶贫和农业科技培训活动，重点做好我院所负责临沂、德州、聊城、济宁4市帮包村的科技扶贫工作；（3）对接农业科技园区，建设高水平科技示范基地，重点做好成果转化中心和农业科研示范基地的建设工作。

## 二、主要活动内容

### （一）组织开展春季科技下乡服务活动。

根据春季生产特点，选派专家开展进村入户生产指导和服务，重点做好技术集成推广、良种良法配套及防灾减灾技术指导工作。

1. 扎实做好小麦生产的技术指导服务。按照省农业厅《关于对当前小麦苗情进行考察和开展技术指导工作的通知》要求，相关专家务必密切配合省农业厅完成春季指导服务工作。院作物所、农产品所、植保所、资环所要选派专家，组成技术指导小组，分赴全省粮食主产区开展科技下乡服务。对于我院的高产创建点、农业示范园区和我院济麦22、鲁原502小麦品种的种植区，要切实做好跟踪指导服务，确保农艺措施、人员和宣传“三到位”。

2. 高度重视小麦春季田间管理工作。对接小麦粮食主产区，搞好早春苗情、墒情、病虫害的监测，针对当地农情和气候特点，提出有针对性、可操作的管理技术意见，配合当地农业主管部门，科学组织农民群众，切实抓好春季田间管理和增产关键措施的落实，确保全省小麦再获丰收、继续增产。

3. 开展畜禽健康养殖、设施蔬菜标准化管理的技术指导与管理服务工作。围绕全省畜牧生产实际需要，深入养殖场开展现场指导，切实做好春季动物疫病防控服务工作；加强设施蔬菜、果树标准化生产新技术、新品种的宣传推广，做好病虫害的防治工作。

4. 加大抗虫棉、花生、甘薯品种的示范推广，提前做好良种贮备、备播技术指导和培训，提高秧苗的成活率，提升规模化、标准化、科学化的种植水平。

（二）做好“第一书记”科技扶贫活动。

各单位要高度重视“第一书记”的科技扶贫工作，以“分类服务、产业带动、科技推动”的原则，发挥本单位的专业和技术人才优势，推进农业科技快速进村入户，推动贫困村脱贫致富。同时，要做好农业科技培训、农业信息化技术推广，提高农业从业人员的整体科学素质。

1. 以“第一书记”为抓手，发挥我院国家现代农业技术体系和省现代农业技术体系专家作用，引导当地农民使用先进的科技成果，重点推荐农业主推技术和主导品种，着力培育观念新、技术强、留得住的农业科技示范户，以户带户，增强辐射带动。

2. 开展专家进村巡讲活动，在帮扶的贫困村开展技术示范和技术服务，同时利用12396 热线、农业部现代农业技术培训基地、山东省星火培训基地等平台等现有培训平台和手段，开展远程诊断、技术服务，解决农民生产过程中遇到的技术问题。

3. 立足于现有的农村科技服务网络，结合新闻媒体，开展科技培训活动。针对冬春关键农时，在我院各联系点和示范基地召开展示观摩会，进行现场演示并进行示范；组织农民积极参与，进行科技培训，提高农民学科技、用科技的水平，提升农业从业人员的整体科学素质。

（三）开展“对接农业园区、助推连增连快”行动。

今年我院将积极对接 19 个省级现代农业示范区建设，在全省范围内分区域选取部分行业影响力大、合作基础良好、积极性高、地方政府支持的现代农业园区进行科技对接，转化自主创新成果，支撑现代农业发展。

1. 各单位应根据自身行业专业的实际情况，加强相关省级现代农业示范区的对接，通过帮助驻园企业共建农业研究机构、成立成果转化技术中心（平台）、培育企业技术骨干力量的方式，进一步增强现代农业示范园区的科技创新能力，带动地方农业科技创新。

2. 要不断组装集成农业新品种与新技术，贮备建立科技服务企业的项目库和人才库，定期发布相关信息，方便园区企业人才对接。指导生产过程中的每一个环节，形成专家和农业园区企业的直接对接，将合作组织与企业紧密联系，实现企业增效、农民增收。

（四）建设高水平的科技示范基地。

各单位要根据本领域的业务特点结合全省农业的区域布局，建设标准高、联系紧密、示范带动效果好的试验示范基地，积极倡导设立“专家示范田、园（场）”，直接为农业生产提供科技支撑服务。

1. 小麦、玉米、棉花、花生等主要农作物，在全省主产区、优势产业带都要有高产示范点；蔬菜、水果等建有安全种植示范园；猪、牛、羊、兔、禽要建有健康养殖示范场。通过采用新技术、新成果辐射带动农民，促进科技与农业生产、科技与农村经济的结合，促进农业提质增效。

2. 全院相关专家要深入生产一线，发现问题、研究问题、解决问题，做好农产品标准化、规模化、集约化安全生产技术示范，推广循环农业技术、节本增效技术，保证农产品质量安全，促进生态文明。

**三、保障措施**

（一）加强组织领导。

各单位要高度重视春季科技推广服务活动，工作在院党委、院行政统一领导下组织开展，各单位要根据自身科研和生产实际需求制定好本单位的活动实施方案，各单位要明确服务团的专家成员，分管领导要靠上抓，确保活动效果。

（二）加强统筹调度。

全院各研究所要相互配合，形成跨所、跨学科的联动服务机制，各单位要将活动实施情况及时向科研处报送。院科研处统筹协调，负责全院春季重点服务活动的统筹组织，对各单位开展培训活动情况每月调度一次，对重大活动进行统一协调组织。

（三）加大宣传力度。

要充分利用报纸、网络、电视等各种媒体手段，对我院的新品种、新技术、新成果进行广泛地宣传，扩大科技推广服务的辐射面，提升春季科技推广服务工作的效果。

# 山东省农业科学院“对接三个十”行动实施方案

（鲁农科发〔2013〕27号　2013年5月31日）

为深入贯彻落实党的十八大、中央和省委一号文件精神，加速农业科技创新和成果推广应用，我院研究决定组织开展“对接十个高产创建万亩方、对接十个现代农业示范区、对接十大产业振兴规划”行动（以下简称“对接三个十”行动），为保障我省粮食安全、主要农产品有效供给和农产品质量安全提供科技支撑。具体方案如下：

## 一、思路目标

“对接三个十”行动围绕我省农业重大战略需求，整合我院成果、技术与人才优势，坚持以保障粮食安全与主要农产品有效供给为目标，集成配套新技术，提高科技贡献率，对接服务十个高产创建万亩方；以实施科研与产业化项目为抓手，密切院地合作，突出示范带动，对接服务十个现代农业示范区；以新品种选育与农产品精深加工技术研发为重点，延伸产业链条，强化科技支撑，对接服务我省十大产业振兴规划实施，为增创山东农业农村发展新优势做出应有贡献。

## 二、工作原则

（一）*联合协作原则*。积极配合省农业厅等主管部门，联合地市农科院（分院）、现代农业示范区内农业技术推广部门、农业龙头企业的技术力量，上下联动，形成合力，提高对接服务工作的针对性、持续性和稳定性。

（二）*重点带动原则*。立足我省农业生产实际，整合我院优势资源，针对最急需、最具潜力、最有代表性的重点区域和关键生产环节，集中进行对接服务，突出重点，以点带面，推动我省农业农村经济全面发展。

（三）*务实高效原则*。坚持总体设定、分步实施，确立年度对接服务的重点，探索建立长效工作机制。坚持以科学务实的作风抓好各年度对接服务活动，结合实际，细化方案，狠抓落实，真正让农民得实惠、产业得提升。

## 三、主要任务

（一）*对接十个高产创建万亩方*。围绕我省高产创建的科技需求，发挥我院品种、技术及人才优势，对接服务全省粮棉油高产创建项目，示范带动大面积均衡增产，全面提升我省粮棉油作物综合生产能力。按照增产增效并重、良种良法配套、农机农艺结合的原则，在全省农作物主产区和优势产区选择十个对接服务的高产创建万亩示范方，努力实现较当地平均水平小麦、玉米、水稻“亩增产一百斤、节本增效一百元”，棉花、花生、大豆、马铃薯“节本增效一百元”的目标。

1. 品种支持：推广抗病、高产、优质小麦品种济麦22、鲁原502，玉米品种鲁单818、鲁单9066，棉花新品种鲁棉研28、鲁棉研37，花生新品种花育25、花育36，水稻新品种圣稻17、圣稻14，大豆新品种齐黄34号，马铃薯品种鲁引1号。

2. 技术支持：组装集成我院先进成熟的一次性施肥、保护性耕作、轻简化栽培、节水灌溉、中低产田改良等农技农艺相结合的节本增效栽培技术，由牵头单位制定技术方案。

3. 人才支持：牵头单位组织育种、栽培、土肥、植保等方面的专家，针对每个对接服务的高产创建万亩方组建高产创建服务团队，并明确一名科技联络员，进行全生育期跟踪指导和技术培训，强化防灾、减灾技术措施，确保实现增产增收目标。

4. 责任分工：由品种选育单位牵头，育种、栽培、土肥、植保等相关学科的单位共同参与。

（1）陵县小麦高产创建万亩方——作物所牵头

（2）兖州小麦高产创建万亩方——作物所牵头

（3）滕州小麦高产创建万亩方——作物所牵头

（4）陵县玉米高产创建万亩方——玉米所牵头

（5）淄博玉米高产创建万亩方——玉米所牵头

（6）东营棉花高产创建万亩方——棉花中心牵头

（7）莱西花生高产创建万亩方——花生所牵头

（8）济宁水稻高产创建万亩方——水稻所牵头

（9）济宁大豆高产创建万亩方——作物所牵头

（10）滕州马铃薯高产创建万亩方——蔬菜花卉所牵头

（二）对接十个现代农业示范区建设。将我院科技资源向现代农业示范区相对集中，与示范区联合申报实施科研创新项目、技术成果推广项目，共建试验示范基地，以项目实施带动新技术、新品种、新模式在现代农业示范区内的示范，提升示范区的科技含量。

1. 项目带动：在每个对接的示范区组织实施 3-5 项新技术研发，就地推广转化 3-5 项技术成果。

2. 产研合作：在每个对接的示范区联系 1-3 个农业龙头企业，开展产研合作，提升企业自主创新和可持续发展能力，培育地方优势特色农业产业项目。

3. 责任分工：每个现代农业示范区由 1 个院属单位牵头，院属其他单位和山东种业集团根据学科、专业特点，结合示范区需求参与。

（1）济南市：

章丘市现代农业示范区——农产品所牵头

长清区——奶牛中心牵头

济阳县——试验基地服务中心牵头

（2）东营市现代农业示范区——棉花中心牵头

（3）莱西市现代农业示范区——花生所牵头

（4）泰安市岱岳区现代农业示范区——果树所牵头

（5）滕州市现代农业示范区——作物所牵头

（6）陵县现代农业示范区——玉米所牵头

（7）寿光市现代农业示范区——蔬菜花卉所牵头

（8）邹平市现代农业示范区——资环所牵头

（9）莱芜市现代农业示范区——畜牧兽医所牵头

（10）莒县现代农业示范区——家禽所牵头

（三）对接十大产业振兴规划。“十二五”期间，根据我省粮食、蔬菜、畜牧、果业、苗木花卉、油料、棉花、种业等产业振兴规划的发展重点，以解决生产重大问题为目标，集中突破关键技术瓶颈。科技创新重点向农业产业链两头延伸，着力强化产前的种质资源创新和动植物良种选育，为振兴民族种业、现代农业产业提供科技支撑；着力提升农产品精深加工、农产品质量安全等新兴学科发展水平，不断增加农产品附加值，提高产业核心竞争力。制定实施强院建设科技提升工程，进一步明确目标、细化任务、制定措施，努力为十大产业振兴提供有力支撑。

1. 种质资源保护和创新利用。开展国内外优异种质资源的收集保护，加强抢救性搜集保护。研究构建种质资源鉴定评价技术体系，发掘与产量、品质、抗逆等重要性状相关的基因标记，克隆具有重要应用价值和自主知识产权的功能基因，为品种培育提供优异种质。

责任分工：资源中心牵头，有关单位参与。

2. 动植物新品种选育。加强育种理论与重要性状遗传规律研究，建立常规育种技术和现代生物育种技术相融合的现代育种技术体系，加快培育小麦、玉米、棉花、花生、水稻等粮棉油作物新品种，加强名优特色蔬菜、设施专用蔬菜品种培育，加强大宗水果及加工专用、设施栽培专用品种培育，加强优质高档出口型干果新品种培育，加强耐旱耐盐碱林草和高档花卉新品种选育。充分利用我省肉牛、猪、鸡等地方优良畜禽资源，加快培育一批品质优、生产性能好的畜禽新品种（系）、配套系。加大特色杂粮、珍稀食用菌、桑、蚕、蜂、茶与牧草等特色品种选育，促进农业结构调整，培植优势特色产业。

责任分工：设有动植物育种学科的院属研究单位和种业集团。

3. 农产品精深加工技术研发。重点围绕作物、畜禽、蔬菜、林果、特种经济作物等，研究突破农产品精深加工、贮藏、保鲜、食品微生物发酵等关键技术，研究开发功能性食品和优质特色新产品。

责任分工：农产品所牵头，有关单位参与。

4. 农产品质量安全。加强农产品有害成分精准与快速检测技术、无公害生产技术等关键技术研究，完善农产品质量安全风险分析理论和风险评估技术规范，建立农产品产地和品种溯源检测技术体系，为从源头控制农产品质量提供科技支撑。

责任分工：质标所牵头，有关单位参与。

**四、组织方式**

（一）实施主体。“对接三个十”行动在院统一组织和协调下开展，牵头单位负责制定具体方案，院属各单位分工协作。

（二）行动对接。在院协调下，牵头单位会同有关单位，调查了解对接地区农业自然条件、资源禀赋、种植养殖结构、科技应用水平、产业发展情况和农业生产技术需求。在充分调研和沟通的基础上，根据当地实际需要，确定对接的高产创建万亩方，落实现代农业示范区的科技试验示范推广项目，并研究提出对接十大产业振兴规划科技支撑项目，建立备选项目库。

（三）组织实施。由牵头单位与各参加单位共同研究制定具体行动计划、编制项目方案，并与院签订责任书，明确任务目标、落实工作措施，实行项目目标责任管理。

**五、经费投入**

院属各单位要依托现代农业产业技术体系、农业行业科研专项、粮食丰产工程等项目，统筹各方资金，加大对“对接三个十”行动的投入力度。院也积极争取和筹集专项补助资金，以保障“对接三个十”行动顺利开展，确保取得实效。

**六、工作要求**

（一）加强组织领导。院成立“对接三个十”行动领导小组，院主要领导任组长，分管领导任副组长，院办公室、人事处、科研处、财计处、科技产业处主要负责人为成员。领导小组下设办公室（挂靠在科研处），负责对此项行动的具体组织协调工作。院属各单位主要负责人负责本单位活动的组织领导，明确责任、抓好落实。

（二）加快推进工作。今年小麦、马铃薯万亩示范方实施农时已过，推迟到下半年实施。玉米、水稻、花生、大豆、棉花正处在备播或栽培管理的关键时期，院属各单位要抢抓农时，加快推进工作，力争在 6 月中旬前完成调研对接和项目方案的编制、责任书的签订工作。

（三）建立长效机制。将“对接三个十”行动作为支撑我省现代农业发展和推动我院农业科研事业持续发展的重点工作，长期坚持，不断深化。“对接三个十”行动纳入所长任期目标责任书进行考核，行动成效作为单位评优、科研立项的参考依据，确保对接服务活动持续推进。

（四）注重总结宣传。要及时总结“对接三个十”行动中的做法经验，不断改进提升工作成效。充分利用电视、广播、报刊、网络等多种载体，及时搞好总结宣传，扩大“对接三个十”行动的影响力，提高农民对新品种、新技术的认知度，带动我省农业增产增效转到主要依靠科技进步和劳动者素质提高上来，为增创山东农业农村经济发展新优势做出应有贡献。

# 山东省农业科研院所科技合作工作方案

（鲁农科发〔2013〕36号　2013年8月30日）

为切实落实好《山东省农业科研院所科技合作协议》和“对接三个十”行动实施方案，强化与各地市农科院开展全方位、多层次、实质性的科技合作，现根据我院实际，制订本工作方案。

**一、目标任务**

以推进山东农业科技联合创新、增强自主创新能力、提高服务“三农”的能力和水平为目标，以共享科技资源、共建优势学科、合作申报项目、联合科技攻关、共同开展科技推广服务为主要内容，尽快构建全省农业科技创新协作网络，造就一批学术水平高、创新能力强的优秀科学家，创建一批国内一流水平的优势学科，培育一批重大科技成果，为提高我省农业科技自主创新能力和农业可持续发展能力做出应有的贡献。

**二、工作思路**

在《山东省农业科研院所科技合作协议》框架下，本着突出优势、强化引领、先急后缓、分步推进的原则，加强与地市农科院的科技合作。重点围绕作物、果树、蔬菜、畜禽等学科，首先建设动植物育种联合创新体系，开展重大动植物疫病防控、农产品质量安全、土壤修复等区域关键共性技术研究，逐步推进资源平台共享、人才培养交流等工作的开展，组织重大科技创新项目和重大成果项目的联合培育申报。

**三、院地对接**

（一）院领导联系分院。建立院领导联系分院、对接现代农业示范区、高产创建示范方制度，抓合作、促对接。每个院领导联系3-4个分院，配备1名联络人。

党委书记周林：联系济南、泰安、莱芜3个分院；联络人：刘兆辉。

院长万书波：联系威海、烟台、青岛3个分院；联络人：董建军。

副院长逯岩：联系东营、滨州和滨州畜牧兽医研究院3个分院；联络人：赵红军。

副院长贾无：联系德州、聊城、菏泽3个分院；联络人：赵海军。

副院长张立明：联系日照、临沂、枣庄、济宁4个分院；联络人：徐绍建。

纪委书记李维民：联系潍坊、淄博2个分院和省农机科学院；联络人：张伟。

（二）院所对接。每个分院按照科技需要对接3-5个省院研究所，合作建立育种联合创新体系和关键技术联合创新团队，开展合作研究，为现代农业示范区和高产创建提供技术支撑。

1. 济南院：主要对接蔬菜花卉所、农产品所、奶牛中心，重点技术支撑服务章丘市现代农业示范区、长清区和济阳县现代农业的发展。

2. 淄博院：主要对接作物所、玉米所、蔬菜花卉所、生物中心，重点建立小麦、玉米、蔬菜育种与区域关键共性技术联合创新体系，技术支撑服务淄博市淄川区玉米高产创建万亩示范方。

3. 枣庄院：主要对接作物所、玉米所、蔬菜花卉所、果树所、花生所，重点技术支撑服务滕州市现代农业示范区和小麦、玉米、马铃薯高产创建万亩示范方。

4. 威海院：对接资环所、果树所、花生所、蚕业所，重点建立区域关键技术联合创新体系，技术支撑服务威海市现代农业示范区。

5. 烟台院：对接作物所、蔬菜花卉所、蚕业所、果树所、质标所，重点建立小麦、果树育种与区域关键技术联合创新体系。

6. 青岛院：对接蔬菜花卉所、植保所、果树所、花生所，重点建立蔬菜、花生、果树育种与区域关键技术联合创新体系，技术支撑服务莱西市现代农业示范区和莱西市花生高产创建万亩示范方。

7. 东营院：对接棉花中心、作物所、资环所、持续发展所、资源中心，重点建立棉花、耐盐作物育种与区域关键技术联合创新体系，技术支撑服务东营市现代农业示范区和东营市棉花高产创建万亩示范方。

8. 滨州院：对接作物所、棉花中心、资环所，重点建立区域关键技术联合创新体系，技术支撑服务邹平县现代农业示范区和无棣县小麦高产创建万亩示范方。

9. 德州院：对接作物所、玉米所、蔬菜花卉所、棉花中心、资源中心，重点建立小麦、蔬菜、棉花育种与区域关键技术联合创新体系，技术支撑服务陵县现代农业示范区和陵县小麦、玉米高产创建万亩示范方。

10. 滨州畜牧兽医研究院：对接畜牧兽医所、家禽所、奶牛中心，建立畜禽新品种联合育种和重大动物疫病防控技术联合创新体系。

11. 日照院：对接家禽所、果树所，重点建立果树育种与区域关键技术联合创新体系，技术支撑服务莒县现代农业示范区。

12. 临沂院：对接作物所、植保所、水稻所、花生所、果树所，重点建立小麦、蔬菜、花生、水稻育种与区域关键技术联合创新体系。

13. 莱芜院：对接蔬菜花卉所、畜牧兽医所，重点建立蔬菜联合育种与区域关键技术联合创新体系，技术支撑服务莱芜市现代农业示范区。

14. 潍坊院：对接作物所、蔬菜花卉所、植保所、畜牧兽医所、果树所，重点建立小麦、蔬菜联合育种与区域关键技术联合创新体系，技术支撑服务寿光市现代农业示范区和诸城市小麦高产创建万亩示范方。

15. 菏泽院：对接作物所、玉米所、蔬菜花卉所，重点建立小麦、玉米、大豆联合育种与区域关键技术联合创新体系，技术支撑服务曹县小麦高产创建万亩示范方。

16. 济宁院：对接作物所、玉米所、水稻所、信息所，重点建立小麦、玉米、大豆、水稻联合育种与区域关键技术联合创新体系，技术支撑服务济宁市水稻、大豆高产创建万亩示范方。

17. 泰安院：对接作物所、玉米所、果树所，重点建立小麦、玉米、马铃薯联合育种与区域关键技术联合创新体系，技术支撑服务泰安市岱岳区现代农业示范区。

18. 聊城院：对接作物所、玉米所、蔬菜花卉所、棉花中心、花生所，重点建立小麦、玉米、棉花、花生、花卉联合育种与区域关键技术联合创新体系。

19. 省农机科学院：对接作物所、玉米所、蔬菜花卉所、植保所、资环所、棉花中心、花生所，重点建立现代农业装备与配套关键技术联合创新体系。

（三）对接高产创建示范方（示范县）。经与院属有关单位及有关分院沟通协商，在全省农作物主产区或优势产区，确定对接服务8种作物15处高产示范方，努力争取建成4-6处有亮点、有影响和辐射带动作用的示范方。

1. 小麦高产创建万亩示范方（5处），分别确定在滕州市、曹县、陵县、无棣县、诸城市。责任单位：作物所；责任人：张正；技术负责人：黄承彦（每个示范方1名技术负责人）。院属有关单位和所在地分院参与技术支持。

2. 玉米高产创建万亩示范方（4处），分别确定在滕州市、陵县、淄博市、聊城市。责任单位：玉米所；责任人：汪黎明；技术负责人：王庆成。院属有关单位和所在地分院参与技术支持。

3. 棉花高产创建万亩示范方，确定在东营市。责任单位：棉花中心；责任人：董合忠；技术负责人：李汝忠。院属有关单位和所在地分院参与技术支持。

4. 花生高产创建万亩示范方，确定在莱西市。责任单位：花生所；责任人：朱立贵；技术负责人：王才斌。院属有关单位和所在地分院参与技术支持。

5. 水稻高产创建万亩示范方，确定在济宁市。责任单位：水稻所；责任人：吴修；技术负责人：马加清。院属有关单位和所在地分院参与技术支持。

6. 甘薯高产创建万亩示范方，确定在泗水县。责任单位：作物所；责任人：张正；技术负责人：王庆美。院属有关单位和所在地分院参与技术支持。

7. 大豆高产创建万亩示范方，确定在嘉祥县。责任单位：作物所；责任人：张正；技术负责人：徐冉。院属有关单位和所在地分院参与技术支持。

8. 马铃薯高产创建万亩示范方，确定在滕州市。责任单位：蔬菜花卉所；责任人：刘开昌；技术负责人：王培伦。院属有关单位和所在地分院参与技术支持。

（四）对接现代农业示范区。按照农业部和省农业厅关于对接服务现代农业示范区的统一部署，结合各示范区的技术需求和我院的技术优势，确定对接服务涉及10个市的13处现代农业示范区，其中国家级8处。

1. 章丘市现代农业示范区，牵头单位：农产品所；技术支持单位：作物所、玉米所、蔬菜花卉所、植保所、资环所等。责任人：陈相艳。所在地分院参与技术支持。

2. 济南市长清区现代农业示范区，牵头单位：奶牛中心；技术支持单位：作物所、玉米所、蔬菜花卉所、植保所、资环所等。责任人：仲跻峰。所在地分院参与技术支持。

3. 济阳县现代农业示范区，牵头单位：试验基地服务中心；技术支持单位：作物所、玉米所、蔬菜花卉所、植保所、资环所等。责任人：曲树杰。所在地分院参与技术支持。

4. 邹平县现代农业示范区，牵头单位：资环所；技术支持单位：作物所、玉米所、蔬菜花卉所、植保所等。责任人：郭洪海。所在地分院参与技术支持。

5. 莒县现代农业示范区，牵头单位：家禽所；技术支持单位：作物所、玉米所、植保所、资环所、花生所、果树所等。责任人：王月明。所在地分院参与技术支持。

6. 滕州市、寿光市现代农业示范区（2处），牵头单位：蔬菜花卉所；技术支持单位：作物所、玉米所、植保所、资环所、家禽所、畜牧兽医所等。责任人：刘开昌。所在地分院参与技术支持。

7. 泰安市岱岳区现代农业示范区，牵头单位：果树所；技术支持单位：作物所、玉米所、植保所、资环所等。责任人：王长君。所在地分院参与技术支持。

8. 莱芜市现代农业示范区，牵头单位：畜牧兽医所；技术支持单位：作物所、玉米所、蔬菜花卉所、植保所、资环所、果树所等。责任人：黄保华。所在地分院参与技术支持。

9. 陵县现代农业示范区，牵头单位：玉米所；技术支持单位：作物所、植保所、资环所等。责任人：汪黎明。所在地分院参与技术支持。

10. 威海市、莱西市现代农业示范区（2处），牵头单位：花生所；技术支持单位：作物所、植保所、资环所、果树所等。责任人：朱立贵。所在地分院参与技术支持。

11. 东营市现代农业示范区，牵头单位：棉花中心；技术支持单位：作物所、玉米所、资环所、资源中心、水稻所、花生所、持发所等。责任人：董合忠。所在地分院参与技术支持。

**四、院地联合创新**

（一）组建育种联合创新体系。我院每个育种研究单位至少要联合2-3个有区域特色的地市农科院开展育种联合创新研究，构建10个多生态、多生产条件的育种创新体系。院各研究单位与各地市农科院签订合作协议书，明确任务分工和权利义务。

1. 小麦育种联合创新体系，作物所负责牵头组建，联合烟台、泰安、德州、济宁、聊城等农科院。责任人：张正；首席专家：黄承彦。

2. 大豆育种联合创新体系，作物所负责牵头组建，联合济宁、菏泽等农科院。责任人：张正；首席专家：徐冉。

3. 甘薯育种联合创新体系，作物所负责牵头组建，联合烟台、威海、泰安、济宁等农科院。责任人：张正；首席专家：王庆美。

4. 玉米育种联合创新体系，玉米所负责牵头组建，联合菏泽、临沂、济宁、枣庄、聊城等农科院。责任人：汪黎明；首席专家：汪黎明。

5. 棉花育种联合创新体系，棉花中心负责牵头组建，联合东营、菏泽、德州、济宁、淄博、聊城等农科院。责任人：董合忠；首席专家：李汝忠。

6. 花生育种联合创新体系，花生所负责牵头组建，联合青岛、临沂、济宁、枣庄、聊城等农科院。责任人：朱立贵；首席专家：王传堂。

7. 水稻育种联合创新体系，水稻所负责牵头组建，联合临沂、济宁、东营、济南等农科院。责任人：吴修；首席专家：杨连群。

8. 果树育种联合创新体系，果树所负责牵头组建，按照苹果、桃、梨、樱桃、核桃、板栗、枣等树种联合泰安、临沂、烟台、潍坊、枣庄等农科院。责任人：王长君；首席专家：王长君（按树种分别明确具体负责人）。

9. 蔬菜育种联合创新体系，蔬菜花卉所负责牵头组建，按照设施蔬菜、花卉、马铃薯、大白菜、黄瓜、茄子、番茄等种类联合德州、青岛、烟台、潍坊、淄博、济宁、临沂、莱芜、聊城等农科院。责任人：刘开昌。首席专家：焦自高（按照蔬菜种类分别明确具体负责人）。

10. 畜禽育种联合创新体系，畜牧兽医所、家禽所、奶牛中心分别牵头组建。各单位负责人为责任人，按照畜禽种类分别明确首席专家。

（二）开展关键技术联合攻关。围绕“高产、优质、高效、生态、安全”的农业发展要求，紧密对接黄河三角洲开发、蓝色半岛经济区建设等国家战略，依托我院承担的重大科研项目，联合地市农科院，重点在中低产田改造、病虫害防治、农产品质量安全等10个方面联合开展区域农业重大关键技术和产业技术体系研究，集成创新先进适用的产前、产中、产后生产技术体系，支撑和引领山东现代农业发展。

1. 中低产田改造与退化环境修复技术研究，由资环所负责牵头，联合济南、德州、东营、滨州、莱芜、潍坊、临沂等农科院，组建联合攻关团队。责任人：郭洪海；首席专家：董晓霞。

2. 病虫害防治技术研究，由植保所负责牵头，联合烟台、青岛、淄博、泰安、临沂、济宁等农科院，组建联合攻关团队。责任人：任凤山；首席专家：于毅。

3. 农产品安全生产与质量控制技术研究，由质标所负责牵头，联合威海、烟台、青岛、潍坊、临沂、枣庄、聊城等农科院，组建联合攻关团队。责任人：张树秋；首席专家：柳琪。

4. 黄河三角洲区域现代农业重点技术研究，由资源中心负责牵头，联合烟台、青岛、东营、滨州、德州等农科院，组建联合攻关团队。责任人：丁汉凤；首席专家：丁汉凤。

5. 农业生产机械化技术研究，由省农机科学院负责牵头，联合作物所、玉米所、蔬菜花卉所、棉花中心、水稻所、花生所、植保所、资环所等，组建联合攻关团队。责任人：骆琳；首席专家：骆琳。

6. 农业节本增效技术研究，由作物所负责牵头，联合烟台、青岛、莱芜、枣庄、济宁等农科院，组建联合攻关团队。责任人：张正；首席专家：王法宏。

7. 农作物精准施肥技术研究，由资环所负责牵头，联合济南、德州、聊城、菏泽、济宁、泰安、临沂等农科院，组建联合攻关团队。责任人：郭洪海；首席专家：崔荣宗。

8. 农业信息化技术研究，由信息所负责牵头，联合烟台、青岛、济南、潍坊、济宁、聊城等农科院，组建联合攻关团队。责任人：阮怀军；首席专家：尚明华。

9. 动物重大疫病防控技术研究，由畜牧兽医所负责牵头，联合滨州畜牧兽医研究院和临沂、莱芜、济宁等农科院，组建联合攻关团队。责任人：黄保华；首席专家：吴家强。

10. 动物健康养殖技术研究，由家禽所负责牵头，联合滨州畜牧兽医研究院和临沂、莱芜、济宁等农科院，组建联合攻关团队。责任人：王月明；首席专家：石天虹。

（三）联合申报项目。发挥院地双方的科技优势资源，联合申报承担国家重大科研创新项目，组织重大成果培育项目。

1. 建立联合申报重大科技创新项目库。我院各研究单位要抓住国家鼓励多家单位联合申报重大科技项目的机遇，积极主动策划与地市农科院联合承担重大课题。院建立联合申报重大科研项目库，每年优先从项目库中向国家和省有关部门推荐申报项目。

2. 建立重大成果联合培育项目库。我院各研究单位加强与地市农科院的交流，总结双方同一研究领域的科技创新点，挖掘申报高等级成果奖励的交汇点，通过分工与合作尽快培育重大科技成果。

（四）共享科研平台。与分院共享我院公共实验室、综合试验基地、科技信息资源和种质资源 4 大平台。

1. 院公共实验室共享平台。按照院公共实验室共享平台运行管理办法，各分院按照院各研究单位的条件、待遇使用院公共实验室共享平台。

2. 院试验基地服务中心负责在新基地中规划设计不同生态区品种试验展示区，构建共享机制，展示山东不同生态区域穿梭育种的最新成果。

3. 院信息所建立科技文献共享平台，为地市农科院提供文献资源服务，实现我院科技信息资源与各地市农科院共建共享。

4. 省农作物种质资源中心不断充实种质资源库，为分院免费长期保存可共享的种质资源，完善种质资源的实物和信息系统，建立共享机制，共同构建全省种质资源保护体系。

（五）人才培养与交流。通过联合承担科研项目、共建优势学科、山大农学院、博士后工作站开展优秀人才培养与交流。

1. 选派科技副职、优秀专家到分院挂职或开展合作研究，共同培育具有山东区域特色、达到国内领先水平的优势学科，培养学科领军人物，打造科研创新团队。

2. 各分院可选择基础好、发展潜力大的青年专家进入山东大学农学院、院博士后科研工作站进行培养，开展科研项目研究，培养优秀青年后备科技人才。

（六）建立"育繁推一体化"的现代种业体系。以科技为支撑，以山东种业集团为龙头，加快构建适合商业化要求的良种繁育体系，在全省不同生态区联合建设育种试验站和种子生产基地；以资产为纽带，按照市场经济的原则，加强全省农业科研院所种业企业的兼并重组，做大做强山东种业，实现山东由种业大省向种业强省跨越。

院产业处和种业集团研究提出在全省不同生态区与分院联合建设育种试验站和种子生产基地的实施方案。

## 五、保障措施

（一）组织领导。

1. 加强领导，落实责任。每个院领导联系 3 个分院，每个研究所结合学科实际与分院联合建立联合育种和联合创新团队，所长为第一责任人。高产创建和现代农业示范区牵头单位的所长为第一责任人，各单位要明确具体的技术负责人，一级抓一级，层层抓落实。

2. 选派科技副职。在各分院、高产创建示范方（示范县）和对接的现代农业示范区，选派科技副职，搭建分院、有关县市、现代农业示范区与省院科技合作交流的桥梁，组织高产创建、科技创新、成果转化示范等具体合作项目的落实。由院人事处研究提出科技副职选派的实施方案。

3. 院科研处负责统筹协调与分院的科技合作工作。具体负责人：董建军；联系人：徐绍建。

（二）经费保障。

院各研究单位依托现代农业产业技术体系、农业行业科研专项、粮食丰产工程等承担的科研项目，优先与地市农科院合作，在对接的现代农业示范区实施。院及院各研究单位每年筹集一定经费，设立开放式基金，用于科技合作项目和共建学科。

院各研究单位在高产创建万亩示范方和现代农业示范区投入的科研试验经费，每年不低于10万元，争取培育4-6个标志性高产创建万亩方和示范区。

（三）考核监督。

1. 定期调度。山东省农业科研院所科技协作委员会每年组织召开一次年会，总结交流经验，谋划年度工作。各科研所负责制定科技合作的具体年度计划，向委员会汇报科技合作进展和取得的成效、院定期组织召开工作调度会，听取工作汇报。

2. 强化考核。实行目标考核，将与地市农科院的科技合作情况、“对接三个十”行动实施效果纳入所长任期目标责任书进行考核，科技合作和行动成效作为单位评优、科研立项的参考依据，确保科技合作和对接服务活动持续开展。

（四）工作要求。

院各研究单位要立即行动，选择对接的科研院所，抢抓机遇，建立育种联合创新体系和关键技术联合创新团队，谋划科研项目，签订合作协议。院领导分别带领有关研究所负责人到所联系的分院进行调研对接，落实合作内容。

1. 高产创建万亩示范方、现代农业示范区服务工作，要于9月上旬完成与分院、地方政府的对接。

2. 育种联合创新体系和关键技术联合创新团队建设，要于9月中旬前完成有关协议的签订和科研项目的谋划工作。

3. 9月中旬前，院科研处、试验基地服务中心、信息所、资源中心要分别拿出平台共享管理办法，尽快实现资源共享。

4. 9月中旬前院人事处研究制定科技副职选派方案。

5. 9月中旬前院产业处和山东种业集团股份有限公司提出在全省不同生态区与分院联合建设育种试验站和种子生产基地的实施方案。

6. 各责任单位每月将对接服务的高产创建万亩方和现代农业示范区的活动内容和服务效果进行总结，形成月报，分别报送院办公室和科研处（山东省农业科研院所科技协作委员会秘书处）。

# 山东省农业科学院<br>关于开展与家庭农场、农民专业合作社科技对接的意见

（鲁农科发〔2013〕57号 2013年12月24日）

为认真贯彻落实党的十八届三中全会、2013年中央、省委一号文件精神和农业部、山东省人民政府关于积极培育新型农业经营主体的有关要求，充分发挥我院农业科技、人才和资源优势，深入扎实地为我省家庭农场、农民专业合作社等新型农业经营主体提供科技支撑，确保家庭农场、农民专业合作社健康快速发展，结合我院实际，制定本意见。

## 一、指导思想

以科学发展观和党的十八届三中全会精神为指导，围绕国家和我省重大战略需求，以加快转变农业发展方式为主线，以提高农业综合生产能力、促进农民持续增收为目标，紧密对接我省家庭农场、农民专业合作社等新型农业经营主体，通过实施科研试验项目、建立试验示范基地、合作建立科研工作站等形式，示范展示我院新技术、新品种和新模式，辐射带动区域特色农业和农村经济发展，加快提升我省农业现代化水平。

## 二、任务目标

立足于确保我省粮食安全、农产品有效供给和质量安全，抓住山东农业发展中的难点、热点和重点问题，选择在我省不同类型生态区、产业带，联合各市农科院（分院），以家庭农场、农民专业合作社为实施载体，组织实施一批农业科研试验和成果转化示范项目，规范巩固一批科技示范基地，扶持带动一批家庭农场和农民专业合作组织，建设一批社会主义新农村示范村，培训一批基层农技推广人员和农民技术员，为增创我省现代农业和农村经济发展新优势提供科技支撑。

## 三、工作原则

（一）*分类服务的原则*。针对我省家庭农场、农民专业合作社的不同产业类型、不同地域特色和不同发展层次，按照专业对口、突出特色、资源整合、提升层次的原则，开展分类对接服务。

（二）*重点倾斜的原则*。结合科研工作进展和项目实施与家庭农场、农民专业合作社开展对接，保证我院科研项目优先在家庭农场、农民专业合作社实施。

（三）*注重转化的原则*。农业科研的关键在于成果转化，要强化在家庭农场、农民专业合作社开展我院新技术和新成果转化示范，充分发挥辐射带动作用，促进新技术新成果尽快向生产力转化。

## 四、主要内容

（一）*摸清科学技术需求*。在全省范围内开展家庭农场、农民专业合作社技术需求调研活动，按照区域特色和产业优势，理清各地家庭农场、农民专业合作社发展的技术需求和难题，找准科技对接服务的结合点和切入点。

（二）*实施农业科研试验项目*。每个研究所都要根据科研实际和农业生产需求，选择

1-3 处家庭农场和农民专业合作社，实施科研试验项目，使家庭农场和农民专业合作社成为我院新品种、新技术的试验基地，提升其标准化、集约化种养殖水平。

（三）实施农业科技成果示范项目。加大与家庭农场和农民专业合作社的联合与协作，我院承担的农业科技成果转化项目、示范推广项目要优先选择在家庭农场和农民专业合作社实施，使其成为带动农业科技成果扩散和应用的典范。

（四）定期开展实地生产技术指导。根据家庭农场和农民专业合作社需要，定期选派我院专家深入生产一线开展技术培训，解决生产和发展建设中的技术难题，提高农业从业人员的整体科学素质，培养专业型新型职业农民。

（五）联合建立农业科研工作站。与我院有明确的科研协作目标，承担科研试验、成果转化和示范推广项目的具体任务，产业优势明显、特色突出、辐射带动能力强的家庭农场和农民专业合作社，在条件成熟时可以与我院联合建立“山东省农业科学院科研工作站”，打造我院生产一线的科研试验和科技推广服务平台，提升家庭农场和农民专业合作社新技术、新品种的辐射带动能力，解决农业科研“接地气”和科技服务“最后一公里”的问题。

## 五、保障措施

（一）加强组织领导。院属各单位要高度重视科技对接家庭农场和农民专业合作社工作，将其纳入单位科研创新和科技推广服务工作中，要紧密结合“对接三个十”“山东省农业科研院所科技协作网”建设，一并组织实施。院属各单位要明确分管领导，专人负责，确保科技对接取得实效。

（二）加强统筹调度。院科研处负责整个科技对接工作的统筹组织，全院各研究所、学科间要相互配合，形成跨所、跨学科联合服务的合力。

（三）加强经费保障。院所要筹集专项经费支持对接家庭农场和农民专业合作社工作，要主动对接家庭农场和农民专业合作社，组织实施科研项目。经费主要用于科研项目的实施，科研人员的差旅、食宿，良种购置，农资补贴，科技培训，资料编印等。

（四）加大宣传力度。要充分利用网络、报纸、电视台等各种媒体，广泛宣传我院新品种、新技术、新产品和我院对接服务家庭农场和农民专业合作社的有关活动，扩大科技服务的覆盖面。

# 山东省农业科学院农业灾害预警和应急专家服务团

（鲁农科发〔2013〕34 号　2013 年 8 月 28 日）

团　长：万书波
副团长：逯　岩　张立明　赵振东
秘书长：刘兆辉

**作物工作组**

组　长：万书波（兼）
成　员：赵振东　黄承彦　王法宏　汪黎明　王庆成　张智猛　王才斌　董合忠
李汝忠　杨连群　周学标　徐　冉　王庆美　管延安

责任分工：黄承彦、汪黎明、董合忠、张智猛分别牵头负责小麦、玉米、棉花、花生灾害预警和应急服务工作；周学标、徐冉、王庆美、管延安分别牵头负责水稻、大豆、甘薯、谷子、高粱灾害预警和应急服务。

**园艺工作组**

组　长：王长君
成　员：王金政　王少敏　周广芳　李林光　孙玉刚　张美勇　宋鲁彬　焦自高
王淑芬　陈运起　王培伦　王克安　宫志远　王志芬

责任分工：王长君、焦自高、宫志远、王志芬分别牵头负责果茶、蔬菜、食用菌、药用植物灾害预警和应急服务工作。

**畜牧兽医工作组**

组　长：逯　岩（兼）
成　员：黄保华　张秀美　宋敏训　武　英　万发春　吴家强　宋恩亮　王金文
仲跻峰　何洪彬

责任分工：宋敏训、武英、万发春、王金文、仲跻峰分别牵头负责家禽、猪、肉牛、羊、奶牛灾害预警和应急服务工作。

**综合工作组**

组　长：刘兆辉（兼）
成　员：李长松　于　毅　李　美　齐军山　路兴波　郭洪海　李　彦　江丽华
谭德水　杨　力　陈相艳　柳尧波　柳　琪　吕　潇　阮怀军

责任分工：李长松、郭洪海、陈相艳、柳琪、阮怀军分别牵头负责植保、农业资源与环境、农产品加工、农产品质量与安全检测、农业信息灾害预警和应急服务工作。

**分院专家组**

组　长：张立明（兼）
成　员：冯曰广　万述伟　王光明　王跃华　燕浩林　董　锐　李成军　李素真
吴　科　王同勇　宋宜现　毕于义　高文献　贺洪军　褚丁印　郭树龙
沈志强　黄兴蛟

# 山东省农业科学院<br>农业灾害预警和应急专家服务工作细则

（鲁农科发〔2013〕60号　2013年12月31日）

**第一条**　为进一步强化服务，明确责任，深入、扎实、有效地开展好农业灾害预警和应急专家服务工作，根据山东省农业科学院农业灾害预警和应急专家服务团工作方案，制定本工作细则。

**第二条**　山东省农业科学院农业灾害预警和应急专家服务团负责组织开展与农业防灾减灾有关的农业生产形势分析、灾害预测预警、抗灾救灾技术指导和相关技术研究。

**第三条**　专家服务团下设作物工作组、园艺工作组、畜牧兽医工作组、综合工作组、分院专家组。按照专业分工，各司其职，开展灾害预警和应急服务工作。

**第四条**　专家服务团下设秘书处，挂靠在科研处，负责专家服务团日常工作。

**第五条**　各专家工作组实行组长和牵头专家责任制。组长负责制定本工作组全年工作计划并组织实施，负责对本组专家工作进行监督、检查和考核。牵头专家具体负责本专业灾害预警预报、灾情分析和应急技术指导服务工作。

**第六条**　建立灾害预警快速响应机制。各牵头专家充分发挥产业体系岗位专家、试验站、试验基地的作用，建立信息采集点，发现灾情后及时向组长报告，同时报告秘书处或团长。

**第七条**　灾情发生时，牵头专家迅速组织相关技术人员到达现场，调查研究，提出抗灾、减灾技术措施，分别向组长、服务团秘书处汇报，秘书处组织相关专家会商后报政府有关部门，指导农业抗灾、减灾。

**第八条**　开展灾后分析。灾害发生后，专家工作组要及时开展灾情、抗灾措施、灾害损失分析，总结灾害预警和应急服务工作经验，并向秘书处提交分析报告。

**第九条**　分院专家要及时向组长、秘书处报告本地区农情、灾情信息，配合服务团各专家工作组在本地区开展灾害预警和抗灾救灾工作。

**第十条**　强化农业灾害预测预警。专家工作组结合各自专长和技术优势，开展调查研究，预测灾害发生趋势，及时向团长、秘书处报告灾害预警信息，并提出有针对性的技术措施。

**第十一条**　建立工作备案制度。每个专家工作组、牵头专家的灾害预警和应急服务活动，要做好记录和档案整理。应急服务活动情况及时向团长汇报，并将活动过程和结果报秘书处备案。每个牵头专家每年至少提供2次应急服务活动情况汇报材料（文字材料、电子图片）。

**第十二条**　建立定期工作调度机制。院专家服务团每年组织召开2次工作会议，听取各专家工作组工作汇报，总结应急服务工作经验，安排部署相关工作。

各专家工作组要根据农时和动植物特点，按不同种类动植物，每年召开不少于2次的工作调度会，及时了解专家工作、农业生产情况，分析农业灾害预测预警信息，增强农业灾害预警和应急服务的责任意识。调度会要形成纪要，分别报团长、秘书处备案。

**第十三条** 加强农业防灾、减灾和应急技术研究。各牵头专家要发挥人才和技术优势，结合科研项目，开展农业防灾减灾技术、灾害预警技术研究，要分作物、分灾种、区域和季节制订防灾减灾技术方案，做到科学预警、分类指导，增强农业防灾减灾的主动性、针对性和科学性。每个工作组每年发表1篇与农业灾害预警相关的论文。

**第十四条** 加强防灾减灾技术和应急服务活动宣传。秘书处联合院办公室，通过各种渠道收集防灾减灾技术措施、专家服务团的工作动态，编印专家服务团工作简报，并在院网站、新闻媒体发布，扩大我院农业灾害预警和应急专家服务工作的覆盖面。

**第十五条** 落实工作责任。秘书处负责日常应急服务工作的组织、信息的收集、简报的编印以及与专家的联络沟通，保障信息畅通，应急反应及时。院办公室负责联系媒体，适时宣传报道我院农业灾害预警和应急服务工作。

**第十六条** 保密机制。服务团获得的农业生产形势、灾情及其影响等信息，由院形成书面材料提供给政府相关部门参考，所有服务团成员均对上述信息负有保密责任，不得以任何名义对社会发布。

**第十七条** 本细则从印发之日起执行。

# 2013年新增院级科技示范基地

**山东省农业科学院茶学试验示范基地（蓬莱）**

技术依托单位：果树所

建设单位：山东丹崖春茶业有限公司

建设时间：2013.6

建设地点：蓬莱市

**山东省农业科学院优质果品生产示范基地**

技术依托单位：质标所

建设单位：蓬莱鑫园工贸有限公司

建设时间：2013.8

建设地点：蓬莱市园艺场

**山东省农业科学院茶学试验示范基地（长清）**

技术依托单位：果树所

建设单位：济南南湖玉露茶叶有限公司

建设时间：2013.12

建设地点：济南市长清区

# 科技产业工作概况

2013年，在院党委、院行政正确领导下，认真贯彻院工作会议部署，以山东种业集团组建运营为重点，积极推动全院科技产业转调升级。

## 一、山东种业集团股份有限公司组建运营工作开局良好

（一）认真学习国务院《关于加快推进现代农作物种业发展的意见》《关于深化种业体制改革提高创新能力的意见》和我省加快现代种业发展意见，深入探讨企业发展定位、发展思路、管理模式、发展目标和工作任务等，编制了山东种业集团发展规划、组建实施方案。

（二）山东种业集团于2月26日揭牌成立，注册资本3亿元，实收资本达1.8209亿元。

（三）按照现代企业制度要求，建立完善内部管理运营制度。一是建立“三会一层”；二是设立6个职能部门，招聘22名工作人员；三是向所投资公司派出董事、监事；四是研究议事程序、财务、人员、薪酬等内部管理办法；五是建立党支部和工青妇群团组织。

（四）投资组建集团母子公司架构。一是完成对鲁研公司第一期投资，提出第二次增资意见；二是提出奥克斯公司投资、股权转让方案报省财政审批；三是筹建销售分公司和济南绿景农业开发有限公司，开展农作物品种的繁育和农产品加工销售等业务；四是与有关单位企业洽谈交流，组织对院内13家企业审计、评估、财务尽职调查工作；五是调研提出设立现代种业发展基金和申请农作物品种审定绿色通道意见。

（五）积极争取省财政山东种业集团科技研发和运行补助经费3000万，编制和组织论证《山东种业集团种业创新规划》和经费预算，与有关研究所、分院、高校洽谈联合育种、委托育种和创新育种协议，共建玉米、分子育种、药用植物等育种团队及育种实验室；申报玉米、棉花等3个组合和品系参加山东及周边省份预试。申报济南市自主创新和成果转化项目2项。

（六）加入国家玉米技术产业体系科企合作联盟，开展玉米资源交换、品种测试和技术培训。

（七）洽谈转让“泰山27、28”和“青麦6号”生产经营权。

（八）建设育种试验示范基地385亩。与寿光、滕州合作共建万亩良种繁育基地和蔬菜试验基地。

## 二、加强院产业管理，促进全院科技产业提质增效

（一）为适应院产业快速发展形势，起草了《山东省农业科学院企业管理办法》，对我院企业的设立、重大事项变更及人员、资产、知识产权管理等事关企业发展问题，提出意见。

（二）企业自主创新能力和成果转化能力显著增强。一是积极与主管部门沟通，拓宽申报渠道。共申报各级产业项目18项，立项经费4403万元；二是强化项目管理，组织结题验收，组织成果转化项目评审；三是增强成果转化能力，调研兄弟省市农科院及有关企业，探索成果转化平台建设方案。

（三）提升企业基础经营条件。奥克斯公司建设奶牛优质种质创新与遗传改良平台，目前一期工程竣工，已培育200头公牛，成为集育种研发、养殖、采集一体的畜牧养殖基地。黎明公司、鲁蔬公司、鲁研公司等在陵县建设良种繁育基地，并配套建设种子加工、检测、仓储车间。鲁研、奥克斯、创新源等公司增加注册资本。

（四）立足服务“三农”，加强产、学、研合作，开展科技咨询活动百余次。探索科企合作模式，推进与地方政府、高校、研究所、地市分院及企业、金融机构等的广泛合作。

**三、以资产为纽带，促进资源整合**

（一）积极开展对外合作，探讨拓宽投融渠道。与中种集团、现代种业基金开展战略和企业融资合作，完成鲁研公司首期投融资；花生所与雀巢公司合作调研花生生产情况，并洽谈下一步合作方案；与鲁信集团保持了洽谈合作投资事项。

（二）履行国有资产出资人职责，向企业派出董事、监事，参与企业发展的重大决策，做好企业年度会计决算，加强对企业监管。

（三）审核院属单位新成立企业及企业股权调整等事项。对山东种业集团投资奥克斯公司及鲁壹、鲁蔬、昊泰、天地园艺、高远花生等公司增资和投资方案分别提出审核意见；审定批准植保所成立鲁保公司。

# 院科技开发效益奖

**一等奖**：果树所　畜牧兽医所

**二等奖**：家禽所　蔬菜花卉所　作物所　玉米所

**三等奖**：花生所　质标所　棉花中心　农产品所　资环所　植保所　蚕业所　试验基地服务中心

**鼓励奖**：水稻所　信息所　行政处　持续发展所　生物中心　奶牛中心　资源中心　健牧公司　农药中心

# 院科技开发成果奖

**一等奖**：

**玉米新品种诺达1号的产业化开发**

完成单位：玉米所

主要完成人：马　兰　刘铁山　王志武　刘　强　何春梅　董　瑞　刘春晓　刘玉敬　赵苏娴　辛海燕

**抗条纹叶枯病高产优质水稻品种圣稻16试验示范**

完成单位：水稻所

主要完成人：吴　修　刘　蓬　陈　峰　孙公臣　朱文银　徐建第　姜明松　杨连群　马加清　朱其松

**山东省名优地产中药材综合技术示范与开发项目**

完成单位：山东创新源农业技术开发有限公司

主要完成人：段友臣　邓　鹏　韩金龙　刘　玮　单成钢　倪大鹏　吴玉川　李桂龙　陈　军　朱京斌

**设施蔬菜重要害虫西花蓟马防控技术示范与推广**

完成单位：植保所

主要完成人：张安盛　张思聪　李丽莉　周仙红　孙增强　王秀娟　王宝亮　门兴元　翟一凡　于　毅

**二等奖**：

**泰山云芝新品种选育及无公害栽培技术示范推广**

完成单位：泰安市农科院

主要完成人：孔　怡　蔚承祥　武晓亮　苏　波　马　刚

**山东省典型农田碳氮调控技术应用与推广**

完成单位：资环所

主要完成人：江丽华　徐　钰　谭德水　崔荣宗　王　梅　石　璟　魏建林

**番茄、辣椒、大葱优良品种筛选及示范推广**

完 成 单 位：山东种业集团股份有限公司

主要完成人：董　飞　黄　萌　赵宵晨　李佳颐　韩同凯　徐国鑫

**主要粮油作物“走出去”合作研发**

完 成 单 位：山东鲁研农业良种有限公司

主要完成人：吴建军　尹庆良　徐恒永　郭玉秋　张　雷　阚天君　方会见

**土壤生态改良剂 T1010 的研制及应用**

完 成 单 位：农产品所

主要完成人：陈建爱　孙明广　杜茂福　杨武汉　王未名

**猪链球菌病防治技术体系的建立与应用**

完 成 单 位：山东省健牧生物药业有限公司

主要完成人：刘　霞　徐秀荣　黄迪海　孙晓军　盛晓丹　张再辉　张从敬

**三等奖：**

**鲁棉研 28 号的产业化开发**

完 成 单 位：山东鲁壹棉业科技有限公司

主要完成人：赵红军　王　欣　郝喜燕　高明伟　毛志刚

**大穗型高产小麦新品种泰山 9818 选育及推广**

完 成 单 位：泰安市农科院

主要完成人：钱兆国　吴　科　米　勇　牟秋焕　孙宪印

**桔梗高产品种选育及示范推广**

完 成 单 位：淄博市农科院

主要完成人：张宝贤　陈庆亮　杨云峰　刘婷婷　岳　霆

**鲁禽 1 号、3 号麻鸡配套系的推广**

完 成 单 位：家禽所

主要完成人：曹顶国　雷秋霞　韩海霞　李福伟　周　艳

**临沭县现代农业产业发展规划**

完 成 单 位：持续发展所

主要完成人：李忠德　袁奎明　王国良　吴　波　杨秋玲

**700 克 / 千克噻虫嗪可分散粉剂防治玉米病虫害拌种技术推广与应用**

完 成 单 位：农药中心

主要完成人：庄绪刚　陈永健　李金华　王　霞　王长强

**谷子增产增效技术研究与开发**

完 成 单 位：济南市农科院

主要完成人：张荣亭　刘　佳　陈二影　刘　宾　门洪文

**肉仔鸡动态营养需要模型的研究与应用**

完 成 单 位：家禽所

主要完成人：石天虹　井庆川　刘雪兰　武　彬　孙晓军

# 院所企业名单

| 企 业 名 称 | 主办单位 |
| --- | --- |
| 山东种业集团股份有限公司 | 省农科院 |
| 山东奥克斯生物技术有限公司 | 省农科院 |
| 山东省农业科学院农药研究开发中心 | 省农科院 |
| 山东省健牧生物药业有限公司 | 省农科院 |
| 山东农科种业有限公司 | 省农科院 |
| 山东鲁研农业良种有限公司 | 作物所 |
| 山东金禾农业科技开发有限公司 | 作物所 |
| 山东黎明种业科技有限公司 | 玉米所 |
| 山东诺达农业科技有限公司 | 玉米所 |
| 山东邦地生物科技有限责任公司 | 资环所 |
| 山东鲁保科技开发有限公司 | 植保所 |
| 山东鲁壹棉业科技有限公司 | 棉花中心 |
| 临清鲁壹种业有限责任公司 | 棉花中心 |
| 山东鲁蔬种业有限责任公司 | 蔬菜花卉所 |
| 山东创新源农业科技开发有限公司 | 农产品所 |
| 山东兴牛乳业有限公司 | 畜牧兽医所 |
| 山东农科苑畜牧发展中心 | 畜牧兽医所 |
| 山东昊泰实验动物繁育有限公司 | 家禽所 |
| 山东昊泰科技药业有限公司 | 家禽所 |
| 济南新科物业公司 | 试验基地服务中心 |
| 济宁瑞丰种业有限公司 | 水稻所 |
| 烟台神龙蚕用药业科技开发有限公司 | 蚕业所 |
| 山东高远花生科技有限公司 | 花生所 |
| 山东天地园艺科技有限公司 | 果树所 |

# 山东种业集团股份有限公司工作概况

2013年，是山东种业集团股份有限公司的开局之年。按照省政府关于我院组建种业集团的批复，认真贯彻院工作会议的部署，推进育繁推一体化建设，为山东种业集团的健康发展奠定了良好的坚实基础。

## 一、适应种业发展新形势，探讨发展定位和发展模式，提出发展规划和实施方案

认真学习国务院、农业部和我省关于种业发展的文件精神，尤其是农业科研单位种业发展面临的形势。编制《山东种业集团股份有限公司发展规划》，拟定山东种业集团发展的指导思想、性质、定位、目标和重点任务。

## 二、组建工作取得实质性进展

### （一）完善法人治理结构和内部机构设置。

初步建立“三会一层”法人治理结构。设立综合部、人力资源部、投资发展部、财务计划部、研发部、销售部6个职能部门，成立了分公司筹备处。

### （二）完成1.82亿元的增资注册工作。

先后两次完成开设验资账户、验资、修改章程、变更工商登记等注册工作，实收资本增加至18209.8254万元。

### （三）组建参股、控股公司。

完成山东鲁研农业良种有限公司投资工作；对院内、院外13家企业进行调研、考察，筛选院内9家公司作为目标公司，进行了尽职调查、审计、资产评估工作，并与有关单位洽谈组建方案。成立济南绿景农业开发有限公司，提出销售分公司筹建意见。

## 三、稳步推进运营管理工作

### （一）突出育种创新能力建设。

落实省3000万财政科技研发和运行补助经费。制定了《种业创新规划》，起草了省项目管理办法，与院各单位洽谈合作研发提出合作意见，共建研发团队，开展委托、联合育种。加入了玉米国家产业技术体系。与青岛农业大学签订了“青麦6号”生产经营权转让协议。

### （二）开展基础条件平台建设。

与研究所洽谈共建农作物育种实验室和分子育种实验室的建设意见；在章丘市租赁385亩试验用地，并安排部分作物种植；与东营黄河农场达成共建万亩良种繁育基地的合作协议，并完成3000亩耐盐碱小麦播种工作，并组织小麦试验示范基地观摩会。

### （三）加强企业管理。

公开招聘22名工作人员，其中博士1名、硕士11人，注册会计师1名。制定完善了绩效考核、考勤、财务报销、差旅费、会议议事、车辆管理、印章管理等一系列的规章制度。注重企业文化宣传平台建设，完成种业集团CI设计，建立了党支部、工会、共青团、妇委会，并开展丰富多彩的内部活动。

# 山东种业集团股份有限公司种业创新规划

（2013-2017）

国以农为本、农以种为先。种业是国家基础性和战略性核心产业，是农业科技创新能力和企业科技竞争力的体现。为贯彻国务院和省政府关于加快推进现代农作物种业发展的意见，落实省委、省政府和我院关于组建山东种业集团的有关要求，确保山东种业集团省财政科技研发与运行补助资金的合理、高效使用，特制订本规划。

## 一、规划背景

### （一）背景意义。

山东是粮食、油料、棉花、蔬菜、果品、畜禽等农业生产大省和用种大省，常年农作物种植面积稳定在1亿亩左右，年用种量约26.5亿公斤，市场总价值约125亿元。以农业科研和教学单位为主体的育种体系健全，小麦、玉米、棉花、花生、大白菜、食用菌等作物的育种居全国领先水平，主要农作物良种覆盖率达95%以上。但是我省种子企业多、小、散，自主创新能力不足。省级以上发证种子企业217家，资产规模62亿元，年销售收入49亿元，仅占全国的10%。近几年来，国外种业在基本控制设施蔬菜、花卉等种子市场之后，正开始向主要农作物渗透，农民生产成本不断提高，粮食安全受到潜在威胁，给我省种业带来了严峻挑战。

为贯彻落实国务院和省政府关于加快推进现代农作物种业发展的意见，加快我院科技产业转方式、调结构，省政府于2012年出资3亿元成立山东种业集团股份有限公司，省财政于2013年开始安排连续5年、每年3000万的专项资金，用于山东种业集团建设初期的科技研发和运行补助，加速提升我院和山东种业集团的种业创新水平，增强农作物种业竞争力。

### （二）创新基础。

目前，我院已发展成为国内规模较大，力量较强，学科较为齐全，效益较为突出，在国内外具有广泛影响的综合性、公益性农业科研单位，依托试验基地和企业的科研成果示范、转化、推广工作卓有成效，成为山东省农业科技创新的龙头和支撑黄淮海区域农业发展的一支主要力量。

1. 拥有20个研究试验单位和18个地市级分院、1个博士后工作站，并与山东大学共建农学院。共有高级专业技术职务人员574人，博士生导师17人、硕士生导师68人，博士229人、硕士330人，其中百千万人才工程国家级人选3人、国家有突出贡献中青年专家5人、省有突出贡献的中青年专家19人、享受政府特殊津贴110人。棉花、小麦创新团队被评为中华农业科技奖优秀创新团队和山东省优秀创新团队。全院有22名育种专家入选国家现代农业产业技术体系岗位科学家和16个综合试验站站长，成为全国拥有该岗位数量最多的省级农科院。

2. 建有9大学科群43个学科，作物、园艺、植保、畜牧兽医等传统育种学科优势明显，新建了生物质能源、农产品加工、生物制药等新型学科，全省各地市分院在主要农作物育种等方面形成了明显的地域特色优势。

3. 建有小麦玉米国家工程实验室、国家花生工程技术研究中心、国家作物良种改良分中心、农业部原原种基地等国家和省级高层次种业科研创新平台 8 个。

4. 自 1978 年全国科学大会以来，全院获得省部级以上科技成果奖励 604 项，其中国家发明一等奖 1 项、二等奖 4 项、四等奖 1 项，国家科技进步特等奖 1 项、一等奖 1 项、二等奖 26 项，全国科学大会奖 22 项，部、省科技进步一等奖 32 项，省技术发明一等奖 1 项。自 1982 年实行品种审（认）定以来，共有 441 个品种通过了国家或省审（认）定。在我省种植的小麦、玉米、棉花、花生、果树等五大类作物中，我院育成的品种占有主体地位，为促进粮食增产、农业增效、农民增收做出了重要贡献。

5. 全院拥有综合试验示范基地、海南作物繁育基地以及多处区域性试验示范基地（站），总面积约 8000 亩，为育种工作的开展和新成果、新技术的示范推广提供重要平台。

6. 全院现有企业 25 家，其中种业企业 12 家，注册资本约 1.1 亿元，年销售额 1 亿多元，推广销售网络遍布全省及周边地区，创造了显著的社会效益及经济效益。5 家企业被评为省市农业产业化重点龙头企业，“鲁棉研”商标获山东省著名商标，“鲁研”牌小麦获得山东省名牌产品。全院从事科技产业工作人员 500 余人，其中高级专业技术职务 64 人、硕士及以上学历人员 46 人，创新能力和企业管理水平显著提高。

## 二、指导思想与基本原则

### （一）指导思想。

以科学发展观为指导，坚持以市场为导向，突出效益优先，紧密依托我院技术、成果、人才等创新优势，整合院内及省内外种业资源，构建产学研有机结合的商业化育种体系。发挥好山东种业集团科技研发和运行补助资金，结合现代农业产业技术体系和农业良种工程等项目，着力提升我院和种业集团自主创新能力，培育一批具有市场竞争力的突破性农作物和畜禽新品种。

### （二）基本原则。

1. 坚持自主创新。加强种业原始创新和协同创新，以山东农业科研院所科技协作网为纽带，加强与科研院所的合作，整合全省农业科技育种资源，开展委托育种、联合育种和自主创新育种，引进种质资源、先进育种制种技术，建立常规育种和生物技术育种相结合的现代育种体系，加快培育具有自主知识产权的农作物和畜禽新品种。

2. 坚持机制创新。建立资源与平台共建共享、多元化的科技成果转化、知识产权收益分配、绩效考核、人才激励和产学研有机结合机制。

3. 坚持企业主体地位。山东种业集团与研究所加强合作，发挥现代种业企业在科技创新和成果转化等方面的主导作用，按照农业部“育繁推一体化”企业资质要求，构建产学研结合的商业化育种体系，支持种业集团发展壮大，着力提高经济效益。

4. 坚持突出重点、扶优扶强。重点支持玉米、小麦、花生、棉花、蔬菜、果树、奶牛、家禽等主要农作物和畜禽良种创新；重点支持和培育种业骨干企业，引导资金向具有市场前景的优势品种倾斜，向核心业务和控股企业倾斜。

## 三、主要目标

育成拥有自主知识产权和良好市场应用前景的农作物和畜禽国审品种 3-5 个，省审品种 15-20 个。其中，玉米新品种 3-4 个，1 个通过国审；花生新品种 3-5 个，2 个品种通过国家鉴定；小麦新品种 1-2 个；棉花新品种 1-2 个；甘薯新品种 1-2 个；水稻新品种 2 个；苹果、枣、甜柿等果树新品种 4-5 个；蔬菜新品种 8-10 个；药用植物新品种 1-2 个。

合作培育共享知识产权品种 15-20 个；创造一批聚合优异性状的农作物和畜禽核心种质，筛选与产量、品质、抗逆相关的分子标记 100 个，克隆具有重要应用价值和自主知识产权的功能基因 50 个。

申请获得专利 10 项。

## 四、重点任务

### （一）培育具有自主知识产权和市场竞争力的突破性品种。

1. 玉米育种

围绕“高产优质、制种高效、抗耐病害、适应农机”的育种目标，培育综合性状优良种质材料 300-400 份，培育高配合力、优良玉米亲本自交系 15-20 个，配制优良玉米组合 300 余个，培育玉米新品种 6-9 个，新品种比当前主推品种增产 6% 以上，高产试验实现 1000 公斤 / 亩，制种产量超过 500 公斤 / 亩，品质达到国家二级以上商品品质。

——2013 年，培育参加预试新组合 2-3 个。

——2014 年，培育参加预试新组合 2-3 个。

——2015-2017 年，培育进入区试或生产试验新组合 6-8 个，育成高产、广适、适宜机械化收获的省审玉米新品种 1-2 个，育成特用玉米新品种 1-2 个，力争 1 个品种通过国家审定。

2. 花生育种

围绕培育“优质、高产、多抗、专用”的育种目标，创新优异种质 10-20 份，标记与品质、抗性有关的基因 5-10 个，获得转基因高代材料 15-20 份。培育高产多抗花生新品种 3-5 个，春播高产潜力 600 公斤 / 亩以上，夏播 500 公斤 / 亩以上。培育优质花生新品种 3-5 个，高油酸品种油酸含量 70% 以上，高油分中（小）粒品种含油量≥ 55%，产量比区试对照增产 5% 以上，大粒品种含油量≥ 53%，产量比区试对照增产 8% 以上，出口型大花生品种 O/L 比值 2.0 以上，出口小花生品种 O/L 比值在 1.7 左右。耐盐新品种 1-3 个，在土壤含盐量 0.2%-0.3% 的条件下正常生长，高产攻关亩产 400 公斤以上。

——2013 年，培育 3-4 个新品系准备参加 2014 年区试。

——2014 年，培育 3-4 个新品系参加 2015 年区试。

——2015-2017 年，培育参加区试新品系 10-15 个，育成省审新品种 1-2 个，国家鉴定新品种 2-3 个。

3. 小麦育种

围绕“高产稳产、优质专用、多抗广适”的育种目标，加大核心种质和育种技术创新，创造聚合优质、高产、抗病目标基因种质50余份，培育国审或省审小麦新品种2-3个。其中，高产品种产量750公斤/亩以上，优质强筋品种品质达到国家强筋小麦二等以上标准，籽粒蛋白质含量14%以上，面筋含量33%以上，面团稳定时间大于7min；抗旱品种产量较对照品种增产5%以上。

——2013年，培育1-2个新品系准备参加2014年预试。

——2014年，继续培育新品系1-2个准备参加2015年预试。

——2015-2017年，培育参加区试新品系5-6个，育成省审新品种1-2个，争取1个品种通过国家审定。

4. 棉花育种

围绕"高产、优质、多抗、节本"的育种目标，创造棉花新种质15-20份，开发分子标记8-10个。培育中早熟常规棉新品种1-2个，皮棉产量比对照增产8%，品质协调、适于机械收获；培育超高产杂交棉新品种1-2个，皮棉产量比常规种增产12%以上；培育优质专用棉新品种1-2个，2.5%纤维跨长32毫米以上，比强度34厘牛/特克斯以上，麦克隆值3.8-4.2，皮棉产量不低于对照的95%，适纺高支纱；培育特早熟棉花新品种1个，生育期100天以内，品质协调，适于夏直播栽培。

——2013年，在各主要棉区安排比较试验，筛选综合性状表现突出的新品系。

——2014年，培育2-3个抗虫棉新品系参加转基因安全评价。

——2015-2017年，培育参加区试新品系6-8个，育成省审新品种1-2个，共享品种权2-3个，力争1个品种通过国家审定。

5. 甘薯育种

围绕"优质、抗病、加工专用"的育种目标，获得相关性状实用分子标记3-5个，创造优异种质15份。培育优质鲜食加工型甘薯新品种1-2个，可溶性糖含量5%以上，肉色黄至橘红或紫色，干率25%以上，产量不低于徐薯18；培育鲜薯亩产1500公斤以上、花青素含量60mg/100g以上、抗2种以上主要病害（黑斑病、根腐病或茎线虫病）的高花青素型甘薯新品种1-2个。

——2013年，培育1-2个准备参加2014年区试。

——2014年，培育参加区试新品系1-2个。

——2015-2017年，培育参加区试新品系3-5个，育成省级审定或国家鉴定新品种1-2个。

6. 水稻育种

开发功能基因连锁标记8-10个，创造优异新种质20-30份。培育优质高产中晚熟水稻新品种（系）3-5个，抗稻瘟病，抗倒耐寒，产量比对照临稻10增产5%，主要品质指标达到国标二级优质米标准。培育优质高产中早熟水稻新品种（系）2-3个，抗条纹叶枯病、抗稻瘟病且黑条矮缩病发生较轻，适于机械插秧，产量比对照增产5%，生育期140天左右，主要品质指标达到国标二级米标准。

——2013年，培育参加区试新品系1-2个。

——2014年，培育参加区试新品系2-3个。

——2015-2017 年，培育参加区试新品系 3-5 个，育成省级审定新品种 1-2 个。

7. 蔬菜育种

围绕“优质专用、抗病虫、耐低温”的育种目标，创制具有优异性状的新种质60-70 份，开发实用分子标记 10-15 个。主攻山东名产蔬菜品种和设施蔬菜专用品种选育，培育优质、高产、抗病、适合不同栽培条件的十字花科、茄科、葫芦科及葱姜蒜等新品种。

——2013 年，培育参加预试新品系 5-6 个。

——2014 年，培育参加预试新品系 8-10 个。

——2015-2017 年，培育参加区试新品系 30 个，育成省审新品种 8-10 个。

8. 果树育种

创制高产、优质、高抗新种质 30-40 份，开发分子标记 10-15 个。重点培育优质、高产稳产、抗病、熟期配套的大宗和名特优果树新品种。

——2013 年，培育苹果、枣、柿等新品系共 3-4 个参加区试。

——2014 年，培育 2-3 个新品系参加区试。

——2015-2017 年，培育参加区试新品系 3-5 个，育成苹果新品种 2 个，枣树新品种 2 个，柿树新品种 1 个。

9. 畜禽育种

充分发挥本地特色品种与引进品种的优势，采用常规育种技术和分子生物学技术相结合的方法，培育优良畜禽新品种。

——猪，培育猪新品种（配套系）1-2 个，窝均活产仔数 12 头，胴体瘦肉率 50%，肌内脂肪 3.5%。

——鸡，培育加工型优质肉鸡和优质土种蛋鸡新品种（配套系）各 1 个，肌内脂肪含量提高 5%-8%，产蛋性能提高 8%-10%。

——奶牛，培育高乳蛋白、乳腺炎抗性奶牛新品系 2 个，高繁殖力公牛 50 头，种公牛年冻精产量提高 20%，精子活力提高 5%。

（二）新品种转让与开发。

研究建立知识产权转化平台，开展新品种转让与开发经营，加快新品种、新技术向市场转化，每年完成新品种（系）转让 2-3 项。引进和筛选有关育种单位育成的玉米、小麦、棉花等作物优良品种，申请参加山东省审定。

（三）试验基地建设。

建设 5-8 处良种繁育基地。

（四）实验室建设。

与院有关单位共建玉米、花生、小麦、棉花、蔬菜等育种实验室、分子育种和数字育种实验室。

**五、机制创新**

（一）建立育种创新协作机制。

依托山东农业科研院所科技协作网，实现商业化育种技术和资源条件共享。联合院属研究所、地市分院、高校、企业和社会育种团体，重点在种质创新与交流、共建试验示范基地和育种实验室、育种技术攻关、项目申报等方面开展合作，建立相互支持、优势互补、共同发展的长期合作关系。

依托合作单位的人才优势共建研发团队，吸引各科研院所和高校的育种团队嫁入企业；提高科研人员待遇，促进高水平的人才智力要素向山东种业集团流动。团队年轻成员在首席专家直接指导下学习专业技能、迅速成长，为育种创新提供源源不断的人才支持。

（二）建立多元化的创新项目参与机制。

组建山东种业集团育种专家委员会，根据农业部“育繁推一体化”企业标准和市场需求，确定各育种项目的育种目标和经费预算。联合、委托和自主创新育种团队根据自身基础优势参与承担项目；部分育种项目根据需要向科研单位和社会育种家公开招标，由专家委员会组织评审，通过投票确定中标单位。

（三）阶段性与持续性相结合的成果奖励机制。

山东种业集团对各育种项目实行年度考核，对在区试和生产试验中排名前三位的阶段性成果，实施重点培养和阶段性奖励；育成品种通过审定后，根据品种价值和审定级别给予品种审定奖励；推广销售育成品种所获收益的10%返还给育种团队，作为销售提成奖励。通过阶段性与持续性相结合的奖励机制，持续提高科研人员的收入水平和工作积极性。

（四）建立开放的科技成果转化机制。

集合我院、地市分院、省内高校和其他育种团体的农业科技成果信息，调查农村、农民和涉农企业对农业科技的需求，构建面向全省以及黄淮海区域的农业科技成果转化平台，加强科技服务体系建设，加快新品种、新技术向市场推进的速度。

## 六、组织实施

种业创新规划由种业创新工作领导小组根据种业集团发展需求制定，由山东种业集团组织各项任务的实施，由种业创新考核小组负责审计、考核和验收。

（一）成立种业创新工作领导小组。

种业创新领导小组由分管院长和科技产业处、科研处、财计处等部门负责人组成，负责种业创新规划的制定，协调处理规划实施过程中的重大问题。

（二）成立育种专家委员会。

育种专家委员会由相关育种学科和企业管理等领域的8-10名专家组成，负责育种方向、目标的制定以及育种项目的审核和指导工作。

（三）组建育种团队。

在玉米、花生、棉花、小麦、蔬菜、果树、水稻、杂粮和畜禽等育种领域组建育种创新团队。由山东种业集团和合作单位负责人协商确定育种团队的首席专家、项目骨干和技术人员。

（四）签订育种创新项目合同书。

山东种业集团与各项目承担单位和首席专家商洽育种协议，签订育种项目任务合同书，确定绩效目标、年度考核指标和成果奖励办法，界定品种的冠名权、品种权、开发权和收益分配等内容。

（五）项目实施。

各育种项目的首席专家负责制定育种试验方案，分配任务，确保合同书中约定的绩效指标按时完成。各项目承担单位、种业集团和院相关部门为育种团队开展工作提供相应的支持。

（六）考核检查。

建立健全绩效考核、成果奖励等管理办法。每年年终由种业集团组织考核小组对各育种项目的年度指标完成情况和经费使用情况进行考核检查，考核结果作为确定下一年度经费支持额度和奖励育种团队成员的主要依据。考核小组成员由种业集团、院科技产业处、审计处、科研处和财计处等部门相关负责人组成。

（七）总结验收。

育种项目期满，由各项目依托单位负责人和首席专家编写总结报告并提供相关成果的证明文件，种业创新考核小组负责对指标完成和经费使用情况进行考核验收，验收结果报种业创新领导小组审定，根据任务指标完成情况兑现成果奖励。

**七、经费概算**

按照山东省财政厅和我院要求，经费年度预算为 3000 万元，5 年规划期总额度 1.5 亿元。

经费的 70% 用于育种研发，主要用于玉米、花生、棉花、小麦、甘薯、水稻、蔬菜、果树、畜禽、药用植物等领域开展资源引进与种质创新、培育突破性新品种；经费的 20% 用于成果转化，主要用于购买和开发经营玉米、小麦和花生等作物新品种；经费的 10% 用于管理运转，主要用于实验室建设、人才引进以及投资、调查、审计、评估、法律事务、培训、宣传费等方面。各项支出内容及对应绩效目标详见附表，具体以任务合同书内容为准。

**八、保障措施**

（一）组织保障。

在院党委、院行政领导下，成立山东种业集团种业创新工作领导小组，负责种业创新规划总体目标的制定，处理规划实施过程中的重大问题。

山东种业集团负责确定种业创新项目并组织实施，协调育种项目承担单位间关系，确保育种任务目标严格按照计划完成。

有关单位在研究人员、种质材料、试验基地、实验室平台等方面加强共享，提高资源配置的科学性和使用效率，全力支持育种团队开展工作。

（二）经费保障。

山东种业集团在发展初期，把落实执行省财政安排的科技研发和管理运行补助资金作为工作的重点，并且通过多种方式拓宽育种科研经费来源。

统筹现代农业产业技术体系经费和农业良种工程经费，确保我院和山东种业集团自主创新能力得到全面提升；独立申报或与合作单位联合申报国家和省级科技项目经费支持；每年拿出利润总额的 10% 作为研发经费，确保创新能力的持续提升；根据战略发展要求，探索通过发起成立山东省种业基金等方式吸引社会资本进入，建立面向社会、面向市场的种业创新经费投资平台。

（三）制度保障。

制定山东种业集团省财政科技研发和管理运行补助资金管理办法、绩效考核与奖励办法，编制山东种业集团创新项目任务合同书，使种业创新规划的实施有章可循。

强化各研究项目的调研、论证，编制各项经费的详细预算，报省财政和院财计处审核。

加强年度考核，掌握各项任务的工作进展，根据实际情况及时调整经费支持力度和使用方向。

在院审计处、财计处和科研处等部门的指导协助下，加强对研究经费执行过程的审计监督，建立符合国家和省财政要求、符合企业财务管理的经费管理制度。

# 四、人事管理与人才队伍建设

# 人事人才概况

2013年，认真贯彻院党委提出的“中心在科研、核心在人才、重心在基层”的理念，坚持突出重点、统筹推进的工作方法，牢牢把握绩效工资、人才政策两项工作重点。

**一、2013年重点工作设定思路**

通盘考虑农科院现状与内外部环境，确定了抓好绩效工资与人才政策这两项重点工作必须把握好“面上要稳定、一线要激活、发展要持续”的原则，制定出台人才引进、培养和激励政策，建立符合我院特点的薪酬体系和人才工作体系。“面上要稳定”，就是确保全院工资全额保障；“一线要激活”，对高层次人才和做出突出业绩的专家给予奖励；“发展要持续”，就是引进一批高水平人才，培养一批青年英才，建设好流动层。

**二、2013年度重点工作执行情况**

（一）绩效工资。

该项工作历经研究政策、召开座谈会、核查（清理规范）津贴补贴、摸清所需资金、争取人社部门批复等各个环节，得到了省人社厅、财政厅的全额批复。同时，还争取到了高层次人才奖励政策，为高层次人才队伍建设奠定了坚实的基础。

（二）人才政策。

10月中旬，形成博士后独立招收材料上报国家人社部。10月下旬，全国博士后管委会办公室正式发文，批准了我院的申请，我院成为我省第一家具备博士后独立招收资格的省属科研单位。10月16日，形成了“关于深化人事管理机制改革增强科技创新活力的请示”，上报省政府，明确了拟出台人才引进、培养、激励、考核政策的建议，省政府经省人社厅、财政厅提出意见后，明确同意我院出台相关人才政策。印发了《院博士后管理办法》，形成了《院高层次人才和有突出贡献专家奖励办法》《院高层次人才及创新团队引进计划》《院青年英才培养计划》。通过以上人才政策的制定，从引进、培养、激励、流动层建设四个方面构建了我院人才工作体系。

（三）机构编制清理后续工作。

5月，向省编办提交了《关于机构编制清理规范有关情况的汇报》。5月27日和6月25日，省编办分别批复了院属单位及院机关编制事项，实现了我院利益的最大化。

人才队伍

# 2013年入选国家百千万人才工程人员名单

孟昭东

# 2013年度省有突出贡献的中青年专家名单

李　彦　曹顶国

# 2013年新增泰山学者海外特聘专家名单

王易芬　程来亮

# 2013年进站博士后名单

王　琦（棉花中心）　李景娟（蔬菜花卉所）　李　燕（生物中心）
陈　高（生物中心）　郇延军（奶牛中心）

# 2013年公开招聘录用人员名单

| 招聘单位 | 姓　名 | 性别 | 出生年月 | 毕业院校 | 专　业 | 学历/学位 |
|---|---|---|---|---|---|---|
| 作物所 | 王　娜 | 女 | 1985.10 | 山东财经大学 | 会计学 | 研究生/硕士 |
| 作物所 | 郑永胜 | 男 | 1981.08 | 中国农业科学院 | 作物种质资源 | 研究生/博士 |
| 作物所 | 陈二影 | 男 | 1984.11 | 山东农业大学 | 作物栽培学与耕作学 | 研究生/博士 |
| 作物所 | 段文学 | 男 | 1986.12 | 山东农业大学 | 作物栽培学与耕作学 | 研究生/博士 |
| 作物所 | 张彦威 | 男 | 1987.07 | 东北农业大学 | 作物遗传育种 | 研究生/博士 |
| 作物所 | 夏海勇 | 男 | 1983.10 | 中国农业大学 | 生态学 | 研究生/博士 |
| 作物所 | 张荣志 | 女 | 1981.11 | 中国农科院 | 生物化学与分子生物学 | 研究生/博士 |
| 资环所 | 井永苹 | 女 | 1982.11 | 南京农业大学 | 土壤学 | 研究生/博士 |
| 资环所 | 付龙云 | 男 | 1983.05 | 山东大学 | 微生物学 | 研究生/博士 |
| 资环所 | 郭　兵 | 男 | 1983.11 | 山东大学 | 生物学（海洋生物学） | 研究生/博士 |
| 植保所 | 张　眉 | 女 | 1987.01 | 青岛农业大学 | 植物病理学 | 研究生/硕士 |
| 植保所 | 翟一凡 | 男 | 1984.06 | 中山大学 | 食品安全生物学 | 研究生/博士 |
| 植保所 | 马立国 | 男 | 1985.08 | 山东农业大学 | 植物病理学 | 研究生/博士 |
| 质标所 | 赵玉华 | 女 | 1987.04 | 山东农业大学 | 微生物学 | 研究生/硕士 |
| 质标所 | 范丽霞 | 女 | 1983.11 | 西北农林科技大学 | 植保资源利用 | 研究生/博士 |
| 质标所 | 董燕婕 | 女 | 1987.03 | 西北农林科技大学 | 植物营养学 | 研究生/博士 |
| 棉花试验站 | 周　娟 | 女 | 1987.11 | 青岛农业大学 | 作物遗传育种 | 研究生/硕士 |
| 棉花试验站 | 张宏宝 | 男 | 1981.09 | 山东农业大学 | 茶学 | 研究生/硕士 |
| 蔬菜花卉所 | 孙凯宁 | 男 | 1985.01 | 中科院烟台海岸研究所 | 环境科学 | 研究生/博士 |
| 蔬菜花卉所 | 王　晓 | 男 | 1987.09 | 山东农业大学 | 蔬菜学 | 研究生/硕士 |
| 蔬菜花卉所 | 李如美 | 女 | 1981.06 | 湖南农业大学 | 农药学 | 研究生/博士 |

| 招聘单位 | 姓 名 | 性别 | 出生年月 | 毕业院校 | 专 业 | 学历/学位 |
|---|---|---|---|---|---|---|
| 蔬菜花卉所 | 孙建磊 | 女 | 1983.04 | 中国农业大学 | 蔬菜学 | 研究生/博士 |
| 农产品所 | 崔文甲 | 男 | 1984.12 | 北京理工大学 | 应用化学 | 研究生/博士 |
| 农产品所 | 张 翔 | 男 | 1982.06 | 中科院过程工程研究所 | 生物化工 | 研究生/博士 |
| 农产品所 | 郭 溆 | 女 | 1984.08 | 北京协和医学院清华大学 | 生药学 | 研究生/博士 |
| 农产品所 | 王恒振 | 男 | 1978.05 | 青岛农业大学 | 果树学 | 研究生/硕士 |
| 畜牧兽医所 | 彭 喆 | 女 | 1983.11 | 北京师范大学 | 生理学 | 研究生/博士 |
| 家禽所 | 沈 腾 | 女 | 1990.02 | 山东科技大学泰山科技学院 | 会计学 | 大学/学士 |
| 家禽所 | 刘 玮 | 男 | 1985.01 | 青岛农业大学 | 动物遗传育种与繁殖 | 研究生/硕士 |
| 家禽所 | 张世芳 | 女 | 1986.10 | 中国农科院 | 动物遗传育种与繁殖 | 研究生/博士 |
| 家禽所 | 张 燕 | 女 | 1982.09 | 中科院东北地理与农业生态研究所 | 环境科学 | 研究生/博士 |
| 家禽所 | 刘存霞 | 女 | 1980.07 | 吉林大学 | 预防兽医学 | 研究生/博士 |
| 持续发展所 | 梁守真 | 男 | 1979.08 | 中科院烟台海岸研究所 | 环境科学 | 研究生/博士 |
| 生物中心 | 崔 凤 | 女 | 1982.01 | 中科院遗传与发育生物学研究所 | 遗传学 | 研究生/博士 |
| 生物中心 | 张佳蕾 | 男 | 1984.01 | 山东农业大学 | 作物栽培学与耕作学 | 研究生/博士 |
| 生物中心 | 潘教文 | 男 | 1986.04 | 山东农业大学 | 植物学 | 研究生/博士 |
| 生物中心 | 李国卫 | 男 | 1978.01 | 中科院上海植物生理生态研究所 | 植物学 | 研究生/博士 |
| 资源中心 | 蒲艳艳 | 女 | 1984.10 | 山东农业大学 | 作物遗传育种 | 研究生/硕士 |
| 资源中心 | 朱 莉 | 女 | 1987.05 | 山东农业大学 | 农业经济管理 | 研究生/硕士 |
| 资源中心 | 于金慧 | 女 | 1985.05 | 浙江大学 | 植物学 | 研究生/博士 |
| 水稻所 | 杨 军 | 男 | 1988.04 | 中国农业大学 | 植物病理学 | 研究生/硕士 |
| 水稻所 | 尹静静 | 女 | 1988.12 | 扬州大学 | 蔬菜学 | 研究生/硕士 |
| 水稻所 | 白 波 | 男 | 1984.11 | 山东农业大学 | 细胞生物学 | 研究生/博士 |

| 招聘单位 | 姓　名 | 性别 | 出生年月 | 毕业院校 | 专　业 | 学历／学位 |
|---|---|---|---|---|---|---|
| 水稻所 | 阴　筱 | 女 | 1986.11 | 山东农业大学 | 植物病理学 | 研究生／博士 |
| 水稻所 | 李效尊 | 男 | 1979.01 | 上海交通大学 | 生物医学工程生物技术 | 研究生／博士 |
| 蚕业所 | 董亚茹 | 女 | 1987.09 | 东北林业大学 | 园林植物与观赏园艺 | 研究生／硕士 |
| 蚕业所 | 修　妤 | 女 | 1981.11 | 山东农业大学 | 生物化学与分子生物学 | 研究生／硕士 |
| 蚕业所 | 刘惠芬 | 女 | 1982.08 | 山东农业大学 | 森林培育 | 研究生／博士 |
| 蚕业所 | 程凯慧 | 女 | 1982.07 | 石河子大学 | 动物遗传育种与繁殖 | 研究生／博士 |
| 花生所 | 赵小波 | 男 | 1984.07 | 中科院海洋研究所 | 海洋生物学 | 研究生／博士 |
| 花生所 | 于天一 | 男 | 1984.08 | 中国农科院<br>中国农业大学 | 作物栽培学与耕作学 | 研究生／博士 |
| 果树所 | 李　靖 | 男 | 1989.04 | 山东财经大学东方学院 | 会计学 | 大学／学士 |
| 果树所 | 李　晨 | 女 | 1988.12 | 山东农业大学 | 林学 | 研究生／硕士 |
| 果树所 | 韩雪平 | 女 | 1985.01 | 四川农业大学 | 果树学 | 研究生／硕士 |
| 果树所 | 朱东姿 | 女 | 1985.07 | 山东农业大学 | 发育生物学 | 研究生／博士 |
| 果树所 | 武　冲 | 男 | 1983.01 | 中国林科院 | 林木遗传育种 | 研究生／博士 |
| 果树所 | 谭　钺 | 男 | 1986.01 | 山东农业大学 | 果树学 | 研究生／博士 |
| 果树所 | 张世忠 | 男 | 1984.05 | 山东农业大学 | 果树学 | 研究生／博士 |
| 门诊所 | 李德文 | 男 | 1984.03 | 滨州医学院 | 临床医学 | 大学／学士 |
| 门诊所 | 张　芳 | 女 | 1985.02 | 泰山医学院 | 护理学 | 大学／学士 |
| 门诊所 | 王　雷 | 女 | 1982.07 | 山东中医药大学 | 中医学 | 大学／学士 |
| 幼儿园 | 王　萌 | 男 | 1990.03 | 山东师范大学 | 学前教育 | 大学／学士 |
| 幼儿园 | 尹　辉 | 女 | 1989.06 | 山东女子学院 | 学前教育 | 大专 |

# 职称评审

## 2013 年获得高级专业技术职务资格人员名单

**副研究员：**

汪宝卿　曹新有　樊庆琦　宋效宗　王艳芹　高兴祥　刘冰江　刘丽娜　陈蕾蕾
陈庆亮　赵红波　李　俊　武　彬　周　艳　杨　萍　姚慧敏　赵术珍　杨　煜
吴　修　刘文光　崔凤高　吴正锋　孙　杰　余贤美　亓雪龙　苏胜茂　单公华
王绛辉

**农业技术推广研究员：**马玉敏

**高级农艺师：**孟宪泉　张冬梅

**高级实验师：**张传云

**研 究 馆 员：**王丽华

**副研究馆员：**刘世美

**高级会计师：**张维战

## 议事机构

# 院试验示范基地建设项目领导小组

**组　长**：万书波
**副组长**：贾　无
**成　员**：范本荣　杜方岭　刘兆辉　孙万刚　王本祥　程爱华　曲树杰　张　正　汪黎明　刘开昌

领导小组下设办公室，挂靠在院试验基地服务中心，贾无副院长兼任办公室主任，曲树杰任办公室副主任，办公室具体负责基地建设的日常管理工作。

# 院科研道德监督委员会

**主　任**：李维民
**副主任**：程爱华　刘兆辉
**委　员**：范本荣　齐以芳　杜方岭　孙万刚　王本祥　黄承彦　李长松　李汝忠　宋敏训　周广芳

委员会下设办公室，挂靠纪检监察室，程爱华兼任办公室主任，负责日常工作。

# 院老干部工作领导小组

**组　长**：逯　岩
**副组长**：范本荣　杜方岭　林香青
**成　员**：齐以芳　孙万刚　齐世军　王敬华　蔡俊珍

办公室设在老干部处，林香青任主任。

# 山东省农业科学院科技咨询委员会

| | | | |
|---|---|---|---|
| 主　任： | 周　林 | 山东省农业科学院 | 党委书记 |
| 副主任： | 万书波 | 山东省农业科学院 | 院长 |
| 委　员： | 骆　琳 | 山东省农业机械科学研究所 | 所长 |
| | 冯曰广 | 济南市农业科学研究院 | 院长 |
| | 万述伟 | 青岛市农业科学研究院 | 院长 |
| | 王光明 | 淄博市农业科学研究院 | 院长 |
| | 王跃华 | 枣庄市农业科学研究院 | 院长 |
| | 燕浩林 | 东营市农业科学研究院 | 院长 |
| | 董　锐 | 烟台市农业科学研究院 | 院长 |
| | 李成军 | 潍坊市农业科学院 | 院长 |
| | 李素真 | 济宁市农业科学研究院 | 副院长 |
| | 吴　科 | 泰安市农业科学研究院 | 院长 |
| | 王同勇 | 威海市农业科学院 | 院长 |
| | 宋宜现 | 日照市农业科学研究院 | 副院长 |
| | 毕于义 | 莱芜市农业科学研究院 | 院长 |
| | 高文献 | 临沂市农业科学院 | 院长 |
| | 贺洪军 | 德州市农业科学研究院 | 院长 |
| | 褚丁印 | 聊城市农业科学研究院 | 院长 |
| | 郭树龙 | 滨州市农业科学院 | 院长 |
| | 沈志强 | 山东省滨州畜牧兽医研究院 | 院长 |
| | 黄兴蛟 | 菏泽市农业科学院 | 院长 |

委员会办事机构设在院办公室。

# 山东省农业科研院所科技协作委员会

| | | | |
|---|---|---|---|
| **主　任：** | 万书波 | 山东省农业科学院 | 院长 |
| **副主任：** | 张立明 | 山东省农业科学院 | 副院长 |
| **委　员：** | 骆　琳 | 山东省农业机械科学研究所 | 所长 |
| | 冯曰广 | 济南市农业科学研究院 | 院长 |
| | 万述伟 | 青岛市农业科学研究院 | 院长 |
| | 王光明 | 淄博市农业科学研究院 | 院长 |
| | 王跃华 | 枣庄市农业科学研究院 | 院长 |
| | 燕浩林 | 东营市农业科学研究院 | 院长 |
| | 董　锐 | 烟台市农业科学研究院 | 院长 |
| | 李成军 | 潍坊市农业科学院 | 院长 |
| | 李素真 | 济宁市农业科学研究院 | 副院长 |
| | 吴　科 | 泰安市农业科学研究院 | 院长 |
| | 王同勇 | 威海市农业科学院 | 院长 |
| | 宋宜现 | 日照市农业科学研究院 | 副院长 |
| | 毕于义 | 莱芜市农业科学研究院 | 院长 |
| | 高文献 | 临沂市农业科学院 | 院长 |
| | 贺洪军 | 德州市农业科学研究院 | 院长 |
| | 褚丁印 | 聊城市农业科学研究院 | 院长 |
| | 郭树龙 | 滨州市农业科学院 | 院长 |
| | 沈志强 | 山东省滨州畜牧兽医研究院 | 院长 |
| | 黄兴蛟 | 菏泽市农业科学院 | 院长 |

协作委员会下设秘书处，挂靠科研处，刘兆辉任秘书长。

# 五、国际合作与交流

# 国际合作与交流概况

在院党委、院行政的正确领导下，全院国际合作工作紧紧围绕科技强院总目标和为国家外交大局服务的总体要求，以提升科技自主创新能力为核心，充分利用国际农业科技资源，积极拓展合作领域、创新合作方式、提高合作成效，取得了显著成效。

**一、大力提升引进消化吸收再创新和农业科技对外服务能力**

（一）大力开展动植物资源、先进技术和人才智力引进工作。引进了一批国外优秀专家来院短期工作、交流、技术指导和讲学，全年共接待来自25个国家和国际组织的团组31批100多人次，举行学术报告会15场。为我院31批109名职工办理了各类出国（境）手续。建立了我院与南欧、西欧国家交流合作的新平台。与国外科研单位、大学签订科技合作协议、合同等15份。从国外引进优异种质资源约150份，引进先进技术8项。

（二）农业科技“走出去”取得显著成绩。通过实施科技部援外项目，把国内新技术、新品种成功引入到苏丹，1个转基因抗虫棉花和1个杂交玉米品种通过苏丹国家级审定。玉米所在印尼实施了农业部国际合作专项，建成50亩高产核心试验示范基地。配合国家外交大局，选派7名专家执行援非农业项目监测评价工作任务等。

**二、创新思维，对外科技合作再上新水平**

（一）积极组织争取国际合作项目，提升科研水平。全年共申报国际合作项目、政府间合作项目、引智项目、出国留学等30余项，获批22项，经费达1100多万。其中，科技部重大国际合作项目2项、政府间合作项目1项、农业部国际合作项目1项、科技厅国际合作项目1项、省留学人员择优资助计划项目3项，引智项目5项，公派出国留学项目4项。1项科技部花生国际合作项目顺利通过验收。

（二）建立国际合作平台，形成有效的交流合作机制。与马来西亚国家农科院、俄罗斯莫斯科大学、以色列农业研究机构（ARO）、苏丹国家农科院等在建立联合实验室、技术中心或示范中心方面进行了广泛交流和探讨；与国际半干旱所（ICRISAT）签署了新一轮全面科技合作谅解备忘录；与马来西亚农科院、罗马尼亚农科院、波兰克拉科夫农业大学、芬兰农业食品科学研究院等达成合作研究意向。成功主办了“第三届国际石榴及地中海小水果学术研讨会”，来自国外17个国家的石榴专家近110人参加了会议；成功协办了“第二届国际生物入侵”大会。

（三）与外国知名公司对接，寻求新的合作机遇。美国雀巢公司提供52万元科研经费支持我院花生品质研究；指导俄罗斯3Q集团在俄罗斯建立智能温室；与法国利马格兰种业集团开展玉米种业合作；我院圆葱等种子开始向韩国输出。

**三、加强外事管理工作，完善制度建设**

进一步规范了因公出国管理，坚持因事定人、人事相符的原则，严格执行公示制度，确保出访质量和效果；加强了对国外来访团组及专家的管理，确保了外事接待有序进行；规范外事管理制度，确保国家安全。

# 2013 年出国（境）考察、参加国际学术会议人员统计表

| 姓　名 | 团组（学术、会议）名称 | 出访时间 | 派往国家（地区） | 内　容 |
|---|---|---|---|---|
| 李维生 | 山东省农业科学院李维生 1 人随济南市人大民族侨务外事委员会赴台湾团 | 5 月 13 日 -18 日 | 台湾 | 考察交流 |
| 朱立贵<br>禹山林<br>林香青 | 山东省花生研究所朱立贵等 3 人赴巴西团 | 5 月 17 日 -23 日 | 巴西 | 考察交流 |
| 范仲学<br>霍存林<br>宣　宁<br>刘国霞 | 山东省农业科学院生物技术研究中心范仲学等 4 人赴波兰团 | 5 月 22 日 -6 月 3 日 | 波兰 | 考察交流 |
| 孙玉刚 | 山东省果树研究所孙玉刚 1 人随农业部赴波兰、罗马尼亚、瑞士团 | 5 月 28 日 -6 月 6 日 | 波兰<br>罗马尼亚<br>瑞士 | 考察交流 |
| 孙加梅 | 山东省农业科学院作物研究所孙加梅 1 人赴韩国团 | 6 月 3 日 -7 日 | 韩国 | 国际会议 |
| 刘玉庆 | 山东省农业科学院畜牧兽医研究所刘玉庆等 1 人赴美国团 | 6 月 20 日 -27 日 | 美国 | 国际会议 |
| 郭洪海 | 山东省农业科学院农业资源与环境研究所郭洪海 1 人随科技部赴日本团 | 7 月 1 日 -8 日 | 日本 | 考察交流 |
| 张树秋 | 山东省农业科学院农业质量标准与检测技术研究所张树秋 1 人随山东省农业厅赴英国、荷兰团 | 7 月 3 日 -10 日 | 英国<br>荷兰 | 考察交流 |
| 宋敏训<br>曹顶国<br>王友令<br>林树乾 | 山东省农业科学院家禽研究所宋敏训等 4 人赴美国团 | 7 月 8 日 -13 日 | 美国 | 考察交流 |
| 周　林<br>王长君<br>刘开昌<br>吴　修<br>刘兆辉<br>王绛辉 | 山东省农业科学院周林等 6 人赴英国、西班牙团 | 7 月 9 日 -16 日 | 英国<br>西班牙 | 考察交流 |
| 谷晓红 | 山东省农业科学院农业质量标准与检测技术研究所谷晓红 1 人随山东标准化协会赴台湾团 | 7 月 19 日 -22 日 | 台湾 | 考察交流 |

| 姓　名 | 团组（学术、会议）名称 | 出访时间 | 派往国家（地区） | 内　容 |
|---|---|---|---|---|
| 季明川 | 山东省农业可持续发展研究所季明川 1 人随农业部赴布隆迪团 | 7 月 30 日 -8 月 13 日 | 布隆迪 | 考察交流 |
| 王兴军 | 山东省农业科学院生物技术研究中心等 1 人赴新加坡团 | 8 月 6 日 -10 日 | 新加坡 | 执行合作项目 |
| 张智猛<br>陈　静<br>迟晓元 | 山东省花生研究所张智猛等 3 人赴印度团 | 8 月 17 日 -21 日 | 印度 | 考察交流 |
| 艾　武 | 山东省农业科学院家禽研究所艾武等 1 人赴法国、德国团 | 8 月 19 日 -25 日 | 法国<br>德国 | 国际会议 |
| 李景岭<br>赵文祥<br>刘延忠<br>封文杰<br>王风云<br>王利民 | 山东省农业科学院科技信息研究所李景岭等 6 人赴美国团 | 9 月 24 日 -28 日 | 美国 | 考察交流 |
| 宫志远<br>江丽华<br>董晓霞<br>林海涛<br>姚　利 | 山东省农业科学院农业资源与环境研究所宫志远等 5 人赴荷兰、英国团 | 10 月 27 日<br>-11 月 3 日 | 荷兰<br>英国 | 考察交流 |
| 季明川 | 山东省农业可持续发展研究所季明川 1 人随农业部赴坦桑尼亚、赞比亚团 | 11 月 1 日 -14 日 | 坦桑尼亚<br>赞比亚 | 考察交流 |
| 李新华 | 山东省农业可持续发展研究所李新华 1 人随农业部赴津巴布韦、莱索托团 | 11 月 2 日 -21 日 | 津巴布韦<br>莱索托 | 考察交流 |
| 刘玉敬 | 山东省农业科学院玉米研究所刘玉敬 1 人随农业部赴多哥、贝宁团 | 11 月 6 日 -19 日 | 多哥<br>贝宁 | 考察交流 |
| 禹山林<br>王传堂 | 山东省花生研究所禹山林等 2 人赴美国团 | 11 月 11 日 -15 日 | 美国 | 考察交流 |
| 王　磊<br>唐　研<br>焦喜东<br>张晓艳 | 山东省农业科学院科技信息研究所王磊等 4 人赴德国团 | 11 月 13 日 -17 日 | 德国 | 考察交流 |

| 姓　名 | 团组（学术、会议）名称 | 出访时间 | 派往国家（地区） | 内　容 |
|---|---|---|---|---|
| 丁汉凤<br>李娜娜<br>王俊峰<br>赵海军<br>姚方印 | 山东省农作物种质资源中心丁汉凤等 5 人赴加拿大团 | 11 月 17 日 -21 日 | 加拿大 | 考察交流 |
| 陈　凯<br>李杰文<br>李宗新<br>丁照华<br>李文才<br>何春梅 | 山东省农业科学院玉米研究所陈凯等 6 人赴印度尼西亚团 | 11 月 18 日 -22 日 | 印度<br>尼西亚 | 考察交流 |
| 吕　潇<br>滕　葳<br>邓立刚<br>王文正<br>刘　涛 | 山东省农业科学院农业质量标准与检测技术研究所吕潇等 5 人赴美国、加拿大团 | 12 月 2 日 -9 日 | 美国<br>加拿大 | 考察交流 |
| 李　彦<br>刘　英<br>袁长波<br>于淑芳<br>高新昊 | 山东省农业科学院农业资源与环境研究所李彦等 5 人赴新西兰、澳大利亚团 | 12 月 10 日 -17 日 | 澳大利亚<br>新西兰 | 考察交流 |
| 于振诚 | 山东省蚕业研究所于振诚等 1 人赴古巴团 | 12 月 12 日 -17 日 | 古巴 | 考察交流 |
| 王长君<br>孙　山<br>张安宁<br>李国田<br>王传增 | 山东省果树研究所王长君等 6 人赴罗马尼亚团 | 12 月 12 日 -19 日 | 罗马尼亚 | 考察交流 |
| 周　林 | 山东省农业科学院周林 1 人随山东省人民政府赴印度、泰国团 | 12 月 15 日 -22 日 | 印度<br>泰国 | 考察交流 |
| 朱立贵<br>袁　美<br>宫清轩 | 山东省花生研究所朱立贵等 3 人赴印度团 | 12 月 15 日 -19 日 | 印度 | 考察交流 |
| 万书波<br>朱建华<br>黄承彦<br>汪黎明<br>陈相艳<br>王月明 | 山东省农业科学院万书波等 6 人赴俄罗斯团 | 2014 年 1 月 15 日 -19 日 | 俄罗斯 | 考察交流 |

（注：画线部分为随团出访人员）

# 2013 年出国学习人员统计表

| 姓 名 | 派往国家 | 派出时间 | 专 业 | 学习身份 | 结业时间 | 备注 |
|---|---|---|---|---|---|---|
| 黄 兵 | 美 国 | 1 月 | 家禽 | 访问学者 | 1 年 | 留学 |
| 张英鹏 | 意大利 | 6 月 | 农业可持续发展 | 学生 | 14 天 | 培训 |
| 黄金明 | 美 国 | 10 月 | 畜牧 | 访问学者 | 1 年 | 留学 |
| 万发春<br>李 俊 | 美 国 | 10 月 | 畜牧 | 学生 | 21 天 | 培训 |
| 刘洪对 | 新西兰 | 12 月 | 农学 | 访问学者 | 1 年 | 留学 |
| 于兰岭 | 美 国 | 2014 年 1 月 | 管理 | 学生 | 1 年 | 留学 |

（注：画线部分为培训随团人员）

## 出国考察、培训团组工作报告

# 赴西班牙、英国农业科技交流工作报告

为贯彻落实省委“走出去”战略，深入实施院“同纬度、同生态国际先进农业技术成果引进计划”，进一步加强我院与欧洲国家农业科研单位的沟通与了解，挖掘双方在农业科技方面的合作潜力，应英国诺丁汉大学（The University of Nottingham, UK）和西班牙莱维德葡萄研究所（INSTITUTO DE ENSENANZA SECUNDARIA, Escuela de la Vid, Spain）等单位邀请，以省农业科学院党委书记周林为团长，院科研处处长刘兆辉、国际合作处副处长王绛辉、水稻研究所所长吴修、蔬菜研究所所长刘开昌、果树研究所所长王长君为成员的考察团一行6人，于2013年7月9-16日对西班牙莱维德葡萄研究所和英国诺丁汉大学进行了访问和农业科技考察。此次访问、考察的重点：一是考察西班牙、英国两国在农业创新体系及科技成果推广体系建设情况。二是实施“同纬度国际先进农业技术成果引进计划”，开辟技术成果引进的新渠道；三是商谈科技交流合作事宜。邀请单位对我院访问高度重视，热情友好，精心安排，考察团实地考察了西班牙莱维德葡萄研究所和英国诺丁汉大学的科研管理、学科建设、种质资源保存与创新利用、实验室建设、未来农业、设施农业等，同对方负责人和科研人员进行了座谈，对两国农业科研创新体系建设、成果推广转化以及科研管理有了一个较全面的认识。双方就加强科技合作、资源引进和人才交流等事宜进行了磋商，在多个领域达成合作意向。访问达到预定目标，取得圆满成功。

## 一、考察基本情况

### （一）西班牙和英国农业概况。

西班牙是欧洲农业大国，在粮食生产、畜牧业、园艺产业、生态农业等方面居欧洲前列。西班牙是个传统的农业国，农业生产曾经是它最重要的经济活动之一。西班牙国土总面积50多万平方公里，其中37%为可耕地，14%为平原和牧场，36%为森林。农业人口260万，占总人口的6.3%。种植业发达，占农业总产值的62%，是欧洲的第三大产粮国，多年来粮食总产量保持在2100万吨左右。西班牙畜牧业占农业总产值的34%，其中养猪业规模位居世界第四。同时，西班牙是世界园艺产品生产大国之一，盛产柑橘和柠檬，柑橘产量位居世界第二位。西班牙水果出口量占欧盟总出口量的34.7%，蔬菜出口占欧共体总出口量的17.9%。油橄榄的种植面积占世界总种植面积的29%，其产量位居世界第一，2011年橄榄油产量达到160万吨，约占世界总产量的45%，居世界第一。西班牙已经成为欧洲第四大生态农业生产国，居世界第8位。生态农业的种植面积飞速增加，现在面积约66.5万公顷，生态产品种类也日益增多。西班牙本国对生态农业产品的消费量较低，90%出口到其他国家。西班牙农业取得如此骄人的业绩，要归功于西班牙将工业发展成果及科技研究成果广泛应用于农业。

英国由英格兰、苏格兰、威尔士和北爱尔兰四个地区组成，全国总面积2448.2万公顷，人口为6094.4万人。英国在科技创新方面具有明显的优势和特色。在雄厚的工业技术基础上，在比较完善的农业科研、教育和推广体系的支持下，英国已发展成为先进的现代化农业国。目前，英国是世界上农业科学技术发达国之一，在基础理论研究，特别是分子生物学、细胞学等方面都处于国际先进水平。英国农业是以畜牧业为主体、种植业和渔业相配合的混合农业。在农业结构中，畜牧业是最大的生产部门，种植业与畜牧业的差距开始缩小，这两大部门的比例大体上保持在 1.5 ： 1 左右。英国的畜牧业包括养牛、养羊、养猪和养禽等生产部门。按产值排列，养牛业最大，其产值超过其他部门的总和，其次是养禽业、养猪业和养羊业。英国种植业主要由谷类作物、块茎作物、油料作物、园艺作物和饲料作物等组成。目前，谷类作物的种植面积总趋势是下降的，而甜菜、油菜、饲料作物的面积呈上升趋势。园艺作物在英国农业中占有特殊地位，包括蔬菜、果树、花卉三大类，有露地栽培和温室栽培两种生产形式。

（二）考察单位情况。

考察期间，重点参观访问了西班牙拉维德葡萄研究所和英国诺丁汉大学。

在西班牙访问期间，代表团一行全面考察了西班牙的种植业、园艺产业、畜牧业等发展现状，重点考察了西班牙拉维德葡萄研究所。该所位于西班牙首都马德里市，成立于1958年，主要从事葡萄新品种选育、生长发育调控与种植技术、葡萄酿酒工艺及设备研发、葡萄酒储藏技术、橄榄树品种选育与种植技术等领域的研发。该所所长 Augusto Garcia Ojeda 先生等热情接待了代表团一行，并全程陪同参观考察。双方就果树遗传育种、遗传资源保存利用、葡萄酿酒工艺与储藏研究以及科研人员培训、成果转化推广等进行了广泛地交流，并在葡萄育种技术、种质资源和人才交流与培训等领域达成了合作意向。这是我院与南欧国家首次正式建立友好科技合作关系。

在英国考察期间，代表团重点考察了精准农业与信息化、农产品质量安全与追溯，设施农业与智能设施、未来食物生产、动物科学、拟南芥模式植物资源、植物根系四维研究等。诺丁汉大学校长助理 Michèle L. Clarke 教授、生物科学学院院长 GA Tucher 教授、地理空间研究所 Meng Xiaolin 教授、兽医科学学院 Paul Barrow 教授等热情地接待了周书记一行，生物科学学院院长 GA Tucher 教授、国际研发合作部 Chang le 女士全程陪同参观。考察发现，英国在农业基础研究和机械化等方面优势非常突出，在农业科研体系、技术推广、教育培训特别是科研推广紧密结合方面具有明显的特色和优势。双方在种质资源保护与利用、精准农业研究、农产品质量安全、动物疫病防控、科技人员交流与培养等方面达成合作意向。

**二、本次考察取得的主要收获**

一是通过会谈，双方增进了相互了解，开辟南欧（西班牙）的新渠道，加深了与英国科研单位的合作，建立了我院与南欧、西欧国家交流合作的新平台，为进一步深化欧洲国家农业科技合作奠定了良好的基础。

二是与西班牙拉维德葡萄研究所在果树资源引进和合作育种等方面达成合作意向，拟引进酿酒葡萄新种质。

三是与英国诺丁汉大学在农业信息技术利用、农产品质量追溯、农作物根系研究等领域达成合作意向，在人才培养和科技人员互访、培训方面达成协议。

四是学习了西班牙、英国等先进的技术和管理水平。英国和西班牙科学合理的科研布局，系统深入的科研体系，科学顺畅的科研流程，规范系统的介绍，科研人员敬业精神，整洁清新的院所环境，科研教学的精细管理和体系建设等都给考察团留下了深刻的印象。

**三、建议**

（一）落实省委领导提出的“同纬度、同生态国际先进技术引进计划”，充分利用本次出访所创造的有利因素和条件，向国家和省有关部门汇报，争取进一步加大对我院与西班牙、英国等国家科研机构的国际交流与合作的支持力度，促进全面科技合作和可持续发展，推动开放办院战略的实施和强院建设目标的落实，为山东省乃至全国农业产业和农村经济的发展，提供强有力科技支撑。

（二）进一步加强与西班牙、英国在农业科技领域的合作，特别是果树种质资源、信息技术、农产品质量可追溯、未来农业发展、有机生产技术、机械化技术和工厂化生产技术等领域以及互派学者、科技人员等方面。

（三）进一步加强在农业生物资源方面的科技合作。一方面加强与本次考察的两个单位生物种质资源交换。另一方面，通过这些合作伙伴，加强与积极引进在农业方面的其他技术和资源，抓住我院目前科研课题较多的机遇，不断增加国际合作交流内容，进一步拓宽我院在先进技术引进、合作研究、资源交流等方面的渠道，快出成果，出大成果。

（四）进一步加强在农业科技管理与成果推广服务方面的交流合作。英国科技力量雄厚，在科技管理方面体现为务实、细致、高效，充满活力，在推广体系方面实现了科技、产业、企业以及基地的紧密结合，实现了技术成果的快速转化，这些值得我们去学习借鉴。

考察团成员：周　林　刘兆辉　王绛辉　吴　修　刘开昌　王长君

# 赴俄罗斯农业科技合作交流工作报告

应俄罗斯全俄植物保护研究所邀请，以万书波院长为团长的山东省农业科学院农业科技合作交流团，于2014年1月15-19日成功地对俄罗斯进行了访问，访问团重点对莫斯科大学、全俄植物保护研究所等单位进行了交流访问，与全俄植物保护研究所签订了农业科技合作意向书，与莫斯科大学生物学院签订了双方科技合作协议。回国后，合作交流团进行了认真的研究讨论，把出访取得的成果分解落实到具体单位和人员。并综合研究分析俄罗斯的农业和农业科技工作。现将本次出访的收获和体会汇报如下：

俄罗斯国土面积1709.824万平方公里，地域跨越欧亚两大洲，是世界上面积最大的国家。俄罗斯是中国的友好邻邦，中俄两国共有4300多公里的边界线和众多口岸，是为中俄合作的地缘优势。中俄均为世界农业大国，两国在农业及农业科技领域优势明显，互补性强，合作前景广阔。

**一、俄罗斯农业生产情况**

俄罗斯土地资源十分丰富。据FAO的统计数据：2011年俄罗斯农业土地面积2.1525亿公顷，占世界农业土地面积的4.38%；耕地面积1.215亿公顷，占世界耕地面积的8.7%，全国人均耕地0.85公顷，是我国的10.4倍。

俄罗斯气候类型多样，由北往南从北寒带到亚热带，从西北端的海洋气候到西伯利亚的大陆性气候再到远东的信风气候，但大多数地区属温带和亚寒带大陆性气候。俄罗斯东欧平原部分气候良好，有重要的粮食作物和经济作物种植区；亚洲部分除了阿尔泰边疆区适合农业，盛产各种粮食作物外，其余大部分地区由于气候寒冷，不适宜农业生产；西伯利亚至远东和堪察加州南部地区无霜期短，每年生长季节只能种大头菜、土豆、胡萝卜等有限的露地蔬菜和燕麦、黑麦等不多的粮食作物；而北部更多的地区由于奇寒，根本不适合农业生产。

俄罗斯主要粮食作物有小麦、大麦、黑麦、燕麦、玉米、水稻、豆类等，经济作物以亚麻、向日葵和甜菜为主，畜牧业主要为牛、羊、猪养殖业。小麦是第一大作物，近几年种植面积3.19亿-3.99亿亩，平均亩产120公斤-160公斤（表1）；大麦年种植面积1.1亿亩左右，平均亩产与小麦相当；近几年玉米种植面积逐年增加，2009年不到1700万亩，2012年增加到2900多万亩，平均亩产也由230多公斤提高到280多公斤；向日葵常年种植面积在1亿亩左右，仅次于小麦和大麦；土豆常年种植面积3200万-3300万亩。

前苏联解体后，俄罗斯农业生产水平一度下滑，粮食自给不足，依赖进口，上世纪九十年代初每年净进口谷物3000多万吨，其中小麦进口近2000万吨。1995年以后农业生产得到逐步恢复和发展，1995-2000年间谷物年进口量减少到400万-500万吨。进入新世纪，俄罗斯出台了一系列农业扶持政策，通过转变土地经营方式、推广先进农业生产技术、推动机械化发展等一系列措施，农业生产迅速发展，2000-2008年间，俄罗斯农业产量增长约38%，2001年俄罗斯粮食首次实现自给自足，2002年粮食开始出口，至2009年粮食净出口2000多万吨，其中出口小麦1400多万吨、玉米近130万吨（表2），成为世界粮食出口大国。但是，油料作物、蔬菜、果树、肉、奶等仍然需要进口，蛋基本自给。2013 年俄罗斯粮食收获量达 9450 万吨，肉用畜禽产量增长 5%，达到 1220 万吨，养猪业的生产增长率有望达到 10%，奶牛的总产乳量较上年减少 4%，为 3060 万吨，鸡蛋产量较上年减少 2%，为 411 亿枚。俄罗斯农业部预测 2013 年农业生产增长 5%。

**表 1：2009–2012 年俄罗斯主要农作物生产情况**

| 作物 | 收获面积（万亩） | | | | 单产（公斤/亩） | | | |
|---|---|---|---|---|---|---|---|---|
| | 2009 | 2010 | 2011 | 2012 | 2009 | 2010 | 2011 | 2012 |
| 小麦 | 39949.35 | 32459.70 | 37253.25 | 31916.85 | 154.55 | 127.87 | 150.97 | 118.18 |
| 大麦 | 11583.00 | 7409.40 | 11534.10 | 11461.65 | 154.37 | 112.69 | 146.85 | 121.72 |
| 燕麦 | 4531.05 | 3341.40 | 4406.10 | 4278.30 | 119.20 | 96.35 | 121.02 | 94.13 |
| 黑麦 | 3142.80 | 2051.25 | 2286.15 | 2134.05 | 137.88 | 79.74 | 129.95 | 99.88 |
| 玉米 | 1683.30 | 1537.80 | 2403.90 | 2906.25 | 235.46 | 200.57 | 289.63 | 282.60 |
| 小米 | 395.25 | 256.35 | 948.60 | 492.90 | 66.97 | 52.12 | 92.59 | 67.68 |
| 水稻（稻谷） | 266.25 | 301.35 | 310.80 | 287.40 | 342.90 | 351.97 | 339.63 | 366.00 |
| 高粱 | 20.55 | 13.05 | 102.15 | 64.95 | 65.60 | 70.25 | 58.72 | 69.64 |
| 向日葵 | 8396.85 | 8362.65 | 10831.50 | 9237.75 | 76.87 | 63.91 | 89.53 | 86.52 |
| 大豆 | 1191.30 | 1554.45 | 1781.10 | 2062.80 | 79.21 | 78.64 | 98.59 | 87.56 |
| 土豆 | 3273.60 | 3163.65 | 3303.90 | 3295.80 | 951.06 | 668.23 | 989.18 | 896.07 |
| 甜菜 | 1155.30 | 1385.70 | 1824.30 | 1653.00 | 2154.59 | 1606.12 | 2611.59 | 2725.77 |
| 番茄 | 175.50 | 172.80 | 175.50 | | 1236.69 | 1186.13 | 1253.90 | |
| 洋葱（干） | 128.55 | 132.00 | 143.25 | | 1245.86 | 1163.86 | 1481.84 | |
| 苹果 | 294.90 | 288.45 | 282.00 | | 488.71 | 343.91 | 425.53 | |
| 葡萄 | 62.85 | 64.35 | 67.65 | | 475.29 | 503.95 | 609.58 | |

注：数据来源 FAO 数据库

表 2：俄罗斯 2009 年农产品供应情况（×1000 吨）

| 项目 | 产量 | 进口 | 储藏 | 出口 | 合计 |
| --- | --- | --- | --- | --- | --- |
| 谷物 | 95312 | 797 | 402 | 22569 | 73941 |
| 小麦 | 61740 | 300 | 288 | 17461 | 44867 |
| 大麦 | 17881 | 126 | 0 | 3563 | 14444 |
| 燕麦 | 5401 | 8 | 0 | 15 | 5394 |
| 黑麦 | 4333 | 0 | 0 | 13 | 4320 |
| 玉米 | 3963 | 93 | 0 | 1360 | 2696 |
| 大米 | 609 | 265 | 4 | 84 | 794 |
| 谷子 | 265 | 1 | 110 | 3 | 372 |
| 其他谷物 | 1120 | 4 | 0 | 69 | 1054 |
| 土豆 | 31134 | 680 | 0 | 77 | 31737 |
| 甜菜 | 24892 | 0 | 1300 |  | 26192 |
| 油料作物 | 8195 | 1228 | 1318 | 337 | 10403 |
| 大豆 | 944 | 964 | 0 | 2 | 1905 |
| 花生 |  | 88 |  | 0 | 88 |
| 向日葵 | 6454 | 13 | 1300 | 103 | 7664 |
| 蔬菜 | 14827 | 3347 | 1216 | 87 | 19303 |
| 水果 | 3055 | 7301 | 102 | 93 | 10366 |
| 肉 | 6570 | 2518 | -20 | 66 | 9003 |
| 蛋 | 2210 | 18 | 0 | 17 | 2212 |
| 奶 | 32565 | 1633 | 0 | 352 | 33846 |
| 鱼类 | 3554 | 1742 | 0 | 1630 | 3666 |

注：数据来源 FAO 数据库

## 二、俄罗斯农业科技发展情况

俄罗斯拥有雄厚的农业科研力量。俄农业食品部系统内（含俄罗斯农业科学院）就有310个研究单位、64个农业高等院校、528个试验和教学农场，有9.4万名农业科技人员。俄罗斯农业科学院在全国各地都有科研分支机构，建有63个育种中心、8个生物技术和工艺中心、28个研究所、405个试验农场和53个实验工业企业。这些实验基地成绩卓著，大田单位面积产量高于周围农场的50%。牲畜产品率高20%-30%。

俄罗斯21世纪农业科学优先发展领域包括：作物遗传育种，农业生物技术，土壤保护，植物保护，畜牧业研究，生态环境保护，农业机械化，蛋白质制剂、复合饲料和生物活性添加剂研究，农业原料和食品的安全与质量管理研究等。

俄罗斯全国有100个多个作物育种研究单位，育成的冬小麦品种最高产量达到6500公斤/公顷，超高产、早熟、抗旱、抗病马铃薯品种最高产量达到50吨/公顷，培育出的黑花奶牛新品种“列宁格勒”具有年产奶量为9000-10000kg/头的高产遗传潜力。据俄罗斯有关部门推算，近30年中俄罗斯育成推广的作物品种对增产的贡献率达到50%以上。

作物病虫害的生物防治研究处于国际前列，采用生物工程的方法研制和生产微生物农药及其他生物防治药剂的工厂有1.5万多个。最近，俄罗斯科学家从泥炭藓（Sphagnum fallax）组织中分离出新的微生物品种，它们能有效抑制高等植物致病真菌和细菌的繁殖，用该微生物制成的生物制剂可显著提高农作物的抗病性及产量，该制剂与番茄种子混合，番茄生长快，生物质增加10%-80%，该生物制剂使小麦对真菌的抗病性提高了50%。

莫斯科大学是俄罗斯规模最大、历史最悠久的综合性高等学校。该校共有23个学院，15个教学和学术中心，11个科学研究所，并开设有44个高等职业教育专业、180个研究生专业方向。拥有4300名教授和教师、4800名研究员，其中7800人拥有博士学位，培养出了200多位俄罗斯科学院院士，17位科学家获得诺贝尔奖。莫斯科大学生物学院有24个系、7个重点实验室、50多个教学科研实验室、2个生物站，在此工作着的有12名俄罗斯科学院院士、6名通讯院士、50多名教授，在分子遗传、基因组学、病毒学、微生物学、农业化学、土壤生物学、农业和土壤保护等研究领域优势明显、成绩卓著。

全俄植物保护研究所是俄罗斯农科院的成员，该所在农业生态系统有害及有益生物研究、有害生物的监测预报及农业生物群落诊断、有害生物预防的生态安全途径、自然天敌资源及食虫菌资源的研究开发与应用、植物抗虫及抗病理论基础研究等领域均具有很强的优势。他们研究提出了“适应作物栽培条件下的农业生态系统植物健康合理化”的新概念；以各种天然的食虫病原微生物为基础，创造了10余种独一无二的生态安全的生物制剂，并研究了其生产工艺及规程；研究出了可预防病、虫害种群对化学药剂产生抗性的方法等等。该所在谷类作物杀真菌剂研制和应用领域（如种子包衣剂）一直是俄罗斯技术研发中心的代表。

## 三、中俄农业与农业科技合作的思考和建议

中国与俄罗斯均为世界大国，也是世界农业大国，互为友好邻邦。在农业领域两国具有很多相似之处，而各自又有其鲜明的特点，互补性较强。加强两国农业和农业科技领域

的合作符合两国经济社会发展的需求，对两国农业经济的发展均具有极其重要的战略意义和现实意义。

首先，俄罗斯人少地多，而我国人多地少，在耕地资源、人力资源、农产品生产等方面具有很强的互补性。俄罗斯人均耕地是我国的10.4倍，有近1/4的耕地处于闲置状态，而我国耕地已没有潜力可挖。俄罗斯虽然粮食出口，但肉类、蔬菜、水果等需从国外大量进口，2009年进口量分别为251.8万吨、334.7万吨和730.1万吨。我国粮食供需紧平衡或少量进口，蔬菜、水果却大量出口，2009年分别出口1074.1万吨和708.3万吨。因此，中俄农业合作前景广阔。黑龙江省社会科学院院长曲伟认为，中国人前往俄罗斯开发农场，是一种良性互补的双赢合作模式，黑龙江北大仓拥有约4000万亩耕地，如果中国能在俄罗斯再开发一个相当于北大仓面积的耕地，那么在国家粮食安全战略方面将更有保障。俄罗斯耕地大量闲置，土地租赁成本比中国要低10倍，同时俄罗斯上亿亩的闲置耕地也可得到一笔可观的租金。目前黑龙江省在俄罗斯租赁的土地达到600多万亩。

中国与俄罗斯在农业科技方面的合作领域非常广泛。2013年7月，在黑龙江省举办了中俄现代农业科技合作论坛，据悉我国已有6位专家被俄罗斯农科院聘为外籍院士。俄罗斯在农业基础理论和应用基础研究方面实力雄厚，动植物育种、土壤生态保护、微生物研究与产品开发、病虫害生物防治等应用研究成绩显赫。代表团本次出访期间与俄方就作物遗传育种、抗病遗传资源的开发利用、农产品加工研究以及科研人员的培训、成果转化推广等方面进行了广泛的交流，并在育种技术、植保技术、农产品加工技术等领域达成了合作意向。在农业发展模式及政策方面，中俄双方有很强的相互借鉴性。改革开放以来，我国实行了以联产承包为主的多种土地经营管理制度，促进了农业的快速发展。随着农业生产水平的不断提高，一家一户分散的小规模的土地经营制度已经不适应农业现代化发展的需要，限制了生产水平的进一步提高。近几年，国家出台一系列政策措施，推动土地流转、种粮大户、农业生产合作组织等农业经营方式的转变，探索现代农业发展新的组织经营机制。俄罗斯在上世纪九十年代开始了农用土地制度的变革，使俄罗斯实现了由原来的土地单一国有制（国营农场和集体农庄经营）转变为以私有和集体所有为主、多种土地所有制形式并存的土地所有制关系，促进了农业的快速发展。另外，俄罗斯2012年加入世贸组织，针对入世后对农业补贴的限制性规定，俄罗斯政府灵活对应，在保持对农业企业的直接补贴的同时，也增加了对农业基础设施的投入。2013年对农业的补贴率为13.5%，补贴额为1904亿卢布（约合57.7亿美元），同比增长28%。总之，从农业经营体制、机制和政策措施等方面，中俄之间和交流合作对双方农业的发展都具有非常重要的意义。

考察团成员：万书波 朱建华 黄承彦 汪黎明 陈相艳 王月明

# 六、学术交流与研究生教育

## 科技期刊

# 山东农业科学

《山东农业科学》创刊于1963年10月，是山东省农业科学院、山东农学会、山东农业大学共同主办的综合性农业科技期刊。

该刊坚持提高与普及相结合，以提高为主的办刊方针，报道农业科技成果，传播农业科学技术，促进农业科技交流，推动农业科技进步，及时报道农业科研的新成果、新进展、新方法和新技术。主要栏目有生物技术与信息技术、遗传育种与种质资源、耕作栽培与生理生化、资源环境与植物营养、植物保护与农业气象、畜牧兽医与蚕桑水产、贮藏加工与质量检测、新品种与新技术、文献综述与专论、农业经济与管理等。

该刊为中国科技核心期刊、山东省十佳期刊、华东地区优秀期刊、全国农业优秀期刊、中国期刊方阵双百期刊、第二届和第三届中国期刊奖百种重点期刊、中国科技论文统计源期刊、中文科技期刊数据库全文收录期刊、万方数据数字化期刊群全文收录期刊等。本刊最新影响因子为0.796。

本刊大16开本，月刊，国内外公开发行，刊号：ISSN1001-4942/CN37-1148/S，邮发代号：24-2。

地址：山东省济南市工业北路202号

邮编：250100

电话：0531-83179268

邮箱：sdnykx@sina.com　sdnykx@saas.ac.cn

# 落叶果树

《落叶果树》创刊于1969年，是山东省果树研究所、山东农业大学园艺科学与工程学院、青岛农业大学园林园艺学院和山东省果茶技术指导站共同主办的果树科技期刊。

该刊坚持为果树科研和生产服务的办刊方针，及时报道果树行业在教学、科研、技术推广方面的研究成果和发展动态，密切跟踪果树领域内的新理论、新观点、新经验，突出综述性、系统性和实用性，力争在果树理论研究、实用技术推介和果树产业化等方面办出特色。主要栏目有专家论坛、试验研究、综合评议、引选育种、病虫害防治、技术开发、果品贮藏与加工、茶学、生产服务、观赏园艺和国外果树等。

该刊为全国农业优秀期刊、山东园艺学会会刊、山东优秀期刊、华东地区优秀期刊、中国期刊全文数据库全文收录期刊。本刊最新影响因子为0.212。

本刊大16开本，双月刊，国内外公开发行，刊号：ISSN1002-2910/CN37-1125/S，邮发代号：24-98。

地址：山东省泰安市龙潭路66号

邮编：271000

电话：0538-8334077

邮箱：lygsbj@163.com

## 家禽科学

《家禽科学》创刊于 1979 年，是山东省农业科学院主管、山东畜牧兽医学会主办的我国家禽行业综合性的技术期刊。

该刊融前瞻性、指导性、实用性、可读性于一体，主要栏目有研究报道、饲养管理、禽病防治、养殖户园地、文献综述、禽病门诊、禽业信息及供求商情等。

该刊已被中国核心期刊（遴选）数据库、中国期刊全文数据库、中国学术期刊综合评价数据库、中文科技期刊数据库等收入。曾获得全国畜牧兽医优秀期刊、山东省优秀科技期刊称号。本刊最新影响因子为 0.137。

本刊大 16 开本，月刊，国内外公开发行，刊号：ISSN1673-1085/CN37-1424/S，邮发代号：24-146。

地址：山东省济南市交校路 1 号

邮编：250023

电话：0531-85965861

邮箱：jqkxzz@163.com

## 花生学报

《花生学报》创刊于 1972 年，是由山东省农业科学院主管、山东省花生研究所主办的我国花生学科唯一的专业学术刊物。

该刊遵循服务于花生生产和科学研究，及时全面报道花生科技动态与进展，促进中国花生科技进步，为实现花生产业现代化发挥好桥梁纽带和科技先导作用的办刊宗旨。主要刊登花生遗传育种、栽培生理、土壤肥料、植物保护、贮藏加工、综合利用及分析测试等方面的试验研究报告、技术与方法、专题综述及研究简报等原创性科技论文。刊物主旨明确，特色鲜明，为其可持续发展提供了良好的基础。

该刊连续入选全国中文核心期刊、中国科技论文统计源期刊、中文科技期刊数据库全文收录期刊、万方数据数字化期刊群全文收录期刊等。本刊最新影响因子为 0.709。

本刊大 16 开本，季刊，国内外公开发行，刊号：ISSN1002-4093/CN37-1366/S。

地址：山东省青岛市李沧区万年泉路 126 号

邮编：266100

电话：0532-87632131

邮箱：hsxb@163169.net　hsxbsd@163.com

# 山东蚕业

《山东蚕业》创刊于1970年，是山东省丝绸集团有限公司、山东省蚕业研究所、山东蚕学会共同主办，是我省蚕业界唯一的内部资料性出版物。

该刊是行业分工办刊，主要交流范围是蚕桑系统。办刊宗旨是以“邓小平理论”和“三个代表”重要思想为指导，深入贯彻落实科学发展观，以推动现代农业发展和社会主义新农村建设为总目标，宣传蚕业政策，传递科学技术，加强学术交流，提供市场信息，办刊内容为蚕桑生产实用技术、新成果、工作经验、行业发展动态、蚕桑文化等。主要栏目有热点话题、政策法规、学术研究、工作总结、实用技术、信息快递以及经验交流等。

该刊16开本，季刊，是山东省蚕业系统内用于指导蚕业生产、各会员单位交流信息的非卖性出版物，仅限于在蚕业系统内部交流，免费赠送给各会员单位，刊号：鲁连内资（2011）第F1016号。

地址：山东省烟台市芝罘区只楚北路21号

邮编：264002

电话：0535-6525644

邮箱：sdcxhsdcy@163.com

## 舜耕论坛概况

舜耕论坛是由山东省科学技术协会、山东农学会和山东省农业科学院联合举办的我省农业高层次论坛。论坛命名取“舜帝曾躬耕于历山”之义，借以传承齐鲁农业文明，是我省首个高层次、全国性的农业科技论坛。论坛为每年定期、定址举办，形式分为主题论坛和专题论坛，主题论坛每年举办 2 次，专题论坛每月组织 1 次。论坛宗旨为立足我国农业生产的实际，围绕现代农业发展的重点、难点及热点问题，以服务我省及区域现代农业发展为宗旨，构筑政府部门、科研单位和企业之间，及农科教、产学研之间的交流合作平台；为官员、专家、民间多方位探讨农业问题的真谛，构筑一个多层次、多方向的对话平台；为提升我省农业科技保障能力、发展现代农业以及推进经济文化强省建设做出新的更大贡献。

自 2014 年 10 月 25 日舜耕论坛在山东省农业科学院顺利开坛以来，先后邀请中国科学院印遇龙院士、中国人民解放军军事医学科学院夏咸柱院士、浙江省农业科学院陈剑平院士、华南农业大学罗锡文院士、美国伊利诺伊州立大学陆艺教授、墨西哥 CIMMYT 资深科学家 Daniel Jeffers 博士等国内外知名学术专家，以及农业部原常务副部长万宝瑞研究员、中央党校研究室副主任曾业松研究员、加拿大农业农村发展局 Kan-Fa Chang 博士、美国 FDA CVM 专家等国内外政府部门领导和知名企业家，对当前农业宏观政策、行业发展趋势、科研最新进展等共性问题作年度主题论坛报告和专家讲堂等。同时结合农科院百年院庆的“公益院庆”、粮油高产技术模式与秋粮新品种现场观摩会等活动组织了省内行业专家、企业、种植大户、农民专业合作社、家庭农场等新型农业经营组织的经营者进行座谈、对话交流，以及成果展示、实地考察等多种形式的活动。

针对年度各专题论坛组织邀请了中国科学院林少扬研究员、中国农业大学李道亮教授、山东大学谭保才教授、山东农业大学王中华教授、美国梅哈丽医学院刘滨东教授、美国非洲科学研究所 A. E. Eneji 教授、加拿大国立研究院 Mark Smith 博士、澳大利亚科廷大学 Sarita Bennett 博士等相关行业专家学者作各种学术报告、专题讲座 34 场；组织国家自然基金申报培训会、外文数据库的使用专题培训会、国内及国外 PCT 专利申请专题培训会、食品质量安全监测技术与风险评估等院内外科技人员专题培训、技术交流会、学术沙龙等多种形式的论坛活动 15 场。

在组织举办各年度主题论坛和专题论坛期间，充分利用山东卫视、大众日报、齐鲁晚报、有果网等电视、广播、网络、报刊杂志等省内多种媒体渠道，开展论坛的宣传，扩大论坛的影响力，吸引社会各界的关注。同时，年度主题论坛加强了与省委政策研究室、省政府研究室、省农业厅、省科技厅及省科协等部门的协作，不断总结经验，提高论坛的组织水平，力求论坛主旨鲜明、重点突出、办出特色、注重效果、办出影响，进一步营造全院良好的学术氛围。通过论坛交流平台水平的不断提升，逐渐塑造舜耕论坛成为我省农业学术的精品论坛，实现聚焦国内外行业高端人才智慧，围绕国家产业重大需求和国际农业科技发展的重大命题、前沿问题和新兴交叉学科的发展，交流新的学术思想和新方法，研讨农业科技热点问题，为我省农业发展开辟新方向、创造新知识，为新兴技术提供源头，引领我省农业科技创新方向，进而推动我省农业科技创新，服务“三农”，增创山东现代农业和农村经济发展新优势。

# 研究生教育工作概况

在院党委、院行政的大力支持下，在院相关单位的大力配合下，研究生教育工作紧密围绕科研强院的战略目标，以理顺山东大学农学院运行机制体制、完善学科建设和强化研究生管理为工作重点，积极稳妥地推进研究生教育工作的开展。

## 一、坚持务实创新，积极推动山东大学农学院实质性运转

### （一）进行广泛调研，明确工作思路。

按照共建山东大学农学院协议和双方联席会议工作部署，分别到省医科院、省立医院等单位调研合作办学模式，到湖南省农科院、山西省农科院等调研研究生教育情况，通过分析其合作办学模式和运行机制，明确研究生教育工作定位，寻求促进山东大学农学院实质性运转的突破口，组织撰写了《山东大学农学院发展规划及实施方案（讨论稿）》、《山东大学农学院办学思路》和《关于推进山东大学农学院建设需要明确的几个问题和建议》。

### （二）强化沟通交流，探索合作模式。

1 月 23 日，与山东大学相关部门召开推进山东大学农学院建设的第二次联席会议，就人员编制、农学院机构设置、运行体制机制等问题进行了深入的交流。5 月 16 日，组织召开财计处、人事处、科研处、研究生教育中心、导师所在单位等参加的推进山东大学农学院工作协调会，在农学院目标、定位、机制、编制、成果统计等方面在院内进行了深入的讨论。多次与山东大学发展合作部和生命科学学院相关负责人进行交流和探讨，撰写《山东大学农学院工作进展和推进建议》等。初步达成了共建国家级创新平台的合作意向，并拟定了《共建山东大学农学院补充协议（初稿）》，召开推进山东大学农学院建设的第三次联席，就在山东大学青岛校区建设“国家花生工程技术研究中心”相关项目进行了细致、具体的沟通。

### （三）积极组织，完成研究生的招生、培养等管理工作。

按照山东大学生命科学学院的安排，组织我院山东大学导师参加研究生的招生面试工作，2013 年共录取 13 名研究生，其中博士研究生 3 名，硕士研究生 10 名，目前农学院导师招生的在读研究生达到了 26 人。10 月份，组织了新入学研究生与导师的见面会；安排 2012 级研究生进入山东省农科院开展课题研究工作，完成研究生的开题准备工作。

### （四）认真筹备，推动自主设置二级学科的申报审批。

为充分利用山东大学自主设置二级学科的优势，积极准备，认真组织，在与山东大学研究生院学位办和生命科学学院充分沟通的基础上，争取到在生命科学学院生物学一级学科下自主设置二级学科，并于 7 月 1 日前按时提交了自主设置作物生物学和畜禽生物学二级学科的申报材料，经生命科学学院学位委员会和山东大学学位委员会讨论批准后，由研究生院学位办提交国家教育部审核、公示。目前，电子版材料公示程序已结束，无异议。纸质材料已上报到教育部。同时，以山东大学农学院和生命科学院联合申报的山东省植物学重点学科已经通过中期评估，在成果、文章等方面充分体现出很强的竞争力和实力。

## 二、强化管理，完善服务，扎实推进我院研究生教育正规化

（一）掌握动态，及时统计我院研究生及导师信息。

目前，全院有17个单位有联合培养的研究生，共有导师83人124人次。2013年度在读研究生共164人，平均年龄25.9岁，女生占60.4%，博士研究生占14.6%。从研究生生源上看，有来自北京、江苏、广东等全国16个省（自治区、直辖市）的27所高等农业、林业、工业、师范或综合性大学。从研究生所在单位分布来看，生物中心和畜牧兽医所各26人，植保所17人，奶牛中心和农产品所各15人，果树所14人，花生所和蔬菜花卉所各13人，其余单位均在10人以下。

（二）加强宣传，完成研究生教育中心网站建设。

完成了山东省农科院研究生教育中心网站的建设工作，建立并开通了网站信息化管理平台，着重对我院学科规划、创新平台、人才队伍、科研成果和学术交流等情况进行了集中宣传，该网站已进入试运行阶段，具体访问地址为：www.gradsaas.cn。

（三）认真筹备，组织院研究生会换届。

为充分发挥在读研究生的“自我管理、自我服务”能力，12月25日进行院研究生会的换届工作，经过自我推荐、单位推荐、资格审查、竞聘演讲、全院公示等选拔程序，最终确定了以廉明政为主席的我院第二届研究生会干部队伍，并召开了院研究生会换届暨工作会议，为院研究生会成员颁发聘书，部署下一步工作。

（四）精心组织，强化研究生培养管理。

组织全院研究生参加基础财务知识培训会和实验室安全操作培训会，组织参加110周年院庆学术论坛，邀请山东大学、中科院水生生物研究所和山东农业大学的3位专家来院讲学。组织学生到商河县怀仁镇济南万青农业发展有限公司开展实践实习活动，并挂牌建立研究生实践教育基地，将研究生社会实践活动作为研究生培养的重要环节。

（五）积极配合，落实研究生公寓。

配合行政处，参与讨论改扩建研究生公寓设计方案、工程投标和施工监督，为我院研究生提供稳定、安全的休息场所。

# 山东大学农学院博导基本情况一览表

| 姓　名 | 性别 | 出生年月 | 所在单位 | 学位 | 毕业院校 | 研究方向 | 选聘时间 | 获聘专业 |
|---|---|---|---|---|---|---|---|---|
| 张立明 | 男 | 1964.01 | 省农科院 | 博士 | 中国农业大学 | 作物栽培生理与分子生物学 | 2010.7.1 | 植物学 |
| 禹山林 | 男 | 1956.01 | 花生所 | 博士 | 南京农业大学 | 花生分子遗传育种 | 2010.7.1 | 遗传学 |
| 单世华 | 男 | 1971.05 | 花生所 | 博士 | 福建农林大学 | 花生遗传育种 | 2010.7.1 | 植物学 |
| 王法宏 | 男 | 1961.12 | 作物所 | 博士 | 中国农业大学 | 小麦栽培生理 | 2010.7.1 | 植物学 |
| 王金宝 | 男 | 1962.07 | 省农科院 | 博士 | 北京农业大学 | 动物传染病防治 | 2010.8.11 | 动物生物化学与分子生物学 |
| 毕玉平 | 男 | 1961.06 | 省农科院 | 博士 | 中国农业大学 | 花生功能基因组学 | 2010.8.11 | 分子遗传学 |
| 王兴军 | 男 | 1966.03 | 生物中心 | 博士 | 新加坡国立大学 | 植物发育 | 2010.8.11 | 植物功能基因组 |
| 何庆芳 | 男 | 1966.03 | 生物中心 | 博士 | 中国农业大学 | 微生物遗传与分子生物学 | 2010.8.11 | 微生物遗传与分子生物学 |
| 刘兆辉 | 男 | 1963.09 | 省农科院 | 博士 | 中国农业大学 | 植物营养与肥料、土壤改良与培肥、农业面源污染防控 | 2011.2.25 | 无机化学 |
| 万书波 | 男 | 1962.10 | 省农科院 | 学士 | 莱阳农学院 | 作物生态生理 | 2012.5.14 | 作物分子设计和种质创新 |
| 董合忠 | 男 | 1965.09 | 棉花中心 | 博士 | 中国农业大学 | 棉花生理生化 | 2012.5.14 | 作物分子设计和种质创新 |

# 山东大学农学院硕导情况一览表

| 姓　名 | 性别 | 出生年月 | 所在单位 | 学位 | 毕业院校 | 研究方向 | 选聘时间 | 获聘专业 |
|---|---|---|---|---|---|---|---|---|
| 李根英 | 女 | 1968.06 | 作物所 | 博士 | 中国农业大学 | 小麦基因工程 | 2011.3.17 | 分子遗传学 |
| 李长松 | 男 | 1960.01 | 植保所 | 硕士 | 山东农业大学 | 害虫治理 | 2011.3.17 | 植物病理 |
| 门兴元 | 男 | 1974.11 | 植保所 | 博士 | 中国科学院 | 植物病理学 | 2011.3.17 | 生物多样性与生态保护 |
| 柳展基 | 男 | 1972.10 | 棉花中心 | 博士 | 中国农业大学 | 生物信息学 | 2011.3.17 | 植物生物化学与分子生物学 |
| 高建伟 | 男 | 1967.03 | 蔬菜花卉所 | 博士 | 中国科学院 | 大白菜分子育种 | 2011.3.17 | 分子遗传学 |
| 李广存 | 男 | 1972.07 | 蔬菜花卉所 | 博士 | 中国农业科学院 | 马铃薯抗病育种 | 2011.3.17 | 分子遗传学 |
| 张秀美 | 女 | 1956.10 | 畜牧兽医所 | 硕士 | 南京农业大学 | 禽病 | 2011.3.17 | 资源与环境微生物 |
| 万发春 | 男 | 1974.02 | 畜牧兽医所 | 博士 | 中国农业科学院 | 肉牛育种和反刍动物营养 | 2011.3.17 | 动物遗传学 |
| 吴家强 | 男 | 1975.02 | 畜牧兽医所 | 博士 | 山东农业大学 | 兽医免疫学与分子病原学 | 2011.3.17 | 微生物生理生化 |
| 刘玉庆 | 男 | 1969.05 | 畜牧兽医所 | 博士 | 山东大学 | 微生物学 | 2011.3.17 | 微生物遗传学 |
| 颜世敢 | 男 | 1970.06 | 畜牧兽医所 | 博士 | 山东大学 | 微生物学 | 2011.3.17 | 微生物遗传与分子生物学 |
| 李玉峰 | 男 | 1973.10 | 家禽所 | 博士 | 中国农业大学 | 预防兽医学 | 2011.3.17 | 生物化学与分子生物学 |
| 单　雷 | 女 | 1965.10 | 生物中心 | 博士 | 山东大学 | 植物分子遗传学 | 2011.3.17 | 分子遗传学 |

| 姓　名 | 性别 | 出生年月 | 所在单位 | 学位 | 毕业院校 | 研究方向 | 选聘时间 | 获聘专业 |
| --- | --- | --- | --- | --- | --- | --- | --- | --- |
| 刘　炜 | 女 | 1975.01 | 生物中心 | 博士 | 中国科学院植物研究所 | 植物发育与分子生物学 | 2011.3.17 | 作物生理生化与分子生物学 |
| 李新国 | 男 | 1972.05 | 生物中心 | 博士 | 山东农业大学 | 植物生理学 | 2011.3.17 | 作物生理生化与分子生物学 |
| 范仲学 | 男 | 1968.09 | 生物中心 | 博士 | 中国农业大学 | 作物生态生理 | 2011.3.17 | 作物生理生化与分子生物学 |
| 何洪彬 | 男 | 1967.02 | 奶牛中心 | 博士 | 中国人民解放军军需大学 | 疾病与转基因 | 2011.3.17 | 动物生物化学与分子生物学 |
| 迟玉成 | 男 | 1969.04 | 花生所 | 博士 | 日本鹿儿岛大学 | 植物病理学 | 2011.3.17 | 植物病理 |

# 2013年录取的研究生情况一览表

| 姓　名 | 性别 | 专业 | 导师 | 培养类别 | 攻读学位 |
|---|---|---|---|---|---|
| 张艳军 | 女 | 植物学 | 董合忠 | 非定向 | 博士 |
| 从晓燕 | 女 | 动物学 | 王金宝 | 非定向 | 博士 |
| 王　瑜 | 女 | 遗传学 | 毕玉平 | 非定向 | 博士 |
| 陈义珍 | 女 | 植物学 | 董合忠 | 自筹经费 | 硕士 |
| 夏焱春 | 女 | 动物学 | 吴家强 | 非定向 | 硕士 |
| 周明明 | 男 | 动物学 | 王金宝 | 非定向 | 硕士 |
| 刘　玮 | 男 | 遗传学 | 单　雷 | 非定向 | 硕士 |
| 张晓玮 | 女 | 遗传学 | 毕玉平 | 非定向 | 硕士 |
| 李婷婷 | 女 | 生物工程 | 王兴军 | 自筹经费 | 硕士 |
| 刘园园 | 女 | 生物工程 | 何庆芳 | 自筹经费 | 硕士 |
| 齐素坤 | 女 | 生物工程 | 张立明 | 非定向 | 硕士 |
| 闫建美 | 女 | 生物工程 | 万书波 | 非定向 | 硕士 |
| 张　筝 | 女 | 生物工程 | 刘玉庆 | 自筹经费 | 硕士 |

# 山东农学会工作概况

## 一、学术活动

### （一）开展了山东农业发展新优势专家建言献策的征集活动。

该活动被省科协学会部评为2013年省科协重点学术活动，得到了全省科技工作者的积极响应，向8个常务理事单位、省农科学会群的21个省级学会、17个市农学会发出了专家建言献策的征集函，580多名农业专家参与到该项活动，收到专家建议438条，专家建议涉及农业种植、养殖、加工、贮藏、运输、经营、管理等领域。

### （二）参与筹划了“舜耕论坛”，为创建品牌学术活动搭建了平台。

首届农业高层次论坛“舜耕论坛”成立大会于10月25日在省农科院创新中心三楼学术报告厅召开。省科协副主席李云云、学会部邵新贵部长出席了大会，李云云副主席代表省科协致辞。原农业部常务副部长万宝瑞、中央党校“三农”研究中心主任曾业松分别作了专题学术报告。省农科院院长兼山东农学会副理事长万书波主持了大会，各省农科院院长、科技人员代表参加了成立大会。山东农学会将以“舜耕论坛”为平台，努力创建山东农学会的学术交流品牌。

### （三）举办了黄河三角洲新生土地开发利用研究院士专家咨询会。

根据黄河三角洲冲积平原新生土地开发利用的调研活动的进展情况，在省科协领导和支持下，在东营市科协、滨州市科协的积极配合下，于11月11-13日，在东营市举办了黄河三角洲新生土地开发利用院士专家咨询会。中国科协书记处书记王春法、省科协党组书记、副主席王春秋、东营市委书记刘士合等领导出席了会议。来自国务院研究发展中心、中国科学院、省农科院、省蓝黄办、省社科院、山东农业大学、山东大学等单位的院士、专家50余人，对黄河三角洲冲积平原新生土地开发利用提出了20多条咨询建议，给课题的深入研究提出了很好的指导性意见。

### （四）完成了省科协下达的《2012-2013山东省行业科技发展报告——现代种业科技发展报告》。

《2012-2013山东省行业科技发展报告——山东现代种业科技发展报告》是今年上半年山东农学会的主要工作。3月份完成了实施意见；5月中旬首席专家指导撰写初稿并报送省科协学会部；6月份组织完成了报告的撰写任务。

## 二、调研和咨询活动

### （一）主持开展了黄河三角洲冲积平原新生土地开发利用的调研活动。

根据省科协的要求，山东农学会组织专家于4月份向中国科协提交了《黄河三角洲冲积平原新生土地开发利用研究课题申报书》，经中国科协批准，该课题由省科协主持山东农学会承担具体研究任务，研究期限1年。6月29-30日，与省科协调宣部联合主持召开专家组会议，就课题的主要内容、研究进度及任务分工进行讨论确定；8月20-21日由省科协赵宣生书记、调宣部袁慎庆部长带队，学会副秘书长吴天琪及其课题组的有关专家赴滨州、东营等地进行调研；11月11-13日中国科协对该研究进行中期检查评估，给予了较高的评价。

（二）完成了科技工作者状况调查站（点）2013 的调研任务。

根据省科协组织部的通知要求，参加了中国科协在重庆永川召开的全国科技工作者状况调查站（点）2013 年培训班，认真听取了中国科协关于进一步搞好科技工作者站（点）调查工作的要求。会后组织作物专业委员会、药用植物专业委员会、植保专业委员会的 55 位专家，开展了调研工作，填写了调研问卷并于 6 月 18 日完成上报任务。

（三）组织专家参加了省科协组织的安全健康食品评估认证专家座谈会。

3 月 14 日，组织专家参加了省科协组织的安全健康食品评估认证专家座谈会，山东农学会专家滕葳、吴天琪按照大会要求出席了会议并在会上作了发言交流。

（四）主持召开了省科协农科学会群 2013 年秘书长联席会议。

9 月 25-26 日在潍坊雷沃福田公司，主持召开了省科协农科学会群第 10 次秘书长会议，此次会议由山东农机学会具体承办，17 个学会参会，吴天琪副秘书长主持了会议，省科协学会部邵新贵部长到会做了主题报告，省农机科学院院长骆琳介绍了省农机科学院及山东农机学会的情况，有 6 个新换届的学会秘书长在会上进行了情况交流。

**三、组织建设**

（一）运用网络优势，提升服务效率，加快专业委员会建设。

2013 年召开了 4 次常务理事会（通信），分别对作物专业委员会、原子能专业委员会、省农科院高新技术中心提出的组织建设进行了研究。通过了设立山东作物学会分支机构山东粮王技术协会和山东特色杂粮产业科技协会；增设山东农学会高新技术应用分会，并责请省农科院高新技术中心积极进行筹备工作。

（二）组织人员参加了社会组织评估工作的培训。

7 月 22-27 日组织有关市农学会的人员，参加了中国农学会在鄂尔多斯举办的全国农学会系统管理培训班。为参加全国省级农学会达标升级工作做好了准备，力争于 2014 年争创 5A 级农学会。

（三）完成了省科协第八次会员代表大会代表和委员候选人的推选工作。

根据省科协的要求，经请示理事长同意，向省科协第八次会员代表大会推选出 6 名代表和 2 名委员候选人。

（四）人才推荐。

组织完成了中国科协第十三届中国青年科技奖的候选人推荐上报工作，推荐畜牧兽医所吴家强、资环所江丽华为候选人并上报中国科协。

# 山东农学会组成情况

**8 个常务理事单位：**

山东省农业科学院　山东省农业厅　山东农业大学　青岛农业大学

山东农业工程学院　山东登海种业股份有限公司　济南市农学会　青岛市农学会

**15 个理事单位：**

淄博市农学会　枣庄市农学会　东营市农学会　烟台市农学会　潍坊市农学会

济宁市农学会　泰安市农学会　威海市农学会　日照市农学会　莱芜市农学会

临沂市农学会　德州市农学会　聊城市农学会　滨州市农学会　菏泽市农学会

**下设 7 个专业委员会：**

作物专业委员会　植保专业委员会　土肥专业委员会　旱作专业委员会

原子能应用专业委员会　药用植物专业委员会　高新技术应用分会

# 七、综合政务管理

# 办公室业务工作概况

**一、周密组织重大活动和会议，着力提升综合协调能力**

圆满完成习近平总书记、罗富和副主席、赵润田副省长来院视察等重大活动的综合协调任务。全年接待各级各部门来访交流 30 余次。

积极参与 110 周年院庆工作，拍摄制作院形象宣传片——《超越梦想》，编辑出版《聚焦强院——媒体眼中的山东省农科院》，参与院展览馆布展设计工作。

牵头组织了中国农业科技管理研究会领导科学工作委员会 2013 年年会、全院工作会议、强院建设提升工程规划院士专家论证会、学习赵振东院士座谈会等综合性会议。

**二、做好调研和文字工作，积极发挥参谋助手作用**

联合省委政策研究室开展了“关于在凤凰涅槃，腾笼换鸟，优化产业结构中发挥农业科研院所作用”的重大专题调研，并形成调研报告，赵润田副省长对此作出批示。获得山东省政府系统优秀调研成果二等奖、三等奖各 1 项，获得山东软科学优秀成果二等奖 1 项。

较好完成了全院重要会议的主题报告和院领导讲话、向省委省政府及上级部门的请示报告以及对外交流材料的起草工作。为主参与强院建设提升工程的调研和编写工作。及时组织上报 12 期省政府月报告材料。起草印发我院 2014 年 1 号文件。完成了 18 期院党委会纪要和 5 期院长办公会纪要整理印发工作。

**三、加强科技宣传，努力提高我院社会影响力**

围绕重大成果推出、重要课题进展、科技服务和重要活动，积极组织策划，加大宣传力度。在中央新闻联播播出我院新闻 1 条，在新华社、科技日报、大众日报、山东新闻联播等中央和省级媒体宣传 168 篇（条），编印院简报 12 期，强化了院门户网站的建设管理，进一步提高了我院的知名度与美誉度。

**四、履行督查督办职能，健全和梳理各类规章制度**

加强了对院工作会议、党委会、院长办公会决定事项和全院重点工作的督查督办力度。起草拟定了院党委会和院长办公会议事规则和关于落实中央八项规定的实施意见。推动执行我院工作月报告制度。结合群众路线教育实践活动，对院内各项规章制度进行了全面梳理，对构建我院整改落实的长效机制起到了积极推动作用。

**五、做好日常管理和服务工作，为我院工作正常运转提供保障**

认真做好档案管理工作，全年共收集整理归档各门类文件资料 7614 件 / 卷，完成了上年度《年鉴》编印工作。认真做好机要保密工作，被评为 2013 年度省直密码使用管理工作先进单位。认真做好日常服务工作，印发院发文件、党发文件、会议通知以及处室文件等 500 多件。

# 财务资产管理概况

## 一、优化支出结构、突出保障重点，资金保障能力显著增强

在争取上级主管部门政策支持和资金投入的基础上，优化支出结构，突出保障重点，统筹做好抓管理促发展各项工作，有力保障了全院科研事业的快速发展：一是保障试验基地购建、研究生公寓维修改造、种业发展以及科技展厅建设、智能化温室改造等重点工作；二是支持国家级科研项目的仪器设备和基本建设资金匹配、各单位科研平台设施设备维修维护以及科技创新项目；三是支持人才队伍建设；四是保障创新大楼、核心区基础设施、资源中心等五个重点建设项目实现圆满收尾，形成固定资产总值 28336 万元；五是保障职工查体、兑现离退休人员绩效工资、无房职工住房补偿、兑现房改补偿挂账、设施维修等多项民生工程。

## 二、更新观念、提升能力，财务综合管理水平不断提高

一是扎实推进“财务管理提升”活动，着力提升财会人员业务技能，加快全院财会队伍建设；研究起草了《院财务管理规范》《院科研项目经费管理办法》等 3 个制度，促进财务管理规范化。

二是积极盘活存量资金，开展专项检查，压减项目结余结转资金，加快财政资金支出进度，减少资金沉淀闲置，缓解财务收支矛盾。

三是加大了“三公”经费管理力度，对日常公用支出预算经费压减 5%；制定院机关“五项费用”管理办法，加强“三公”经费支出管理，实现了全院经费预算支出只减不增的目标。

四是着力提升运营大项目大资金的能力，编制《强院建设提升工程资金保障计划》，通过专家论证；落实土地拍卖资金和资金使用计划，首期土地拍卖收益已上缴财政专户用于我院事业发展；完成“院试验示范基地建设项目一期工程”省发改委立项；启动“院科技创新条件平台建设项目”立项申报工作。

五是不断强化资金动态监管，以国库集中支付和政府采购管理为重点，将日常检查指导和目标考核相结合，强化预算执行，提高年度预算到位率，完成政府采购预算 1.14 亿元。

## 三、创新思路、迎难而上，国有资产管理逐步强化

一是以实现我院国有资产管理的规范化、信息化、制度化为目标，在全院开展了“国有资产管理提升”活动。

二是优化房产资源配置。在顺利完成植保站院落和房屋接收工作的基础上，对院属 12 个单位的科研办公用房进行了调整。

三是做好土地拍卖收益的落实。顺利签署了拍卖土地的三方交接协议，实现了首期土地拍卖收益的顺利回拨。

四是加强对外投资监管。顺利完成了种业集团二期增资审核审批，完成了农产品所对创新源公司增资审核批复和植保所设立鲁保公司的投资审核批复，我院荣获“2013 年度全省行政事业国有资产管理先进单位”荣誉称号。

## 四、转变作风、提高效率，机关财务管理效能显著提升

一是不断提高财务工作效率，服务质量明显提升。

二是研究制定了《院机关“五项费用”管理暂行办法》《院工会经费管理办法》等制度。

三是加强了重点项目经费管理，加快项目经费转拨进度，2013 年到位项目经费转拨进度达到 91% 以上。

# 法律审计工作概况

一、精心组织、周密安排，完成了院属8个单位的经济责任审计工作。完成了棉花中心、幼儿园、小学、门诊所、招待所5个单位法定代表人的离任审计工作以及蚕业所、奶牛中心、资源中心3个单位主要负责人任中经济责任审计工作。通过审计促进了被审计单位财务管理水平的提高，提升了被审计单位防范风险的能力，审计取得了良好的效果。

二、完成了7项国家自然科学基金项目、4项省科技发展计划项目、2项省自然科学基金项目的结题财务审计工作。确保了课题按期顺利通过结题验收。

三、完成了对2012年度审计工作中发现问题整改情况的督促检查。经单位自查和法律审计处检查统计，2012年度14个单位审计发现的问题已整改和已有整改措施的占发现问题总数的88.95%，整改成效明显。

四、完成了对土地拍卖资金的使用情况的前期调研工作。起草制定了《院土地出让财政专项资金审计监督办法》，根据征求的意见进行了必要的修改，即将印发执行，为2014年及今后一段时期开展土地出让资金使用情况的审计监督奠定了制度基础。

五、接受院属有关单位委托，做好审计咨询服务工作。帮助资源中心和作物所分别完成了建设项目竣工决算审计、转基因小麦中试产业化建设项目审计，帮助玉米所完成了国家玉米改良分中心二期财务验收整改工作；接受家禽所委托，对课题项目协助单位的财务状况进行了检查和督促整改；接受蔬菜所邀请，为科研骨干做了《科研项目经费预决算与审计》专题报告；为植保所原植物医院清算提供了审计咨询服务等。

六、会同财计处对我院存量资金情况进行了专项检查，并对部分单位进行了实地抽查，摸清底数，督促落实整改，提高了资产质量。

七、根据机构编制调整的需要，由我处牵头成立了SPF鸡场清算工作组，制定了清算工作方案。

八、修订了《院内部审计工作规定》、《院属单位和控股企业负责人经济责任审计办法》，起草了《院兼职内部审计员聘任办法》（以上制度正在征求意见）。

九、注重加强内部审计队伍自身建设。聘任了兼职内部审计员，形成了院内部审计网络，实现了院内部审计人员全覆盖；完成了内部审计和财务会计继续教育培训，通过培训学习和交流，提高了内审人员的自身素质和能力，确保了各项目标任务的顺利完成；组织内审人员积极参加党的群众路线学习教育活动，召开了专题组织生活会，受到了省直机关工委领导同志的肯定。

十、协调院法律顾问审查修改院所合同58份，提供书面法律咨询意见报告19份，代理院所单位诉讼3次，化解了大量法律风险，维护了我院合法权益。

# 老干部工作概况

## 一、老干部“两项待遇”落实情况

政治待遇：一是召开两次全院老干部情况通报会；二是2013年全院工作会议和院领导民主推荐会议，邀请部分老领导参加；三是110周年院庆和强院建设提升工程召开老领导座谈会，听取老领导意见建议；四是组织院机关离退休干部参观院展览馆，到东平、莱芜参观考察；五是组织离退休党员干部每季度学习，与在职干部同等配发学习材料；六是为老干部订阅报刊杂志，及时为离休干部和厅局级退休干部报销书报费；七是中秋节、春节走访慰问离退休干部，看望患病住院的离退休干部，并到江苏镇江看望了98岁的退休老干部朱唯农同志；八是组织召开了院第十一届老年运动会及多种文体活动。

生活待遇：保证了离退休干部生活费及时足额的发放，各项医保政策宣传到位。对年满70周岁老干部送生日蛋糕，为2名有特殊困难的离休干部和2名离休干部遗属争取了特殊困难救助金2.4万元。

## 二、老干部处党委工作

一是每季度组织学习党的十八大精神、十八届三中全会决议、中央八项规定、习总书记来我院考察时的讲话精神。二是开展“贯彻十八大，畅谈新变化”主题活动。利用“老干部之家”网上平台，将自己老有所为、老有所乐的作品在网上共享。老干部处党委被评为“全省离退休干部先进集体”，受到省委和省政府的通报表彰。

## 三、老科协工作

今年召开了院老科协三届六次理事会和老科协第四次会员大会，选举产生了第四届老科协理事会理事、常务理事、会长，吸收了一批新会员，壮大了老科协队伍。先后召开两次常务理事会议，总结了2013年工作，部署了2014年工作，为进一步发挥老科协的作用提供了组织保证。

## 四、信访工作

对老干部来信来访反映的问题认真解答，及时妥善解决，对不符合政策规定解决不了的问题，做好耐心细致的解释工作，确保全院稳定和谐。

## 五、老干部工作队伍建设

举办全院老干部工作人员培训班，研究探讨新形势下老干部工作方式方法的创新，进一步提高为老干部服务的能力和水平。邀请省委老干部局的领导对退休干部信息采集和统计工作进行了培训，新建了全院退休干部数据库。

## 六、条件改善

院拨款10万元用于老干部活动中心的换门包窗及照明灯具和线路的改造。

# 行政后勤工作概况

## 一、强化责任，团结协作，圆满完成院重大活动的后勤服务和安全保障工作

为做好院创建110周年系列活动，认真做好了核心区环境整治、卫生保洁、秩序维护、物业服务以及展览馆接待讲解等工作。特别是11月27日下午习近平总书记视察我院期间，我处圆满完成了后勤保障服务工作。

## 二、改革创新，扎实推进，以房屋管理为重点的行政管理工作取得突破进展

（一）*房屋管理*。完成了我院全面兑现职工一次性住房资金补偿挂账、无房职工一次性住房补偿、省直售后公有住房住宅专项维修资金申请工作。开展了省直房改超规定面积标准住房的处理工作，部署了办公用房清理整顿工作，积极推进宿舍区131户换购房房产证的办理。开展了宿舍区漏雨楼顶维修工作。

（二）*项目管理*。重点完成了创新中心主供电源增容、老机关办公楼外墙装饰、附楼二礼堂和纪念地维修、核心区绿化提升、组培楼供电专线工程，实施了研究生公寓修缮等工程。争取了院展览馆等8000平方米临建指标。

（三）*车辆管理*。组织开展了我院公务用车清理整顿工作，完成了院机关2辆公务用车报废和2辆新车的购置工作。

## 三、强化责任，敢于担当，后勤服务平台建设取得显著成效

（一）*卫生教育方面*。我院门诊所获批为省直医疗保险定点医疗机构，为方便职工就医和门诊所持续发展奠定了坚实基础。组织我院保健干部、院机关及行政处在职离退休共计650人次进行了健康查体。幼儿园被评为历城区托幼先进集体，被列为济南市第一批幼教联盟单位。与山大附中保持良好合作关系，争取了我院职工子女入小学定点学校，与历城区教育局达成合作办小学意向。

（二）*物业服务方面*。物业管理和服务逐步科学、规范，工作中实现了三个统筹：一是统筹协调了院所、职工、物业三方利益，二是统筹运作了核心区与宿舍区物业，三是统筹把握了物业服务和后勤服务关系。

（三）*社区和公共服务方面*。认真做好了全国第三次经济普查工作，举办了社区第四届邻里节系列活动，加大安全管理和矛盾调解力度，做好对社区老人服务和弱势群体帮扶工作。负责院展览馆日常管理和讲解工作，为来参观的60余个团组、1600余人次进行了讲解。

## 四、加强基础设施建设和维修维护，保运转保安全的后勤保障能力进一步提升

（一）*创新中心主供电源建成投入使用，核心区用电得到根本保障*。6月17日3300KVA主供电源正式对创新中心大楼和附楼一并供电，彻底解决了原供电源因容量不足而经常出现的跳闸断电停摆问题，为我院事业发展提供了电力保障。

（二）*实施了一揽子维修改造项目，保障了核心区和宿舍区正常运转*。全面维修了创新中心消防系统，增设了漏电报警系统和城市消防安全远程监控系统。维修了创新中心空调机组、电梯、旋转门，对中央空调晾水塔涂刷油漆、更换了桥架，对主楼部分楼层走廊

墙壁裂缝进行了修补。维修了宿舍区破裂暖气管道、老化电线以及配电箱等。

（三）**牢固树立安全运行理念，加大安全保障力度。**在后勤保障过程中，时刻注意用电和消防安全，及时消除安全隐患。特别是在炎热的夏季和寒冷的冬季，工作人员承担了大量的对宿舍区用电线路和暖气管道的查漏抢修工作，保证了职工正常生活。

# 安全生产、治安保卫工作概况

## 一、敢于担当，重大活动、重要节点安全工作经受住了考验

我院围绕“公益院庆、学术院庆、文化院庆、和谐院庆”的要求，陆续开展了一系列重大活动，为确保各项活动的顺利进行，营造良好的院庆氛围，院保卫处组织进行了全院安全工作大检查，督促各单位整改了安全隐患；根据活动期间人员、车辆较多的实际情况，对核心区工作秩序进行了维护，确保了警卫执勤、车辆停放、人员管理、疏通引导等工作井然有序，较好地保障了各项活动的顺利进行。特别是11月27日下午习近平总书记视察我院期间，院保卫处和行政处根据院党委和行政的指示精神，根据省、市、区公安部门的工作部署，紧张有序地开展了各项安保工作，圆满完成了任务，向院党委交了一份合格的答卷。

在2013年全国两会、党的十八届三中全会和省两会召开期间，我院根据上级主管部门要求认真做好社区维稳工作，及时发现、布控和消除不稳定因素。在重要节日、春季、冬季干旱火灾多发季节以及“三夏”期间，院保卫处及时组织开展安全工作大检查，及时督促整改隐患，确保生产和消防安全。

## 二、扎实推进，实验室、生产经营场所等重点部位安全工作逐步规范

创新中心是我院重要的科研实验场所，实验室易燃易爆化学药品多，大功率耗电设备集中，小功率用电设备复杂，安全隐患较大。院主要领导对实验室安全工作非常重视，多次作出重要指示，提出高的要求。保卫处将实验室安全作为工作重点，除每月组织进行安全检查外，在春节、五一、国庆、元旦等重要节日前或期间，都组织开展专项检查和整改。科研处作为监督检查指导部门，对实验室各项管理工作进行了规范，取得明显成效，各单位也提高了对实验室安全重要性的认识，增强了责任感，落实了整改措施，经过多方努力，实验室管理逐步规范，安全得到有效保障。

我院经营和租赁场所面积较大，生产和消防安全任务艰巨，产业处作为监督检查指导部门，对生产经营单位的安全生产和质量安全工作抓得紧，在重要节点积极配合保卫处的检查工作，并认真做好日常监管。基地服务中心加强了对科技市场的安全管理，组织经营业户进行了消防培训和演练。辐照中心是我院重点安保部位，农产品所认真按院里要求做好各方面工作，定期维护，经常检查，时刻注意设施的运行情况，发现问题及时处理，坚决杜绝钴源周边区域的火灾隐患，确保了钴源安全运行。

## 三、加大投入，物防技防水平进一步提高

院所普遍将安保经费纳入财务预算。2013年，我院投入70余万元对核心区和宿舍区公共部位设施设备和用电线路进行了维修，特别是对核心区治安和消防自动监控系统进行了彻底检修，安装了漏电报警系统，实现了治安和消防系统与公安机关的联动。

## 主要媒体报道

# 把学科优势转化为产业优势

## ——山东省农科院扶持种业发展纪实

（《农民日报》 2013年1月28日）

**编者按** 时值岁末年初，各省的农业、农村工作会议已经确立了今年的“三农”发展目标，而支持现代农作物种业发展无疑成为其中一项极为重要的内容。从本期开始，周刊将陆续关注一些省份在支持种业发展方面的重点和亮点，敬请关注。

山东是农业大省和种业大省。全省常年农作物种植面积稳定在1.64亿亩左右，粮、棉、油、菜、菌及苗木花卉等用种量约26.5亿公斤，市场总价值125亿元左右。2012年全省粮食总产量达到902.3亿斤，成为全国唯一实现连续十年增产的省份。

这其中，作物良种起到了重要支撑作用。但是，长期以来山东省种子企业规模较小，自主创新能力不足的问题日益突出。

有着强大科研优势和人才优势的山东省农业科学院，在新时期的民族种业发展中引领担当，积极推进科企合作，扶持企业做大做强，为实现山东从种业大省向种业强省跨越提供了源源不断的科技支撑。

**科技助力产业升级**

目前，山东省现有365家有资质的种子企业，虽然种子经营机构数量较多，但是行业过于分散，缺乏真正有实力的育、繁、推一体化的大型综合性种业龙头企业。

据统计，该省年销售额超过2000万元种子企业不到100家，超过1亿元的仅有7家，没有净资产超过10亿元或种子年销售收入超过5亿元的公司。2011年国家种业新政出台，大幅提高了种子企业的市场准入门槛，将“育繁推一体化”的种业公司注册资金提高到1亿元以上。山东省农科院提出整合科技资源组建山东种业集团，得到省委、省政府的大力支持。2012年12月20日，山东省种业集团完成了工商注册，成为省政府出资、依托省农科院组建的大型国有控股种子企业，注册资金3亿元，为山东省种业创新及产业化注入了一股强劲的新生力量。

自2007年以来，山东省农科院的专业研究所还牵头组建了7个山东省产业技术创新战略示范联盟，实现了产研紧密结合。

**探索科企合作新模式**

山东省农科院在作物育种领域具有明显优势。“十五”以来，全院承担转基因生物育种、良种工程等国家和省重大专项170多项，共有251个新品种通过省级以上审定。在全省种植面积过千万亩的小麦、玉米、棉花、花生、果树五大类作物中，农科院育成的品种所占比例分别达到60%、10%、80%、60%和60%，大都占有主体地位。

在创新平台方面，全院拥有小麦玉米国家工程实验室，国家花生工程技术研究中心、农业部原种基地等国家及部级创新平台60个，省级创新平台28个。此外，还拥有容量

20万份的山东省农作物种质资源中心。省农科院现有3万份种质资源，为品种选育奠定了基础。

“农科院具有明显的育种学科优势与平台基础，但要把这种学科优势转化为产业优势，还需要依托山东种业集团这样的产业平台，逐步探索出科企合作新模式。”山东省农科院院长周林表示，下一步，山东种业集团将整合院内外种业资源，把种子种苗产业作为核心业务，重点发展小麦、玉米、棉花、花生、畜禽、果树苗木和中药材种业。计划在种子生产优势区和粮食主产区，依托子公司建设标准化良种繁育基地和现代化种子加工中心，并积极打造服务全省、辐射周边的多元化推广服务网络，最终建成“育繁推一体化”的商业化育种体系。

**面向市场调整育种方向**

在谈到下一步小麦育种发展方向时，刚刚获得山东省科技最高奖的省农科院小麦育种专家赵振东告诉记者，重点还是要在产量上做足文章。他说，我们的小麦已经达到了亩产近800公斤的潜力，但山东省小麦平均亩产却只有400多公斤，还达不到亩产潜力的60%。首先，要培育中熟高产品种，努力把小麦的生育期至少压缩2天，在一年两熟的情况下，保障小麦玉米都能丰收。其次，要培育抗病性、抗逆性、适应性更强的新品种。随着气候的变化，新的病虫害逐年发生，一些次要病害变成首要病害。因此培育多抗、广适新品种势在必行。

山东省农科院玉米育种专家孟昭东研究员说，玉米产业要做大做强，核心工作就是要推动产研结合，密切科企合作，建立联合创新团队，面向生产定向育种，不断提高育种效率和品种质量。“随着农村劳动力资源越来越紧缺，用工多的品种没有了市场，育种家应该围绕适合机械化收获，重新明确育种目标，调整育种方向，以适应生产需求，否则就没有出路。”孟昭东说，另外，从功能区划来讲，还需要根据气候、土壤条件和农民种植习惯，进一步细致划分玉米制种基地和生产基地等不同的功能区，重点发挥好黄淮海夏玉米主产区的增产潜力。

山东省农科院棉花育种专家李汝忠研究员认为，现在棉花生产面临最大的问题是用工多、机械化程度低，近年来劳动力成本上升，导致植棉成本剧增，比较效益下降。特别是在制种上，杂交棉虽然是提高棉花产量的一个重大突破，但是需要人工制种，目前人工费已经从10年前的每天七八元提高到80元，增长了10多倍。关于棉花育种方向，他说，应该围绕降低成本，减少用工，提高效益，增强棉花整体竞争力，来选育相应品种。目前他们课题组正在积极研发三系杂交抗虫棉，不用人工去雄，减少了制种用工，这将打破制种成本瓶颈。

李汝忠认为，育种是一个长期积累的过程，目前95%的企业没有自主创新能力，而科研单位掌握着大量育种科技资源，因此短期内科研单位与商业化育种不宜脱钩，建议待培养起具有自主创新能力的种子企业之后，再稳步实现育种主体的转移。

记者：宋修伟 于洪光 通讯员：王祥峰

# 一年之计 农技服务到田间

（山东新闻联播 2013 年 2 月 18 日）

【导语】随着天气转暖，麦田也将逐渐返青，山东各级农业部门抓住当前有利时机，派出专家深入田间地头，指导农民开展麦田管理。

【正文】前段时间的连续雨雪天气，使今年冬小麦墒情大大好于往年。据统计，目前山东近 5500 万亩小麦一二类苗占到了九成以上，三类苗较去年有所增加。

【同期声】山东省农科院作物研究所研究员 王法宏

春季一个是增温保墒，再一个呢，田间通风透光条件要好，这样容易使基部节间长得比较粗壮，提高抗倒伏能力；有利于降低田间湿度，减轻纹枯病的发生。

【正文】针对今年墒情好的情况，专家建议春季不要过早浇水，注意增温保墒，春季化冻以后，对麦田进行普遍镇压。

【同期声】莱州市农业局农技专家 王志强

主要管理措施就是划锄镇压，一般是先压后锄，镇压可以使地下部的水分，向地上部转移。同时对于部分旺长的麦田，可以抑制它生长，起到一个控旺转壮的作用。

【正文】临沂市组织了 200 多支科技服务队，1800 多名农技人员进村入户，把春耕生产急需的农资和科技服务送到农民身边。在蒙阴县上庄村，农技人员一进村，就被闻讯赶来的群众围了起来。

【同期声】蒙阴县农业协会会长 崔传芳

（这个玉米品种）非常适应咱们蒙阴这种山岭薄地，特点是品质比较好，卖价（每斤）多一毛钱。

记者：韩妍妍 通讯员：安静

# 山东：组建种业航母 向种业强省跨越

（山东新闻联播 2013 年 2 月 26 日）

【导语】由省政府出资、依托山东省农科院组建的山东种业集团今天在济南揭牌成立。

【正文】山东种业集团注册资本 3 亿元，通过投资、并购等形式整合了 10 多家种业公司。这个山东最大的国有控股种子企业，将依托省农科院的品种资源、成果技术和人才队伍优势，实行“育繁推一体化”经营战略。

【同期声】山东省农科院院长 周林

山东是种业大省，农作物种植面积在 1.64 亿亩左右，种业集团的成立，对于我省种业创新，保障粮食安全和农产品有效供给，具有重要意义。

【正文】山东每年种子需求量大约在 25 亿斤左右。虽然有 365 家种子经营企业，但年销售额超过2000万元的还不到100家，超过1亿元的也仅有7家，没有一家真正能起到"领头羊"作用的"种业航母"。

【同期声】山东种业集团总经理 刘世军

一是经营规模小，二是研发能力不足，三是经营机制不活，这就导致了种业的集中度不够，竞争力不强。

【正文】不仅如此，山东的种业还受到30多家国外种子公司的挤压，瑞士先正达、美国先锋和孟山都、以色列的海泽拉都先后在山东建立了遍布城乡的销售终端，给山东的种子产业发展带来极大的竞争压力。

【同期声】山东鲁蔬种业有限责任公司董事长 吴雄

设施领域这个里边，比如说高端番茄，甜椒，很多市场都被国外垄断，有的高端品种甚至占到了50%以上，像我们原来是小公司很难和他们抗衡。

【正文】新成立的种业集团，旨在打破传统科研与市场分离的模式，整合科技资源和种质资源，创新战略联盟，通过种业创新、产研结合和专业化经营等方式，重点发展小麦、玉米、棉花、花生、畜禽、果树苗木等种业，最终建成全省"育繁推一体化"的商业化育种体系。

记者：侯洪强 韩妍妍 段义军　通讯员：安静

## 山东种业集团担纲商业化育种体系主体<br>"种业大省"探索民族种业做强路径

（《大众日报》　2013年2月28日）

"整合资源，靠产学研结合、育繁推一体化和专业化经营，让种子企业站到产业发展的关键位置去角逐市场。"2月26日，山东种业集团股份有限公司（简称"山东种业集团"）在济南低调揭牌后，集团董事长、省农科院院长周林向记者谈起了他们的见解和尝试。

山东种业集团由省政府出资、依托省农科院组建，注册资本达3亿元。

山东是农业大省、用种大省，常年农作物种植面积稳定在1.64亿亩左右，粮、棉、油、菜、菌及苗木花卉等用种量约26.5亿公斤，市场价值约125亿元。山东也是个种业大省，以农业科研和教学单位为主体的育种体系健全，但种子企业却不强。据统计，184家省级以上发证种子企业年销售收入总和49亿元，而美国孟山都一家企业一年的销售收入就高达上百亿美元！国际种业巨头孟山都、先锋、先正达等30多家种子公司先后在山东进行产业布局，已建立起拉网式的销售终端，占领相当部分的市场份额，尤其是蔬菜种子。并且，国外品种正逐步从园艺作物向大宗粮食作物拓展，粮食安全受到潜在威胁。

"振兴民族种业，实现种业现代化要以大型现代农作物种业集团为龙头带动。"农业部副部长余欣荣在日前举办的全国重点种子企业主要负责人培训班上表示。业内专家认为，成立山东种业集团，是一种体制机制的创新。把企业作为商业化育种体系的主体，又能较好地依托省农科院的育种力量和资源，打破传统种业科研与市场的藩篱，真正按照市场化、产业化的要求开展品种的研发推广。据山东种业集团总经理刘世军介绍，企业目前正在整合省农科院现有的种业资源，近期还将与中国种业集团签订战略合作协议，共同组建中国北方种业创新联盟，联合省内外创新资源，催生种业重大成果，加快突破制约种业发展的技术瓶颈。此外，还将通过并购、重组、投资等形式，整合全省种业力量，力争经过3-5年的发展，挺起民族种业的脊梁，推动我省实现从种业大省到种业强省的跨越。

记者：王亚楠　通讯员：安静　孔明明

## 山东加快种业强省建设步伐

（《农民日报》 2013年3月5日）

2月26日，山东种业集团股份有限公司正式揭牌成立。据了解，该公司为山东省政府出资设立的产学研结合、“育繁推一体化”的大型国有控股企业，注册资金3亿元。业内人士分析认为，山东种业集团股份有限公司的成立，对带动山东种业市场规范发展、增强山东种业的市场竞争力、保障粮食安全和农产品有效供给、推动农业可持续发展等具有标志性的意义。

**山东种业突围亟须“主心骨”和“领头雁”**

“一旦农作物特别是粮食作物种子市场、品种选育和种业体系被外资掌控，我们不仅要付出极大的经济代价，而且国家粮食安全也难以保障。”山东农科院党委书记王金宝说。

据统计，目前世界前10大种子公司营业额为147亿美元，约占全球市场的2/3。其中前3名约占全球市场的47%，这三家控制着全世界65%的玉米和50%的大豆市场。

具体到山东，粮、棉、油、菜、菌及苗木花卉等每年的用种量约26.5亿公斤，市场总价值125亿元左右。目前，山东育种体系健全，小麦、玉米、棉花、花生、大白菜、食用菌等作物的育种水平居全国领先地位，主要农作物良种覆盖率达96%以上。然而，山东种子经营机构分散，经营品种单一，集中程度差，缺乏有实力的大型综合性种业龙头企业。种子产、加、销机构的平均年销售额仅有450万元，年销售额超过2000万元的企业不到100家，超过1亿元的仅7家，没有净资产超过10亿元或年销售收入超5亿元的公司。

“与发达国家种企相比，山东省种企还存在明显差距：起步晚、规模小、过于分散，缺乏真正能起‘主心骨’和‘领头羊’作用的‘种业航母’；研发能力弱，核心竞争力不够，研发投入远低于大型跨国种业；科研与生产脱节，科技资源没有在最短时间内产生最大的社会和经济效益；机制不活，管理水平不高，种业产业内懂现代化管理和市场化运作的人才缺乏；缺乏长远的战略眼光，多数企业为‘品种代理商’。”王金宝说。

**依托省农科院打造育繁推一体化种业集团**

据介绍，山东省农科院是山东唯一的省级综合性、公益性农业科研单位和农业科技创新的龙头，“十五”以来，承担转基因生物育种、良种工程等国家和省重大专项170多项，共有 251 个动植物新品种通过省级以上审定，其中 61 个新品种通过了国审。作物、园艺和畜禽育种研究获得国家科技进步二等奖 6 项、省科技进步一等奖 8 项。选育的农作物品种每年都有多个入选国家和山东主导品种，小麦、玉米、棉花、花生、果树等主要农作物育成品种在山东均占主体地位。其中，“济麦 22”连续 3 年成为全国第一大小麦品种，累计推广过亿亩，创造了全国冬小麦亩产 789.9 公斤的最高纪录。以“鲁研”“鲁壹”“鲁单”“花育”系列品种品牌为代表的种子企业已初具规模，年营业额近 2 亿元。

基于这样的基础，为振兴山东种业，山东省农科院很早就提出了组建产学研相结合、“育繁推一体化”的山东种业集团有限公司的规划。2012 年 4 月 27 日，山东省政府正式下发文件，同意组建种业集团。

“种业创新是农科院的首要任务。依托农科院组建山东种业集团，是信任和鞭策，也是促进科研与市场紧密结合的有效手段。”山东种业集团股份有限公司董事长、山东省农科院院长周林说，“这是一种体制机制的创新，企业为主体的商业化育种研发体系的建立，依托科研院所现有育种力量和资源，并按照市场化、产业化育种模式开展品种研发，有利于推动基础性研究成果与应用性研发的有机结合，实现科技创新与成果产业化的紧密结合。同时，激活农业科研单位的创新机制，给研发带来活力。”

山东种业集团股份有限公司总经理刘世军介绍说，种业集团依托省农科院品种资源、成果技术、人才队伍、推广服务等优势，整合全院种业企业，以货币资金约 2.6 亿元和部分房产出资，集团注册总资本 3 亿元，下设小麦、玉米、棉花、蔬菜、花生等专业子公司和分公司，为省属大型国有企业。种业集团将通过种业创新、产研结合和专业化经营等方式，力争用 3-5 年，发展成为大型国有综合性农业高新技术集团，成为黄淮海区域乃至我国北方具有重要影响力的“种业航母”。

**科企合作组建种业“联合舰队”**

“单打独斗不能解决问题，山东种业要想立于不败之地必须解放思想，强强联合、科企合作是提高企业竞争力的最强‘法宝’，是加快科研院所成果转化的‘催化剂’。”周林说。

据了解，山东种业集团将与省农科院、山东大学农学院、山东农业大学等科研单位开展联合育种、合作育种、定向育种，实现育种资源共享、人才流动共享、育种成果共享，进而获得育、繁、推、管、服等全方位的提升。还将通过组建产业联盟、并购、重组、投资等形式，联合山东种业力量，完善覆盖山东的种业研发营销网络，组建具有核心竞争力种业“联合舰队”。

此外，山东农科院还将与中国种子集团有限公司签订战略合作协议，并与中国种业集团及有关省市农科院为主要发起人，共同启动北方种业创新联盟组建工作，以建成我国北方包括农业科研院所、高等院校和种业企业等在内的行业创新联盟。联盟成员将在核心技术攻关、知识产权共享、人才联合培养、信息平台建设、行业标准制定、行业预警预测等方面开展全面合作，共同突破制约北方种业发展的技术瓶颈，促进重大种业成果产业化，带动种业技术进步和产业结构优化升级，提升我国北方种业的整体实力。

“随着山东种业集团股份有限公司成立和北方种业创新联盟的启动，目前山东种子企业数量多、规模小，育种资源和人才不足、研发能力弱，市场占有率低、竞争力不强等问题有望得到改观，有望开启山东省由种业大省向种业强省迈进的新篇章。”周林告诉记者。

记者：于洪光 吕兵兵 通讯员：安静

## 春耕观察 蔬菜：主导品种要稳定 提量更要提质

（山东新闻联播 2013年4月5日）

【导语】天气起伏不定，但春耕生产不能放松。4月份是春耕生产的关键时期，对于春季种植作物，专家提醒，不光要埋头种地，也要科学种田。

【正文】眼下到了种植春季蔬菜的时候，在山东各大蔬菜种植批发基地，农户们已经开始忙碌了。可是今年种什么品种，种多大面积，很多农户都有些顾虑。

【同期声】济南市唐王镇蔬菜种植户 姜全华

浇地，开始施肥，开始种花生，种完花生种白菜，多种几个品种啊，不敢大片地种，老百姓种地就是碰啊。

【同期声】旭日农场农场主 蒋士东

我害怕一下把秧插上，价格会不好。

【正文】山东是蔬菜种植大省，从2010年至今，播种面积稳定在3000万亩左右，产值达1695亿元。可是即便产量质量居高，每年仍然会出现蔬菜滞销的情况。姜师傅去年发展芹菜种植，可是偏偏赶上行情不好，几万斤芹菜全都烂在了地里。

【同期声】山东省蔬菜专家顾问团团长 何启伟

盲目地发展蔬菜生产是不合适的。一个地方在种植上要有自己的主导品种，要相对稳定下来，根据市场做相对调整。品种可以不断更新，咱可以看一个新品种，提高质量提高产量水平这个是非常必要的。

【正文】对于春季需要移栽到大田的苗床，比如辣椒苗、茄子苗等，专家建议可以适当分批移栽，避免集中上市。另外，今年开春后气候多变，专家提醒菜农要把握时机，做好田间管理。

【同期声】山东省蔬菜专家顾问团团长 何启伟

今年春季气候比较异常，先高后低，对全国来看，北方大雪南方大雨。对全国产量有很大影响，对山东而言，光照还比较充足。相对而言我们还有优势。我就希望我们蔬菜大棚加强管理，及时揭覆盖物，提高物的产值。提高产量，增加我们的产值。

记者：韩妍妍

# 春耕观察 棉花：选良种 也要选良时

（山东新闻联播 2013 年 4 月 5 日）

【导语】说完了蔬菜，再来看看棉花。现在也是棉花播种的大忙时节。俗话说：好种出好苗，好苗一半产。农业专家提醒，棉农要根据自己的种植特点和生产方式，选用适合的良种，保证苗全。

【同期声】山东棉花研究中心研究员 李汝忠

在鲁西南地区光照条件比较好，土质比较肥沃，产量比较大，这样就要选用一些杂交品种，黄河三角洲棉区选用一些早熟型比较好，抗病性比较强的，像鲁棉研 28 号。

【正文】选好了种子，适时播种也是棉花一播全苗的关键。

【同期声】山东省农科院棉花研究中心研究员 李汝忠

去年八九月份阴雨天比较多，种的质量不是太好，所以针对这种情况在播期上可以稍微推迟。等温度回升以后再播种，增加播量以确保全苗。

【正文】另外，国家今年会继续扶持棉花种植，为了增加土壤利用率，提高经济效益，在条件适合的棉花种植地区，可以发展棉花和其他作物套种的模式。

【同期声】山东省农科院棉花研究中心研究员 李汝忠

像鲁西南地区，大蒜套种棉花，像夏津棉花和西瓜、洋葱套种也是种植的一种方式，既提高了总体的效益，也稳定了棉花蔬菜的面积，这是一种高产高效的种植方式。

记者：韩妍妍　通讯员：安静

# 王军民在济南调研现代农业发展

（《大众日报》 2013 年 4 月 12 日）

**本报济南 4 月 11 日讯**　省委副书记王军民今天在济南就加快发展现代农业进行调研。在章丘市辛寨农机合作社春季机械化植保现场，王军民走进绿油油的麦田，实地察看无人飞机喷洒农药作业情况。随后，他又先后考察了商河县展逸兰花繁育基地、贾庄镇乡村绿洲花卉基地和位于济阳县的省农科院现代农业创新基地。

王军民充分肯定了济南市积极培育农机专业合作社、大力发展花卉等特色产业、推进农业科技创新的做法。他强调，要用先进理念和市场办法经营农业，用现代科技手段装备农业，用龙头企业、合作社等新型经营主体带动农业发展。要加大农业科技创新力度，着力推进产学研结合，着力提高农业装备现代化水平，着力培育农产品知名品牌，提高农业综合生产能力和市场竞争力。要积极培育新型农业经营主体，促进产加销一体化经营，一、二、三产业融合发展，确保农业持续增产和农民持续增收。要抓好春季农业生产，为今年农业丰产丰收打下良好基础。

记者：滕敦斋

# 关注畜牧 山东：严把质量关 做强畜牧产业

（山东新闻联播　2013 年 4 月 14 日）

【导语】从养殖环节到加工外贸，山东畜牧企业层层把关，不断提高质量检测水平，力促畜牧产业健康发展。

【正文】拿生猪养殖来说，山东每年的出栏量在 7000 多万头，排在四川、湖南和河南之后，是名副其实的生猪养殖大省，但在规模化和集约化水平上，与很多发达省份还有差距。

【同期声】山东省农科院畜牧兽医研究所副所长 吴家强

要提高生猪良种化比例，因为良种猪与土杂猪比，一个是生长速度比较快，出栏时间早，再一个瘦肉率比较高，所以在出售的时候价格比较高。

【正文】提高产业水平，企业自身的努力必不可少，而政府也不断出台政策，建起了生猪产业技术体系，优化产业环境。

【同期声】山东省农科院畜牧兽医研究所副所长 吴家强

（给）我们这个产业体系一些良种繁育、疫病控制、环境净化方面的咨询和帮助，目的是引导养猪行业朝着规模化、集约化过渡。

记者：崔童

# 中国梦 我的梦：在田野上追逐梦想

（山东新闻联播　2013 年 4 月 29 日）

【导语】粮食安全是国家安全的重要基础。在山东省农科院，有这样一支队伍，他们常年扎根田野，俯身钻研小麦新品种培育，用汗水和智慧，构筑起中国粮食安全的绿色屏障。

【正文】窗外还是春意盎然，大田里的小麦正在生长拔节。而在山东省农科院的气候实验室，却是一派盛夏景象。这里种植的小麦，麦芒锋利，籽实饱满，已经快要收获了。

【同期声】小麦遗传育种与栽培创新团队博士 李玉莲

这个气候室在国际上是比较先进的，它那个温度、光照、湿度都是模拟了最适合小麦生长的一个条件，这就大大缩短了小麦的生长周期，在大田里生长八个月的小麦在我们这三个月就可以收获。

【正文】利用先进的实验设备，缩短小麦生长周期，给育种科研提供了大量的材料和资源。这几年，从山东省农科院这个实验室里，已经成功培育出济麦系列优质品种，面包型小麦、面条型小麦、优质强筋小麦、面包面条兼用型小麦等相继推出。这些新品种在全国累计推广 3.15 亿亩，增产小麦 216.7 亿斤，新增经济效益 200 多亿元。

【正文】小麦遗传育种与栽培创新团队研究员 刘建军

以前（优质麦）主要是依赖进口，从上世纪 80 年代中期以后，我们国家开始实现小麦品质改良，相继推出一批优质品种以后，我们扭转了以前依赖进口的局面，现在可以出口，这是一个非产了不起的进步。

【正文】然而农业科研周期长，受气候、土壤等外界因素影响大。有时候为了测试一个新品种的广适性，小麦育种栽培团队的专家要在山东乃至全国各地来回奔波，反复试验。

【同期声】小麦遗传育种与栽培创新团队研究员 刘建军

材料往往都是上万份的材料，那么你要筛选，同时我们还要查资料、记载；比如“济麦 22”，我们从它的亲本到育成的品种也需要 20 年左右的时间。

【正文】漫长的培育周期，注定了每一个小麦新品种的培育成功，背后消耗的是科研人员的青春年华。在这支近 30 人的遗传育种与栽培创新团队中，10 名研究员都年过半百，最大的赵振东已经迈入古稀了。

【同期声】小麦遗传育种与栽培创新团队研究员 刘建军

麦品如人品。如果你怕热，你育出来的麦子就不耐热；如果你怕冷，你育出来的麦子就不抗寒。所以，搞育种就要跟麦子一起经历酷暑严寒的考验。稳住心神，俯下身子，用心血和汗水浇灌。

【同期声】小麦遗传育种与栽培创新团队研究员 王法宏

农业试验一失败了以后就是一年的时间，因为这个时间耽误不起的，所以一旦试验失败我们心情很不好过。（哽咽）

【正文】用有限长度的人生，去扩展粮食新品种的发展边界。这是一场理想与时间之间的人生赛事。支撑这些农业科研人的，是他们心中那份让农民减少劳作、让国家不再为粮食担忧的梦想。

【同期声】小麦遗传育种与栽培创新团队研究员 王法宏

说实在话，我从小都在农村长大，特别是六七十年代，又吃不饱饭，想到这个问题，我就觉得我们这个担子就非常重。

记者：韩妍妍 段义军 通讯员：安静

## 山东：优质品种力促小麦高产稳产

（山东新闻联播 2013 年 5 月 28 日）

【导语】眼下山东小麦正进入产量形成的关键期，5500 多万亩小麦长势良好，夏粮收获有望再创新高。在连年增产的背后，小麦新品种的广泛推广功不可没。

【正文】收获季节是检验收成的最好时候，眼下小麦临近收割期，在兖州市的小麦新品种展示区，已是一片丰收景象。去年刚通过省里审定的鲁原 502 新品种长势最是喜人。

【同期声】山东省农科院小麦育种专家 李新华

今年千粒重能达到 45 克的话，亩产 600 公斤到 650 公斤肯定能达到。

【正文】鲁原 502 去年试种过一茬，效果不错，今年，兖州市桥北小麦种植专业合作社就一下子种了 5000 多亩，大家盼着能有个好收成。

【同期声】兖州市桥北小麦种植专业合作社社长 武剑平

产量比其他品种每亩增产 100 多斤；每亩地里农民增加收入就能达到 150 元以上。

【正文】近几年，山东在小麦新品种繁育和推广上下大力气，省农科院育成的“济麦”系列已成为山东主栽品种，占全省总播种面积的一半以上，“济麦 22”成为全国推广面积最大的小麦品种。目前，鲁原 502 也已成为继“济麦 22”后，适合山东大面积推广的又一小麦新品种。

【同期声】国家小麦产业技术体系岗位专家 王法宏

因为小麦这个作物，生长期全长 250 多天，经历春夏秋冬四个季节，所以气候条件是影响小麦产量最重要的因素，选一个既抗冻又抗高温、干热风的品种，是高产稳产最重要的一步。

记者：李化成　通讯员：王祥峰

## 山东：良种良法相配套 高产稳产保丰收

（山东新闻联播　2013 年 6 月 12 日）

【导语】眼下山东小麦机收正全面展开，据预测，山东夏粮迎来十一连增已成定局。丰收良种是基础，良法是保障。山东小麦良种繁育不断推陈出新，与优良种植方法配套执行，在今年异常天气不断的情况下，成为保障夏粮丰收的关键。

【同期声】记者现场

这里是山东省兖州市，我身旁种的这些小麦是刚刚通过国家审定的小麦新品种鲁原 502，在经历了今年的倒春寒和雨雪天气之后，大家看这个小麦的长势依然是个头平整而且籽粒饱满，再过两三天呢，就要收获了。

【同期声】兖州市大安镇村民 李艳霞

当时种这个新品种，觉得很担心，今年别的地方的麦子歪的很多，我的品种没歪，穗子也很大，也很壮。

【正文】抗病、抗寒、抗倒伏，是衡量小麦新品种能否大面积推广的三个重要条件，5 月 26 号，一场强降雨，给正处于灌浆期的小麦又一次带来影响。让农民和小麦专家高兴的是，鲁原 502 品种几乎没有一棵发生倒伏，长势健壮。

【同期声】山东省农科院小麦育种专家 李新华

鲁原 502 这个品种呢，是高抗倒伏，在 600 公斤这个产量水平下，它的基部节间比较短，这个还比较充实，抗倒能力提高了。

【正文】鲁原 502 在经受住今年的风雨考验之后，有望与良种济麦 22 平分秋色。

【同期声】山东省农科院小麦育种专家 李新华

鲁原 502 这个品种呢，在山东省，经过四年的区域试验，它比济麦 22 号平均增产 5%；去年良种补贴在全省有 13 万亩，今年秋播达到 300 万亩，下一步啊就能达到 1000 万亩。

【正文】有了良种，要想有好收成，栽培技术也要跟上，兖州市大安镇安家庙村马玉海的麦子，今年的收成至少比往年增产 5% 以上。

【同期声】兖州市农业局农技站站长 王燕

咱原来呢，咱这个老百姓普遍种就是两米一畦或者两米二一畦，咱现在呢统一都给它增加到两米六一畦，这样呢就减少了咱这个畦背的面积，就相当于增加了咱小麦的种植面积。

【正文】一方面增加畦宽，一方面增加苗间距，充分接受阳光，这种小麦“双宽”栽培技术配合大型小麦收割机，降低生产成本的同时，保证了播种质量、减轻了病虫危害。新品种加上新技术，今年全省 5500 万亩小麦单产预计将超过 400 公斤，总产有望增加 4 亿斤，达到 440 亿斤。

【正文】截至下午 5 点，全省上阵各类机械 45 万台 / 套，其中小麦联合收割机 5.5 万台，当日收获小麦 278.7 万亩，累计收获小麦 1565 万亩，全省小麦收获近三成。

记者：侯洪强 韩妍妍 段义军 通讯员：安静

# 山东小麦丰产十一连增

（《科技日报》 2013 年 6 月 17 日）

眼下山东小麦机收正全面展开。截至 6 月 12 日下午 5 点，山东累计收获小麦 1565 万亩，全省小麦收获近三成。据该省农业专家预测，新品种加上新技术，今年全省 5500 万亩小麦单产预计将超过 400 公斤，总产有望增加 4 亿斤，达到 440 亿斤，山东夏粮迎来十一连增几成定局。

丰收良种是基础，良法是保障。鲁原 502 是由山东省农科院推出的一个高产潜力大、抗病抗倒伏、适应性广的小麦新品种。山东省农科院小麦专家、鲁原 502 育成人李新华研究员告诉记者，该品种于 2011 年通过国家审定，在 2011 年山东省小麦高产攻关试验中，经实打验收，4 个试点亩产超过 700 公斤，其中兖州试点亩产 784 公斤。鲁原 502 小麦还有一个特点就是耐寒性强。今年春季，山东、江苏、安徽及河南等地连续遭遇 3 次强降温，特别是 2013 年 4 月 19 日，山东省突降大雪，气温降至零摄氏度，鲁原 502 小麦经受住倒春寒的考验，均未发生冻害。

有了良种，栽培技术也要跟上。国家小麦产业技术体系岗位科学家、山东省农科院小麦栽培专家王法宏研究员分析说，近几年，山东各地亩产 700 公斤以上的小麦超高产示范田，都是在耕层土壤有机质含量 1.5% 以上，氮、磷、钾营养丰富且协调的条件下创出来的。因此，提高土壤有机质含量是小麦高产的关键，建议通过秸秆还田来培肥地力。

目前，山东省农科院选育的小麦品种年种植面积近 3000 万亩，占山东省小麦面积的一半以上。特别是济麦 22 和鲁原 502 小麦新品种高产、广适、耐寒、抗倒伏能力强，这些品种的推广应用，为山东夏粮持续丰产奠定了基础。

记者：魏东　通讯员：王祥峰

## 我国科学家牵头组织完成花生全基因组测序

（山东新闻联播 2013 年 6 月 17 日）

【导语】由我国科学家牵头组织的花生二倍体野生种全基因组测序今天在郑州正式宣布完成，这在全球尚属首次。

【正文】这个项目由山东省农科院、广东省农科院、山东圣丰种业公司等单位共同合作，以二倍体野生花生为研究对象进行测序，结果显示，野生花生基因组中 70% 的碱基序列是重复的，远远高出国际一致认为重复度低于 50% 的标准，这为以后解决改善花生蛋白组分、大幅度提高花生含油量等重大技术难题提供了强有力的技术支撑。

【同期声】国家花生产业体系首席科学家 禹山林

怎样提高高产，高产的基因和环境的作用怎么样，现在都是零点都是空白，那么我们基因测序完了以后，这些问题都能解释。

【正文】专家介绍，这项工作的完成，好比绘制了一张花生基因地图，科学家可按图索骥，培育更高产、耐旱、抗病的优质新品种，育种周期将由目前的 5 到 6 年缩短到 1 到 2 年。

【正文】不仅如此，这次测序工作还实施了民间资本参与的新型产学研模式，下一步通过花生分子育种，有望加快培育出一些新品种，替代转基因大豆。

【同期声】山东圣丰种业科技有限公司科研总监 李洪杰

通过测序我们可以培育高产高油的新品种，争取食用油的自给率由目前的 43% 左右提高到 50% 左右，减少对转基因大豆的进口依赖，这应该是未来的一个方向。

记者：张瑞义 李化成

## 山东推广小麦良种奠定丰收基础

（《农民日报》　2013 年 6 月 20 日）

近日，记者在山东省农科院举办的 2013 年度小麦新品种现场观摩会看到，成方连片的“济麦 22”和“鲁原 502”小麦俊秀挺拔，籽粒饱满，迎风招展，丰收在望。

国家小麦产业技术体系岗位科学家、山东省农科院小麦栽培专家王法宏研究员介绍，今年“济麦 22”和“鲁原 502”两个品种在山东种植面积近 3000 万亩，目前山东小麦能有如此丰收基础，得益于这两个小麦良种在创高产、耐寒性和抗病性上的突出表现。

记者：吕兵兵 通讯员：王祥峰

# “第一书记”忙三夏

（山东新闻联播　2013 年 6 月 29 日）

【导语】忙碌的三夏生产中，省驻派乡村的“第一书记”在忙什么呢？一起到田间地头看看去。

【正文】这几天，临沂泉源乡段宅村驻村“第一书记”李云先，专门邀请县里的农技专家，指导农民科学夏种。

【同期声】中国石化齐鲁分公司驻郯城县泉源乡段宅村“第一书记”　李云先

应该说现在农民科学种田的积极性有了很大程度提高，但仍有部分农民认识不到位，土地产出不理想，希望通过组织一些农业技术指导活动，解决这些问题。

【正文】驻村三个多月，李云先从干农活入手，已变成了农家好把式。同在这个忙碌的季节，省农科院的驻村书记，则收获了信任，当他们把新一批玉米种子发给村民们，大家的踊跃程度让人始料未及。因为去年刚来时，给农民发放小麦新品种，只有不到十分之一村民使用。

【同期声】山东省农科院驻前关山村“第一书记”　陈为京

他们种了多年了，你想让他们更换品种，那些品种是不是适合这边的土壤，是不是适合这边的气候，老百姓都有一定的顾虑。

【正文】一年下来，小麦新品种的良好表现，让村民消除了顾虑。

【正文】指导农民夏收、夏种，东阿县四合屯村的驻村书记祝清俊，把省农科院果树专家请到了村里，为农民讲解苹果夏季管理技术，这位专家还有一个身份，就是四合屯村的上一任驻村书记。

【同期声】山东省农科院驻聊城东阿四合屯村“第一书记”　祝清俊

无论是前任的，还是哪一任的，都是随叫随到，三年以后，帮包结束，我们农科院对村里的技术帮扶和人员帮扶，也是不间断的，也是随叫随到，真正能成为一个不走的工作队。

记者：王希

# “齐黄 34”折射大豆产业困局

转基因大豆致相关产业“沦陷”，我国大豆对外依存度超过 80%

（《大众日报》　2013 年 7 月 15 日）

**种子虽然好，经营者却忧心**

炎夏的嘉祥，6 月中上旬开始播种的大豆已经出苗。刘道峰站在“齐黄 34”的品种繁育田里，仔细查看着苗情。他是祥峰种业总经理，去年从省农科院独家买断了大豆新品种“齐黄 34”，繁育出的首批种子一上市，市场反应超出预想：“一公斤种子就能比普通种子高出 1 块钱，差不多 200 万斤种子，都不够卖的。”

普通大豆种子的市价大约每公斤 6.6 元。刘道峰说，在安徽一些地方，“齐黄 34”卖到老百姓手里甚至到了每公斤 10-12 元。

农民愿意出高价购买，是对这一品种的认可。在 2011 年国家黄淮海（中组）区域试验中，“齐黄 34”产量排第一，且适合机收。去年在嘉祥实地测产，刨除各影响因素，专家组匡算的一般性大面积生产产量约为每亩 180 公斤，和国外种植的非转基因大豆的情况基本相似。并且还有很大的增产潜力，在高肥水条件下，亩产能达到 300 公斤以上。

更喜人的是品质的改善。“齐黄 34”属蛋白、脂肪双高品种，在 2008-2009 年的黄淮海多点联合鉴定试验中，两年平均蛋白质含量 43.54%、脂肪 20.22%、蛋脂总和 63.76%，居参试品种第一位，加工豆腐产量比一般品种高 15% 以上，且口味好。这些特性，也使其具备了油料等工业加工生产的要求。

看市场这么好，刘道峰今年把繁育面积增加了一倍，达到约 3 万亩。但他心怀忧虑：从今年销售种子情况看，他估摸着大豆的种植面积又有一定的减少。刘道峰说，继去年大豆主产区东北的大豆给粮食让路、改种玉米后，现在在江苏、安徽等地也出现了这种现象。

根据农业部公布的数据，去年，我国大豆总消耗量 7000 多万吨，其中进口已达 5838 万吨，对外依存度超过 80%，而进口大豆主要为转基因大豆。作为我国的原生作物，国产大豆“沦陷”已是不争的事实。

**转基因作物要慎重研究要抓紧**

国产大豆和国内大豆产业已经沦陷，为什么还要搞大豆育种？这是国内大豆育种者一直背负的质疑。

据了解，“齐黄 34”这么好的品种，转让费也不过几十万元。但品种育成人、省农科院作物所大豆研究室主任徐冉说，只有不断培育出这样足以与转基因大豆抗衡的品种，才有可能维持我们自己还能种大约 20% 的大豆，“起码在国际上还有个讨价还价的资格”。

农业特别是种植业的国际竞争，本质上是品种的竞争；而优良品种的出现需要品种体系的支撑。记者采访的专业人士认为，转基因作为一种新的育种技术，其推广固然要慎重，研究却要抓紧。

记者了解到，我国转基因研究起步较晚。省农科院水稻所专家谢先芝承担了第一批转基因项目的课题，她说，现在看，全国通过这一批项目，进行了一些方法的探索，找到了一些基因材料，但绝大多数都处在实验室阶段。转基因育种比常规育种过程和审批流程复杂得多，第一批项目获得的这些材料距离形成品种还很遥远。现在，第二批项目正在申报中，希望能向出品种的方向推进。我国至今仍没有一个自主育成的商业化的粮食作物转基因品种，而国外在这方面，不仅有大量已经用于种植生产的品种，还有相当的品种储备。

中国已成全球第 6 大转基因作物种植国。徐冉说，转基因大豆改变的不只是品种，而是种植和生产模式。转基因引发的变化，远比一般公众了解的要复杂，某种程度上，还是国际贸易、国际政治的博弈，“我现在很担心玉米这些大宗作物”。

记者：王亚楠　通讯员：安静

# 专家支招 应对蔬菜水淹灾害

（山东新闻联播　2013 年 7 月 24 日）

【正文】针对蔬菜受灾的情况，农业专家建议要及时采取措施补救。及时排水、浇清水、划锄、施肥，改善植株的通风、透光条件，尽快恢复生长，还可以抢种其他速生类蔬菜。

【同期声】山东省现代农业产业技术体系蔬菜创新团队首席专家 王淑芬

淹了的地块能够不空着，能够带来效益的话，应该尽快抢种一些绿叶类的、速生的蔬菜。比方说早熟的这种白菜、萝卜、小油菜、油麦菜、空心菜，通过这些尽快让它们早点供应市场，填补一下这一个淡季。

记者：韩妍妍 张铭伟

# 山东：两端发力引擎现代农业

（山东新闻联播　2013 年 7 月 28 日）

【导语】前端抓种子种苗研发生产，后端抓农产品加工流通，山东通过拉长农业产业链条，延伸两端，带动中间，加快向现代农业迈进。

【正文】在青州，山东华盛农业的育种育苗中心经过三年建设进入最后阶段，这个投资 2.5 元的工程是山东 100 个重点建设项目中唯一一个农业项目，建成后，将成为全省集育种、繁育、推广于一体的大型蔬菜种业集团。

【同期声】山东省华盛农业股份有限公司董事长 李兴盛

原来农场比较小，一个作物也就做 100 到 200 个（品种），这个项目做成以后，我们一年一个作物能育出差不多在 300 到 500 个（品种）左右 ，这样一年我们差不多接近一万个品种出来。

【正文】天山雪 2 号是华盛农业这两年自主研发培育的一个白萝卜新品种，前两年由于没有现代化的育苗育种设施，量上不去，市场一直被韩国品种占领。2011 年借助育种育苗中心建设，公司扩大繁育面积，大量上市后，成为全国农民种植白萝卜的主导品种。

【同期声】山东省华盛农业股份有限公司董事长 李兴盛

和韩国的品种对比，比他们产量能更高一些，特别是在商品性方面比它更好，我们现在占到的市场达到 90% 左右。

【正文】目前，华盛农业的辣椒、西红柿、黄瓜等十五个蔬菜作物品种，都有着独特的育种优势，有 5 个新品种出口到美国、英国以及东南亚地区，每年种子销售量在 300 吨以上，世界各地有 600 万亩的蔬菜品种来自华盛。

【同期声】山东省华盛农业股份有限公司董事长 李兴盛

更快地让我们走上国际化，来跟国外种业集团来抗衡，来打造我们国内的具有国际竞争力的种业集团。

【正文】瞄准种子种苗，目前山东年销售收入超过一亿元以上的种子企业已达 7 家。相对于前端，处于后端的农产品加工更是延伸产业链条、提高效益的关键。依托农业龙头企业，全省近一半以上的土地变成了原料生产车间。正德康城就是这样一家龙头企业，他们推出的餐车设计精美，正成为滕州街头一景。

【正文】正德康城和农民成立蔬菜专业合作社，采用龙头企业加合作社加基地加品牌加市场的产业化组织模式来经营农业，在发展规模化生态种养殖产业的基础上，建设了中央厨房、营养快餐厅、惠民早餐、营养配餐、便民便利店等六大业态，每天将 80 多吨新鲜的农副产品分送到全市 200 多辆餐车上，直供市民餐桌。

【同期声】滕州市民

我们从这里经过，就直接从这个小餐桌拿菜，有时候很多还是给我们准备好的，切好的。

【同期声】滕州正德康城董事长 李国

整体我们采取，早晨四五点去采摘菜，采摘后进行粗打理、精打理。中央厨房夜间进行生产，早晨就能把新鲜营养健康的食品送到各个便利店去。

【正文】在正德康城的带动下，滕州 5000 多农户的农产品有了稳定销售渠道，年产值达到了 2.8 亿元。今年上半年，山东规模以上农业龙头企业实现销售收入 6000 亿元，主要农产品原料采购值就达到 3100 亿元。

【同期声】山东省农科院院长 万书波

健全提升产前，可以更好地为产中服务，加强产后，可增加农产品附加值，通过农业的前延、后伸，引领支撑农业产业向两端发展，使整个农业产业链有机结合，成为系统工程。

记者：侯洪强 韩妍妍

# 山东省农科院选派“第一书记” 助推“三农”发展

（《科技日报》 2013 年 8 月 26 日）

**科技日报讯** 前不久，山东省农业科学院选派陈为京、祝清俊、魏祥法为驻东阿县刘集镇前关山村、四合屯村、前苫山村第二批“第一书记”。三位同志在全面了解驻村“三农”现状的基础上，立足自身专业优势，依托省农科院的坚强的科技后盾，全力助推帮包村“三农”发展，赢得了地方百姓的赞誉。

通过产业项目服务帮包村是山东省农科院驻村“第一书记”工作的特色和优势。“我们三位第二批‘第一书记’到位后，紧密对接第一批‘第一书记’立项的矮化苹果高效栽培技术示范基地建设、黑木耳种植脱贫致富项目、高产优质小麦示范基地建设等农业产业项目的实施开展科技服务，以上项目的实施，省农科院投资近 150 万元。”该院派驻前关山村的“第一书记”陈为京告诉记者。

“通过‘第一书记’精心指导、科学管理，农科院赠送的小麦新品种鲁原 502 单产均达600公斤以上，村里的老百姓看好这个品种，今年秋播村里1000亩地全种它。”前关山村党支部书记娄西伟说。“我们种植的黑木耳喜获丰收，亩效益近万元，多亏了‘第一书记’。”前苫山村的种植户李恩来、李银西高兴得合不拢嘴。他们介绍说，驻村“第一书记”还为其申请了注册商标，提高产品的品牌效益。前几天，“第一书记”们又把新一批玉米良种鲁单9066、大豆良种齐黄34发给村民。

2012年，山东省农科院投资100万元为这三个帮包村分别建起了农业科技大院，功能涵盖农科讲堂、农业科技远程服务站、科技书屋、电子阅览室、老年人活动室等，使村民既能通过科技书屋、电子阅览室自主学习，获取信息，又能在家门口与专家面对面交流，接受专家的远程一对一辅导，为脱贫致富提供了硬件、软件基础。

“这是省农科院服务‘第一书记’的一项现实举措，也为‘第一书记’帮包村提供了一个科技帮扶平台和成果转化阵地，过去送科技下乡是‘游击战’，现在有了农业科技大院，就有了‘根据地’，科技下乡就变成了科技驻乡。”刘集镇委书记温培峰如是说。

眼下，省农科院驻村“第一书记”不但利用农业科技大院这一阵地指导农民夏收、夏种，四合屯村的驻村书记祝清俊还把农科院果树专家请到了村里，为农民讲解苹果夏季管理。“我们将以农业科技大院为载体，培育好农村特色产业，带动农民脱贫致富，把省委、省政府的决策部署和省委组织部的要求不折不扣地落到实处，全面提升服务‘三农’水平。”前苫山村“第一书记”魏祥法说。

记者：魏东　通讯员：安静

# 山东省成立农业灾害预警和应急专家服务团

（山东新闻联播　2013年8月31日）

【正文】国内首个省级农业灾害预警和应急专家团今天在山东省农科院成立。80名农业专家将从粮棉油作物，园艺作物等方面，常年开展农业生产形势和灾害预测预警的指导服务和信息咨询。

记者：韩妍妍　通讯员：安静

# 我省农业灾害预警应急专家服务团成立

（《大众日报》　2013年9月1日）

**本报济南8月31日讯**　今天，全国首个省级农业灾害预警和应急专家服务团在省农科院组建成立。服务团按照专业领域、职责分工等分为粮棉油作物、园艺作物、畜牧兽医等5个组，从全省农科院系统遴选了80多位知名度高、业务精通、专业性强，能深入生产一线的专家组成。

记者：王亚楠　通讯员：安静

# 全国首个农业灾害预警和应急专家服务团成立

（《科技日报》 2013年9月9日）

近日，国内首个省级农业灾害预警和应急专家团在山东省农科院成立。该院80名农业专家将从粮棉油作物、园艺作物、畜牧兽医等方面，常年开展农业生产形势和灾害预测预警的指导服务和信息咨询。

山东是农业大省，对于保障国家粮食安全发挥着重要作用。近年来，频繁发生的各种自然灾害给农业带来极大挑战。据山东省农业科学院院长万书波介绍，加强农业防灾减灾工作的关键在于科技。该院拥有丰富的人才和技术优势，能够为全省农业防灾减灾工作提供必要的科技支撑。这次成立农业灾害预警和应急专家团，将以服务团带领全院专家，系统开展农业防灾减灾研究，主动介入灾前预警，有组织地指导抗灾救灾和恢复生产，做到防在灾害前面，救在第一时间，抗在关键时点，努力减轻灾害损失。同时为政府提供科学的决策建议，以保障防灾减灾工作的及时性、针对性和科学性。

记者：魏东 通讯员：安静

# 山东成立国内首家省级农业“防灾救灾专家服务团”

（《农民日报》 2013年9月11日）

近日，全国首个省级农业“防灾救灾专家服务团”——山东省农业灾害预警和应急专家服务团在山东省农科院组建成立。据介绍，服务团设立了粮棉油作物、园艺作物、畜牧兽医、综合4个工作组和1个分院专家组，共有80多名专家。服务团的主要职责是主动介入灾前预警，有组织地指导抗灾救灾和恢复生产，为预防和减轻农业灾害提供有效的科技支撑。

据介绍，山东省农科院拥有丰富的人才和技术优势，“有义务、有能力”为山东农业防灾减灾提供必要的科技支撑。今后，服务团将坚持“防灾重于减灾”的原则，主要开展四方面工作：一是农业灾害预测预警；二是指导抗灾救灾和恢复生产；三是进行灾后农情和灾情分析；四是信息宣传与政策研究。

记者：吕兵兵 通讯员：安静

# 山东成立全国首个省级杂粮产业协会

（山东新闻联播　2013 年 9 月 11 日）

【正文】全国首个省级杂粮产业协会今天在济南成立。山东杂粮常年种植面积达 100 万亩，每亩可为农民增收 2000 多元。

记者：韩妍妍 段义军　通讯员：安静

# 山东：夯实农业基础 深挖粮食生产潜能

（山东新闻联播　2013 年 9 月 12 日）

【导语】再有不到 20 天的时间，山东秋粮就将陆续进入收获期，目前全省玉米长势良好，丰收在望，有望实现全年粮食产量十一连增的目标。

【正文】看着丰收在望的玉米，曲阜市吴村镇农民孔祥岩盘算起今年的收成。

【同期声】济宁曲阜市吴村镇中心村村民 孔祥岩

以前平均产量也就七八百斤吧，一亩地，现在看这个长势，应该是一千一百斤到一千二百斤。

【正文】村民告诉记者，现在这样的好长势，过去还从来没有过。这里原本是薄地，水利条件差，基本是靠天吃饭，2011 年那场秋冬春连旱，很多地块几乎绝产。2012 年，列入全省中低产田改造项目，项目区内一万多亩土地，如今已变成稳产田。

【同期声】曲阜市吴村镇副镇长 乔桂军

现在这片土地已经达到了旱能浇、涝能排，老百姓想浇地，我们就通过管道，引南部泗河的水，引到我们这边，有蓄水池，通过在蓄水池上建的提水站，输送到老百姓的地头。

【正文】山东粮食常年种植面积在一亿亩左右，总产突破 900 亿斤大关，小麦、玉米单产都达到较高水平，提升空间有限。山东 2010 年出台粮食千亿斤生产能力建设规划，力争用十年时间，全省粮食生产能力达到 1000 亿斤。这其中，最重要的就是加大中低产田改造力度。

【同期声】山东省农科院作物所研究员 王法宏

中低产田限制产量因素是土、肥、水条件，就是土、肥、水条件的不足和作物高产对土、肥、水的要求不相适应。

【正文】据测算，改造一亩中低产田，可提增产粮食 300 斤以上。山东首先从农业基础设施做起，目前，已累计投入 150 亿元，改造中低产田 1700 多万亩，项目区内，山水林田路综合治理，实现“旱能浇、涝能排”，水网、林网、路网全覆盖。同时，技术保障措施要跟上，在吴村镇中低产改造项目区，农业部门就因地制宜，开出技术集成大单。

【同期声】济宁曲阜市农技站站长 丰宗鹏

这块地咱首先采取的措施就是，给它提高土壤肥力，用秸秆还田，增施有机肥，测土配方施肥，然后呢，就是病虫草害的综合防治，还有现在我们推广的一个就是适时晚收，这些措施呢，促使了丘陵旱地的稳产和持续增产。

【正文】粮食生产是根本，今年山东省级财政用于粮食生产的资金达237亿元，占农业生产资金总额的四分之三。目前，山东还有4500万亩中低产田需要改造提升，根据规划，到2020年，全省要改造中低产田2300万亩，新增粮食生产能力70亿斤以上。

记者：侯洪强 陈潇 韩妍妍 段义军

## 山东成立全国首个省级特色杂粮产业协会

（《大众日报》 2013年9月15日）

**本报济南讯** 山东特色杂粮产业科技协会日前在济南成立，这是行业内全国首家省级协会，首批即吸引了15家从事特色杂粮规模化生产的企业、合作社、家庭农场等加入。

“山东是杂粮生产大省，却是产业化发展小省。”省农科院作物研究所所长张正说，山东小米、高粱等杂粮常年种植面积约在100万亩左右，优质资源十分丰富，但传统杂粮作物的生产模式与市场需求并不相符。探索建立以产业为主线、企业为主体、市场为导向、产学研相结合的特色杂粮技术创新与生产服务新机制，对提升我省特色杂粮产业的发展水平十分必要。

记者：王亚楠 王敏超 通讯员：安静

## 山东特色杂粮产业科技协会成立

（《科技日报》 2013年9月16日）

近日，山东作物学会分支机构——山东特色杂粮产业科技协会在济南成立。

该协会是由从事特色杂粮作物规模化生产、科学研究、技术推广及加工的有关企事业单位和经济组织，按照平等自愿原则组成的非营利性产业科技服务组织，挂靠单位为山东省农业科学院作物研究所。协会将探索建立以产业为主线、企业为主体，市场为导向、产学研相结合的特色杂粮技术创新与生产服务新机制。依托山东作物学会人才、技术、成果等资源优势，组织全省从事特色杂粮规模化生产企业、合作社、家庭农场等，带动全省特色杂粮生产发展，提升产业化水平。

记者：魏东 通讯员：安静

# 山东成立特色杂粮产业协会

（《农民日报》　2013 年 9 月 16 日）

近日，山东特色杂粮产业协会在山东省济南市成立，这是全国首个省级杂粮产业协会。据了解，该协会由山东省农科院作物所发起，组织山东从事特色杂粮规模化生产、科学研究、技术推广及加工的 32 家单位成立，包括 7 家企业、8 家合作社、10 个科研单位和 7 家政府机构。旨在探索建立以产业为主线、企业为主体、市场为导向、产学研相结合的特色杂粮技术创新与生产服务新机制，聚合一支科研创新、产业开发和技术服务队伍，提升山东特色杂粮产业的发展水平。

记者：吕兵兵　通讯员：安静

# 我省石榴栽培面积达 20 万亩

（《大众日报》　2013 年 9 月 22 日）

**本报泰安 9 月 21 日讯**　由国际园艺学会等单位主办、省果树研究所承办、为期四天的“第三届国际石榴及地中海小水果学术研讨会”今天上午在泰山脚下开幕，来自世界 20 余个国家 120 余人参加了本次大会，其中外国专家 57 人。

本次会议将围绕世界范围内石榴科学研究和生产中的若干重点问题，尤其是石榴的起源与分布、生理与生化、遗传资源和育种等进行深入研讨。据悉，初步统计，到去年底，我省石榴栽培面积达 20 万亩，年生产石榴 9 万吨，育苗面积 6 万亩，年出圃优质良种苗木 1500 万株。

记者：姜言明　通讯员：沈广宁

# 国际石榴学术研讨会举行

（《科技日报》　2013 年 9 月 25 日）

9 月 21-22 日，由国际园艺学会、山东省农业科学院等单位主办，山东省果树研究所承办的“第三届国际石榴及地中海小水果学术研讨会”在泰安召开。会议围绕世界范围石榴科学研究和生产中的若干重点问题进行深入研讨，共进行学术报告 38 场，涉及石榴的起源与分布、生理与生化、遗传资源和育种、栽培技术、生物技术与分子生物学、综合防控和病害防治、次生代谢与保健、贮藏与加工、市场与经济等 9 个领域。来自 20 多个国家的石榴行业精英 120 余人参加了会议。

目前，山东省果树研究所已收集、引进石榴品种资源 280 余份，建立了国内最大的石榴种质资源库和性状评价数据库，选出优质、丰产、鲜食或观赏兼用的石榴新品种 14 个，对推进石榴科技创新和产业发展、深化农村经济结构调整做出了积极贡献。

截至2012年底，山东省石榴栽培面积20万亩，年生产石榴9万吨，圃苗面积6万亩，年初圃优质良种苗木1590万株。石榴抗逆性强，花色多，花期长，果实中富含人体所需的多种营养成分，具有食用、药用、美容、观赏等多种用途。

记者：魏东　通讯员：安静 李国田

# 山东石榴栽培面积突破20万亩

（山东新闻联播　2013年9月26日）

记者从在泰安召开的“第三届国际石榴及地中海小水果学术研讨会”获悉，目前山东石榴栽培面积达20万亩，收集和引进石榴品种资源280多份，年产值达80多亿元，已成为鲁中南山区农民增收的重要来源。

记者：侯洪强 韩妍妍

# 山东：三大平台 打造粮食增产创新体系

（山东新闻联播　2013年9月28日）

【导语】目前，山东“三秋”农机化生产正全面展开。今年，山东紧紧围绕粮食增产这个主线，加强创新平台提升、示范基地和示范县建设，形成了从实验平台、工程平台到示范平台的完整粮食增产技术创新体系。

【正文】嘉祥县是全国玉米产业体系示范种植县之一，今年农民大多选种了密植型玉米新品种，眼下已陆续开始收获。

【同期声】嘉祥县疃里镇大张村村民 许宪忠

你看这个玉米光滑、籽粒饱满，千粒重沉，这一个棒子怎么也得半斤左右。

【正文】今年，嘉祥县种植玉米36万亩，示范区面积10万亩，根据专家现场测产，示范区亩产比普通地块平均高出200到300斤，而这样的增产能力，来自农业科技的投入和不断的品种试验。

【同期声】记者现场

这里是国家现代玉米产业技术体系济宁试验站，在我身旁的这块玉米地里，每年承担着5000多个玉米杂交种的筛选试验，经过这样不断的选育，目前已经有五个新品种在当地大面积种植。

【正文】围绕提升粮食产量，山东在全国率先启动现代农业产业技术体系创新团队建设，下设50个综合试验站作为工程平台，每个试验站辐射5个示范县市，有针对性地进行品种选育和栽培技术推广。

【同期声】国家现代玉米产业技术体系首席专家 郭庆法

它上边接功能研究室，下边接示范县，通过示范县把它的成果辐射到整个大田，这样农民选什么品种就有方向了。

【正文】而这样的方向，正是源自前端实验室的生物分子研究。设在省农科院的国家小麦玉米重点工程实验室里，现在的小麦和玉米还都绿油油的，这些是科研人员进行育种必不可少的种质材料。

【同期声】山东省农科院玉米研究所副研究员 鲁守平

我们平时吃到的甜玉米、黑玉米，各种各样的品种，其实在实验室研究上，就是一个染色体或者一个细胞的改变。而这种微小的变化在大田中种植，就可能表现出不同的性状。

【正文】目前山东已建成涉及粮食生产领域的小麦、玉米、马铃薯等国家级创新平台5个，居全国第一，争取国家科技计划项目270项，建有示范区面积达2000多万亩。

【同期声】山东省农科院玉米研究所所长 汪黎明

目前，在我们实验室采取的一些新的方法，包括采用分子遗传的研究方法，就是我们在DNA的水平上，就可以分析和找到决定玉米抗性、高产、优质的一些关键的基因，应用到我们的育种材料当中。

【正文】从前端到后端，从育种到栽培，山东通过实验平台、工程平台和示范平台三大平台的建设，山东粮食总产分别跨过700亿斤、800亿斤和900亿斤大关，今年有望再创新高，连续实现十一连增。

记者：侯洪强 韩妍妍 通讯员：安静

# 山东农科院对接“三个十”推广服务结硕果

（《科技日报》 2013年10月22日）

日前，由山东省农科院玉米研究所自主培育玉米新品种鲁单818和鲁单9066在对接的夏玉米高产高效示范方喜获丰收。该示范方科学运用节水省肥、全程机械化等高产栽培技术，实现了良种良法配套和农机农艺融合，亩平均单产839.63公斤，比一般大田增产8.36%，生产成本降低11.08%，亩节本增效200多元。据介绍，这是今年以来，山东省农科院开展“对接十个高产创建万亩方、对接十个现代农业示范区、对接十大产业振兴规划”行动结出的硕果之一。

记者了解到，十个高产创建万亩方分布在全省农作物主产区和优势产区，包括3个小麦高产创建万亩方、2个玉米高产创建万亩方和棉花、花生、水稻、大豆、马铃薯高产创建万亩方。山东省农科院为其提供小麦品种济麦22、鲁原502，玉米品种鲁单818、鲁单9066，棉花新品种鲁棉研28、鲁棉研37，花生新品种花育25、花育36，水稻新品种圣稻17、圣稻14，大豆新品种齐黄34号，马铃薯品种鲁引1号等品种支撑，推广一次性施肥、保护性耕作、轻简化栽培、节水灌溉、中低产田改良等农技农艺相结合的节本增效栽培技术，并针对每个对接服务的高产创建万亩方，组建高产创建服务团队进行全生育期跟踪指导和技术培训，让农民在展示田里农民看得见，学得会，大大提高了农业科研成果的转化速度和效率，基本实现了较当地平均水平小麦、玉米、水稻“亩增产一百斤、节本增效一百元”，棉花、花生、大豆、马铃薯“节本增效一百元”的目标。

十个现代农业示范区分别包括济南、东营、莱西、泰安、滕州、陵县、寿光、邹平、莱芜、莒县现代农业示范区，山东省农科院将科技资源向现代农业示范区相对集中，在每个对接的示范区组织实施3-5项新技术研发，就地推广转化3-5项技术成果，联系1-3个农业龙头企业开展产研合作，以项目实施带动新技术、新品种、新模式在现代农业示范区内的示范，培育地方优势特色农业产业项目。同时，该院还积极对接十大产业振兴规划，科技创新重点向农业产业链两头延伸，着力强化了产前的种质资源创新和动植物良种选育和产后的农产品精深加工、农产品质量安全等新兴学科发展水平，为十大产业振兴提供了技术支撑。

记者：魏东　通讯员：安静 李宗新

## 山东探索推广粮油均衡增产新模式

（《农民日报》 2013年10月22日）

近日，在山东省临邑县德平镇的“富民家庭农场”，记者看到，在郁郁葱葱的玉米地里有一片特别圈出的试验田，采用的是三行玉米与四垄花生间作的种植模式。山东省农科院院长、研究员万书波介绍，这是该院近年来正在探索的“粮油间作均衡增产模式”，今年在遭遇了夏季洪涝、初秋干旱等不利条件的情况下，仍然取得了较好的增收效果：亩产玉米达520公斤，与往年基本持平，增收花生120公斤。

省农科院作物研究所所长、研究员张正说：“在保证玉米稳产的基础上，争取每亩多产三四百斤花生，缓解粮油争地矛盾，是该模式的推广价值所在。”据介绍，该模式基于玉米种植的边际效应，利用间作带来的极佳采光条件和通风条件，合理压缩玉米种植株行距，留出间作带，保证玉米每亩种植株数4000棵，产量稳定在500公斤以上。在此基础上，带状间作花生可增加油料作物的种植面积，缓解我国油料作物面积萎缩的局面。“今年气候不利，导致花生产量不高。若是正常年份，花生产量可达200公斤，这是直接的增收效果。当然，这一模式对机械能力和种植技术提出了新要求，也增加了少量用工，但折算下来，农民实现亩均增收500元还是很现实的。”张正说。

9月底，山东省农科院在临邑县举行了“山东家庭农场科技联谊暨粮油均衡增产模式现场观摩会”，组织全省家庭农场主代表参会观摩，意在推广这一种植模式。对此，临邑县相关负责人认为，这一模式的意义在于实现粮油均衡增产，在推广过程中，一定要确保技术到位，在保证粮食稳产增产的基础上，增加油料作物产量；山东农科院把家庭农场主这一新型主体作为推广这一模式的主力，是放大农技推广效应的一种很好的探索。

记者：吕兵兵

# 面向市场找方向
# 省农科院农产品精深加工走出产研结合新路子

（《大众日报》 2013 年 10 月 25 日）

在莒南，山东省农科院农产品研究所与山东金胜粮油集团有限公司日加工花生粕 80 吨能力的花生多糖生产线正在筹建中，这是我国第一条花生多糖生产线，将实现年产花生多糖 3000 吨，创经济效益 1.25 亿元，正在演绎“变废为宝”的传奇。

“当前，花生榨油工艺已经非常纯熟，市场竞争激烈，通过改进传统工艺已很难再挤出利润空间。我们迫切需要引进花生多糖提取这类的先进技术，来延长花生加工产业链条，培育企业新的增长点。”金胜集团总经理高冠勇对企业发展充满信心。高冠勇的信心来源于山东省农科院的科技支持。以市场需求为导向，走产研结合的路子，是山东省农科院农产品学科发展的一贯定位。

省农科院坚持以市场为导向，不断强化科技创新，在延长农业产业链上下功夫，构建了农产品加工技术创新体系，为山东农产品加工产业技术升级提供了有力的科技支撑。目前，该所建有山东省农产品精深加工技术重点实验室、国家粮油加工技术研发分中心等 7 个省级以上创新平台，已形成粮油加工、活性物质绿色提取与营养评价、食用菌加工、生物防腐保鲜技术等优势研究方向。构建了花生副产物高值化利用、大豆蛋白资源提取加工、果蔬精深加工、微生物发酵与食品质量安全控制、小麦诱变育种及药用植物育种与栽培等优势团队。近三年来，承担各类科研项目 60 余项，立项经费 4800 多万元，获授权专利 79 余项，制定行业及地方标准 23 项。“花生粕酶解制备花生多肽”“大豆蛋白反胶束制备”“金针菇等食用菌加工副产物高值化利用”“果蔬生物防腐及辐照保鲜”等多项技术研究处于国内先进水平。

当前，山东农产品出口连创历史新高，全年出口额达到 153.7 亿美元，连续 12 年居全国第一位。全省规模以上农业龙头企业达到 8120 家，实现销售收入 11500 亿元。农产品加工业快速发展，产业和产品结构也不断优化，但与发达国家和先进省份相比，我省农产品加工领域仍然存在自主创新能力弱、科技成果转化率低等问题。差距是压力，差距也是山东省农科院人持续创新的动力，同时也是今后的发展空间。

山东省农科院在充分利用自身优势资源、技术和平台的基础上，积极搭建对接平台。目前，该院农产品所已与山东龙大植物油有限公司、山东省高唐蓝山集团总公司、山东金胜粮油集团有限公司、滨州泰裕麦业有限公司、威海宇王集团、山东鸿方缘食品有限公司等多家我省的大型企业开展科技合作、联合共建，促进农产品加工技术的转化，助力企业提质增效，推动我省农产品加工产业转型升级。

通讯员：王文亮 安静

# 农业信息化助推山东农业转型升级

（《大众日报》 2013 年 10 月 25 日）

“您好，欢迎致电山东省星火科技 12396 服务热线，新成果新技术查询请按 1……如需专家服务请按 0……”山东省农科院的 12396 信息服务热线每天接听着来自全省各地的上百个咨询电话，目前已经成为广大农民的一条致富线，通过信息化手段打通了科技推广转化的“最后一公里”。

“12396”作为全省统一的农村科技信息公益性服务热线号码，构建了以省级信息服务中心为核心，以市级信息服务中心为骨干，以基层信息服务站为主体，上下联动的信息服务体系。12396 服务热线拥有庞大的专家库，涵盖了作物、蔬菜、果树、植保、畜牧、农产品加工等农业各领域，每天都有专家为农民解答问题。如果能上网，就可实时地与专家进行面对面交流。

山东省农科院科技信息研究所还与山东广播电视台乡村频道联合开通了 12396 对农直播间，只要老百姓有普通的手机，通过齐鲁三农科技网下载客户端，就可以跟平台进行对接，实现在线专家的远程诊断，为菜农进行蔬菜病虫害防治等方面的服务。

2010 年 4 月，科技部、中组部、工信部确定首先在山东省开展国家农村农业信息化示范省建设。山东省农科院承担了国家农村农业信息化示范省建设的核心内容——山东省农村农业信息化综合服务平台建设和运维工作。

山东省农村农业综合信息服务平台是高效采集、加工、整合各类涉农信息资源的重要平台，也是视频、语音、短彩信服务的支撑平台，高度集成各种先进的软件系统、硬件设备，拥有功能强大的省级农村农业信息资源数据中心，以公益性服务为基础，立足山东，服务全国，利用“三网融合”信息服务高速通道，满足涉农用户在任何时间、任何地点、通过任何终端都能享受平台提供的方便、快捷、准确信息服务的需求。平台包括综合门户网站、12396 呼叫中心、视频互动系统、产业服务系统、远程培训系统、科技创业系统、电子商务系统、城乡互动系统、智慧农业系统等，同时支持手机、固定电话、计算机和电视 4 种使用终端，直接面向广大农民、企业、合作组织提供全方位方便快捷的信息服务。

山东省农村农业综合信息服务平台还整合全省的科技示范园区、科技特派员、驻村第一书记、农村党员干部现代远程教育、农村信息化等科技资源，在广大农村建立了 700 个农业信息化专业示范站点，实现了“平台上移，服务下延，整合资源，一网打天下”的建设目标，强化了农业科技推广的技术手段，为加快我省农业和农村经济发展架起了一条覆盖广、快速便捷、稳定可靠的高速信息服务传输通道。

多年来，山东省农科院围绕我省农业农村信息服务需求，发挥在信息化服务系统、平台开发建设方面积累的技术优势，先后承担多项国家和省级重大系统平台建设工作，开展了农业信息资源整合共享、农业产业信息服务、农村综合管理信息服务等研发工作，充分利用现代信息技术手段，面向广大农业农村用户提供信息化服务，研发了一批涵盖农业生产、流通、经营、管理信息化等方面的关键技术、系统、产品，并进行了大规模示范应用，使我省农业信息技术研究与应用能力达到国内一流水平。

通讯员：赵佳 安静

## 首届农业高层次论坛——“舜耕论坛”在济南举办

（山东新闻联播　2013 年 10 月 25 日）

【正文】为庆祝山东省农业科学院创建 110 周年，首届农业科技高层次论坛——“舜耕论坛”今天在济南举行。

省农科院创建 110 年来，共有 500 多个品种通过国家或省级审定。在优质小麦、高产夏玉米等研究领域走在全国前列。自主选育的小麦、玉米等新品种均创造全国最高单产纪录，在全省种植面积达 60% 以上。

记者：侯洪强 韩妍妍

## 首届农业“舜耕论坛”举办

（《科技日报》　2013 年 10 月 26 日）

**科技日报济南 10 月 25 日电**　今天上午，首届农业高层论坛——“舜耕论坛”在济南举办。论坛由山东省科学技术协会、山东农学会和山东省农业科学院联合举办，来自全国各省（市、自治区）农业科研院所的 150 多名农业专家参加了论坛，论坛邀请了国家农业部原常务副部长万宝瑞研究员和中央党校研究室副主任曾业松作了《发展旱作农业对保障粮食安全的启示》和《中国农业现代化道路》的主题报告。

论坛立足我国农业生产的实际，围绕现代农业发展的重点、难点及热点问题进行了深入探讨，构筑了政府部门、科研单位和企业之间，及农科教、产学研之间的交流合作平台。今年是山东省农业科学院创建 110 周年，这也是该院创新院庆形式，搞“公益院庆”“学术院庆”的一项重要内容。

记者：魏东　通讯员：安静

## 首届农业高层次论坛“舜耕论坛”举办

（《大众日报》　2013 年 10 月 26 日）

**本报济南 10 月 25 日讯**　今天，首届农业高层次论坛——“舜耕论坛”在济南举办。论坛由山东省科协、山东农学会和山东省农科院联合举办，来自全国各省（市、自治区）农业科研院所的 150 多名农业专家参加。与会专家立足我国农业生产的实际，围绕现代农业发展的重点、难点及热点问题进行了深入探讨。

据悉，舜耕论坛是我省首个高层次、全国性的农业科技论坛。今后，该论坛将每年定期、定址举办。

记者：王亚楠　通讯员：王祥峰 安静

## 山东省农科院与“第一书记”、种粮大户交流先进农业技术

（山东新闻联播　2013 年 10 月 26 日）

【导语】山东省农科院创建 110 周年之际，特别邀请了一批特殊的客人前来交流农业新技术。

【正文】一大早，来自全省 17 市的 100 多名“第一书记”、家庭农场主、种粮大户等就聚集在农科院，参观智能化温室大棚、农业展览馆，同农业专家们一起交流学习最新的农业技术。

【同期声】山东省农科院驻前关山村“第一书记”　陈为京

了解农科院最先进的一些技术，通过引进一些农业先进技术，来提升我们村里的一些产业。

【正文】魏德东是德州临邑县的一名种粮大户，现在家里的麦子刚刚种下，可是看到农科院气候实验室的小麦都已经颗粒饱满了，他感到很惊喜。

【同期声】德州市临邑县种粮大户　魏德东

我觉得很受启发，大开眼界，下一步和省农科院搞这个联合，让专家们新的一些科研成果，能够尽快在我的土地上让它开花结果。

【正文】省农科院创建 110 年来，紧密对接家庭农场、农民专业合作社等现代新型农业经营组织，以实施科研试验项目、建立试验示范基地等形式，示范展示山东农业新技术、新品种和新模式，目前已建立起 25 个科技专家服务团队，辐射带动区域特色农业和农村经济发展。

记者：韩妍妍　通讯员：安静

## 省农科院公益院庆服务“三农”

（《大众日报》　2013 年 10 月 27 日）

**本报济南 10 月 26 日讯**　今天，省农科院创新院庆方式，举办公益院庆开放日暨省直机关“第一书记”、家庭农场、农民专业合作社科技对接，来自全省的 100 多位“第一书记”、家庭农场主和农业合作社负责人来到省农科院，与专家面对面交流、咨询，一些专家当即就定下了去村子里指导的时间。

下一步，省农科院还将强化对接家庭农场、合作社及专业化农业生产组织，在我省不同类型生态区、产业带，选择家庭农场、农民专业合作社为实施载体，组织实施一批农业科研试验和成果转化示范项目，规范巩固一批科技示范基地，扶持带动一批农业合作组织和种植（养殖）大户，培训一批基层农技推广人员和农民技术员，促进新技术新成果尽快转化为生产力、增加农民收入。

记者：王亚楠　通讯员：王祥峰 安静

# 做好农产品精深加工大文章

## ——山东省农科院农产品所促进农产品加工业发展纪实

（《科技日报》　2013 年 10 月 28 日）

山东是农业大省，“三农”问题一直是政府工作的重中之重。当前，山东省农产品出口连创历史新高，全年出口额达到 153.7 亿美元，连续 12 年居全国第一位。全省规模以上农业龙头企业达到 8120 家，实现销售收入 11500 亿元。农产品加工业快速发展，已成为山东省国民经济中最具成长活力的产业之一。山东省农科院农产品所作为从事农产品加工科学与技术研究的省级科研机构，始终坚持以市场为取向的农业科技创新工作，在延长农业产业链上下功夫，不断提升科研创新能力，为山东农产品加工产业技术升级提供了有力的科技支撑。

**科技创新 为成果产业化转化提供平台保障**

农产品所充分发挥农业科研单位的公益性研究职能，密切关注制约产业发展的关键共性技术问题，积极开展农产品精深加工领域高新技术的理论基础和应用技术研究。该所目前承担“863”计划课题：“活性蛋白制备关键技术研究与开发”，即以花生、大豆、玉米和小麦等低值植物蛋白资源，以及昆虫蛋白等新蛋白资源为原料，在活性蛋白结构与功效关系、制备关键技术、稳态化和加工适用性、新资源蛋白研究与开发等研究方面取得实质性突破，从根本上解决植物蛋白资源综合利用度差、附加值低等问题，提升了山东省活性蛋白产业的自主创新能力和核心竞争力。

在莒南，山东省农科院农产品研究所与山东金胜粮油集团有限公司日加工花生粕 80 吨能力的花生多糖生产线正在筹建中，这是我国第一条花生多糖生产线，将实现年产花生多糖 3000 吨，创经济效益 1.25 亿元。“当前，花生榨油工艺已经非常纯熟，市场竞争激烈，通过改进传统工艺已很难再挤出利润空间。我们迫切需要引进花生多糖提取这类的先进技术，来延长花生加工产业链条，培育企业新的增长点，同时也为社会多做点贡献。”山东金胜粮油集团有限公司高冠勇总经理对企业今后的发展充满信心。

**把花生粕变废为宝 让食用菌带动产业发展**

我国每年用于榨油的花生约为 800 万吨，年产花生粕 400 万吨。花生压榨过程后，花生粕只能作为畜牧业和水产业的饲料原料，市场价约为 2500-3000 元 / 吨，附加值较低，造成了巨大的资源浪费。从中提取的花生多糖，具有显著的抗氧化活性，能显著提高机体免疫力，可制成功能食品，具有免疫调节、抗肿瘤、降血糖、降血脂、抗辐射、抗病毒、保护肝脏等保健作用，进一步提纯后可制作抗癌药品，在餐饮、医学等领域应用前景广阔。山东省农业科学院农产品研究所和山东金胜粮油集团有限公司共同开发的花生粕提取多糖技术，对提高花生加工产业的科技创新水平，提升花生资源综合利用效率，稳定花生油价格、保障油脂安全具有重要作用，正在演绎“变废为宝”的传奇。

在食用菌精深加工方面，山东省农业科学院农产品研究所形成了一支以山东省现代农业产业技术体系岗位专家陈相艳研究员为首的食用菌产后加工创新团队，重点围绕食用菌精深加工、功能成分提取以及发酵工程技术等食用菌产后加工方面开展研究工作，在食用菌产后加工领域已形成了一定的技术优势，开发了金针菇多糖、金针菇菇根粉、红油金针菇等食用菌深加工产品，带动了山东省食用菌加工产业的快速发展。

**推动加工技术转化 构建技术创新体系**

山东省农科院农产品研究所积极推行“走出去，引进来”政策，积极搭建对接平台，推动农产品加工技术的转化。仅 2012 年“全国农产品加工百家院所百家企业（双百）对接活动”一项，就向全国科研院所和高校征集农产品加工先进适用技术 230 项，实现科企对接合同项目 113 项，技术成交额达 4.1 亿元。作为主办单位之一的山东省农科院，在此次活动中与省内外 30 多家企业达成技术转让和合作意向，涉及果蔬、粮油及畜产品加工等多个领域。转让的“山药综合加工利用关键技术”，将利用高压均质、超微粉碎等技术开发山药饮料、超微粉、多糖皂甙等系列功能性产品；转让的“小麦深加工关键技术”，将重点围绕小麦谷朊粉改性、专用面粉开发等农业高技术领域。这些新技术对解决山东企业技术需求难题，推动农产品加工业快速发展发挥了重要作用。

山东省农科院农产品研究所以解决山东省农产品加工业面临的实际问题为重点，以特色和优势为切入点，不断进行科研创新，构建了农产品加工技术创新体系。目前拥有 1500 平方米实验室，9000 多平方米中试车间及 450 亩试验基地；建有山东省农产品精深加工技术重点实验室、国家粮油加工技术研发分中心等 7 个省级以上创新平台，已形成粮油加工、活性物质绿色提取与营养评价、食用菌加工、生物防腐保鲜技术等优势研究方向，形成了由 4 名泰山学者海外特聘专家、19 名博士、10 名硕士等科研人员组成的花生副产物高值化利用、大豆蛋白资源提取加工、果蔬精深加工、微生物发酵与食品质量安全控制、小麦诱变育种及药用植物育种与栽培等优势团队。

近三年来，承担各类科研项目 60 余项，立项经费 4800 多万元；发表论文 230 余篇，获授权专利 79 余项；制定行业及地方标准 23 项。“花生粕酶解制备花生多肽”“大豆蛋白反胶束制备”“金针菇等食用菌加工副产物高值化利用”“果蔬生物防腐及辐照保鲜”等多项技术研究处于国内先进水平。

记者：魏东　通讯员：王祥峰　安静

# 山东省农科院立足现代科技、服务产业“两端”<br>“9.9 元蓝莓”折射农业产业变革

（《大众日报》 2013 年 10 月 28 日）

即使是周末的银座超市，也能轻易看出水果区和其他区域的人气差别，因为这里售卖不少价格昂贵的进口水果，售价动辄数十元。但在不久前的一个周末，该超市水果区的一个柜台前居然排起了长队，抬头望去，促销海报上写着大大的“蓝莓 9.9 元”。

“一盒才 9.9 元，没想到蓝莓能这么便宜！”济南的李女士告诉记者，女儿喜欢吃蓝莓，但以前价格太贵，小小一盒 200 克，前几年卖三四十元，所以都是等到周末孩子从学校回来才给她买上一小盒。这次，李女士一下买了 4 盒，“女儿看到一定很高兴”。

从“贵族水果”到“大众水果”，“9.9 元蓝莓”的背后，其实是一场农业产业结构的变革。

再访刘庆忠，依然是在蓝莓地里。他是山东省农科院果树研究所的研究员，1998 年把蓝莓从美国带到了齐鲁大地，选育出适宜我省栽培的优良品种，建立了工厂化育苗技术体系，还根据蓝莓品种的生态适应性，对全省适栽区域进行了区划。

“通过成果推广转化，山东现已有近 10 家企业或合作社进行蓝莓繁育，蓝莓种植面积已达 10 多万亩。”刘庆忠说。正是有了这样快速扩大的种植面积，9.9 元一盒的蓝莓便不足为奇了。

农民种植蓝莓，效益可观：莒南县壮冈镇砚柱河西村的董自卿，从 2005 年起就在刘庆忠的指导下种植蓝莓，今年，他的蓝莓树进入了盛产期，一亩能收 4000 斤，亩均效益达到了 10 万元。而在莒南、胶南等地，蓝莓酒、果酱、饮料等深加工也已起步。“世界水果皇后”在齐鲁大地扎下了根。2009 年 7 月，本报曾刊发《蓝莓可做果树调整首选品种》报道，当时的预言，正逐渐变为现实。

农业产业结构转型升级，必须要有强有力的科技支撑。这里的“科技支撑”，远远超出了“科技成果”的概念，而是要从现代农业的整体布局切入，研究农业产业全链条，在各关键领域、关键环节，用创新的思维搞科研、做推广，扎扎实实地把成果“写”在大地上。这也正是全省唯一的省级综合性、公益性农业科研单位——山东省农科院的不懈追求。对于已经走过 110 年的山东省农科院，“9.9 元蓝莓”只是其科技支撑中一朵小小浪花。

现代农业是在我省现有的较好农业基础上提质增效的必然选择。对于山东，当前的关键在于“两端”——前端是农资产业链，包括种业、饲料、肥料、农药、农机等；后端是农产品精深加工、流通、销售，努力的方向是使安全、绿色、新鲜的食品以最低成本、最短时间送到人们的餐桌上。

“前端”，最关键的是种业。山东省农科院积淀丰厚，其自主培育的“济麦 22”在众多小麦良种中首屈一指，良种良法配套，创造了单产最高、年推广面积最大、适应范围最广三项“全国之最”，2012 年在黄淮麦区种植 3660 万亩，占比达 1/4，实现连续四年

蝉联全国冬小麦种植面积第一，7 年累计推广 1.44 亿亩，实现了小麦超高产育种的新突破，为实现山东粮食“十连增”以及目前“十一连丰”的良好局面、保障国家粮食安全作出了重要贡献。此外，“鲁原 502”小麦、“鲁单”系列玉米、“鲁棉研”系列棉花、“花育”系列花生也都享誉全国；在保护和利用传统农业资源上的不断探索，成功培育出了鲁西黑头肉羊新品系、“鲁农Ⅰ号猪配套系”、“鲁烟白猪”新品种、“鲁禽 1 号、3 号麻鸡”配套系等。今年，省政府又出资依托该院组建了山东种业集团股份有限公司，进一步整合资源、聚焦市场、激活创新，力争打造产学研结合、“育繁推一体化”的大型现代种业企业。

“后端”，关键要在延长农业产业链、农产品精深加工上下功夫。这也是我国农业普遍面临的新课题。山东省农科院以解决我省农产品加工业面临的实际问题为重点，从特色和优势快速切入，目前，已形成四大优势研究方向，并在农产品质量安全可追溯体系、农业物联网技术研究等关键共性问题上实现了重要突破，大量成果已经转化到企业进行生产应用。该院农产品研究所在莒南与企业合作的我国第一条花生多糖生产线正在建设，投产后，榨油剩下的花生粕将变废为宝，成为榨油企业新的利润增长点。

■资料链接

110 年，4 项全国第一

山东省农科院发轫于 1903 年清政府在济南设立的山东农事试验场，至今已走过 110 年，其科研历史与山东近代农业科技发展史一脉相连。截至目前，该院已创造了 4 项全国第一：

——在“十一五”全国农业科研单位综合能力评估中，山东省农科院有 9 个研究所进入全国百强，数量居全国省级农科院第一位。

——从 2006 年到 2012 年，山东省农科院作为主持完成单位共获得国家级成果奖励 10 项，占全国省级农科院获国家奖总量的 1/4 强，位列全国第一。

——在“十二五”国家现代农业产业技术体系建设中，山东省农科院拥有包括 1 个首席科学家在内的 22 个科学家岗位和 16 个试验站站长岗位，总量居全国省级农科院第一位。

——在主要研究领域承建的国家和省部级创新平台达 73 个，数量居全国前列。在农业部启动的 30 个学科群建设中，承建了 5 个农业部专业性（区域性）重点实验室和 7 个实验站，总数居全国省级农科院第一位。

记者：王亚楠　通讯员：王祥峰　安静

## 皮棉 177 公斤：刷新黄河流域单产纪录

（《大众日报》　2013 年 10 月 30 日）

**本报济南讯**　鲁西南棉区日前传来喜讯，省农科院棉花研究中心培育的抗虫杂交棉品种鲁棉研 24 号，在金乡县创造了亩产皮棉 177 公斤的黄河流域棉区单产新纪录，成功打破鲁棉研 15 号 2004 年在江苏省建湖县创造的亩产皮棉 175.4 公斤的纪录。

鲁棉研 24 号是山东棉花研究中心研究员李汝忠带领的科研团队选育的又一个抗虫杂交棉新品种，具有高产、优质、抗病、高抗棉铃虫等显著特点，多年来一直是山东省推介的主推品种，其早熟性好、开花结铃集中，深受广大棉农欢迎，尤其适于鲁西南棉区蒜棉套作种植模式。育种科研团队与农技推广人员通过密切合作，不断完善其配套栽培技术，进一步巩固和充实了该区域蒜棉套作这一高产高效种植模式。

记者：王亚楠　通讯员：张琮　韩宗福

# 国家棉花改良中心山东分中心二期获立项

（《科技日报》　2013 年 11 月 4 日）

**科技日报讯** 日前，山东省农科院棉花研究中心承担的国家棉花改良中心山东分中心二期项目顺利获得农业部立项。

由该中心承建的国家棉花改良中心济南分中心一期总投资 1200 万元，于 2002 年开始批复建设。通过分中心一期的建设使棉花研究中心的科研设施条件、综合科研实力和创新能力得到了质的飞跃，取得巨大的社会、经济和生态效益。国家棉花改良中心山东分中心二期建设将在一期项目的基础上进行，重点维护、改造分中心一期项目逐渐老化的田间基础设施、实验室基础设施，补充配套仪器设备，提升、完善实验室装备水平；加强高标准实验田建设，补充增加部分机械化设施和农机具，完善育种基地，达到提高育种效率、加快新品种选育的目的。

记者：魏东　通讯员：张琮

# 我抗虫杂交棉鲁棉研 24 号　黄河流域棉花单产新纪录

（《科技日报》　2013 年 11 月 4 日）

**科技日报济南 10 月 29 日电** 近日，由国内棉花育种与推广领域的权威专家组成的棉花高产创建验收委员会，对山东省金乡县化雨镇的鲁棉研 24 号高产攻关核心田和高产示范田进行了实地测产验收。经专家现场测定，100 亩蒜套鲁棉研 24 号高产示范田平均亩产皮棉 149.5 公斤。其中，化雨镇周花楼村村民 10 亩蒜套棉高产攻关核心田平均亩产皮棉达到 177 公斤，创造了我国黄河流域棉花单产水平的新纪录。

鲁棉研 24 号是山东省农业科学院棉花研究中心李汝忠研究员领导的科研团队继鲁棉研 15 号之后选育的又一个表现突出的抗虫杂交棉新品种。该品种具有高产、优质、抗病、高抗棉铃虫、适应性广等显著特点。2005 年通过了国家审定，多年来一直是山东省推介的主推品种，也是近年来农业部棉花高产创建山东省首选杂交棉品种之一。该品种早熟性好、开花结铃集中，深受广大棉农欢迎，尤其适于鲁西南棉区蒜棉套作高产、高效的种植模式。

记者：魏东　通讯员：张琮　韩宗福

## 省农科院引入国家扶持资金

（《大众日报》　2013 年 11 月 5 日）

**本报济南讯**　日前，省农科院与中种集团、现代种业发展基金在济南启动科企战略合作。现代种业发展基金由财政部牵头设立，是国内第一支具有政府背景、市场化运作的种业基金。此次省农科院创新合作方式，联手中种引入国家财政产业扶持资金，对推动我省种业的创新和产业升级，保障国家粮食安全和农产品有效供给具有重要意义。

省农科院与中种集团、现代种业发展基金开展科企战略合作，将以山东种业集团为平台，进行战略投资，着力在种质资源创新、育种平台建设、关键技术研究等方面开展全方位深层次合作。

记者：王亚楠　通讯员：安静

## 沼气新技术助力山东温室蔬菜增产

（《科技日报》　2013 年 12 月 9 日）

**科技日报讯**　近日，山东省农科院蔬菜花卉研究所等单位完成的“沼气技术在日光温室蔬菜栽培中的综合利用研究”通过专家鉴定。课题组将沼气技术与日光温室蔬菜栽培相结合，把沼气技术应用到了日光温室蔬菜的栽培中，建立解决了农村环境污染、日光温室蔬菜栽培中土壤板结和病虫害严重的关键技术体系，取得了良好的效果。

日光温室蔬菜栽培中由于连年种植以及过度使用农药、化肥、有机肥，造成了土壤及地下水严重污染，这种污染问题在山东省主要的温室蔬菜生产区普遍存在。近年来，沼气技术在农村生活的许多方面得到了广泛的应用，可以有效解决农村废弃物的污染问题，但是沼气技术在农业生产中的应用还不是很多。如果温室蔬菜生产“邂逅”沼气技术，结果会如何呢？

据该项目负责人高建伟研究员介绍，该项研究技术首先对传统的中间出料的水压式沼气池进行了改造，集成了畜禽粪便及秸秆生产沼气、沼渣、沼液的技术，然后利用升级后的底部出料的水压式沼气池和强回流式沼气池，把传统的“日光温室—畜禽养殖—沼气蔬菜”质能流动模式升级改进为“日光温室—沼气—蔬菜”质能流动模式，并以日光温室大棚韭菜、黄瓜、番茄、辣椒等生产为材料验证了沼气、沼肥的利用价值，最后明确了日光温室蔬菜栽培中使用沼肥减轻病虫害、提高品质和产量以及克服土壤板结的机制。

据了解，日光温室蔬菜栽培结合使用沼气技术产生了明显的经济效益。项目实施以来，新建成各种沼气池 317400 个，据推算，每池仅用于生活做饭，可节煤 2 吨，按每吨 600 元计算，共存增收入 38088 万元；用于照明节资 3174 万元，共创收 34914 万元。该技术在日光温室蔬菜生产中进行了大面积推广，在烟台、新泰、章丘、苍山等地已广泛应用于黄瓜、番茄、青椒、西葫芦等设施蔬菜栽培种，推广面积 130 万亩以上，平均亩增产 10% 以上，显著提高了蔬菜的品质，产生了巨大的经济、社会和生态效益。

记者：魏东　通讯员：王猛 徐绍建

## 山东大豆甘肃“结出”高产纪录

（《大众日报》　2013 年 12 月 15 日）

◆“齐黄 34”1.6 亩实打亩产 335.31 公斤

◆陇东旱塬区原品种亩产 152 公斤

◆可提升甘肃 200 余万亩大豆产量

**本报济南讯**　记者从省农科院获悉，日前，由甘肃省农业科学院在甘肃省靖远县北湾镇组织的齐黄 34 高产攻关试验，1.6 亩实打亩产 335.31 公斤，创造了该省大豆实收的高产纪录，在当地引发关注。

齐黄 34 是山东省农科院作物所育成的高产、广适、双高大豆新品种，产量潜力大，高肥水条件下，百粒重 30 克以上，荚粒数可达四五粒；品质优，蛋白质含量 42% 以上、脂肪 21% 以上，蛋白脂肪总和高达 64%；抗病、耐盐碱、耐涝、耐热，适应性非常广。

甘肃常年大豆种植面积 200 万 -230 万亩，其中陇东旱塬区大豆种植面积较大，基本稳定在 150 万亩左右。来自国家大豆产业技术体系的数据表明，2010-2011 年甘肃省大豆产量最高的河西灌区亩产约为 197 公斤，陇东旱塬区亩产约为 152 公斤。齐黄 34 对照甘肃当地主栽品种增产幅度非常大，大面积引种后将为大豆生产迈上新台阶发挥积极作用。

记者：王亚楠　通讯员：刘佳

## 省农科院可独立招收博士后

（《大众日报》　2013 年 12 月 19 日）

近日，全国博士后管委会办公室正式发文，批准了山东省农科院博士后科研工作站的独立招收资格。

至此，我省共有 4 家博士后科研工作站具备独立招收资格，分别是国家海洋局第一海洋研究所、中国石化胜利油田、中国水产科学研究院黄海水产研究所、山东省农科院。

记者：王亚楠

# 我省3名科学家当选两院院士
# 增选人数创十年之最 住鲁院士总数增至40名

（《大众日报》 2013年12月20日）

**本报济南12月19日讯** 2013年度中国科学院、中国工程院院士增选结果今天正式公布。其中，中科院新增选院士53名，中国工程院新增选院士51名。我省3名科学家成功当选，这是近十年来我省增选院士最多的一年。至此，住鲁院士总数增至40名。

我省今年新当选的3名院士分别是：中国海洋大学吴立新教授，当选中国科学院地学部院士；海军航空工程学院何友教授，当选中国工程院信息与电子工程学部院士；山东省农业科学院赵振东研究员，当选中国工程院农业学部院士。

46岁的吴立新院士致力于大洋环流基本理论、海—气相互作用和气候年代变化等方面的研究，在海洋气候学领域取得了突出成就；57岁的何友院士从事雷达自适应检测方法、系统仿真与作战模拟等方面的研究，为国土安全事业做出了重要贡献；71岁的赵振东院士长期从事小麦优质高产与超高产广适品种选育等方面的研究，其带领团队育成的济麦系列品种，已连续4年成为全国种植面积最大的品种。

“当选院士是对我工作的一个肯定，更是一份责任，一种使命，感觉肩上的担子更重了。”今天下午，在中国科学院学术会堂接过院士聘书的吴立新教授说。

据悉，今年我省共推荐了26名候选人，最终3人成功当选。省委组织部副部长、省人社厅厅长韩金峰介绍说，此前我省院士平均年龄为76.19岁，年龄最大的92岁，最小的55岁，新当选的三位院士涵盖“老中青”三代，年龄分布更多样，而且全部低于平均年龄。

“一个学术造诣精湛的领军人物，可以带动一支创新团队一个创新产业，一名院士就是一面吸引和聚集人才的旗帜。”韩金峰说，今年我省当选院士人数创历史之最的背后，是全省在构筑创新型人才高地的诸多努力。近年来我省积极发挥院士的高端引领、示范带动和辐射作用，蓝黄两区一圈一带等四大战略中都有院士的身影，全省138个县市区全部有与院士合作的项目。

下一步，我省将鼓励院士通过课题、项目等多种方式发挥作用，吸引凝聚更多人才服务山东，同时加强对各类高层次人才的培养和服务，对学术造诣高、有发展潜力的人才特别是中青年人才，从资金、政策等方面给予重点扶持、及早培养、跟踪服务，使他们尽快脱颖而出。

记者：张春晓 赵君 通讯员：张百顺 范粟

近 30 年育成济麦系列 4 大品种，济麦 22 成为黄淮麦区种粮农民坚定的选择

# 赵振东：播下“传奇”的种子

（《大众日报》 2013 年 12 月 20 日）

当选中国工程院院士，在搞农业科研的人看来，71 岁的赵振东实至名归。记者过去见到赵振东，往往都是麦地里的偶遇，因为在小麦种植的时节，赵老几乎每天都小跑着到试验田去，研究了一辈子小麦，他放不下。赵振东说，“院士”是终身荣誉，更是对工作的要求，“我就是一个农业科研战线的老兵”。

**全国种植面积最大的作物品种**

在黄淮麦区，很多农民可能并不知道赵振东的名字，但一提起他育成的超高产小麦品种“济麦 22”，其中很多人都会竖起大拇指向你介绍：这个品种就是好，高产优质，关键是稳产、抗寒、抗倒伏、抗病、抗干热风……

这些形容词，是老乡们在生产中的真实感受。尤其近年来气候多变，在干旱、倒春寒等的考验下，济麦 22 成为黄淮麦区种粮农民坚定的选择，得以迅速推广。

某种意义上，济麦 22 就像一个“传奇”。2006 年育成后，济麦 22 先后通过国家审定和鲁、豫、皖、苏、津五省市审（认）定，连续 6 年在不同生态类型区 66 个点次创造出亩产 700 公斤以上的超高产典型。2009 年，农业部组织实打亩产 789.9 公斤，创一年两熟制下冬小麦高产世界纪录。推广范围跨黄淮冬麦区和北部冬麦区两大生态区，2012 年在黄淮麦区种植 3660 万亩，占比达 1/4，连续 4 年蝉联全国种植面积最大的作物品种，也是近 30 年来我国年种植面积最大的品种。截至今年夏收，济麦 22 单品种 7 年累计推广 1.44 亿亩。

种业是农业的关键。正是济麦 22 这粒小小的种子，为实现全国粮食生产“十连增”、山东粮食“十一连增”，保障国家粮食安全做出了重要贡献。

**争取好年头大丰收坏年头少减产**

主要粮食生产要立足自给，是我国最基本的国策。日前，习近平总书记到省农科院视察时，专门强调了“粮食安全和农产品的有效供给，任何时候都不能放松”。

我国有 18 亿亩耕地，折算成播种面积大约 24 亿 -25 亿亩，但实际上我国需要约 30 亿亩，所以单产仍是核心。赵振东介绍，粮食生产是有基本规律的，基本是“两丰一平一欠”，在全国粮食实现“十连增”的基础上继续连增难度很大。但是，“与其坐着揣测年景好坏，不如大家多努力，创新，实干，争取好年头大丰收，坏年头少减产，确保粮食安全——这，才是我们的任务”。

赵振东带团队，跟年轻人说要“把论文写在大地上，成果留在农民家”。农业育种科研条件复杂、周期很长，以小麦为例，平均育成一个品种需要 10 年。而赵振东却在不到 30 年里就育成济麦系列“济南 17”(1999 年)、“济麦 19”(2001 年)、“济麦 20”(2003 年)、“济麦 22”(2006 年)4 个“大品种”，成为全国小麦品种更新换代的主导品种。能出这些成果，赵振东说关键是要想在前头，从国家粮食安全战略和农业生产实际两个大需求出发，确定育种方向，然后努力去寻找实现的方法。

**“科研突破需要协作创新”**

赵振东说，现在，小麦品种和技术正进入一个平台期，平台期不是不发展，是坡度大，需要跃变；继续向下一个平台期突破，需要协作创新，包括思路、材料、技术方法等。他认为，2020年争取小麦平均单产达到450公斤以上的水平，增长10%，这是不得不完成的底线。

小麦育种是典型的集成科学。小小一粒种子上，经验、理论、材料、新技术、新方法……总成才能形成突破。现在，整个黄淮麦区都在试图突破济麦22，但至今仍未见大品种。赵振东说，济麦22并不是终点。他特别希望农业科研人员能格局再开阔一些，集成、协作，任何地方只要有好的苗头，就“钉钉子”、努力突破，“超越济麦22，不管是哪一家，我觉得都好”。

搞科研或许见解不同，但协作会让大家都更有力量。赵振东常说，济麦22的成功，很大程度上得益于“泰山23”这个老师。当时，他一门心思琢磨小麦的品质，“泰山23出来不错，我就是紧学着、调整了思路，少走了弯路，才出了既高产又广适的济麦22”。

年过七旬的赵振东，也在用更开阔的眼光考虑高产：不能单独研究小麦，或是单独研究玉米；我们要的是全年的丰收，甚至不光粮食，还有油料作物，如大豆等。

记者：王亚楠　通讯员：安静

# 山东省农科院葡萄与葡萄酒工程研究中心成立

（《科技日报》　2013年12月23日）

**科技日报讯**　12月14日，山东省农科院葡萄与葡萄酒工程研究中心在济南成立，中国工程院院士束怀瑞、国家葡萄产业技术体系首席科学家段长青共同为中心揭牌。

据介绍，该中心将依托山东省农科院和农产品研究所人才和平台优势，与国内行业领先研究机构、行业企业密切合作，在葡萄栽培、葡萄酒酿造、葡萄酒副产物综合利用三个方向深入开展研究，引领行业进步，在国内葡萄酒行业发挥重要影响力。

该院农产品研究所长陈相艳告诉记者，该中心将从源头上研究山东省主要葡萄酒产区的风土条件，研究葡萄砧木、品种和不同品系的栽培适应性及表现，寻找产区的特色品种，提出适合山东省和我国自然条件特点的品种区域化理论，在此基础上建立合理的葡萄品种区域化方案，构建高标准的酿酒葡萄建园模式，并针对产区自然条件和品种特点，研究品质形成的影响因素，研究确定有产区和品种针对性的微域环境构建和管理技术，建立适合国情的果园机械化生产模式。

记者了解到，该中心还将根据产区原料特点，研究确定适宜的酿造工艺，充分发掘原料的酿酒潜能，形成独具风格特征的产区葡萄酒，打造从葡萄种植到葡萄酒酿造的完整产业链，实现葡萄加工副产物的高效利用，进一步拉长产业链，增加农产品附加值，提高科研资源利用效率和服务产业的能力，促进农民增收、企业增效。

记者：魏东　通讯员：安静 王文亮

# 八、党的建设与纪检监察

# 党的建设概况

2013年，全院各级党组织和全体党员坚持以科学发展观为指导，认真学习党的十八大、十八届三中全会精神和习近平总书记视察我院重要讲话精神，围绕中心服务大局，以庆祝院创建110周年和开展党的群众路线教育实践活动为主线，以创建学习型党组织为抓手，充分发挥基层党组织的战斗堡垒和党员的先锋模范作用，为扎实推进强院建设各项工作提供了坚强思想组织保证和精神动力。

## 一、完善中心组学习制度，加强理论武装工作

院党委把理论武装工作作为党建工作的首要政治任务摆上日程，进一步完善以院所两级中心组学习为主要内容的集体学习制度，认真学习贯彻党的十八大、十八届三中全会、习近平总书记视察山东和我院时的重要讲话精神，组织38名处级干部参加了省直机关十八大精神专题培训班。坚持“三会一课”制度，组织了3次专题大党课。为庆祝建党92周年，举办了鲁研杯“迎院庆・明党史・知院情・励我志”知识竞赛。积极参加省直机关领导干部带头读书学习活动，全年共举办5期，每次组织5名处级以上干部参加。

## 二、创新“创先争优”机制，夯实基层党组织建设基础

“创先争优”活动一直是我院党建工作的品牌。年初召开了驻济单位党组织负责人会议，在汇报交流各单位党建工作的基础上，作物所等13个基层党组织被评为2011-2012年度院先进基层党组织，通报表彰了37名优秀共产党员和18名优秀党务工作者。作物所党委被评为省直机关先进基层党组织，3位同志为省直机关优秀共产党员，1位同志为省直机关优秀党务工作者。严把党员“入口”关，组织8名同志参加了省直机关党员发展对象培训班，发展新党员8名，办理预备党员转正10名。积极开展党建工作调研，围绕“研究所在重大事项决策过程中如何发挥基层党组织和专职书记的作用”进行调研，作为省直机关党建研究会组长单位，召开了省直机关党建研究专委会第四组会议，部署2013年党建课题任务，交流了工作经验。院机关党委被评为2013年度省直机关党建宣传工作先进单位。

## 三、认真开展党的群众路线教育实践活动，大力加强作风建设

按照中央和省委关于开展党的群众路线教育实践活动的部署要求，全院党员干部按照“照镜子、正衣冠、洗洗澡、治治病”的总要求，紧紧围绕“四风”问题，既立足当前、切实解决群众反映强烈的突出问题，又着眼长远、建立健全了党员干部为民务实清廉的长效机制。活动中，院党委精心谋划、全面部署、严细推进，深入基层、调研走访、贴近群众，严格责任、贴近实际、目标明确，活动开展得扎实有效。在系统学习必读书目和做好规定动作的基础上，院党委还注重做好自选动作，先后举办3次理论学习中心组读书会，进行群众路线优良传统作风专题教育；组织处级以上干部到毛主席视察我院纪念地重温入党誓词，结合科研单位特点自编了《榜样——优秀科学家代表事迹选编》学习资料，以7位院内外老一辈科学家的先进事迹教育大家。院党委成员积极参加省委组织的群众路线教育“沂蒙行”活动。每名党员领导干部都做了读书笔记，撰写了心得体会。党委成员全部参加了

省委组织的活动测试，成绩良好。院自行组织118名处级干部进行了教育活动知识闭卷测试，平均分达到96.5分。此外，还通过院网站、宣传栏等发布活动信息、宣传上级精神，通过热线电话、意见箱等形式征求职工意见，坚持开门搞活动，营造了良好的氛围，教育实践活动取得了良好成效。

**四、以院庆110周年为载体，扎实推进创新文化建设**

全院围绕“学术院庆、公益院庆、文化院庆、和谐院庆”主旨，开展了一系列庆祝活动，创作了一大批文化精品。在院史论证的基础上，继续挖掘完善院史资料，到国家档案馆、国家图书馆、省档案馆、省图书馆、山东大学、济南档案馆等处，搜集到10多份与我院创建历史密切相关的第一手资料，进一步完善了我院创建110周年的历史依据。编印了《跨越世纪的腾飞》院庆画册，建设了声光电、图文、实物俱全的科技成果展，制作了《超越梦想》宣传片，编印了《媒体眼中的山东省农业科学院》，征集了院庆标识，在院区设立了文化景观，实施了“亮化工程”，举办了喜迎110周年院庆书画摄影展，提升了农科院的社会显示度，彰显了农科院的办院理念和科学精神。

**五、充分发挥群团组织桥梁纽带作用，文明创建工作再创佳绩**

我院文明创建工作立足实际，围绕中心工作开展了一系列创建活动。院团委秉承“奉献、友爱、互助、进步”的志愿精神，结合“第一书记”和群众路线教育活动，积极开展学雷锋志愿服务活动，组织团员、青年志愿者到困难职工家中开展“送温暖、结对帮扶”活动，深入到生产一线和田间地头，为涉农企业和农民送去实用技术，为他们解决生产中的实际问题。以习总书记提出的“中国梦”为主题，举办了创新源杯“畅想中国梦·弘扬五四情”演讲比赛，院工会进一步完善职工之家创建活动，8个单位继续保持了山东省“模范职工之家”称号、省直机关“先进职工之家”和“合格职工之家”称号，新增1个省直机关“合格职工之家”。院妇工委开展了以岗位建功、巾帼文明岗创建和家庭建设为主要内容的“四德”教育活动，举办了“创建幸福生活 共建美好家庭”系列活动，评选表彰了2011-2012年度全院妇女工作先进集体和先进个人。健身沙龙以乒乓球、登山和健身舞为主持续开展。我院顺利通过省文明委的考核，连续8年保持“省级文明单位”称号，有效地促进了和谐院所发展。

**六、稳步推进统战和慈善工作**

院党委高度重视统战工作，支持院各民主党派开展工作。参加了全省统战工作领导干部理论研讨班，1名同志被评为山东省统战工作先进个人，记个人二等功1次；2名同志当选山东省第一届党外知识分子联谊会理事；选派4名党外知识分子参加了省委统战部组织的“百家联百企”活动。认真开展慈善捐助活动，在2013年度“慈心一日捐”工作中，我院驻济单位1185名职工共捐款127770元。为2名困难职工申请了慈善救助，并获得批准。

# 2013年院驻济党组织和党员情况一览表

| 单位 | 总计 | 在岗职工党员数 | | | | | 离退休党员 |
|---|---|---|---|---|---|---|---|
| | | 合计 | 性别 | | 干部党员 | 工人党员 | |
| | | | 男 | 女 | | | |
| 总计 | 1040 | 704 | 459 | 245 | 672 | 32 | 336 |
| 院办公室党支部 | 16 | 16 | 8 | 8 | 16 | | |
| 政工处党支部 | 5 | 5 | 3 | 2 | 5 | | |
| 人事处党支部 | 13 | 13 | 10 | 3 | 13 | | |
| 科研处党支部 | 11 | 11 | 10 | 1 | 11 | | |
| 产业处党总支 | 39 | 39 | 30 | 9 | 38 | 1 | |
| 财计处党支部 | 20 | 20 | 9 | 11 | 19 | 1 | |
| 老干部处党委 | 89 | 5 | 2 | 3 | 4 | 1 | 84 |
| 审计、纪检党支部 | 7 | 7 | 3 | 4 | 7 | | |
| 国际合作处党支部 | 4 | 4 | 3 | 1 | 4 | | |
| 保卫处党支部 | 3 | 3 | 3 | 0 | 3 | | |
| 综合服务中心党委 | 71 | 56 | 32 | 24 | 48 | 8 | 15 |
| 作物所党委 | 72 | 47 | 31 | 16 | 46 | 1 | 25 |
| 玉米所党委 | 42 | 31 | 24 | 7 | 30 | 1 | 11 |
| 资环所党委 | 49 | 37 | 21 | 16 | 36 | 1 | 12 |
| 植保所党总支 | 50 | 33 | 22 | 11 | 33 | | 17 |
| 质标所党总支 | 33 | 27 | 15 | 12 | 27 | | 6 |
| 棉花中心党委 | 53 | 37 | 26 | 11 | 35 | 2 | 16 |
| 信息所党总支 | 36 | 23 | 15 | 8 | 23 | | 13 |
| 蔬菜花卉所党委 | 56 | 36 | 19 | 17 | 33 | 3 | 20 |
| 农产品所党委 | 54 | 39 | 31 | 8 | 39 | | 15 |
| 畜牧兽医所党委 | 88 | 49 | 29 | 20 | 48 | 1 | 39 |
| 家禽所党委 | 65 | 45 | 30 | 15 | 41 | 4 | 20 |
| 持续发展所党总支 | 29 | 19 | 13 | 6 | 18 | 1 | 10 |
| 生物中心党总支 | 25 | 25 | 15 | 10 | 25 | | |
| 试验基地服务中心党总支 | 31 | 14 | 12 | 2 | 9 | 5 | 17 |
| 资源中心党支部 | 18 | 18 | 9 | 9 | 17 | 1 | |
| 奶牛中心党总支 | 25 | 24 | 16 | 8 | 23 | 1 | 1 |
| 水稻所党总支 | 36 | 21 | 18 | 3 | 21 | | 15 |

## 院党的群众路线教育实践活动领导小组

（鲁农科党发〔2013〕20号　2013年7月8日）

组　长：周　林　　院党委书记
副组长：万书波　　院党委副书记、院长
　　　　李维民　　院党委委员、院纪委书记
成　员：范本荣　　院办公室主任
　　　　齐以芳　　院机关党委专职副书记、政工处处长
　　　　杜方岭　　人事处处长
　　　　刘兆辉　　科研处处长
　　　　刘世军　　院长助理、产业处处长
　　　　孙万刚　　财计处处长
　　　　王本祥　　审计处处长
　　　　程爱华　　院纪委副书记、纪检监察室主任
　　　　齐世军　　行政处处长

领导小组下设办公室，挂靠政工处，李维民同志兼任办公室主任，齐以芳、程爱华、韩伟、王祥峰同志任副主任。

## 院党的群众路线教育实践活动济外所督导组

（鲁农科党发〔2013〕24号　2013年7月26日）

组　长：程爱华　院纪委副书记、纪检监察室主任
副组长：韩　伟　人事处副处长
成　员：张　勇　院团委书记
　　　　李　萌　人事处干部科科长
　　　　从春兰　纪检监察室正科级检查员

# 山东省农业科学院
# 关于深入开展党的群众路线教育实践活动的
# 实　施　方　案

（鲁农科党发〔2013〕23号　2013年7月23日）

按照中央、省委的部署要求，现就我院深入开展党的群众路线教育实践活动（以下简称“教育实践活动”），制定如下实施方案。

**一、总体要求**

高举中国特色社会主义伟大旗帜，坚持以马克思列宁主义、毛泽东思想、邓小平理论、“三个代表”重要思想、科学发展观为指导，紧紧围绕保持党的先进性和纯洁性，以为民务实清廉为主要内容，以院处级党员领导干部为重点，以贯彻落实中央《八项规定》和省委《实施办法》为切入点，切实加强全院党员马克思主义群众观点和党的群众路线教育，深入查找、认真解决在形式主义、官僚主义、享乐主义和奢靡之风方面存在的突出问题，以过硬的作风，瞄准强院建设新要求，着力提高把握大局、开拓创新、民主管理和攻坚克难的能力，为推动强院建设提升工程顺利开展、实现全院事业发展新跨越提供坚强保证。

要把“照镜子、正衣冠、洗洗澡、治治病”的总要求贯穿始终，以整风精神开展教育实践活动，坚持自我净化、自我完善、自我革新、自我提高，努力解决作风不实、不正和行为不廉等问题。注重思想教育，坚持正面教育为主，紧密联系思想实际，紧紧围绕树立宗旨意识、群众观点开展学习，真正触动思想、触及灵魂。注重听取群众意见，坚持开门搞活动，听真话、听实话，虚心接受群众的监督和评判。

开展教育实践活动，重点在五个方面下功夫。一是在加强学习，提高思想认识上下功夫。全院党员干部特别是领导干部，要带头加强学习，吃透精神，切实把思想统一到中央和省委部署要求上来，充分认识搞好这次活动的重大意义和深远影响。二是在聚焦“四风”，集中查摆问题上下功夫。联系“四风”对我院科技创新、成果转化、管理服务等工作的影响，严肃认真地查摆“四风”在我院的主要表现，找准事关事业发展大局的问题，真正做到找的准、不遗漏。三是在边查边改，解决实际问题上下功夫。要紧密结合工作实际，边学习、边查找、边改进。对查找出的问题，要列出表现，分析原因，明确目标，下功夫切实解决问题。四是在取得实效，推动事业发展上下功夫。开展教育实践活动的落脚点是推进事业发展，活动成效的表现是更好地完成以科技创新为中心的各项工作任务，以活动促工作，推动事业发展上新台阶。五是在强化制度，建立长效机制上下功夫。对涉及作风建设的各类制度和管理办法进行梳理，经实践检验行之有效的要长期坚持，不适应新要求的要抓紧修订完善，制度缺位的则尽快研究制定，以强有力的制度约束保证作风建设常态化长效化，不断巩固活动效果。

## 二、目标任务

坚持围绕中心、服务大局，聚焦作风建设，不折不扣落实中央、省委部署要求，认真解决处级以上干部在“四风”方面存在的突出问题，进一步提升为民务实清廉形象。教育引导党员、干部树立群众观点，弘扬优良作风，坚持科学精神，多做打基础、利长远的工作，真正把心思用在兴院兴所上，把功夫下到察实情、出实招、办实事、求实效上；提高思想认识，转变作风观念，真正把科研人员当成强院建设的主体，把做好服务社会、服务“三农”、服务科研、服务职工视为自己的责任和义务；艰苦奋斗、恪尽职守，牢记“两个务必”，自觉克服思想中的消极因素，加强党性锻炼，弘扬新风正气美德，不断提升正能量；保持清廉本色，坚守节约光荣，正确使用手中权力，处事讲大局，办事讲原则，严格控制公务接待等“八项费用”，严格规范事业经费、科研经费使用，勤俭办一切事情。通过这次教育实践活动，全面提升领导干部思想、作风和能力水平，以更强的凝聚力和战斗力，团结带领全院干部职工奋发作为，实现农业科技事业的新跨越。

当前，我院处级以上干部队伍作风总体是好的，履行岗位职责，以科技创新为中心，服务社会，服务“三农”，取得了良好成效。但也存在不符合为民务实清廉要求的问题，形式主义、官僚主义、享乐主义和奢靡之风这“四风”问题不同程度的存在。要把集中解决“四风”问题，作为开展教育实践活动的主要任务。

反对形式主义，着重解决作风不实问题，主要是知行不一，花拳绣腿，急功近利，学风不正，工作漂浮，心气不定，做表面文章，不求实效，贪图虚名，弄虚作假。突出表现为：有的热衷“花架子”，服务科研、服务职工做样子，不求实效，工作经不起推敲；有的急于求成，沉不下心，学术风气不正，东拼西凑或拷贝别人的成果改装成自己的创造，一心为晋职级、拿项目、获取荣誉增加筹码；有的缺乏科学精神，不求真才实学，不注重实践，不深入基层，不接地气，闭门造车，工作结果经不住检验；有的在服务社会、服务“三农”中蜻蜓点水，不注重实际效果，等等。

反对官僚主义，着重解决科研单位行政化、“官本位”、工作不作为等问题，主要是脱离实际，脱离群众，看重官位，患得患失，高高在上，唯我独尊，自我膨胀。突出表现为：有的领导干部过分看重官位，讲级别、讲派头，“衙门”作风明显，追求名分，甚至与科研人员争名位；有的不能虚心向职工学习，没有为职工服务的积极态度，不为职工的需求和期盼着想；有的领导干部对科技人员缺乏应有的尊重，工作中不能充分体现科技人员的主体地位，不关心科技人员；有的在其位不谋其政，慵、懒、散，履行职责不尽全力，对待工作拈轻怕重，解决问题虎头蛇尾，遇到问题推诿扯皮，不敢负责任，工作拖沓，办事效率低；有的工作不讲程序和规范，办事不公道，有点成绩就居“功”自傲，容不得别人批评，不执行民主集中制，搞一个人说了算，拍脑袋、凭主观臆断做事情，等等。

反对享乐主义，着重解决精神懈怠问题，主要是贪图安逸，不思进取，意志消沉，安于现状，追名逐利，小富即安，得过且过。突出表现为：有的相互攀比、追求舒适，缺少“勤奋实干、孜孜以求、甘于奉献”的精气神；有的沉溺玩乐，不爱学习，不愿读书，热衷一些聚会娱乐活动；有的怕苦怕累，对组织安排挑肥拣瘦，干事讲条件、无利不起早；

有的满足于现有学识和工作成绩，有了项目、上了职称，就没有更高追求，缺乏责任心，不愿在工作上有新的作为，甘于平庸；有的怕吃苦，不愿“下试验田、进畜禽舍、到基层农村”，等等。

反对奢靡之风，着重解决挥霍浪费等不良风气，主要是爱面子、讲排场，迎来送往，大手大脚，接待超标准，办事不节俭。突出表现为：有的贯彻落实八项规定不彻底、不到位，在执行规定上打“马虎眼、擦边球”；有的不注意勤俭节约，干事不精打细算；有的执行财务制度不严格，控制“八项费用”支出力度不够，甚至漠视漏洞存在；有的掌握大量项目经费，没有把钱重点花在科研创新和成果转化的关键点上，经费使用效率不高，存在违规风险，等等。

以上“四风”问题，不同程度的存在于不同单位、不同人员身上，有的还比较严重。院、处、所党员领导干部和各单位、部门要紧密结合实际，下气力找准存在的突出问题，列出具体表现，逐一对照检查，深刻剖析原因，认真进行整改。查摆问题要真，对照标准要高，整改措施要硬，真正取得实效。

**三、方法步骤**

按照省委部署，我院教育实践活动 7 月份启动，到年底前基本完成，集中教育时间不少于 3 个月。

按照要求院成立教育实践活动领导小组及其办公室，办公室设在院政工处。院属单位要成立相应工作机构，制定教育实践活动计划，院属单位和部门是中共党员的处所长、党委（总支、支部）书记同为本单位教育实践活动第一责任人。

7 月 24 日，召开院教育实践活动动员大会，省委督导组组织对院领导班子及成员进行民主评议，参加动员大会和民主评议人员的范围按照省委督导组的要求确定。

院属驻济单位随院统一召开动员大会，启动各单位的活动。动员大会后，由分管院领导和院活动领导小组及办公室人员分别到院属驻济单位对领导班子和成员进行民主评议等，全程督导整个活动。院成立督导组，负责对果树所、花生所、蚕业所整个活动的指导，参加动员会、主持民主评议等。

按照中央、省委的部署要求，教育实践活动着力抓好三个环节。

（一）学习教育、听取意见。重点是学习宣传和思想教育，深入开展调查研究，广泛听取党员干部群众意见。

1. 集中开展学习教育。坚持集中学习与个人自学相结合，院处所领导班子每周至少组织一次集中学习。

重点学习内容：中国特色社会主义理论体系，《党章》和党的十八大报告，习近平总书记一系列重要讲话精神，党的光辉历史和优良传统，《论群众路线—重要论述摘编》《党的群众路线教育实践活动学习文件选编》《厉行节约、反对浪费—重要论述摘编》3 本主要学习资料，《各地联系服务群众经验做法选编》《损害群众利益典型案例剖析》2 本辅助学习材料，中央和省委制作的马克思主义群众观点专题片，警示教育电教片，关于“尊重劳动、尊重知识、尊重人才、尊重创造”的领导讲话和论著。

主要学习形式：在分头自学的同时，院领导成员的集体学习主要以党委中心组学习的形式分多个专题进行，院党委成员各自撰写和交流学习心得。举办扩大的读书会，邀请专家学者作专题辅导报告，组织有突出贡献的优秀党员、劳模专家、群众威信高的党员领导干部作弘扬优良传统和作风的专题报告，在毛主席视察我院纪念地和院史陈列馆进行现场教育活动，举行学习《党章》重温入党誓词活动，组织集体收看警示教育影视宣教片等。

院属单位和部门应结合自身实际，开展丰富多样、富有特色的学习活动，并将学习教育的情况按要求报院活动办公室。

2. 深入基层调研走访，广泛听取群众意见。院领导班子成员结合各自分工，深入科研、产业等工作一线，选择 1 个研究所开展蹲点调研，听取意见，从基层面临的矛盾、困难中反思自身工作的差距和不足。处所领导干部同时到基层单位倾听一线科技人员的意见和呼声，密切工作联系，找出服务基层、服务科研、服务专家工作中的问题和不足。重点听取与“四风”有关的意见，既找准问题症结，又找到解决问题的办法。坚持开门搞活动，听取意见的方式包括：召开座谈会、个别访谈、发放调查问卷、公布网上邮箱、设立意见箱等。分批次召开机关处室负责人、院属单位负责人、部分地市分院负责人、科研骨干代表、基层职工代表等不同层面的座谈会，并通过信函等形式分别征求“第一书记”包帮村、部分试验示范基地、我院服务的涉农企业、部分地市（区县）农业部门等单位的意见和建议。

院属单位参照院里的方式和做法，结合自身实际广泛征求意见，基层党组织要与党员群众面对面沟通、心贴心交流。并将本单位开展调研、征求意见情况按要求报院活动办公室。

3. 坚持边学边改边建。在学习教育、听取意见过程中，对照中央《八项规定》、省委《实施办法》和我院改进作风具体规定，“回头看”规定的执行情况，结合其他方面问题，先行梳理，分析一批、整改一批，建章立制要成熟一个，出台一个，充分体现边学边改，对发现的各种矛盾和问题，要立说立行，马上整改，为对照检查、开展批评和解决问题打好基础。

**（二）查摆问题、开展批评。**通过群众提、自己找、上级点、互相帮，认真查摆问题，进行党性分析和自我剖析，开展批评和自我批评。

1. 进行自我查摆。党员领导干部对照党章、廉政准则、改进作风要求、群众期盼和先进典型，深入查找宗旨意识、工作作风、廉洁自律方面的差距和不足，查找在“四风”方面存在的突出问题。

2. 搞好班子作风状况分析。院处所领导班子对本级班子及其成员的作风状况进行分析，找准存在的突出问题，摆现象、挖根源。对反映存在问题较多的班子成员，视情况由院处所主要负责人对其进行谈话提醒。

3. 深入开展谈心谈话。院处所领导班子主要负责人，分别与班子成员逐一谈心，班子成员之间开展互相谈心。院领导班子成员与联系分管的单位和部门班子成员普遍谈心。院处所领导干部要主动接受群众的约谈。

4. 认真撰写对照检查材料。围绕查摆出的问题，院处所领导班子成员，深入分析问题症结，深刻剖析思想根源，制定整改措施，明确努力方向，自己动手撰写对照检查材料。

材料主要包含四个部分，即：个人作风基本情况、存在的主要问题、原因分析、努力方向和改进措施等，重点放在后三个部分。对照检查材料要紧扣主题，开门见山，突出重点，既要联系工作实际，又要触及思想灵魂，正视矛盾和问题，正面回应干部群众所提意见，不做表面文章。一些不便在对照检查材料中写明的问题，可另写专题材料。院领导班子的对照检查材料，由院党委书记主持撰写。处所领导班子的对照检查材料，由第一责任人主持撰写。

处所非中共党员的班子成员参加教育活动，不写对照检查材料，专题民主生活会和集体学习时，可以邀请他们列席或参加。

5. 开好专题民主生活会和组织生活会。民主生活会是重要活动内容之一。会前，班子及成员的对照检查材料要交流，成员之间要交流学习认识及心得体会，以整风精神开展批评和自我批评，既要深入剖析和检查自己，又要开展诚恳地相互批评，真正达到“团结—批评—团结”的目的。省委督导组全程参与院领导班子的专题民主生活会，专题民主生活会后，省委督导组要会同党委主要负责同志对班子成员的对照检查材料、开展批评和自我批评情况进行评价，采取适当形式反馈。民主生活会情况和班子及其成员的对照检查材料，在规定范围通报并接受评议。

院分管领导参加院属单位的民主生活会，院领导依党员关系参加院机关处室召开的专题组织生活会，院领导会同处所主要负责人，对处所班子和成员对照检查材料及批评与自我批评情况进行评价，采取适当形式反馈。各基层党组织都要按照有关要求，开好专题组织生活会，开展批评和自我批评，针对存在问题，提出改进措施和办法。每个党员都要参加所在党支部或党小组召开的专题组织生活会。

（三）整改落实、建章立制。重点是针对作风方面存在的问题，提出解决对策，制定和落实整改方案。对反映突出的问题，进行集中治理。

1. 制订整改落实方案。针对查摆出的问题，院领导班子成员集体分析研究，制定整改方案，方案要充分征求各方面意见，列出整改任务书、时间表，明确整改目标、任务、措施、责任人，按省委统一部署进行公示。整改任务由单位主要负责人负总责，班子成员分工抓落实，结合整改，集中解决一批群众反映强烈的突出问题和历史遗留问题。院属单位和部门根据上述要求，结合院领导班子整改内容和本单位实际，制定整改方案，按要求报院活动办公室，由院活动领导小组审阅把关。

2. 集中抓好整改。综合我院存在的突出问题，根据省委督导整改的要求，紧扣为民务实清廉要求，坚持有什么问题就解决什么问题，对群众关心关注的、一时难以解决的问题，做好解释疏导。结合集中整改，要加强领导班子建设，严格教育管理干部，对软、懒、散的领导班子进行整顿；对存在一般性作风问题的干部，立足于教育提高，促其改进；对群众意见大、不能认真查摆问题、没有明显改进的干部，要进行组织调整。对那些与群众有感情、为群众办实事、得到群众拥护的干部，要提拔使用，树立正确用人导向。集中整改情况及时向党员干部通报。

3. 加强制度建设。重点对科研管理、人事人才、财经纪律、廉洁自律等已有制度进行认真梳理，符合需要的保留，不适应新形势新任务要求的抓紧修订。健全干部作风状况考核评价机制，制定改进工作作风各项规定监督检查办法，建立完善民主管理科学决策制度，建立健全厉行节约、制止浪费制度，完善公务用车配备使用管理办法，完善会议、培训等经费管理办法，探索制定有利于调动科技人员积极性和创造性的制度等。

12 月份，院属单位和部门对本单位教育实践活动进行总结，并将总结报告报院活动办公室。召开院教育实践活动总结大会，对全院教育实践活动进行总结，对院领导班子及成员开展教育实践活动情况进行民主评议，并向省委写出总结报告。

**四、组织领导**

（一）突出领导带头，落实责任制。院党委是抓好院教育实践活动的责任主体，院党委书记是院教育实践活动的第一责任人，院教育实践活动领导小组及其办公室具体负责教育实践活动的组织工作，处所第一责任人各负其责，有关部门各司其职，密切配合，形成工作合力，在强有力的组织领导下，做好各个环节的工作，确保推动我院教育实践活动顺利开展。领导干部既是活动的参与者，也是活动的组织者、推进者、监督者，要坚持更高标准、更严要求，带头学习、带头查摆、带头整改，充分发挥表率示范作用。

（二）强化活动措施，精心开展活动。各单位制订好切实可行的活动计划，领导干部要在时间上、精力上、措施上全部到位，坚持教育实践活动的基本环节不缺少、重点要求不变通、措施目标不走样，“规定动作”做到位，“自选动作”有特色，力戒形式主义，不走过场，做到“不虚”；着力解决突出问题，做到“不空”；紧紧围绕为民务实清廉，做到“不偏”。及时发现、总结、宣传活动中的好做法，推广先进经验。教育实践活动开展情况和成效，将作为领导干部年度考核的重要内容。

（三）紧密联系实际，确保取得实效。农业科研院所的中心工作是科技创新，服务社会、服务三农是我们工作的出发点和落脚点。开展群众路线教育实践活动，解决“四风”问题，就要着眼于提升创新能力和服务能力，着眼于农业科技事业的发展壮大。针对科研及重点任务十分繁重的实际，要做到开展活动和推动工作两手抓、两不误，双丰收。

# 周林同志在党的群众路线教育实践活动动员大会上的讲话

（2013 年 7 月 24 日）

同志们：

根据省委的统一部署，我院作为第一批开展党的群众路线教育实践活动的单位，在省委教育实践活动领导小组的领导下和省委督导组的督导下，今年下半年深入开展教育实践活动。院党委对召开这次动员会高度重视，前期进行了充分准备，通过党委会、党委理论中心组扩大学习会议和党课等形式，深入学习了中央和省委的有关指示精神，研究了贯彻落实措施，并在广泛征求意见的基础上制订我院教育实践活动的实施方案。一会儿，省委第三督导组组长高守勤书记还要作重要讲话，对我们的活动提出要求，大家要认真学习领会，深入抓好贯彻落实。下面，我代表院党委讲几点意见：

**一、要充分认识深入开展党的群众路线教育实践活动的重大意义，切实把思想统一到中央和省委部署要求上来**

今年 5 月 9 日，中央印发了关于在全党深入开展党的群众路线教育实践活动的意见。6 月 18 日至 19 日，习近平总书记在教育实践活动工作会议作了重要讲话，从坚持和发展中国特色社会主义的高度，从实现党的执政使命、奋斗目标的高度，深刻论述了教育实践活动的指导思想、目标要求和重点任务，并对加强组织领导提出了明确要求。7 月 3 日，我省召开教育实践活动动员大会，省委书记姜异康对我省开展教育实践活动进行了动员部署。中央和省委对开展好这次活动高度重视，精心部署，要求明确。我们要深入学习领会中央和省委的部署要求，进一步提高对教育实践活动重大意义的认识。

（一）开展党的群众路线教育实践活动是党的十八大作出的战略部署。

党的十八大明确提出，要在全党深入开展以为民务实清廉为主要内容的党的群众路线教育实践活动。这是新形势下坚持党要管党、从严治党的重大决策，是顺应群众期盼加强学习型、服务型、创新型马克思主义执政党建设的重大部署。实现党的十八大确定的奋斗目标，要求全党同志必须进一步发扬我们党历来坚持的理论联系实际、密切联系群众、批评和自我批评的良好作风，必须紧紧依靠人民，充分调动最广大人民的积极性、主动性、创造性。我们农科院承担着为全省农业发展提供科技支撑的重任，更需要通过开展党的群众路线教育实践活动，使全体党员干部牢记全心全意为人民服务的宗旨，始终把服务社会、服务“三农”作为全部工作的出发点和落脚点，以实际行动落实党的十八大确定的目标任务。

（二）开展党的群众路线教育实践活动是保持党的先进性和纯洁性、巩固党的执政地位的必然要求。

群众路线是我们党的生命线和根本工作路线。保持党的先进性和纯洁性，巩固党的执政地位，最重要的就是靠坚持党的群众路线、密切联系群众。党的根基在人民、血脉在人民、力量在人民。失去了人民的拥护和支持，党的事业和工作就无从谈起。我们党只有始终与人民心连心、同呼吸、共命运，始终依靠人民推动历史前进，才能做到坚如磐石。作为我院，道理也是一样，我们只有始终依靠群众，为了群众，从群众中来，到群众中去，扎扎实实地多为职工群众和农民群众办实事，才能赢得广大职工和广大农民的信任和支持。开展党的群众路线教育实践活动，就是要把为民务实清廉的价值追求深深植根于全院党员干部的思想和行动之中，增强党的创造力、凝聚力、战斗力，使院所领导班子具有更广泛、更深厚、更可靠的群众基础。

（三）开展党的群众路线教育实践活动是解决群众反映强烈问题的迫切需要。

总体上看，当前我院各级党组织和党员干部贯彻执行党的群众路线情况是好的，党群干群关系也是好的，广大党员干部在强院建设中发挥了先锋模范作用，这是主流，必须充分肯定。同时，也应该清醒地看到，我们对职工群众反映的突出问题有的解决得还不够好。对农民群众生产亟须的技术服务做得还不够及时到位。归根结底，是因为群众意识还不够强，密切联系群众做得还不够好。开展这次教育实践活动，就是要我们对作风之弊、行为之垢来一次大排查、大检修、大扫除。全院党员干部要加强学习、提高认识，切实解决好事关群众切身利益的问题，不断提高我院的凝聚力和影响力。

（四）开展党的群众路线教育实践活动是推进强院建设的强大动力。

我院有 110 年的发展历史，情系“三农”、心系群众，是我院的光荣传统。现在，我院事业发展处在一个新起点上，能否在新起点上实现新跨越，关键在于广大干部能否凝心聚力，工作作风实不实，干事劲头足不足。当前，尽管我院干部主流是好的，但我们应该看到，在领导干部作风建设方面仍然存在一些问题，有些问题还比较突出，这成为影响党的凝聚力和战斗力的障碍因素，成为影响我院事业发展的阻力。全院各级领导干部必须要高度重视，真正警觉起来，按照教育实践活动的要求，认真做好对照检查和彻底整改，发挥好党密切联系群众的优良传统，切实团结带领广大职工，提振精气神、拧成一股劲儿，干事创业。下一步，我们要通过教育实践活动着力解决职工反映集中和农民强烈期盼的问题，消除发展阻力，增强内生动力，促进内外和谐，提升我院形象，努力推动强院建设再上新水平，为农业科技进步和现代农业发展提供更加有力的科技支撑。

**二、要围绕“四风”认真对照检查，深入查摆存在问题**

这次教育实践活动的重点是县处级以上领导机关、领导班子和领导干部，主要任务就是集中解决形式主义、官僚主义、享乐主义和奢靡之风这“四风”问题。前期，我们围绕“四风”，认真进行了对照检查，主要查摆出了以下 12 个问题。这些问题或多或少、或轻或重地在我院领导干部身上有所表现。

（一）知行不一，学用脱节。

有的领导干部学风不正，不重视理论武装，对政治理论学习浅尝辄止，不求甚解，学而不思，囫囵吞枣。有的自认为水平高、能力强，满足于自己的经验主义，放松了对世界观、价值观和人生观的改造。有的学用严重脱节，说起来头头是道，做起来还是老一套，不能与单位实际紧密结合，缺乏用先进理论指导强院强所建设的能力和水平。有的缺乏科学精神，不求真才实学，不注重实践，主观臆断，闭门造车，形成的论文、专利和成果没有多少实用价值。

（二）急功近利，好大喜功。

有的急于求成，工作没几天，情况还没熟悉，就急着出成绩、出经验，往往花拳绣腿，经不起时间检验和历史推敲。有的抓工作首先考虑领导关不关心，能不能形成轰动效应，会不会在总结中成为亮点，对容易出成绩的显性工作抢着干，对耗力费神的隐性工作不愿干。有的在缺乏调研论证的基础上，片面追求标新立异，前任栽桃我栽杏，不能“一张蓝图绘到底”。有的头脑发热，坐不住冷板凳，沉不下心来，安排单位工作往往缺乏长远规划，没有前瞻意识，只顾眼前利益，过分追求短平快，造成单位发展中的有些问题积重难返。

（三）作风漂浮，心浮气躁。

有的热衷于摆花架子，喜欢做表面文章，不愿意扑下身子，做打基础、利长远的事情。有的不注重研究政策，对上级精神吃不透，在对接国家和我省重大战略需求上搞不准。有的调查研究还不够深入，到基层调研走马观花、浮光掠影，不接地气儿，不深入生产一线，对基层情况摸不清。有的做虚功、喊口号、走过场，报喜不报忧，掩盖矛盾，文过饰非。有的在服务社会、服务“三农”的过程中蜻蜓点水，流于形式，追求地方上的对等接待，却忽视了基层群众的生产需求，不注重实际效果。

（四）官僚作风，贪图虚名。

有的领导干部过分看重官位，追求名分、讲级别、讲派头，自认为是“官”就高人一等。有的同志一旦感觉提拔得慢了，就牢骚满腹、怨天尤人，不从自身找原因。有的碍于情面、怕丢选票，上捧下拉、左右逢源，对工作不敢真抓、真管。这种“官本位”思想蔓延，导致重官位、轻科研的风气有所抬头，全院“尊重知识、尊重人才、尊重劳动、尊重创造”的风气还不够浓厚。

（五）本位主义，各行其是。

有的领导干部考虑问题以自我为中心，各自为政，各行其是，凡事以部门利益为先，为了维护少数人的利益而忽视全院整体利益，缺乏大局观念和全局意识。有的在遇到问题和矛盾时，不懂得换位思考，不知道设身处地为他人着想，在互相宽容、相互理解、相互配合、相互支持上做得还不够。

（六）自我膨胀，与民争利。

有的领导干部摆不正自己的位置，不能虚心向职工学习，没有为职工服务的积极态度，不为职工的需求和期盼着想。有的对科研人员缺乏应有的尊重，工作中不能充分体现科研人员的主体地位，甚至与科研人员抢项目、争名位，挫伤了科研人员的积极性。有的单位对学术委员会不够重视，学术委员会的作用还没有充分发挥。有的单位主要领导居“功”自傲，不执行民主集中制，容不得别人批评，听不进不同意见，“拍脑袋”做决策，搞“一言堂”。

（七）高高在上，脱离群众。

有的部门领导为基层服务的意识不强，脱离群众，漠视问题，存在脸难看、门难进、事难办的现象，“衙门”作风明显。有时对科研人员反映的问题重视程度不够，对一些复杂问题处理起来过于简单粗暴，不能深入细致地做好服务和解释工作。有的从“多一事不如少一事”的角度出发，对基层群众提出的困难和问题，要么一推了之，要么能拖则拖，怕给自己“添麻烦”。

（八）精神懈怠，意志消沉。

有的领导干部精神不振，慵、懒、散，履行职责不尽全力，对待工作拈轻怕重，解决问题虎头蛇尾，遇到问题推诿扯皮，见到困难绕着走，碰到矛盾躲着走，习惯于回避问题、上交矛盾。有的干部认为单位的发展已经比较好了，就小富即安、小进即满，不愿意再继续苦干实干，造成单位发展止步不前。有的在其位不谋其政，“当一天和尚撞一天钟”，对待工作得过且过，熬年限，混日子，工作标准不高，缺乏动力和激情。

（九）相互攀比，好讲面子。

有的把“岗位”等同于“地位”，认为领导干部就应该享受特殊待遇。个别领导干部丢掉了艰苦奋斗的优良传统，不与人家比工作、比干劲儿、比成绩，却跟人家比车子、比办公条件、比出国考察的次数。有的斤斤计较，工作多做一点就觉得吃亏，待遇稍差一点就觉得委屈。有的出行好面子、讲档次，超标准乘坐交通工具，超标准住宿高级宾馆。

（十）贪图安逸，不思进取。

有的干部贪求舒适，对组织安排挑肥拣瘦，干事讲条件，无利不起早，不愿意到基础差、矛盾多的单位工作，患得患失，不敢担当。有的满足于现有工作成绩，有了项目、晋了职称，就没有更高追求，在工作中不作为、慢作为，甘于平庸。有的认为现在扎实苦干是为了获取晋升资本，等提拔之后就可以轻松享受了，这种思想是一种潜在危险。有的在工作中怕苦怕累，不能带头“下试验田、进畜禽舍、到基层农村”，不能与生产实际结合、与市场需求结合，只重室内试验，不重大田实践，关起门来过日子。

（十一）讲究排场，铺张浪费。

有的干部“节约光荣、浪费可耻”的思想观念淡化，组织会议活动讲排场、比阔气，接待超标准，办事不节约，花国家财政的钱，做事大手大脚，不能精打细算。有的借工作拉关系，相互宴请，迎来送往，呼朋引伴，乐此不疲，认为熟人好办事，甚至借工作关系办私事，把圆滑当成熟，把世故当稳重，工作不坚持原则，造成资源浪费。

（十二）执纪不严，落实不力。

虽然我院在执行中央八项规定方面，各单位党员干部守住了底线，但仍存在一些执行不够自觉的现象，落实规定有畏难情绪，老想着打马虎眼、擦边球。有的执行财经纪律不严格，控制“八项”费用支出力度不够大，甚至漠视漏洞存在。有的掌握大量科研经费，预算执行不规范，经费使用效率不高。

对以上这些问题的查摆还只是初步的，以后随着教育实践活动的深入开展，我们还会查摆出新的问题。对这些问题，大家必须要高度重视，制定有效措施，确保整改到位。

**三、坚持“照镜子、正衣冠、洗洗澡、治治病”的总要求，扎实做好教育实践活动重要环节的各项工作**

前段时间我们围绕如何开展好教育实践活动，做了一些调研，很多干部群众对活动寄予厚望，同时也担心活动会不会走形式，能不能给群众解决实际问题。这种疑虑是客观的，我们必须要认真对待，决不能以形式主义反对形式主义。从活动一开始，我们就要发扬“钉钉子”精神，一步一步走扎实，一件一件做到位，不折不扣地把上级精神落到实处。

（一）切实把握教育实践活动的总要求，明确目标任务。

习近平总书记明确提出将“照镜子、正衣冠、洗洗澡、治治病”作为这次教育实践活动的总要求。“照镜子”，主要是学习和对照党章、对照廉政准则、对照改进作风要求、对照群众期盼、对照先进典型，查找宗旨意识、工作作风、廉洁自律方面的差距。“正衣冠”，主要是按照为民务实清廉的要求，严明党的纪律特别是政治纪律，敢于触及思想，正视矛盾和问题，从自己做起，从现在做起，端正行为，维护良好形象。“洗洗澡”，主要是以整风精神开展批评和自我批评，深入分析出现形式主义、官僚主义、享乐主义和奢靡之风的原因，坚持自我净化、自我完善、自我革新、自我提高，既要解决实际问题，更要解决思想问题。“治治病”，主要是坚持惩前毖后、治病救人方针，区别情况、对症下药，对作风方面存在问题的党员干部进行教育提醒，对问题严重的进行查处，对与民争利、损害群众利益的不正之风和突出问题进行专项治理。我们一定要系统理解、准确把握这个总要求的丰富内涵和精神实质，切实将这个总要求贯穿教育实践活动始终。

要围绕这一总要求，紧密结合我院实际，开展教育实践活动，重点在五个方面下功夫。一是在加强学习，提高思想认识上下功夫。全院党员干部特别是领导干部，要带头加强学习，吃透精神，切实把思想统一到中央和省委部署要求上来，充分认识搞好这次活动的重大意义和深远影响；二是在聚焦“四风”，集中查摆问题上下功夫。联系“四风”对我院科技创新、成果转化、管理服务等工作的影响，严肃认真地查摆“四风”在我院的主要表现，找准事关事业发展大局的问题，真正做到找得准、不遗漏；三是在边查边改，解决实际问题上下功夫。要紧密结合工作实际，边学习、边查找、边改进。对查找出的问题，要列出表现，分析原因，明确目标，下功夫切实解决问题；四是在取得实效，推动事业发展上下功夫。开展教育实践活动的落脚点是推进事业发展，活动成效的表现是更好地完成以科技创新为中心的各项工作任务，以活动促工作，推动事业发展上新台阶；五是在强化制度，建立长效机制上下功夫。对涉及作风建设的各类制度和管理办法进行梳理，经实践检验行之有效的要长期坚持，不适应新要求的要抓紧修订完善，制度缺位的则尽快研究制订，以强有力的制度约束保证作风建设常态化长效化，不断巩固活动效果。

要通过教育实践活动，认真解决处级以上干部在“四风”方面存在的突出问题，使党员干部思想进一步提高，作风进一步转变，服务社会、服务“三农”、服务科研、服务职工的观念进一步增强，能力进一步提高，为民务实清廉形象得到进一步提升。

（二）切实抓好学习教育，广泛听取各方面意见。

全院党员干部要真正静下心来，认真学习《党章》和党的十八大报告，认真学习习近平总书记和姜异康书记的一系列重要讲话，认真观看中央和省委制作的马克思主义群众观点专题片，反复研读下发的教育实践活动学习资料以及农业科技政策等等。要不断丰富学习形式，组织党委中心组学习、开展警示教育、专家报告等多种学习活动。在学习中，院党委成员要坚持带头，先学一步、学深一层，发挥好榜样示范作用。院属单位和部门要结合自身实际，定好学习计划，做好学习笔记，开展好丰富多样、富有特色的学习活动。要坚持边学习边调研。调研也是一种学习，院领导班子成员要结合各自分工，深入科研、产业等工作一线，选择 1 个研究所开展蹲点调研，真听意见，听真意见，从基层面临的矛盾、困难中反思自身工作存在的差距和不足。机关处室的领导干部要深入基层单位调研，找出服务基层、服务科研、服务专家工作中的问题和不足，重点听取与“四风”有关的意见，既要找准问题症结，又要找到解决问题的办法。院属单位领导同志要参照院里的做法，结合自身实际，采取多种形式，认真搞好学习，广泛征求意见，真正倾听一线人员的意见和呼声。要坚持边学边改边建，针对存在问题先行梳理提出一批、分析一批、整改一批，有关制度成熟一个，出台一个。

（三）切实以整风精神，着力开展好批评与自我批评。

以整风精神开展批评与自我批评，是习总书记在教育实践活动工作会议上突出强调的一个重要思想，也是搞好这次教育实践活动的重要保障。当前，我们很多同志开展批评和自我批评还不敢抛开面子、揭短亮丑，不敢深挖根源、触动灵魂。有的追求所谓的“领导艺术”，话不磨圆不出口；有的批评上级怕穿小鞋，批评同级怕伤和气，批评下级怕丢选票，致使“好人主义”盛行。这次我们要以整风精神开展批评与自我批评，切实开好专题民主生活会和组织生活会。要坚决摒弃“好人主义”，对自身存在的问题不遮遮掩掩、不讳疾忌医，要敢于揭短亮丑；对别人存在的问题，要少兜圈子、不绕弯子，真正“红红脸、出出汗”，触及思想、触及灵魂。无论是批评还是自我批评，都要实事求是、出以公心，不文过饰非、不发泄私愤，真正达到“团结——批评——团结”的目的。各级领导干部对待批评意见，要本着有则改之、无则加勉的态度，正确对待，决不能搞无原则的纠纷。院领导班子成员、院属单位和部门领导班子成员，都要自己动手撰写对照检查材料，正视矛盾和问题，正面回应干部群众所提意见，不做表面文章。要坚持开门搞活动，查摆问题、剖析问题、解决问题，让群众把脉、向群众公示，广泛征求群众意见，接受群众批评。

（四）切实把存在问题整改到位，建立健全纠风长效机制。

活动是不是有成效，关键在于对问题整改得是否到位。院领导班子要集体分析研究活动期间查摆出的问题，科学制订整改方案，列出整改任务书、时间表，明确整改目标、任务、措施、责任人，按省委统一部署进行公示。院属单位和部门也要认真制订整改方案，结合整改，集中解决一批群众反映强烈的突出问题和历史遗留问题。要紧扣为民务实清廉要求，坚持有什么问题就解决什么问题，对群众关心关注的、一时难以解决的问题，做好解释疏导。结合集中整改，要加强领导班子建设，严格教育管理干部，对作风方面存在问题的党员干部，该提醒的提醒，该诫勉的诫勉，该查处的查处，既要扬正气，释放正能量，又要刹歪风，起到警示作用。要把制度建设贯穿活动始终，重点在人事人才、科研管理、财经纪律、廉洁自律等方面建立完善各项规章制度，健全干部作风状况考核评价机制，探索制定有利于调动科研和产业队伍积极性的各项制度。院属各单位在严格执行院里出台制度的同时，也要根据自身实际情况，研究制定具有自身特点的制度规范，切实把权力关在制度的笼子里，坚持用制度管人，按规章办事。要切实用制度把教育实践活动的成果保持下来，把反对“四风”蕴含在常态化的工作之中，建立起纠风保先的长效机制。

**四、要切实加强对党的群众路线教育实践活动的组织领导，确保活动取得扎实成效**

开展党的群众路线教育实践活动，是当前一项重要政治任务，也是对全院领导干部的一次现实考验和全面“体检”。全院各级党员领导干部一定要高度重视，切实增强责任感和紧迫感，确保活动扎实深入开展。

（一）坚持领导带头，强化组织领导。

中央和省委规定，这次活动的重点为县处级以上领导班子和领导干部，领导干部既要认真组织，又要带头参与。院领导班子成员要按照中央和省委的要求，在教育实践活动中发挥表率作用，力争认识高一层、学习深一步、实践先一着、剖析解决问题好一筹。在此，我代表院党委向全院广大党员干部群众作出郑重承诺：坚决贯彻中央和省委要求，认真参加教育实践活动，带头学习、带头剖析、带头整改，要求别人做到的自己首先做到，要求别人不做的自己坚决不做，切实发挥好示范表率作用，请广大党员干部群众进行监督。各处所主要负责人也要带好头、当表率，带动全院广大党员干部切实转变作风，进一步营造风清、气正、人和、劲足的良好氛围。

（二）坚持做实做细，层层抓好落实。

我院教育实践活动要在省委的统一领导和省督导组指导下，一级抓一级，层层抓落实，扎实开展好。院党委是院活动的责任主体，院里成立了教育实践活动领导小组及办公室。院属单位也要成立相应的领导机构和工作机构，具体负责本单位的教育实践活动。院属单位的所长和书记、机关处室的主要负责人要切实负起责任。有关部门要密切配合，形成工作合力。活动中遇到的有关问题，我们要多向省委督导组请示汇报，听取督导组的意见，认真落实好省里的部署要求。

（三）坚持统筹兼顾，实现相互促进。

要坚持统筹兼顾的工作方法，把开展教育实践活动同做好当前各项工作紧密结合起来，切实做到“两手抓、两手硬、两不误”，实现相互促进、效能叠加。组织活动要以改进作风、解决问题为出发点，力戒形式主义，不走过场，做到“不虚”；着力解决突出问题，做到“不空”；紧紧围绕为民务实清廉，做到“不偏”。大家要以这次教育实践活动为契机，把活动成效转变为开展工作的强大动力，同心同德，攻坚克难，推动强院建设实现又好又快科学发展。

（四）要结合单位实际，确保活动效果。

我院作为全省唯一的省级公益性、综合性农业科研单位，具有自身定位和特点。我们要在“规定动作”做到位的基础上，还要做好具有自身特色的“自选动作”。我们的服务对象不仅仅是我院职工，还有全省广大的农民群众。这就要求我们要把服务社会、服务“三农”的“大服务”和服务单位、服务职工的“小服务”紧密结合起来，除了听取干部职工的意见外，还要充分听取广大农民群众、农业企业、农村经济组织等服务对象的意见，真正为农业生产一线解决实际问题，确保教育实践活动取得显著成效。

同志们，深入开展党的群众路线教育实践活动标准要求高，时间安排紧，整改任务重。让我们更加紧密地团结在以习近平同志为总书记的党中央周围，认真贯彻落实中央和省委指示精神，在省委教育活动督导组的关心指导下，以高度的政治责任感、良好的精神状态和扎实的工作作风，圆满完成教育实践活动的各项任务，扎实推动农业科技强院建设实现新跨越，努力为增创山东农业农村发展新优势做出新的更大贡献！

# 纪检监察工作概况

2013 年，我院党风廉政建设和反腐倡廉工作全面贯彻党的十八大、十八届三中全会及中央纪委、省纪委全会精神，按照省纪委和院党委的工作部署，紧紧围绕强院建设和院工作会议提出的任务目标，坚持党要管党、从严治党，坚持反腐倡廉方针，强化落实党风廉政建设责任制，切实转变工作作风，深入推进我院惩治和预防腐败体系建设，党风廉政建设工作取得了新的成效，为强院建设提供了有力保证。

**一、认真贯彻落实中央、省委和院党委对党风廉政建设和反腐败工作的部署要求**

召开了全院党风廉政建设会议，深入学习贯彻中央纪委二次、省纪委三次全会精神，对 2013 年工作进行了全面部署。认真学习习近平总书记系列重要讲话精神，并落实到工作中。

**二、严格落实八项规定，坚决纠正“四风”，切实加强了作风建设**

（一）严格落实中央八项规定和省委实施办法。成立了院监督检查组，开展了落实厉行勤俭节约反对铺张浪费要求监督检查。加强了元旦、春节、国庆、中秋等重要节日期间的作风检查，营造了风清气正的环境。

（二）深入开展群众路线教育实践活动，坚决纠正“四风”。按照院领导小组部署，扎实做好各项工作：多次召开座谈会，并设立意见箱，广泛听取群众意见建议，对全院意见建议进行汇总、梳理，组织了听取意见“回头看”。对院党委成员“四风”问题公示情况组织了测评和汇总，参与组织了处所班子及党员领导干部民主测评及统计。参与了院党委民主生活会的筹备和各单位民主生活会的指导。认真履行督导组职责，指导济外所开好动员大会，抓好各个环节的工作。针对存在的“四风”问题，会同有关处室制定了《院领导班子整改方案》《院专项整治方案》和《院党委制度建设计划》，并共同抓好整改落实。

（三）认真开展了“庸懒散”专项治理。成立了院领导小组，制订了工作方案，加强对各单位的监督检查，并以“典型问题通报”教育干部职工引以为戒，有效促进了工作质量和工作效率的提升。

**三、加强反腐倡廉教育，促进了领导干部廉洁自律**

通过召开会议、组织学习、印发文件及院简报、网站等多种形式，教育党员干部树立正确的事业观、工作观、政绩观，自觉筑牢拒腐防变的思想道德防线，切实做到为民务实清廉。加强政治纪律教育，保证了中央、省委和院党委各项决策部署的贯彻落实。组织驻济单位新任职处级干部、重点科研项目主持人及下属企业负责人共 100 余人参加了警示教育活动。利用院简报和局域网进一步加强了党风廉政宣传。为各单位发放了《中国监察》《领导干部从政道德启示录》等廉政书刊和廉政台历，组织全院党员干部观看了《珍惜岗位、远离犯罪》等十余部电教片。通过开展系列活动，在全院营造了浓厚的廉政文化氛围。

**四、抓好制度完善和落实，规范了领导干部的从政行为**

认真抓好《廉政准则》等廉洁自律各项规定的落实。制定印发了院《2013 年党风廉政建设工作实施意见》。协助院党委与各单位签订了《2013 年处（所）级领导班子党风廉政建设责任书》，并抓好督促落实。完成了我院《廉政谈话实施办法》的修订完善，与部分领导干部进行了廉政谈话。

**五、全面做好监督检查，促进了权力公开透明运行**

按照院党委、院行政的要求，重点对全院干部人事工作和重大项目建设等重点领域和关键环节加强了监督检查。对中层班子党风廉政建设责任制落实情况进行了检查考核。对中层班子任期目标完成情况考评及专业技术岗位招聘进行了监督。对全院各单位科研仪器采购及基建项目招标进行现场监督达40余次。参与完成了全院38批97人的因公出国（境）审核备案。深入推进党务公开，使党员群众在公开中进行监督。及时完成了处级以上领导干部“会员卡”专项清退、惩防体系建设自查、党风建设统计等检查清理和上报工作。推荐果树所、作物所为省纪委的党风廉政建设工作基层联系点。

**六、认真做好来信来访处理工作**

高度重视信访工作，按照院党委的部署，对群众以不同方式反映的问题认真调查处理，协调有关单位做好相关工作，及时化解了矛盾，清除了隐患，营造了和谐的发展氛围。

**七、进一步加强了纪检队伍自身建设**

组织全院纪检监察干部及时学习党风廉政建设有关会议和文件精神，组织了德廉知识在线学习，选派纪检干部参加了省纪委组织的业务培训及华东地区农科院党建和思想政治工作研讨会，进一步提高了业务素质和工作能力，保证了反腐倡廉各项工作的顺利开展。

# 九、规章制度

# 山东省农业科学院
# 关于落实中央政治局八项规定的实施意见

（鲁农科党发〔2013〕4号　2013年1月28日）

十八届中央政治局制定改进工作作风、密切联系群众的八项规定，充分体现了新一届中央领导集体从严治党、实干兴邦的坚定决心。省委、省政府贯彻中央精神，制订下发了省委常委会落实八项规定的实施办法。为把中央和省委精神落到实处，我院紧密结合自身实际，按照从严从紧原则，制定本实施意见。

**一、提高认识改进作风**

全院各级领导干部要深入学习领会党的十八大精神和习近平总书记一系列重要讲话、中央政治局八项规定和我省制定的实施办法，深刻认识改进作风的极端重要性和紧迫性，切实用中央精神和我省要求统一思想，指导实践，推动工作。要弘扬科学务实的作风，讲政治、讲大局、讲纪律，严格执行院机关月报告制度、限时办结制和处所主要负责人外出请假报备制度。院属单位实行重点工作月报告制度，由院办公室汇总整理印发。各单位在组织有外单位参加的重要会议时实行报备制度，及时向院办公室报备。要从群众反映集中的问题入手，深入查找存在的不足，认真制定整改措施并切实整改到位，以良好作风推动事业发展、维护和谐稳定。

**二、深入基层调查研究**

把调查研究作为决策重要依据。健全完善先调研后决策机制，在决策和部署重要工作之前，采取各种形式进行调研论证，广泛征求意见。健全完善定期研究重大问题制度，进一步提高院党委会、院长办公会、院领导碰头会及所长办公会等院所两级会议对研究解决实际问题的效率，对事关单位发展全局的重大问题要集思广益，注重前瞻性研究，把握指导工作的主动权。

改进调研工作作风。院机关领导干部要经常到院属单位调研，认真听取意见和建议，帮助基层单位解决实际问题。院属单位领导干部要经常深入农业科研与生产一线调研，根据农民和农业企业的现实需求确定科研方向，解决生产难题。调研坚持轻车简从，不搞层层多人陪同。除工作需要外，不去名胜古迹、风景区参观。

完善党委成员联系点制度。院党委成员要经常深入联系的院属单位调研，了解基层单位情况，总结联系工作经验。要把联系点作为改进作风、联系群众的重要阵地，直接了解基层干部群众的所想、所急、所盼，真心实意为基层解决困难。

**三、减少会议提高效率**

减少会议活动。提倡少开会、开短会，能用文件、电话等形式解决的问题，不召开会议。内容相近、时间靠近、与会人员重叠的会议，可合并套开或者接续召开。未经院主要领导批准，院党委成员不得出席各类剪彩、奠基活动和纪念会、表彰会等，院属单位要减少举办此类活动。

提高会议实效。召开会议要注重解决实际问题。适当增加小范围研究问题、协调解决问题的专题会。院和各单位会议一般在单位驻地举行。各类会议都要提高效率和质量，会前精心准备；开会讲短话、讲管用的话，力戒空话、套话；会后抓好督促检查和跟踪落实。

降低会议成本。严格控制会议规模和会期。部门召开的全院性会议，只安排与会议内容有关联的单位参加。各类会议严格按照有关规定，不得提高食宿标准，不组织娱乐、健身活动，工作会议不摆花草、不制作背景板、不搞豪华布置，严禁发放纪念品。

**四、精简文件提高质量**

减少文件制发。凡国家法律法规和党内法规已做出明确规定的，一律不再制发文件。没有实质内容、可发可不发的一律不发。减少各类简报制发，压缩篇幅，提高质量。

规范办文程序。院属各单位要严格按照程序报文，不得直接向院领导个人报文。需要批复的重要文件和请示事项，应根据时限及时批复。

控制发文规格。可以部门名义制发的，不以院党委和行政名义制发。贯彻上级部门文件精神，一般以对口部门名义行文。

提高质量实效。对文件的报送程序和格式进行规范，明确主题，控制篇幅，加强综合协调和审核把关。推广电子公文等信息化手段，降低成本，提高效率。

**五、厉行节约反对浪费**

全院各级领导干部要厉行勤俭节约，反对铺张浪费，严格执行公务接待制度，不提特殊要求，不做特别安排，不吃高档菜肴，不接受礼金、有价证券、支付凭证和基层赠送的礼品。加强“三公”经费等各类经费管理，专项制定科研经费管理办法和院控股企业经费管理办法，强化预算执行，严肃财经纪律，确保专款专用。严禁用公款到高档娱乐健身场所消费及购买香烟、高档酒，严禁设立“小金库”，严禁用公款大吃大喝、相互宴请、组织旅游，严禁违反规定乱发奖金、津贴，严禁公车私用。院领导班子成员要从严要求自己，带头简化接待工作，减少应酬，坚决反对搞形式讲排场。

**六、规范出访注重实效**

认真贯彻落实中央和我省有关因公出国（境）管理规定，结合我院科研发展和对外科技交流合作的需求，合理制定年度出访计划。严格出访经费管理，控制出访人次与时间，无实质性内容的出访不予安排。出访不搞迎送，由国际合作处负责安排相关事宜。

**七、廉洁自律率先垂范**

健全完善各项规章制度，确保制度执行到位。进一步加强各级领导班子建设，加大党务、院务、所务公开力度，全力推进开放办院、民主办院。要结合民主生活会，对照检查存在问题，认真开展批评和自我批评。要严格遵守《中国共产党党员领导干部廉洁从政若干准则》等廉洁自律各项规定，严格要求亲属和身边工作人员，严格执行住房、车辆配备等工作和生活待遇的规定。

**八、加强监督强化落实**

各级领导干部要自觉接受党内监督、民主监督、社会监督和舆论监督。院办公室要加强督查督办，提高全院执行效率。纪检监察和审计部门要把监督执行中央、我省有关规定和本实施意见作为一项经常性工作来抓，持续强化审计监督。全院广大干部职工要加强对本实施意见执行情况的监督，共同把各项要求落到实处。

# 山东省农业科学院机关“五项费用”管理暂行办法

（鲁农科发〔2013〕26号　2013年5月16日）

## 第一章　总　则

**第一条**　为了进一步厉行节约，加强公用经费管理，严格控制“五项费用”支出，根据国家和省有关规定，结合工作实际，制定本办法。

**第二条**　“五项费用”是指公务接待费、公务车辆运行费、公务出国（境）费、会议费和培训费。

**第三条**　坚持勤俭节约、规范管理，预算控制、超支不补，分工负责、责任到人，结果评价、经费挂钩的管理原则。

**第四条**　“五项费用”实行预算控制，单项核算。预算指标一年一定，年中不再追加，超预算支出不予报销。

每年1月处室根据工作需要向财务计划处编报“五项费用”预算，其中公务出国（境）预算同时报国际合作处提出意见后报财务计划处。财务计划处提出预算批复意见报院长办公会研究确定。

**第五条**　根据职责各负其责。

各处室负责本处室预算指标的使用、预算执行、万元以下公务车辆运行费、会议费、培训费的审批报销和公务接待费、公务出国（境）费用的审核。

财务计划处负责预算指标的下达、费用结算、财务报告、公务车辆维修点招标、预算执行结果评价公示等。

行政处负责院领导公务车辆和经费的管理以及院机关公务车辆维修点合同签订。

国际合作处负责编报院机关人员年度出国（境）计划和出国（境）经费预算。

**第六条**　处室主要负责人是“五项费用”管理的第一责任人。费用结算和支付须在职人员办理，责任到人。出国（境）费用、车辆保险费采取转账结算，公务接待费、车辆维护维修和运行费、会议费、培训费采用公务卡结算。经手人要对结算事项、结算金额和发票的真实性负责。

**第七条**　专项经费不能用于接待、走访、发放津贴补贴、发放福利、礼品或公费娱乐活动等。

**第八条**　费用总额在万元（含万元）以上的需报院长审批。

## 第二章　公务接待费

**第九条**　公务接待费是指因工作需要，接待来院洽谈工作的院外有关人员的就餐费。包括菜金、酒水和茶叶等费用（接待用烟自费）。

**第十条**　公务接待分为院公务接待和处室接待。

院公务接待是指来客洽谈事宜须以院的名义出面安排就餐的接待。接待工作由院办公室或指定处室承办。

处室接待是指因工作需要，由处室主要负责人出面安排就餐的接待。接待工作由处室承办。

**第十一条** 公务接待不得到高档酒店和使用高档酒水，按每人每天 80 元标准安排工作餐或自助餐。原则上不安排宴请，确需宴请的，宴请标准应低于每人 100 元，应选用本地酒水，陪餐人员原则上不超过 2-5 人（含司机）。院内部单位、部门之间不得相互宴请。

**第十二条** 公务接待实行“先审批后接待，一餐一结”的办法。经手人填写审批单，经处室主要负责人、分管院领导或院主要负责人审批。单次接待费千元以下的由处室主要负责人或分管院领导审批报销；千元（含千元）以上的需报院主要负责人审批报销。

不得签单挂账、累计或变相结算接待费。接待费实际结算额不得超过批准限额。

**第十三条** 项目（课题）执行期内，因工作需要安排公务接待，且项目预算中有接待费预算，接待标准执行十一条规定，接待费在项目经费中列支，经项目负责人审批报销。

## 第三章 公务车辆运行费

**第十四条** 公务车辆是指纳入院机关管理用于开展公务活动的车辆。

**第十五条** 车辆运行费是指公务车辆因公务而产生的相关费用。包括车辆燃油费、保险费、保养和维修费、过路过桥费、停车费等。

**第十六条** 市内定点加油，按次刷卡结算，定期充值。车辆须到定点加油站加油，驾驶员可借用公款预充加油卡油料费，每部车辆预充值不超过 3 千元。

**第十七条** 定点保险。财务计划处及时将省政府采购中心指定的保险公司书面通知各处室。处室要在保险期满之前到省政府采购中心确定的保险公司办理投保手续并缴纳车辆保险费。

**第十八条** 定点保养和维修。车辆须到指定的维修点维护和维修。维修点一年确定一次。单次车辆维护或维修明细表需由驾驶员和处室主要负责人审核签字，维护或维修费按月结算。

**第十九条** 驾驶员在市内执行公务一般不办理公务借款。到省外出差，根据工作需要，从其车辆预算指标中预借加油费和过路过桥费等，一事一借，一次一清。

**第二十条** 市内停车费按月汇总报销。自带车辆出差的费用及时冲销驾驶员的公务借款。出差期间的住宿费、伙食费按照差旅费有关规定执行。

## 第四章 公务出国（境）费

**第二十一条** 公务出国（境）实行联动审批。国际合作处和财务计划处分别对出国（境）申请和出国（境）经费预算进行审批。不得超预算或无预算安排出国（境）。

**第二十二条** 出国（境）费用包括国外期间国家规定内的访问、考察、培训及参加公务活动等费用。国内费用按差旅费有关规定执行。

**第二十三条** 出国（境）费用由经手人填写报销凭证，报本处室和国际合作处主要负责人审核后报院长审批报销。

**第二十四条** 因项目（课题）工作需要出国（境），其出国（境）费用不能超过项目出国（境）预算额，出国（境）费用从项目经费中列支，由项目负责人审批报销。

## 第五章　会议费

**第二十五条**　会议费是指院机关因工作需要，以院或处室名义组织召开的会议费用。包括住宿费、伙食费、会议室和车辆租赁费、材料印刷费以及其他杂费。

**第二十六条**　按照会议召集单位分为一类会议和二类会议。以院名义组织召开的会议为一类会议，以处室名义召开的会议为二类会议。一类会议由院办公室或院领导指定处室承办，二类会议由会议召集处室承办。

**第二十七条**　严格会议审批制度。会议通知由院主要负责人签发，会议就餐地点和参会人员名单报院主要负责人审批。会议地点原则上在院内安排。

**第二十八条**　全院党的工作会议和全院工作会议及聘请外单位领导或专家参加的会议，与会人员的住宿费可列入会议费，其他会议与会人员住宿费由与会人员自行结算。

**第二十九条**　会议期间的住宿费、伙食费、杂费实行综合控制。会议费标准：一类会议每人每天 110 元（餐费每人每天 80 元，杂费每人每天 30 元），二类会议每人每天 100 元（餐费每人每天 80 元，杂费每人每天 20 元）。不需安排会议餐的相应扣减会议预算。会议住宿标准按差旅费有关规定执行。

**第三十条**　会议承办处室在会议召开前 3 个工作日向财务计划处提出会议预算申请（附会议通知等），财务计划处在会前批复会议预算。会议期间的费用和借款一次结清，费用总额不得超过预算批复额。

**第三十一条**　一类会议费用由经手人填写报销凭证，承办处室主要负责人审核后，报院长审批报销；二类会议费用由经手人填写报销凭证，承办处室主要负责人审批报销。

项目（课题）会议费用在项目会议预算内列支。由经手人填写报销凭证，课题负责人审批报销。

**第三十二条**　组织召开业务交流性会议，费用自理或以会养会。会议期间不得组织外出学习考察或公费旅游，不得发放土特产或纪念品。

## 第六章　培训费

**第三十三条**　培训费是指根据上级主管部门要求参加业务性学习、培训等费用。党校学习、挂职锻炼等费用不列入培训费。

**第三十四条**　培训费由经手人填写报销凭证，处室主要负责人审批报销。

**第三十五条**　严禁安排无明确目的和实质性内容或非上级主管部门安排的由学会、协会等社会团体组织的外出考察学习、培训参观或变相公费旅游活动。

**第三十六条**　处室组织对院内有关人员的培训、学习等，按会议费规定执行。原则上不组织外出学习、参观考察等活动。

## 第七章　附　则

**第三十七条**　本办法自印发之日起执行，财务计划处负责解释。之前院机关有关规定与本办法相抵触的，按本办法执行。

**第三十八条**　本办法与国家、省及上级部门新出台的办法有抵触的，按国家、省及上级部门管理办法执行。

# 山东省农业科学院党委会议议事规则

（鲁农科党发〔2013〕16号　2013年6月21日）

我院实行党委领导下的院长负责制。为进一步加强和改进党的领导，提高院党委会议的议事效率和科学决策水平，根据中央和省委有关规定，结合我院实际，特制定本议事规则。

**一、议事原则**

（一）集体领导。凡属全院改革发展的重大问题，须由党委会议集体研究决策，党委成员根据集体决定和分工，切实履行职责。党委成员因故不能出席，应在会前征求其意见。党委会议必须有半数以上党委成员到会方能召开。讨论干部问题和涉及全局性的重大问题时，必须有三分之二以上的党委成员到会方能召开。

（二）民主集中。对提交会议讨论的重要问题，会前要进行调查研究，广泛征求意见。讨论决定问题时坚持平等议事，党委成员要充分发表意见，积极参与决策。会议主持人要充分尊重委员的民主权利，认真听取委员意见，吸取其中合理成分，在民主基础上科学实行集中。

（三）个别酝酿。应提前将会议召开时间、议题告知党委成员，并提供议题有关材料，以便党委成员在会前进行充分酝酿准备。正、副书记要主动沟通协调，达成共识，并与委员进行沟通，认真征询大家意见，酝酿成熟再上会研究。

（四）会议决定。做出决定应经过充分讨论，遵循少数服从多数原则，超过党委成员半数赞成的方能形成决议。党委会议形成的决议，党委成员个人无权更改，允许保留不同意见，但在行动上须认真执行。如对重要问题产生争论，双方人数接近，除紧急情况外，应暂缓作出决定，待进一步研究后再次开会表决。

**二、议事范围**

（一）研究党和国家的路线、方针、政策及上级有关重要会议、文件、指示精神等的贯彻落实意见。

（二）研究党委向上级部门呈报的重要请示、报告，党委工作计划与总结，以及有关规章制度。

（三）研究全院改革发展的指导思想、办院方针和发展思路，讨论决定带有全局性、方向性和政策性的重大问题。

（四）讨论审定院发展规划，院行政年度和半年工作报告，年度财务预决算，大额资金使用，与国内外重大合作项目和投融资计划。

（五）研究决定机构、编制设置，院管干部任免、考核奖惩，人事计划，人才队伍建设中的规划制定等重大问题。

（六）研究党的建设、思想政治工作、统战、工青妇、老干部及精神文明建设工作。

（七）听取纪委工作汇报，落实党风廉政建设责任制，讨论决定纪委提交党委会议审议的有关事项。

（八）研究解决涉及群众利益的重要问题。

（九）研究处理院内重大突发事件。

（十）研究其他需要党委会议讨论、决定的事项。

**三、议事程序**

（一）会前准备

1．确定议题。各处室和单位提报议题须经分管院领导审查同意。院办公室负责协调汇集提出会议议题，提交会议召集人审定。议题确定后，由院办公室通知与会人员，并安排会议日程。

2．调查研究。凡提交党委会议讨论决定的重大问题，会前要进行调查研究，广泛征求意见。对事关重大又难以确定的问题，要组织有关人员进行专题论证和可行性分析，必要时准备两套以上方案供会议研究。

3．准备材料。按照确定议题，汇报单位要准备书面汇报材料，一般要提前两天报送院办公室，由院办公室呈送党委成员审阅。

4．会议召集。党委会议由党委书记召集并主持，或由党委书记委托副书记召集和主持。党委成员因故不能出席时应向会议召集人请假。院办公室主任列席会议。会议召集人确定有关列席人员。

（二）会中决策

1．严格议程。党委会议要严格按事先确定的会议议题和议程进行。除紧急情况外，一般不得将临时动议列入议程。

2．充分讨论。党委会议决定事项或做出决策前，应安排足够时间进行充分讨论。党委成员要开门见山，抓住重点，紧扣议题发表意见。

3．归纳总结。在每一议题结束或会议结束时，由主持人归纳党委成员的意见，应条理清晰，表述准确。

4．民主表决。对需要表决的事项，党委成员应发表同意、不同意、保留意见或缓议等明确意见，全体成员中半数以上同意方能通过。列席会议人员对议题可以发表自己的意见，但不参加表决。

5．会议记录。会议记录由院办公室专人负责。记录员要对会议议题、出席列席人员、发言情况、表决意见等作如实记录。

6．保密纪律。与会人员要严格遵守保密纪律，对党委会议研究的内容，未经批准传达或公布的，不得向外泄漏，对会议发言，特别是不同意见，禁止私下传播。

7．回避制度。党委会议议事，如涉及党委成员或其亲属需要回避的，相关党委成员应回避。

（三）会后办理

1．纪要印发。党委会议讨论决定的事项，由院办公室整理出会议纪要，报会议主持人审定并确定存档或印发范围。确定公开印发的应及时印发，提高工作效率。

2．决策实施。党委会议做出的决策、决定，由党委成员分工负责组织实施。在实施过程中，根据出现的实际问题，确需进行重要调整和变更的，应提交党委会议讨论决定。

3．督查督办。各处室、各单位要自觉加强对党委会议决定事项的贯彻落实，切实提高执行能力。院办公室负责对执行情况进行督查督办，并及时将有关情况向党委报告。

# 山东省农业科学院院长办公会议议事规则

（鲁农科党发〔2013〕16号　2013年6月21日）

为贯彻落实好党委领导下的院长负责制，进一步提高院长办公会议事质量和效率，实现院行政工作议事、决策的规范化、民主化与科学化，根据国家有关法律法规和上级有关规定，结合我院实际，特制定本议事规则。

## 一、议事原则

（一）党委领导下的院长负责制。院党委是我院的政治领导核心，主要加强对院行政工作的路线、方针、政策的领导。院长作为我院的法定代表人，在院党委领导下对具体日常行政事务依法处理，并独立承担行政责任。

（二）集体领导与个人分工相结合。事关全院事业发展的行政工作，须由院长办公会议集体研究决定，院领导成员根据集体决定和分工，切实履行职责。遇突发事件，分管院领导可临时处理，并及时向院长或主持工作的院领导汇报，事后须经院长办公会议复议认定。

（三）民主集中制。决定重大问题时，会前要做好调查研究和沟通交流，在充分发扬民主、深入进行讨论、坚持少数服从多数原则的基础上形成决议。如对重要问题产生较大分歧，除紧急情况外，应暂缓做出决定，待进一步研究后再次开会表决。

（四）依法决策原则。院长办公会议讨论决定问题，要以政策法规为依据，确保会议决议合法合规。院长办公会议形成的决议，院领导成员个人无权更改，允许保留不同意见，但在行动上必须认真执行。

## 二、议事范围

（一）贯彻执行政策法规、上级指示决定和院党委决议。

（二）研究落实院党委关于办院方针、指导思想、发展规划、重大改革方案等的主要措施。

（三）研究讨论院行政呈报上级的重要请示、报告，决定全院性行政工作。

（四）组织实施全院事业发展规划和科研、产业、财务、人事、外事、审计、基建、后勤、安全保卫等行政方面的工作计划及相关领域的规章制度，检查、考核计划执行情况。

（五）研究决定职称评聘、岗位设置和落实奖励激励政策等人才队伍建设的具体问题。

（六）研究实施年度财务预算，决定日常行政事业费开支，讨论决定筹措经费、兴办产业、落实大额资金使用和基建项目，加强财务管理和审计监督。

（七）听取院属单位、机关处室工作汇报，研究解决业务工作中的具体问题。

（八）研究其他需要院长办公会议讨论、决定的事项。

## 三、议事程序

（一）会议召集

院长办公会议由院长召集并主持，或由院长委托副院长召集和主持。院长办公会议由院长、副院长、院长助理组成，院党委、纪委领导同志可根据需要参加会议，院办公室主任列席会议。根据议题内容和工作需要，由会议主持人确定列席人员。因故不能参加会议的，要于会前向会议召集人请假。

（二）议题确定

各处室和单位提报议题须经分管院领导审查同意。院办公室负责协调汇集提出会议议题，提交院长或其委托的副院长审定。议题确定后，由院办公室通知与会人员，并安排会议日程。凡提交院长办公会议讨论决定的重大问题，会前要进行调查研究，充分酝酿，会议召集人要与党委书记、副书记做好沟通。除紧急情况外，一般不得临时动议。

（三）会议决策

院长办公会议议题由分管院领导或与议题有关的主管部门和单位汇报，然后进行审议。审议要紧紧围绕议题充分讨论，经集体研究和深入讨论，在民主基础上科学集中，坚持少数服从多数的原则，由院长或主持会议的领导做出决定。

（四）文件编发

院办公室专人负责会议记录，并于会后整理院长办公会议纪要。纪要经院长或主持会议的院领导审签后，确定存档和印发范围。会议做出的决策、决定和审议通过的事项，会后根据需要及时上报和下发。

（五）决策执行

会议做出的决议、决定，由院领导成员按分工负责组织执行，院属单位要认真落实到位，院办公室负责对决议执行情况进行督察督办。在执行过程中，如根据实际情况确需对某项决策、决定进行重要调整和变更，应由院长办公会议讨论决定。

（六）会议纪律

会议研究议题凡涉及保密内容或在正式传达公布之前，与会人员要严守保密纪律。如发生泄密，严肃追究责任。议事过程中，如涉及院领导成员或其亲属需要回避的，相关人员应回避。

# 山东省农业科学院领导联系专家制度

（鲁农科党发〔2013〕21号　2013年7月8日）

为深入实施科研立院与人才强院战略，加强各级领导干部与专家的联系沟通，切实转变工作作风、密切联系群众，形成尊重知识、尊重人才、尊重创造的良好氛围，进一步强化农业科技强院建设的人才保障和智力支撑，经院党委研究决定，建立领导联系专家制度。

**一、联系对象**

入选国家“新世纪百千万人才工程”的人选，国家有突出贡献的中青年专家，省有突出贡献的中青年专家，享受政府特殊津贴人员，“泰山学者”特聘专家，“泰山学者”海外特聘专家，在相关研究领域做出重要贡献的优秀人才和青年专家代表。联系专家要在各领域、各层面具有典型代表性。

每位院领导联系3-5名专家，人选由人事处与有关单位协商后确定或调整。院属各单位主要负责人也要联系本单位专家代表。

**二、联系内容**

1．宣传党的路线方针政策和国家法律法规，通报我院重要会议、决议决定精神和科研创新等各项事业发展情况；

2．听取专家对我院重大决策及建设等方面的意见和建议，请专家针对我院当前及今后发展的重点、难点问题建言献策，发挥其在领导决策中的智囊和参谋作用；

3．了解党和国家的知识分子政策和科研人才政策及我院的人才政策落实情况，听取专家对人才工作和人才队伍建设的意见和建议。

4．联系专家应及时反映所代表层面人员在工作、生活中的实际需求，有关领导要重视反映的问题和困难，并及时处理。

5．有针对性地做好思想工作，鼓励专家为我院科研创新、学科建设、人才培养等方面做出更大贡献。

**三、联系方式**

1．院领导联系专家，主要采取以下方式进行：⑴定期进行交流谈心，征询意见；⑵以信函或电话的方式保持经常沟通；⑶深入科研一线看望；⑷利用节假日走访慰问。每位院领导至少每半年亲自与联系专家联系一次。

2．联系专家可通过信函、通讯、面谈等形式，主动向联系人反映情况，提出意见和建议。对联系对象的意见、要求、建议以及特殊困难，能够解决的要努力解决，不能解决的及时向院主要负责同志汇报。

3．人事处负责院领导联系专家的具体事宜，对联系对象提出的意见建议和反映的情况，做好收集整理、总结宣传等有关工作。

**四、有关要求**

1．提高思想认识。院领导要充分认识建立联系专家制度的重要性，积极深入专家中间，真心实意地同专家交朋友，诚心诚意地听取他们的意见和建议，积极为他们的成长发展、干事创业做好服务工作。

2. 切实抓好落实。建立院领导联系专家制度，是坚持党管人才原则，改进工作作风、密切联系群众的具体措施，要搞好协调，周密组织，切实把这项工作落到实处。院属各单位要结合实际，建立相应的所领导联系专家制度。

3. 加强组织领导。院领导联系专家制度在院党委领导下，由人事处具体协调落实，有关单位和处室要密切配合。人事处要切实履行综合协调、具体指导的职责，积极探索联系专家和优秀人才的途径和方法，不断总结经验，完善措施，创造性地开展工作。

# 农业高层次论坛——舜耕论坛管理办法

（鲁农科发〔2013〕35号　2013年9月26日）

为认真贯彻落实党的十八大和中央一号文件精神，聚焦国内外高端人才智慧，推动科技进步，服务山东农业和农村经济发展，山东省科学技术协会、山东农学会和山东省农业科学院决定联合举办农业高层次论坛——舜耕论坛，结合具体实际，制订本办法。

## 第一章　总　则

**第一条** 舜耕论坛取“舜帝曾躬耕于历山”之义。借以传承齐鲁农业文明，推动农业科技进步，服务“三农”，增创山东省现代农业和农村经济发展新优势。

**第二条** 论坛宗旨为：立足我国农业生产的实际，围绕现代农业发展的重点、难点及热点问题，以服务我省及区域现代农业发展为宗旨，构筑政府部门、科研单位和企业之间，及农科教、产学研之间的交流合作平台；为官员、专家、民间多方位探讨农业问题的真谛，构筑一个多层次、多方向的对话平台；为提升我省农业科技保障能力、发展现代农业以及推进经济文化强省建设做出新的更大贡献。

**第三条** 论坛为非官方、非营利性组织，遵守中华人民共和国宪法和法律法规，尊重社会道德习俗。

## 第二章　论坛形式及内容

**第四条** 论坛形式分为主题论坛和专题论坛。

（一）主题论坛

邀请国内外著名专家、政府部门领导和知名企业家，对农业宏观政策、行业发展趋势、科研最新进展等共性问题做主题报告或专家讲堂；组织专家、企业、种植大户、农民专业合作社、家庭农场等新型农业经营组织的经营者进行座谈、对话交流，以及成果展示、实地考察等多种形式的活动。

（二）专题论坛

针对各论坛专题邀请1-2位相关的专家学者作学术报告、专题讲座；组织院内外科技人员技术交流会、学术沙龙等多种形式的论坛活动。鼓励院属各单位经论坛组委会同意，以舜耕论坛名义开展各种学术交流活动。

## 第三章　会期与会址

**第五条** 论坛每年定期、定址召开。

（一）主题论坛每年举办2次，一般于每年第二季度和第四季度定期在山东省农业科学院举办。

（二）专题论坛每月组织1次。论坛常设地点为山东省农业科学院，根据需要可在其他地点设置论坛会场。

## 第四章　组织机构与职责

**第六条**　论坛由山东省科学技术协会、山东农学会和山东省农业科学院共同主办，山东省农业科学院承办。论坛设立组织委员会和秘书处。

（一）组织委员会

组委会主任由山东省农业科学院领导担任，副主任由山东省科学技术协会和山东省农业科学院推荐的相关领导担任。组委会的职责为：负责论坛活动的组织领导、研究确定年度论坛主题、讲坛专家的聘请、审议论坛管理办法、决策论坛重要事项等。

（二）秘书处

秘书处为论坛常设执行机构，挂靠在山东省农业科学院科研处。秘书长由山东省农业科学院科研处处长兼任，副秘书长由山东省科学技术协会、山东农学会和山东省农业科学院相关部门的负责人担任。秘书处的职责为：负责起草或修改论坛的管理办法并报组委会批准、论坛会议的筹备、执行组委会的决议、制定论坛年度工作方案、收集整理积累论坛资料以及组委会安排的日常工作等。

## 第五章　经费管理与宣传协作

**第七条** 秘书处负责论坛经费的日常筹措和管理，确保论坛各项活动的顺利进行。

（一）在山东农学会设立经费专户，专款专用。

（二）根据论坛年度工作计划，由山东省农业科学院每年安排一定的论坛活动经费。

（三）积极争取政府、社会团体、企事业单位及个人的资助和赞助等。

**第八条** 宣传和协作。充分利用电视、广播、网络、报刊杂志等多种媒体，开展论坛的宣传，扩大论坛的影响力，吸引社会各界的关注。加强与省委政策研究室、省政府研究室、农业厅、科技厅及省科协等部门的协作，不断总结经验，提高论坛的组织水平，打造著名论坛品牌。

## 第六章　附　则

**第九条** 本办法未尽事宜另行规定。

**第十条** 本办法自发布之日起施行，由论坛秘书处负责解释。

# 山东省农业科学院因私出国（境）管理暂行办法

（鲁农科发〔2013〕45 号　2013 年 12 月 4 日）

为进一步加强我院处级干部因私出国（境）管理工作，根据中组部、公安部等《关于印发〈关于加强国家工作人员因私事出国（境）管理的暂行规定〉的通知》（公通字〔2003〕13 号）、中纪委、中组部等《关于进一步加强党员干部出国（境）管理的通知》（中纪发〔2004〕26 号）、省委组织部《关于县（处）级以上领导干部因私事申请出国（境）审批管理暂行办法》（鲁组通字〔2003〕5 号）等文件精神，制订本办法。

**一、适用范围**

我院在职处级干部。机要涉密岗位工作人员参照本办法执行。

**二、申请因私出国（境）的程序**

1. 申请人于出国（境）15 天前，填写《山东省农业科学院因私出国（境）审批表》，说明出国（境）原因、目的地、拟停留时间等，同时提交相应的证明材料，经所在单位同意后报人事处。

2. 由人事处送纪检监察室审核备案后，报院领导审批。

3. 申请人办理相关因私出国（境）证件（因私普通护照和出入境通行证），或领取由人事处代为保管的因私出国（境）证件。

4. 到公安机关出入境管理部门办理出国（境）手续。

5. 回国（入境）后 7 天内将出国（境）证件交至人事处。

**三、因私出国（境）证件的管理**

1. 因私申领的出国（境）证件由人事处统一保管。

2. 新提拔的副处级干部，之前持有因私出国（境）证件的，须在任职后 7 天内交至人事处。

3. 因遗失等原因，不能将出国（境）证件上交人事处的，须作出书面说明，连同省级公开媒体发布的证件遗失公告一并交人事处备案，未能按规定备案将不再支持办理新的证件。

4. 人事处对上缴的因私出国（境）证件应逐一登记并由专人保管；超过有效期，或因退休等原因已经不在本办法管理范围的，将出国（境）证件退还本人。

**四、因私出国（境）的纪律要求**

1. 不得以因私名义出国（境）从事公务活动。

2. 因私出国（境）所需费用（含国内外旅费、在境外的医疗费等）一律自理，不得接受国内以及外商或驻国（境）外中资机构（企业）的资助。

3. 自觉维护国家安全和利益，严格遵守国家外事纪律。

4. 在国（境）外不得以党员身份参加公开活动，遇有重要情况要及时报告。

5. 因特殊原因无法按期回国并确需延期的，需在批准的假期内提出书面申请，说明延长期限，出国时间（含延长期限）最高不得超过鲁组通字［2003］5 号文件规定时限。由所在单位参照上述审批程序执行，并将审批结果及时反馈申请人。延期回国后应作出书面报告交人事处备案。逾期不归者给予相应的党纪政纪处分或采取组织处理措施，并函告公安机关。

6. 取得出国（境）证件后应如实填报《领导干部个人有关事项报告表》相应事项。

7. 隐瞒持有出国（境）证件，采用不正当手段骗取证件，或拒不将证件交由人事处保管的，不予办理因私出国（境）审批手续，今后不再支持办理新的证件。

**五、其他未尽事宜按国家、省有关法律、法规和政策规定执行。**

**六、本规定自发布之日起开始施行。**

附件：1. 山东省农业科学院因私出国（境）审批表

2. 因私出国（境）承诺书

附件 1

# 山东省农业科学院因私出国（境）审批表

<table>
<tr><td>姓　　名</td><td></td><td>身份证号</td><td></td></tr>
<tr><td>职　　务</td><td></td><td>单　位</td><td></td></tr>
<tr><td>拟前往的<br>国家或地区</td><td></td><td>停留时间</td><td>年　　月　　日<br>至<br>年　　月　　日</td></tr>
<tr><td>因私出国（境）<br>证件类型、编号<br>及有效期</td><td colspan="3">证件类型：<br>编　　号：<br>证件有效期：</td></tr>
<tr><td>出国（境）事由</td><td colspan="3"></td></tr>
<tr><td>所在单位意见</td><td colspan="3">是否同意因私出国（境）：　是 / 否<br>（盖章）<br>签字：　　年　月　日</td></tr>
<tr><td>纪检监察<br>部门意见</td><td colspan="3">是否同意因私出国（境）：　是 / 否<br>（盖章）<br>签字：　　年　月　日</td></tr>
<tr><td>组织人事<br>部门意见</td><td colspan="3">是否同意因私出国（境）：　是 / 否<br>（盖章）<br>签字：　　年　月　日</td></tr>
<tr><td>院 领 导<br>意　　见</td><td colspan="3">（盖章）<br>签字：　　年　月　日</td></tr>
</table>

附件 2

# 因私出国（境）承诺书

本人＿＿＿＿，现任＿＿＿＿＿（单位）＿＿＿（职务），计划于＿＿＿年＿＿月＿＿＿日至＿＿＿＿年＿＿＿月＿＿＿日前往＿＿＿＿＿＿＿＿（国家或地区）＿＿＿＿＿＿＿＿＿＿＿＿＿＿＿＿＿＿＿＿＿＿＿＿＿＿＿＿＿＿＿＿＿＿＿＿＿＿＿＿＿＿＿＿＿＿＿＿＿＿＿＿＿＿（出国事项），随行人员＿＿＿＿＿＿＿＿＿＿＿＿＿＿＿＿＿，在外停留时间＿＿＿＿＿天，联系电话＿＿＿＿＿＿＿＿。

本人承诺：如期返回，在外期间遵守因私出国（境）各项纪律，外出费用均由本人自理，本人、随行人员人身及财产安全均责任自负。回国七日内，将本人因私出国（境）证件交回人事处集中保管。

特此承诺。

申请人（签字）：

年　　月　　日

# 山东省农业科学院博士后管理办法

（鲁农科发〔2013〕53 号　2013 年 12 月 13 日）

## 第一章　总　则

**第一条**　为进一步加强我院博士后科研工作站建设，扩大博士后招收规模，提高博士后培养质量，充分发挥博士后流动层在强院建设中的作用，制定本办法。

## 第二章　机构与职责

**第二条**　博士后实行院所两级管理，院成立博士后管理办公室（以下简称院博管办），挂靠院人事处，负责制度制定、进出站管理、基金申报、职称审定等管理工作。

**第三条**　各招收单位成立工作指导小组，负责招收计划制定、研究项目指导及中期考核等日常管理工作。

## 第三章　资格条件

**第四条**　指导专家应具备以下基本条件：

1. 具有高级职称或博士学位，距退休时间三年以上；

2. 主持省部级以上科研项目，能为博士后提供 10 万元 / 年的研究经费。

**第五条**　申请进站人员应具备以下条件：

1. 获得博士学位；

2. 品学兼优，身体健康，年龄不超过 40 周岁；

3. 原则上仅接收应届博士毕业生，留学回国人员申请进站优先接收；在职人员申请进站，应辞去现有工作，全职来院从事博士后研究。

**第六条**　申请进站人员，不得在授予其博士学位单位的同一个一级学科或同一导师指导下进行博士后研究；本院职工不得申请进入我院博士后工作站。

## 第四章　招收及进站程序

**第七条**　进站程序：

1. 各博士后招收单位每年 4 月底前向院博管办报年度招收计划；院博管办组织对申报材料进行评议，提出立项意见，经院领导审定后发布。

2. 申请进站人员根据招收信息，向招收单位提交进站申请，达成意向后，由招收单位向院博管办提交书面申请。

3. 院博管办组织专家对申请人员的研究基础、工作计划等进行评议，提出进站建议，报院领导审批。

4. 经批准同意进站的人员，与招收单位、指导专家签订《博士后培养工作协议书》，通过中国博士后网络办公系统填写申请材料，由院博管办审批。

**第八条**　进站需提交材料：

1. 《博士后申请表》（工作站单独招收，一式四份）；

2. 两封专家推荐信（须含本人博士生导师推荐信一份，各一式四份）；

3.《博士后进站审核表》（应届毕业生由毕业院校的派遣部门或就业指导中心签字、盖章；辞职人员须出具辞职的证明材料，盖人事部门公章；无人事（劳动）关系人员由其档案存档单位或部门签字、盖章）（一式四份）；

4.《博士后科研工作站研究项目指导小组考核意见表》（一式四份）；

5.《博士后科研工作站招收博士后研究项目立项表》（一式四份）；

6. 中华人民共和国驻外使领馆教育处（组）推荐意见（“留学回国”招收使用）（一式四份）；

7. 博士学位证书复印件（须加盖博士毕业学校研究生院学位办公章）（一式四份）；

8. 身份证复印件（一式四份）。

## 第五章 在站管理

**第九条** 博士后在站时间一般为两年，如因课题需要延长在站时间，由指导专家申请、招收单位同意后报院博管办审批，延长期限最多不超过一年。延长出站期间，所需费用由招收单位自行解决。

**第十条** 指导专家应对博士后研究人员认真负责，确保科研任务圆满完成，对未完成任务的，三年内不再招收博士后。

**第十一条** 博士后在站期间须以招收单位为第一产权单位完成以下基本任务之一：

1. 第一作者发表 SCI/EI 收录论文 1 篇，或中文一级学报论文 2 篇；

2. 第一完成人获授权发明专利 1 项。

**第十二条** 博士后进站满一年，招收单位须对照《博士后培养工作协议书》，对其进行中期考核，填写《山东省农科院博士后中期考核表》，报院博管办审核备案。

**第十三条** 博士后在站期间如需出国进行短期学术交流或参加学术会议，经指导专家及招收单位同意后，报院博管办审批。出国时间不得超过三个月，费用自理。

**第十四条** 进站博士后可办理院集体户口，配偶和未成年子女可随其流动，办理暂住户口。

**第十五条** 博士后在站期间以招收单位为第一产权单位，达到以下基本条件之一，出站前可申报相应的专业技术职务资格，由院博管办组织审核，报省主管部门审定。

1. 申获省级以上科研项目；

2. 第一作者发表 SCI 论文累计影响因子达 3.0；

3. 第一完成人获授权发明专利 2 项。

## 第六章 经费及待遇

**第十六条** 院提供博士后年薪 6 万元 / 人，其中 80% 按月发放，20% 分别在中期考核与出站考核合格后发放。

**第十七条** 招收单位提供博士后公寓并承担相关费用，不能提供公寓的须提供 1 万元 / 年 / 人的住房补贴。

**第十八条** 指导教师提供不低于 10 万元 / 年 / 人的研究经费。

## 第七章　期满考核与出站

**第十九条**　出站程序：

1. 博士后工作期满前2个月向招收单位提出申请，提交工作总结，招收单位审核同意后报院博管办；承担国家或省博士后基金项目的，须提交结题报告，由工作指导小组进行审核，报院博管办审批。

2. 院博管办组织对申请出站人员进行评议，提出出站建议，对于通过人员办理出站手续；经考核表现优秀的，可优先留院工作。

**第二十条**　出站需提交材料：

1. 《博士后研究人员工作期满登记表》（工作站单独招收，一式四份）；
2. 《博士后研究人员工作期满业务考核表》（一式四份）；
3. 《博士后研究人员工作期满审批表》（一式四份）；
4. 《博士后研究人员接收单位意见表》（一式四份）；
5. 《博士后基金总结报告》（一式一份）；
6. 《博士后研究报告》（一式四份）；
7. 三证复印件（身份证、结婚证、户口证及独生子女证或领养子女法律证明材料）（一式一份）。

## 第八章　附　则

**第二十一条**　本办法未尽事宜按国家有关规定执行。

**第二十二条**　本办法自发布之日起施行。

**第二十三条**　本办法由院博管办负责解释。

# 山东省农业科学院科研道德规范

（鲁农科发〔2013〕54号　2013年12月23日）

## 第一章　总　则

**第一条**　为加强科研道德建设，维护科研诚信，规范科研行为，根据国家相关法律法规，结合我院实际，制订本规范。

**第二条**　本规范适用于所有在山东省农业科学院工作、学习的人员。

## 第二章　科研道德规范

**第三条**　科研道德规范是指在科学研究活动中，应遵循的道德规范及其行为准则。

**第四条**　科研道德规范主要包括：

（一）自觉遵守《中华人民共和国著作权法》《中华人民共和国专利法》和《中华人民共和国合同法》等国家有关法律、法规。

（二）坚持唯实求真，尊重首创，恪守科学伦理道德，自觉遵守科技行为准则，自觉维护科学的尊严和声誉。

（三）开展科学研究，应认真检索相关文献，了解最新研究进展，尊重他人已经取得的研究成果，承认和尊重他人知识产权，引用他人成果时应如实注明出处。

（四）承担科学研究项目，应按规定程序申报、备案，签订任务合同并严格按照合同内容执行。项目参加人员必须是实际从事项目研究、试验示范和指导项目实施等工作的人员。

（五）科学研究过程中，要保证实（试）验记录完整、实（试）验数据客观准确；获得的重大科研进展、数据资料，不得私自泄露和公开；涉密的研究成果，在使用和发表时必须遵守国家法律法规的相关规定。

（六）发表研究论文、论著，须通过正规渠道如学术会议、经国家新闻出版总署批准的学术期刊、出版社或被SCI、EI等数据库收录的国际学术刊物等。

（七）发布研究成果，对研究成果做出实质性贡献的人员拥有著作权；合作完成成果，应按照研究贡献大小的顺序署名（有署名惯例或约定的除外）；未对研究成果做出贡献的无关人员不得在研究成果中署名。

（八）正确行使学术评价权力，在对自己或他人的研究成果进行介绍、评价时，应遵循客观、公正、准确的原则，实事求是地进行评价。

（九）遵守山东省农业科学院有关规定和科学共同体公认的其他行为规范和签署的承诺。

## 第三章　科研不端行为

**第五条**　科研不端行为是指在科学研究和学术活动中的各种造假、抄袭、剽窃和其他违反科学共同体公认的科研行为准则的行为。

**第六条**　科研不端行为主要包括：

1. 违反国家有关法律法规和山东省农业科学院有关规定的行为。

2. 项目申请弄虚作假，提供虚假学历职称证明、工作经历、获奖证书、论文发表证明等证明材料，将不参与实际研究、试验示范和指导项目实施等工作的人员作为项目参加人的行为。

3. 抄袭、剽窃、篡改他人学术思想、观点、研究计划和研究成果，未经授权将他人未公开的研究内容、研究计划发表或透露给他人或为己所用的行为。

4. 编造、篡改实（试）验数据，破坏原始数据的完整性，篡改实（试）验记录和图片等资料，主观臆造研究结果的行为。

5. 科研经费不当使用，截留、挤占、挪用或违反规定转拨、转移专项经费，提供虚假财务会计资料，不按规定执行和调整预算的行为。

6. 将做出实质性贡献的科研人员排除在完成人（作者）名单之外，将未做出实质性贡献的无关人员列为完成人（作者）的行为。

7. 违反规定私自将研究成果进行传播、转让、转化，将同一研究成果提交多个出版机构出版或提交多个出版物发表，重复或变相重复发表自己研究成果的行为。

8. 滥用学术地位和学术评议、评审权力，故意贬低或夸大他人研究本身价值，采取不正当手段干扰或妨碍他人研究活动的行为。

9. 科学共同体公认的其他学术不端行为。

## 第四章　科研不端行为的监督与处理

**第七条**　设立山东省农业科学院科研道德监督委员会，负责指导全院科研道德建设工作及科研不端行为的监督和处理。委员会主任由院领导担任，委员由院办公室、政工处、人事处、科研处、财计处、审计处、纪检监察室等相关处室主要负责人和若干专家组成。

**第八条**　院科研道德监督委员会下设办公室，挂靠院纪检监察室，负责委员会日常工作。涉嫌科研不端行为的实名举报由院科研道德监督委员会办公室受理。

**第九条**　经院科研道德监督委员会办公室初步审查认为涉嫌科研不端行为的，院科研道德监督委员会组织由专业领域专家参加的调查组，按照核实和审阅原始记录、查证有关事实、听取被调查人陈述和申辩的程序进行调查，并形成调查报告，提交院科研道德监督委员会。

**第十条**　调查处理应遵循合法、客观、公正原则。尊重和维护当事人的正当权益，对举报人提供必要的保护，为举报人保密；被调查人、院属有关单位及个人有义务协助提供必要证据，说明事实真相，利害关系人应当回避。

**第十一条**　对认定为科研不端行为的人员，由院科研道德监督委员会根据情节轻重提出处理建议，参照《事业单位工作人员处分暂行规定》给予相应纪律处分，并撤销所有通过该项科研不端行为而获得的奖励或资格，禁止当事人一定期限内申请政府资助的科研项目。

**第十二条**　对认定为非科研不端行为的，在一定范围内公布事实和结论，被举报人名誉受到损害的应为其恢复名誉。

**第十三条** 被处理人对处理决定不服的，可以在接到处理决定 7 个工作日内向院科研道德监督委员会提出书面申诉。经审查决定受理的，院科研道德监督委员会将于 7 个工作日内重新组成调查组进行调查复核。申诉期间不停止处分决定的执行。

## 第五章 附 则

**第十四条** 本规范由院科研道德监督委员会负责解释。

**第十五条** 本规范自发布之日起执行。

# 十、院属研究单位概况

# 作物研究所

## 一、基本概况

山东省农业科学院作物研究所始建于1959年3月，是从事小麦、大豆、甘薯、谷子、高粱等主要作物种质资源、遗传育种、栽培生理、耕作生态、谷物品质、生物技术研究和成果应用的社会公益性事业单位，同时是全国农业百强研究所、山东省一类科研院所、山东省产学研合作创新突出贡献科研单位、山东省省级文明单位。

现有在职职工112人，专业技术人员80人，其中研究员25人，副研究员23人。目前全所设有小麦育种、小麦栽培、甘薯、大豆、谷子杂粮、谷物食品、植物新品种测试分中心、示范推广等9个研究室。

## 二、科技创新及学科建设

科研立项继续保持稳步增长。一年来全所共争取各级各类科研项目34项，总经费2052万元，全年到位经费2468.52万元。

科研创新取得明显进展。成果和知识产权方面："大豆优异基因资源挖掘与系列品种选育"获省科技进步二等奖，"山东省1000万亩旱地小麦节本增效技术推广"和"4000万亩专用小麦济南17和济麦20优质高产栽培技术示范与推广"分获全国农牧渔业丰收二、三等奖；国家审（鉴）定农作物品种3个；获授权发明专利10项，制订农业行业标准10项；发表论文49篇（其中SCI/EI收录13篇，一级学报10篇），主编著作1部。创新性研究方面：利用分子标记辅助选择技术与常规技术相结合，育成的济麦23和24，不仅较济麦22显著增产，而且在品质和熟期上有明显改良，有望成为济麦22的接班品种；小麦耕层优化双行匀播小麦高产高效技术与配套播种机的有机融合，降低生产成本30%左右，小麦生产比较效益大幅提高；甘薯育种取得较大进展，济徐23通过国家鉴定，济薯25亩产薯干1282.52公斤，荣膺2013年国家甘薯研发中心组织的高淀粉组北方薯区冠军，济薯26亩产鲜薯3706.89公斤，创黄淮薯区优质型鲜食甘薯高产纪录，同时获国家甘薯研发中心组织的优质鲜食组北方薯区亚军；齐黄34大豆通过国家审定，甘肃省高产攻关亩产335.31kg，创该省大豆实收的高产纪录；抗除草剂谷子品种济谷16通过国家鉴定，灰米品种济0601-6和黄糯米品种济0621-6表现不俗，有望通过国家鉴定。

## 三、科技服务与推广

在山东兖州和河南温县分别召开了济麦22现场观摩会。济麦22山东夏收面积超过2700万亩，黄淮麦区超过4000万亩，已连续6年雄踞全国第一大品种，至2013年秋播，全国累计推广接近2亿亩。发起成立了"山东特色杂粮产业科技协会"和"山东家庭农场科技联谊会"，开创我院服务"三农"、促进成果转化的新模式。贯彻落实110周年院庆工作部署，首次举办试验基地开放日活动，受到广泛赞誉。组织小麦、甘薯、大豆、高粱、谷子等专家100余人次深入基层开展生产服务，在全省新建规模化示范基地30余万亩。

## 四、人才队伍与团队建设

赵振东研究员当选中国工程院院士。在山东省启动的第四批现代农业产业技术体系创新团队岗位建设中，争取到薯类专家岗位 1 个。通过公开招聘引进博士 6 人、硕士 1 人；在职培养博士 1 人，硕士 1 人。全所博士数量达到 30 人，硕士 21 人。

**五、科技交流与国际合作**

接待美国、法国、苏丹等国家专家来华进行学术交流、访问 20 余人次，派出 20 余人次赴美国、日本、韩国、墨西哥、苏丹等国进行学术交流、参加国际会议、合作研究和技术培训。其中刘爱峰博士在美国农业部农业研究局北方作物科学实验室著名遗传学家 Steven S.Xu 实验室做访问学者；曹新有博士以访问学者身份赴墨西哥 CIMMYT 进行为期一年的研究。本年度引进美国、加拿大小麦种质资源 70 余份。

**六、科研条件和平台建设**

完成黄淮海转基因基地济南试验站、大豆试验站和转基因小麦济南环境监测站等 3 个转基因条件建设项目和农业部甘薯原原种扩繁基地建设项目的建设任务。

小麦玉米国家工程实验室第一、二批招标采购的仪器设备陆续到位；完成第三批招标预算汇总及上报。

**七、党建和精神文明建设**

扎实有效地开展党的群众路线教育实践活动，团支部组织全所团员青年和部分年轻党员举办了“中国梦·我的梦”主题实践活动座谈会，邀请原副院长王荫墀做了“弘扬优良传统与作风”的报告；举办爱国主义教育报告会，赵振东研究员做了题为：“牢记历史勿忘国耻 做中华民族伟大复兴的精英”的报告。

# 玉米研究所

**一、基本概况**

山东省农业科学院玉米研究所成立于 1979 年，学科领域包括遗传育种、栽培生理、分子育种、基因工程、种子生理等学科。

现有在职专业技术人员 54 人，其中研究员 14 人、副研究员 16 人、助理研究员 16 人；博士 11 人，硕士 7 人；客座教授 1 人。山东省有突出贡献中青年专家 2 名，国家百千万人才国家级人选 1 人，国家和山东省产业技术体系岗位专家 3 名。遗传育种及栽培生理团队获得中华农业科技优秀创新团队称号。

建有遗传改良、植物生理、分子生物学、基因工程和品质检测等实验室。在济南市章丘、济阳、齐河和海南三亚建有试验基地 1200 余亩。在全国不同生态区建有 30 多个试验站。

**二、科技创新及学科建设**

2013 年玉米所参加省级以上区试（预试）品种 90 余个（次）。其中国家区试品种 2 个，山东省区试品种 11 个。鲁单 6109 被推荐参加 2014 年度国家黄淮海区域试验，鲁单 3091 被推荐参加 2014 年度国家主产区预备试验。玉米新品种诺达 1 号通过山东审定，鲁单 9088 通过安徽省审定，鲁单 818 通过安徽省认定。

在遗传育种研究、玉米育种技术研究与应用、栽培生理生态研究和分子遗传研究方面成效突出，在国内核心期刊发表论文 17 篇，其中，SCI/EI 收录 4 篇。申请专利 9 项，授权专利 1 项，制定地方标准 6 项。

在遗传育种、栽培生理等传统优势学科的基础上，新组建鲜食玉米、种子生理学科，对分子育种、转基因工程等学科进行优化调整。

**三、科技服务与推广**

在院“第一书记”帮包活动中，向东阿县、郯城县、泗水县“第一书记”帮包村，赠送 2600 亩鲁单 9066 和鲁单 818 的玉米新品种良种，提供配套栽培技术并派专家跟踪指导。根据我院“对接三个十”实施方案，在淄博、德州安排了 2000 余亩玉米高产示范田，效果良好。

广泛开展科技服务活动，在关键农时季节举办夏玉米良种选择、节水省肥高产高效栽培技术等内容培训班 11 次，培训农民及基层农技推广人员 1200 人次，发放技术明白纸 3000 余份。

**四、人才队伍与团队建设**

培养了 1 名博士后，并顺利出站。选派 2 名同志攻读硕士学位，3 位在职攻读博士学位人员顺利毕业。通过学科优化调整，各创新团队老中青结合，基本保证学术专家、业务骨干、研究助理三级配置，人员结构基本合理。

**五、科技交流与合作**

紧密对接我院重大部署，率先启动与分院的合作，成立科研院所玉米合作创新体系，在种质资源交换、杂交种联合测试等方面开展深入合作。

继续推进玉米商业化育种的机制创新工作，充分发挥科研单位的资源和人才优势，积极与优势种业企业进行科企合作。与山东鑫丰种业、山东德发种业、黎明种业开展实质科企合作。国审玉米新品种鲁单 9088 成功转让；省审新品种诺达 1 号成功转让山东三家种子企业。

通过承担国际合作项目深化国际合作交流。援助委内瑞拉建设国家农科院科研体系，承担印度尼西亚玉米高产示范基地建设及种质引进等援助工作。

**六、科研条件和平台建设**

承建了小麦玉米国家工程实验室、黄淮海转基因玉米中试与产业化基地、国家玉米改良中心济南分中心、农业部黄淮海北部玉米生物学与遗传育种重点实验室、国家玉米原种繁育基地和山东中—印尼玉米研究中心等国家级和省部级创新平台。拥有大型仪器设备 60 余台套，固定资产 3561 万元。针对试验基地配置了小区播种机、联合收割机、大型拖拉机等农机具，基本实现了播种、管理和收获的机械化作业。

**七、党建和精神文明建设**

举行了党的十八大党课学习；以“八项规定”为要求，突出党风廉政建设；开展了以“密切联系群众，改进工作作风”为主题的民主生活会。

组建了三个党支部，健全了组织领导机构。连续多年保持了省直文明单位和省级青年文明号称号。

# 农业资源与环境研究所

## 一、基本概况

山东省农业科学院农业资源与环境研究所始建于 1949 年，主要从事植物营养与施肥、新型肥料研制、食用菌遗传育种与栽培、农业面源污染防控、沼气科学及农村环境保护、土壤保育与节水、食用菌产后加工 7 个方向研究。

现有在职职工 62 名，专业技术人员 58 名，其中研究员 15 名，副研究员 10 名；博士 18 名、硕士 16 名；享受国务院政府特贴 1 名，山东省有突出贡献的中青年专家 2 名，山东省泰山学者特聘专家 1 名，济南专业技术拔尖人才 1 名。

下设植物营养与肥料、肥料创制、土壤与水、微生物与生物技术、沼气科学、农业环境工程、农业生态安全、精准农业技术 8 个研究室和分析测试室、寿光实验站，以及办公室、科研管理办公室和财务室 3 个行政管理机构。

## 二、科技创新及学科建设

采取“上接、横联、外引、下合”的工作思路，新立项课题 28 项，立项经费 1470.85 万元，到位经费 1582.17 万元。获得科研奖项 7 个，国家授权发明专利 35 项，实用新型专利 7 项，制定山东省地方标准 9 项。同时，今年新申报国家发明专利 18 项、申请国际发明专利 1 项。发表论文 44 篇，其中 SCI 5 篇，出版著作 5 部，撰写科普文章 20 篇。2013 年资环所按照学科（学术领域）→研究方向→创新团队→试验（中试）基地→科研平台→支撑项目→激励政策 7 个层次构建学科建设。围绕不同研究方向，立足技术人员科研业务范围，兼顾研究室与团队相对吻合，培育了植物营养与施肥、新型肥料研制、食用菌遗传育种与栽培、食用菌产后加工、沼气科学及农村环境保护、农业面源污染防控、土壤保育与节水的七大学科。

## 三、科技服务与推广

全所科技人员先后有 50 人次参加了由山东电视台乡村季风与农科频道举办的科技三下乡活动、山东省农科院帮扶“第一书记”工作专家团现场技术培训、阳光骑行俱乐部的科技下乡活动及《农科直播间》栏目，指导科学施肥技术。为加强科技成果推广，服务“三农”建设，新建了 3 个科研实验基地。发放材料 20000 余份，培训的农民与农业科技人员共达 1500 余人。接受农业技术电话咨询 2000 余次。

## 四、科技产业开发与创收

2013 年，认真贯彻落实全院科技产业工作会议精神，加强对科技企业的技术服务，不断拓宽创收渠道，4 项发明专利技术在不同的企业进行了推广应用，分别与十余家公司建立了合作关系。

## 五、人才队伍与团队建设

2013 年公开招聘 3 名博士研究生，1 名同志被评为突贡专家。根据设置的学科分别组建七大学科团队。建立了以绩效考核评价为核心的学科团队建设激励机制。

## 六、科技交流与国际合作

2013 年，接待了韩国、俄罗斯、澳大利亚、美国等 6 个国外来访团组共 13 人次。同时派出 12 人次先后到意大利、澳大利亚等国家进行学术交流与培训。

配合公益院庆，成功举办了菏泽巨野县章缝镇高产高效测土配方施肥大蒜现场观摩会；配合学术院庆，先后邀请了美国俄亥俄州立大学 Karen 教授和李业波教授来所进行学术交流；鼓励 40 人次技术人员出去参加国内组织的学术讨论会，取得了非常好的效果。

**七、科研条件和平台建设**

伴随着“农业部黄淮海平原农业环境重点实验室”的建设、食用菌中试车间的调试启动以及肥料中试车间优化整合，开展了新楼实验室布局的优化调整，实验室的改造，沼气科学实验室的改建，温室环境整治与科研设施维修，合理安排仓储设施，实现功能分区与实验室布局相对合理，科研平台建设整体水平大幅提高。

**八、党建和精神文明建设**

以院“创先争优”活动为基点，深入开展党性党风教育，认真贯彻落实党中央厉行节约的八项规定、反“四风”等廉洁自律若干规定，确保廉政制度建设落到实处。

为弘扬“五四”精神，资环所团支部举办了“畅想中国梦，弘扬五四情”主题演讲比赛；积极组织开展“慈心一日捐”。

# 植物保护研究所

**一、基本概况**

山东省农业科学院植物保护研究所建于 1959 年，主要从事植物病虫草鼠害鉴定检测及植物脱毒、抗性种苗、农药、天敌、微生物、生物技术研究及信息咨询。下设植物病理、植物病毒、农药、生物防治、农业害虫、病虫草综合防控、杂草、转基因生物安全、生物入侵 9 个研究室，是“山东省植物保护学会”“山东省农业有害生物综合防控重点实验室”“农业部转基因植物环境安全监督检验测试中心（济南）”的挂靠和依托单位，是农业部农药登记田间药效试验、室内生物活性测定及农药残留试验的指定试验和检验单位。

现有在职职工 49 人，专业技术人员 45 人，其中研究员 14 人；博士 14 人。

**二、科技创新及学科建设**

2013 年新立项项目 28 项，立项总经费 1527.68 万元。其中农业部公益性行业科研专项 9 项，国家科技支撑计划项目 1 项，国家国际科技合作项目 1 项，转基因重大专项 3 项，国家自然基金项目 1 项。

全年共获得科技成果 5 项；授权专利 6 项，其中国家发明专利 3 项；申请国家发明专利 20 项；山东省地方标准 11 项；发表学术论文 64 篇，其中 SCI 论文 10 篇，国家一级学报论文 17 篇，主编著作两部。

在学科建设方面，在植保传统学科的填平补齐基础上，对优势学科进行强化亮化。保持农作物病虫草害预警与防控和农药残留两大优势学科领域主导作用；生物防治和天敌昆虫开发利用作为我所特色学科，整合全所生物防治研究力量，创建了山东省病虫害生物防治工程技术研究中心和生物防治创新团队；加大新兴学科（杂草、转基因）和研究基础薄弱学科（外来入侵生物）的支持力度，增加科研力量，改善科研条件，促进各学科不断向前发展。

**三、科技服务与推广**

全面树立起“科学植保、公共植保、绿色植保”的现代植保理念，以服务“三农”为出发点和落脚点，创新并提升植物保护社会化服务水平，将农作物病虫害科学、绿色、可持续防控技术与农业生产紧密结合，努力解决当前生产上植保的热点难点问题。在全省范围内，进一步密切与基地的联系，充分发挥所建基地的试验研究、技术支撑、人才培训和示范推动作用，开展科技推广服务活动，建有小麦病虫害防治技术研究与培训示范基地 7 处、玉米粗缩病综合防控技术示范基地 5 处、盲蝽蟓区域性治理技术示范基地 4 处、北方果树食心虫监测和防控新技术示范基地 2 处、葡萄霜霉病流行预警研究、综合防控技术示范基地 3 处、花生病虫害控制技术试验示范基地 3 处。

**四、科技产业与创收**

完成山东鲁保科技开发有限公司注册及组织结构、管理制度建设工作，公司各项工作运转正常，将对加速山东省农科院植保所各项科研技术成果的集成、转化，示范、推广工作以实现科研与市场的高效对接，发挥积极的促进作用。

**五、人才队伍与团队建设**

成功引进在国内具有较高知名度的天敌与授粉昆虫创新团队 1 个，在职培养博士研究生 1 名，新进博士研究生 3 名、硕士研究生 1 名，招收博士后研究人员 2 名。

**六、科技交流与国际合作**

主办或协办全国性学术交流会、现场观摩会等 12 场次，参会人员总规模 20000 余人次，所内科研人员外出参加国内各类学术会议 60 余人次，所内各学科方向每周都有课题汇报交流会，学术交流频繁，学术气氛浓厚。

**七、科研条件和平台建设**

投资 700 多万元，重点进行了试验室建设与仪器设备购置，科研条件有了较大改善和提高。建有科研平台 7 个，均按要求开展工作，运行和建设进度情况良好。

**八、党建和精神文明建设**

开展了党的群众路线教育实践活动，部署了争先创优与申报省级青年文明号活动，通过了省直文明单位称号复审。

## 农业质量标准与检测技术研究所

**一、基本概况**

山东省农业科学院农业质量标准与检测技术研究所，前身为中心实验室，2013 年 6 月更名。主要开展农产品质量安全检测技术、农产品质量安全风险评估与预警技术、农产品质量安全溯源与源头控制技术、主要农产品质量标准与全程质量控制体系等方向的科学研究工作，着重解决农产品质量、安全、标准和检测技术中的重大科技问题。

现有在职职工 49 人，专业技术人员 41 人，其中副高以上专业技术人员 22 人，助理研究员 17 人；博士 7 人，硕士 16 人。

建有农业部食品质量监督检验测试中心（济南）、农业部农产品质量安全风险评估实验室（济南）、山东省食品质量安全检测技术重点实验室等 14 个科研和检测平台。主要承担国家和山东省食品质量安全指令性监测、国家农产品质量安全风险评估和应急监测、优质农产品申报检验和监督抽查、农业部农药残留试验任务等。

**二、科技创新及学科建设**

组织申报国家、省重大项目和课题 26 项，立项经费 484.2 万元，到位经费 480.52 万元，制修订行业、地方标准 23 项。其中国家 863 计划 2014 年备选项目顺利入库；获批农业部 2014 年度公益性行业科研专项 1 项。获得中华农业科技奖 1 项，山东省软科学优秀成果奖 1 项；出版著作 2 部，发表论文 20 篇，其中 SCI 收录 7 篇，EI 收录 1 篇；9 项行业、地方标准通过审定；4 项发明专利和 3 项实用新型专利获得授权；被评为山东省大型科学仪器设备共享考核先进单位和山东省标准化工作先进单位。

按照农产品质量安全学科发展方向，明确了检测技术、风险评估与预警技术、标准研究和安全控制技术等 4 个优势方向，初步确立农产品质量安全检测与控制技术研究、农产品质量安全风险评估及预警技术研究 2 个创新团队；新增风险评估、农业标准 2 个专业研究室。

**三、科技服务与推广**

完成农业部下达的“三品一标”产品及产地环境检测 730 多个，承担院内科研分析业务 300 余批次，承接社会委托样品近 1000 份。“毒生姜”事件发生后，第一时间完成市售生姜抽样检测，为主管部门应急处置提供决策参考和科学依据。强化协同创新，与聊城农科院签订了合作协议，共同开展农产品安全生产与质量控制技术提升研究工作。

与蓬莱鑫园工贸有限公司合作成立山东省农业科学院优质果品生产示范基地联合申报了2013年山东省农业重大应用技术创新课题优质安全苹果标准化生产关键技术的研究。

**四、人才队伍与团队建设**

自筹经费100万元，设立开放课题，资助4个软科学研究课题和8个自然科学研究课题，课题负责人均为中青年研究人员。聘任 1 名泰山学者为特聘研究员，引进博士 2 名，培养在职博士 4 名。2 个创新团队已开展相关领域的研究工作。

**五、科技交流与国际合作**

邀请美国 FDA 兽药中心等 2 个外国专家团来院举办学术报告会；参加 3 次国际学术研讨会；邀请国内相关单位或知名专家学者，举办农产品质量安全专题报告或学术交流会 13 场（次）；举办鲁台农业标准化领域交流研讨会，并签署合作协议；派出 2 个团组，赴英、美、荷兰、加拿大等国家开展科技考察与交流。

**六、科研条件和平台建设**

依托现有科研检测平台，承担完成各级政府主管部门下达的质量监测项目 12 项；新立农药残留试验项目 10 项；组织山东省水产品质量安全考核 1 次，参加农业部组织的农兽药、重金属等考核 10 次；5 个科研、监测平台通过复评审。农业部小麦玉米质量安全监测中心（黄淮海）建设项目配套资金全部到位，等待 2014 年验收；农业部果蔬产品质量安全风险监测与信息预警中心（华东）建设项目完成可行性研究报告和环境评估报告的编制。荣获山东省大型仪器设备绩效考核先进单位和优秀机组称号。完成农业环境研究室实验室、科研共享平台等科研和检测设施改造升级工作。

**七、党建和精神文明建设**

认真学习贯彻落实习近平总书记视察我院重要指示精神，深入开展党的群众路线教育实践活动；以“110 周年院庆”为契机，组织开展一系列文体及社会公益活动；充分发挥老干部作用，征求老干部对群众路线教育实践活动和强所建设提升的意见和建议。继续保持了省直文明单位、省级青年文明号、省直巾帼示范岗等荣誉称号。

# 山东棉花研究中心

**一、基本概况**

山东棉花研究中心原名山东省棉花研究所成立于 1959 年，1987 年得到联合国开发计划署援建后从临清搬迁至济南。主要从事棉花遗传育种、生物技术、种质创新、耕作栽培、病虫害防治等研究与技术服务。在“十一五”全国农业科研机构综合科研能力评估中列全国百强院所第 32 位，专业排名全国第 4 位。

目前棉花中心及试验站在职职工共 108 人，其中研究员 14 人，高级农艺师 5 人，副研究员 7 人，助理研究员 29 人，高级工 27 人；拥有百千万人才工程 1 人，国家棉花产业体系科学家 2 人、省棉花体系首席 1 人，泰山学者 2 人，省突贡专家 3 人。建有国家棉花改良中心山东分中心、农业部黄淮海棉花遗传改良与栽培生理重点实验室、省重点实验室和省工程实验室等研究平台；拥有高标准试验地 33.35 公顷。

中心成立以来取得国家发明一等奖 1 项，国家科技进步二等奖 5 项，省部级科技进步一等奖 7 项。培育出“鲁棉研”系列棉花新品种 35 个，为山东和黄河流域棉区主推品种；建立了全国或省主推技术 5 套。1992 年被山东省委、省政府授予“科教兴鲁”先进单位。“棉花遗传改良与栽培技术创新团队”2011 年荣获中华农业科技奖优秀创新团队。

**二、科技创新及学科建设**

新立项目 26 个，立项总经费 1590 万元，到位经费 1253 万元。在研课题 32 项，其中国家级 8 项。主持完成的“滨海盐碱地棉花丰产栽培技术体系的创建与应用”荣获 2013 年度国家科技进步二等奖。棉花新品种鲁 7619 通过国家审定。“棉花轻简化高产栽培技术”被农业部确定为全国主推技术。2 个品系参加了国家区试和生产试验，15 个品系参加了山东、河南和天津等省市的区试及生产试验。获授权专利 6 项，其中发明专利 2 项。共发表学术论文 46 篇，其中 SCI 论文 5 篇。编写了《中国棉花栽培学》等 5 部著作。

**三、科技服务与推广**

加强科技宣传和技术培训工作，及时更新“鲁棉研网”，发布最新动态和实用技术；举办培训班或在培训班上授课 10 多次，培训农技人员和农民 1500 多人次。

多次赴聊城莘县张寨镇“第一书记”帮包村进行技术咨询与服务；积极开展“对接三个十”的工作，在东营广北农场等处启动建立了棉花高产创建万亩方和机采棉现代农业示范区；积极应对 7-8 月份涝灾和 8-9 月份阴雨烂铃等自然灾害，深入一线指导，为抗灾夺丰收发挥了重要作用。

**四、科技产业开发与创收**

积极挖掘老棉花品种的开发潜力，并采取使用权与部分品种权捆绑等新形式对新品种进行了转让。

**五、人才队伍与团队建设**

进一步加强了团队建设，在继续抓好棉花育种、栽培等传统优势创新团队建设的基础上，重点抓了特种经济作物创新团队、棉副产品综合利用与种子产业化创新团队的建设。调整充实了办公室、科办、产业办、植保室等部门的负责人。

**六、科技交流与国际合作**

为营造浓厚的学术气氛，本年度举办或参加了一系列科技交流学术活动。8 月下旬，棉花中心承办了山东省棉花学会第六次会员大会暨学术讨论会议。会上棉花中心有 12 位同志当选理事、6 位同志当选常务理事，其中董合忠研究员和李汝忠研究员当选为副理事长，张军研究员当选为副秘书长。

全年共组织学术交流和培训会议活动 17 次，邀请中国工程院罗锡文院士做了题为“华南农业大学精准农业技术研究进展”的学术报告会。组织科研人员参加了 2013 年中国棉花学会、作物杂种优势国际会议、种业科技创新与产业发展专家论坛等学术会议，增强了学术气氛。

**七、科研条件和平台建设**

争取到国家棉花改良中心山东分中心二期项目，国拨 355 万元、地方配套 103 万元，规划和设计得到批复，进入实质性建设阶段。山东省棉花转基因育种工程实验室通过验收，农业部黄淮海区域性重点实验室也完成了年度工作任务，并提交了建设申请。在新疆设立了 4 处生态科研试验点，并确定与新疆生产建设兵团第七师联合成立“山东棉花研究中心新疆兵团第七师农科所北疆试验站”。

**八、党建精神文明建设方面**

棉花中心党委坚持围绕科研工作重心，服务事业发展大局，切实加强了党的思想、组织、作风、制度和廉政建设，特别是认真组织开展了党的群众路线教育实践活动，坚决贯彻落实中央“八项规定”，积极开展群众性文明创建活动，关心职工事业发展和生活福祉，组织院老干部迎新春联欢会、老干部运动会，落实了职工查体等，促进了单位和谐。

# 科技信息研究所

## 一、基本概况

山东省农业科学院科技信息研究所前身为成立于1959年的院图书资料情报室。下设《山东农业科学》编辑部、科技查新与文献资源研究室、农业物联网技术与应用模式研究室、农产品监测预警与精准农业研究室、多媒体声像研究室、网络管理中心、院图书馆、12396热线管理中心等研究服务单位。

现有在职职工46人，其中研究员9人、副研究员15人、助理研究员16人。是国家农村农业信息化示范省核心内容——山东省农村农业信息化综合服务平台的建设维护单位，是山东省农村信息化产业技术创新战略示范联盟牵头单位。

## 二、科技创新及学科建设

全年新立项项目9项，立项总经费532万元，到位科研经费2016.05万元；制定山东省地方标准5项，取得授权专利4项，发表各类学术论文23篇，其中SCI/EI收录4篇，联合完成鉴定成果1项；组织召开了17项在研的各类国家、省科研项目调度协调会议，确保了项目研究进度和完成质量；对农业信息工程学科建设进行了进一步咨询论证和规划。

## 三、科技服务与推广

充分发挥网络、声像、《山东农业科学》等宣传媒体的优势，宣传推广我院乃至全省的科研成果、农业新技术；利用综合服务平台服务基层农民等各类用户10万余人次；面向全省三农用户开展了科技培训，面向基层开展各类培训20余次，培训技术骨干1000余人次；12396热线在保留原服务功能基础上与山东人民广播电台乡村频道现代乡村节目直播45期；在聊城等地区建设了多个农村信息化示范应用基地和科技信息服务站点，进行了信息化技术成果的示范应用。

编辑出版发行《山东农业科学》12期，期刊学术影响力不断提高，被国家科技部评为中国科技核心期刊，影响因子达0.796；加强网络管理，订购了中国知网CNKI 、百链云图书馆等电子资源，极大丰富了我院的科技文献基础平台；完成科技立项和成果鉴定查新310项。对历年来的录像资料进行数字化转化并保存，筛选整理转化视频资料4000多分钟，制作新农业专题片12部。

## 四、人才队伍与团队建设

培养1名科研骨干攻读中国农科院博士；有计划选派专业技术人员到中国农大等高校和科研单位学习；与山东农大联合培养硕士研究生2名；梳理整合了现有科研条件和人才队伍，在课题申报和争取及相关工作分工过程中注重加强团队建设，对每个研究团队在研究方向上明确化。

## 五、科技交流与国际合作

加强了国内外学术、人才交流与合作。与中国农业大学、中国农科院等农业信息领域的产学研优势单位在学术交流、联合申报科研项目、人才培养等方面进行了广泛交流和合作；积极开展了国际间学术交流与合作，与韩国、加拿大等知名研究机构和专家建立了长期合作意向，并开展了学术交流互访，派出 10 人次到美国、德国进行学习交流。

### 六、科研条件和平台建设

重点推进山东省农村农业信息化综合服务平台建设维护与完善工作，定期对平台建设工作进行调度，目前平台完善建设工作进展顺利。2013 年 11 月 27 日，中共中央总书记、国家主席、中央军委主席习近平在省委书记姜异康和省长郭树清等领导陪同下来我院视察了我所牵头建设的山东省农村农业信息化综合服务平台。

农业信息工程实验室建成并投入使用；建设完成了“12396 绿色之声对农直播间”；购置了开展农业信息化研究工作急需的部分仪器设备；加强电子资源建设，极大丰富了我院的科技文献基础平台；对我院的网络出口进行了升级并扩大了我院的外部 IP 的数量，提高了网络速度。同时新增了我院办公区和宿舍区网络服务区域。

### 七、党建和精神文明建设

所党总支重视理论学习，重点组织学习党的十八大和十八届三中全会精神。认真组织开展党的群众路线教育实践活动，落实好中央“八项规定”，严格执行党务公开制度。认真组织学习习近平总书记视察我院情况及重要指示精神，并结合学习党的十八届三中全会精神进行了深入讨论和贯彻。积极开展“省直文明单位”创建活动，12 月 9 日经山东省省直机关精神文明建设委员会批准，荣获“省直文明单位”称号。

## 蔬菜花卉研究所

### 一、基本概况

山东省农业科学院蔬菜花卉研究所始建于 1959 年，是山东省唯一从事蔬菜研究的省级科研机构，“十一五”全国农业百强研究所，国家科技部重点技术推广技术依托单位，山东省“泰山学者”建设单位，山东省省直精神文明单位，省直青年文明号单位。

现有在职职工 95 人，其中研究员 20 人，副研究员 15 人；博士 21 人，硕士 24 人；国家有突出贡献的中青年专家 2 人，省专业技术拔尖人才 4 人，“泰山学者”1 人，山东省农科院“杰出人才岗位特聘专家”1 人。

### 二、科技创新与学科建设

新上课题 24 项，立项经费 1519 万元，到位经费 959.86 万元；在省农业现代产业体系蔬菜创新团队中，首席专家 1 人，岗位专家 2 人，另有薯类育种和栽培 2 个科学家岗位。获省科技进步二等奖、三等奖各 1 项，获济南市科技进步二等奖 1 项；申请专利 17 项，获得授权专利 12 项，其中发明专利 10 项；天正萝卜 14 号、春秋 9 号通过山东省审定，牛秋白 1 号通过黑龙江省审定；认定标准 5 项，发表论文 36 篇，其中 SCI 6 篇。

根据现代蔬菜产业发展需求，进一步优化学科布局。巩固十字花科蔬菜、马铃薯等传统优势学科，强化番茄、黄瓜、西甜瓜等设施蔬菜育种与栽培学科建设，进一步加大对葱姜蒜品种选育、栽培植保等研究的支持力度，加快发展花卉、都市农业以及设施蔬菜机械与装备等新兴学科，培植新的学科增长点。

## 三、科技服务与推广

参与科技服务的专家人数60多人，先后服务50批次，为“第一书记”工作提供了技术支持；配合院农业灾害预警和应急专家服务团的工作完成了蔬菜灾害预警及灾害防治工作；在对接我院“三个十”行动中，对接滕州市界河镇镇马铃薯高产创建万亩方，实现了马铃薯单产6000多公斤的水平；在设施蔬菜、马铃薯、大白菜、黄瓜、茄子、番茄、花卉等方面分别与德州、青岛、烟台、潍坊、淄博、泰安、济宁、临沂、莱芜、聊城等地方分院开展了联合，这些都为我所蔬菜新品种、新技术的示范推广增添了活力。

## 四、科技产业开发与创收

为适应市场发展要求，山东鲁蔬种业有限责任公司进行了重组，研究制定了种业发展规划和激励机制。2013年10月，鲁蔬公司投资230万购买了位于陵县糜镇的国有土地以及房产19.8亩作为公司的蔬菜产业发展基地，以带动当地农业产业化的调整和响应科技转换。

## 五、人才队伍与团队建设

新进人员3名，其中博士2名，硕士1名。成立了十字花科蔬菜遗传育种与栽培、分子育种与种质创新、果菜遗传育种与栽培、马铃薯遗传育种与栽培、设施工程与栽培植保、葱姜蒜遗传育种与栽培等6个创新团队。

## 六、科技交流与国际合作

举办学术会议、现场会、观摩会等15次，外出参加学术会议30余人次；先后邀请中国农科院蔬菜花卉研究所党委书记孙日飞、副所长王晓武、胡鸿以及中国农业大学的专家来我所进行学术交流，并商谈下一步合作事项；接待以色列、俄罗斯、日本、韩国等国家客人访问和交流，并达成国际合作意向。先后与济南分院、淄博分院、青岛分院等实现了科技对接；进一步深化了与寿光产业集团、首农集团、华盛农业股份有限公司等企业的合作。

## 七、科研条件与平台建设

完成了院科技成果馆的设计、院智能化温室的设计以及实施和布展工作。完成了国家蔬菜改良山东分中心项目二期和薯类组培中心的改扩建工程，建成了山东省设施蔬菜育种工程技术研究中心，扩建了山东省设施蔬菜生物学重点实验室。新增实验室面积约1800$m^2$，新购置仪器总价值100余万元。

## 八、党建和精神文明建设

根据院党委对党的群众路线教育实践活动的具体要求，我单位深入开展了学习型党组织建设。专门建立了党的群众路线教育实践活动领导小组，制定了全所活动的详细工作计划。以建院110周年为契机，我单位举办了“爱岗敬业”演讲比赛，同时还开展了“知院爱院，岗位建功”学习院史、所史活动。邀请了孙小镭研究员为中青年职工做了“继往开来，再创辉煌”专题报告。果菜研究室获得省直机关巾帼文明岗、省“三八”红旗集体等荣誉称号。

11月27日，习近平总书记视察我所智能化温室，对蔬菜科技给予很高的关注，对于我所及整个蔬菜科技界是巨大的精神鼓舞和弥足珍贵的精神财富。

# 农产品研究所

## 一、基本概况

山东省农业科学院农产品研究所前身为1958年成立的山东农科院同位素研究室，于1973年建立山东省农业科学院原子能农业应用研究所，后于1989年和2009年分别加挂山东省辐照中心和山东省农业科学院农产品研究所牌子。设有粮油工程、果蔬加工与贮藏、食品微生物、功能食品与营养、畜禽水产加工、药用植物诱变育种和小麦诱变育种等7个研究机构和5个职能科室。

现有在职职工69人，其中副高以上专业技术人员19人，助理研究员31人；博士20人，硕士13人；泰山学者海外特聘专家3人。承建有山东省农产品精深加工技术重点实验室、国家粮油加工技术研发分中心、山东省中波果蔬加工合作研究中心等7个省级以上科研创新平台。

## 二、科技创新及学科建设

新立项项目28项，总经费2015.87万元，到位经费938.77万元。共发表论文77篇，其中SCI论文14篇，EI论文6篇；申请发明专利33项、实用新型专利7项；获得专利授权39项，其中发明专利27项，实用新型专利12项；计算机软件著作权5项；获得省科技进步二等奖1项，省丰收奖农业技术推广成果奖1项，通过省级成果鉴定1项，2个品种通过省农作物品种审定委员会审定。我所入选为省知识产权优势培育单位。被评为济南市产学研合作先进单位。

## 三、科技服务与推广

与鲁研公司签署共建小麦商业化育种平台战略合作协议，实现优势互补，共同构建商业化育种新机制。先后与中粮长城葡萄酒（烟台）有限公司、山东金胜粮油集团有限公司等企业进行了对接，签署了科技合作协议，提升了农产品所科技成果转化的能力和水平。

鲁原502小麦新品种推广示范工作进一步扩大。与鲁研良种公司共同组织在兖州召开了“小麦新品种观摩会”；在龙山基地组织召开了“鲁原502小麦新品种配套栽培技术现场观摩会”；在“全国农业科技成果转化交易服务平台和国家农业科技成果交易展示中心（廊坊）展示会”上，李新华研究员向农业部副部长张桃林汇报了鲁原502小麦品种成果转化和生产应用情况。鲁丹参1号新品种创我省荒山开发记录，11月2日山东省农业厅组织省内知名专家进行实打验收，在新泰市放城镇创造了3亩丹参药材355.8公斤的记录。

## 四、科技产业开发与创收

为进一步增强创新源公司实力，提高公司运作大项目、组装大成果的能力，在第一次增资基础上，2013年注册资金由1022.5万增加到3056万。创新源公司获得了“山东省高新技术企业”称号。

## 五、人才队伍与团队建设

在人才引进的方式上，实现了由原来的“以引进博士”为主，向“以引进学科领军人物为重点，积极引进有相关工作经验的具有中级以上职称的人才和引进博士相结合的方式”

的转变；引进了一个葡萄与葡萄酒创新团队，并邀请院士及专家来所召开了“山东省葡萄酒产业科技发展对策专家论证会”，进一步明确了团队下一步发展的思路。从美国奥本大学引进1名“泰山学者”海外特聘专家王易芬教授；争取到了1个省食用菌产业体系产后加工岗位专家；公开招聘了3名博士；5月份，在省委组织部和科技厅联合组织的“省属科研单位2012年度人才工作目标责任制”考核中被评为优秀单位。

**六、科技交流与国际合作**

在国内高校和科研单位合作方面，与北京农林科学院、中国农业大学、上海交通大学、浙江大学等多个国内科研单位和高校保持合作关系，举办学术交流会议14场次。在国际交流合作方面，继续强化与美国农业部、加拿大农业部、加拿大拉瓦尔大学、俄罗斯莫斯科国立大学、俄罗斯巴赫生物化学研究所、韩国京畿道农业技术学院等国外知名高校和科研院所的战略科技合作。与俄罗斯科学院巴赫生物化学研究所合作，成功申报了国际科技合作专项“除草剂残留微生物降解技术的引进与开发”。

**七、科研条件和平台建设**

山东省农产品精深加工技术重点实验室于2013年4月顺利通过省科技厅绩效考评；进行了135万元，两批次的仪器设备招标；“山东省农业科学院葡萄与葡萄酒工程研究中心”揭牌成立；投入200万元用于实验室维修改造、修缮，细胞房、发酵室、畜禽水产加工实验室的建设稳步推进；新添葡萄及葡萄酒加工中试车间生产线一条。

**八、党建和精神文明建设**

积极争创省直文明单位，在2012年获得省直文明单位的基础上，完成了今年省直文明单位复查材料的上报工作；李新华同志被评为省直机关优秀共产党员；在院2013年“畅想中国梦，弘扬五四情”演讲比赛中我所选手获得一等奖；积极组织“慈心一日捐”活动，全所共募集捐款7110元；为全体职工进行了健康查体，购买了防暑降温茶。

# 畜牧兽医研究所

**一、基本概况**

山东省农业科学院畜牧兽医研究所始建于1959年，是山东省唯一专业从事畜牧兽医科学研究的省级科研机构。主要研究领域为疫病防治与公共卫生、遗传育种与繁殖、种质资源保存与创新利用等领域的基础研究和应用基础研究。下设养猪、养牛、养羊等9个专业研究室；有山东兴牛乳业有限公司、山东省农科苑畜牧发展中心2个企业。

现有在职职工102人，专业技术人员77人，其中研究员15人，副研究员27人，助理研究员32人；博士25人，硕士24人；其中享受国务院政府特贴2人、山东省有突出贡献的中青年专家2人、济南市拔尖人才1人。承建有山东省畜禽疫病防治与繁育重点实验室、山东省畜禽生物制品工程研究中心、山东省畜禽健康养殖工程技术研究中心、山东省良种猪繁育工程技术研究中心、山东省饲料产业技术创新战略联盟、山东省肉牛生产性能测定中心（农业部）、山东省农业高新技术示范园——畜牧示范区等科研创新平台。

## 二、科技创新及学科建设

新立项 18 项，14 项获连续资助，立项总经费 2386.2 万元。获山东省农牧渔业丰收奖一等奖 1 项、山东省科技进步二等奖 1 项（第 3 完成单位），云南省科技进步三等奖 1 项（第 2 完成单位）；两项成果通过专家鉴定并达到国内领先水平。发表论文 60 篇，其中 SCI 收录文章 15 篇，国家一级学报 6 篇；主编出版图书 15 部，参编 1 部。申请专利 38 项，其中发明专利 26 项；授权专利 33 项，其中发明专利 24 项；制定企业标准 1 项。

## 三、科技服务与推广

2013 年，先后派出专家 78 人次，深入示范基地、大型养殖场、农户进行技术指导和科技服务，举办各类培训班 70 次，培训基础科技人员和养殖户 7000 余人次，发放品种、畜禽饲养管理等各类技术材料 5.2 万余份。在广播电台、电视台、网络等现代化媒体，面向社会提供技术咨询服务，累计录制、播出节目 20 余人次，与济南电视台生活频道联手建设了“公共卫生实验基地”。“第一书记”专家服务团带领专家赴农村调研帮扶 6 次，累计免费赠送贫困户优良种猪 10 头、种羊 20 头、种兔 500 只和各类树苗 3 万余棵。建立肉鸡精准营养模型化技术示范基地、白羽肉鸡父母代繁育基地、小尾寒羊试验基地各 1 处。

## 四、科技产业开发与创收

山东兴牛乳业有限公司生产、销售保持平稳发展，投资 190 多万元对设备进行了升级，一次性通过了三年一度的 QS 强制性认证工作。

## 五、人才队伍与团队建设

2013 年，新进博士后 1 人，博士 1 人，在职攻读博士研究生 4 人，参加各类会议 100 余人次。山东大学、山东师范大学、青岛农业大学、山东农业大学、南京农业大学等单位的近 30 名客座研究人员进入重点实验室工作学习。牵头申报了山东大学农学院二级学科（畜禽生物学）博士点和硕士点。

## 六、科技交流与国际合作

承担山东省外国专家局引智项目“杜泊绵羊良种引进与利用”1 项；2 名科研人员赴美国等相关单位考察学习。主办了 2013 年华东六省一市畜牧兽医科技创新论坛。先后邀请美国伊利诺伊大学、科技部、中国农科院、中国农业大学、中科院等单位专家进行交流；全年累计参加国际、国内学术会议 70 余人次。

## 七、科研条件与平台建设

山东省畜禽生物制品生物工程研究中心于 2013 年 6 月通过了省发改委审批，立项总经费 700 万。

## 八、党建和精神文明建设

认真传达并组织所干部职工学习中央和省有关党的作风建设和廉政建设要求，扎实有效开展党的群众路线教育实践活动，切实把中央八项规定和六项禁令落在实处。组织召开了省直文明单位第十四协作区 2012 年工作总结及 2013 年活动计划会议。组织职工参加了鲁研杯“迎院庆·明党史·知院情·励我志”知识竞赛活动、“三八”妇女节女职工美容主题讲座、“鲁研杯”篮球联赛、老年运动会等文体公益活动。保持了省直机关文明单位和青年文明号的荣誉称号。

# 家禽研究所

## 一、基本概况

山东省农业科学院家禽研究所是1978年4月在山东省农业科学院畜牧试验场的基础上组建的，2007年批准建立山东省农业科学院特种经济动物研究中心，2013年经省编办批准加挂山东省无特定病原鸡研究中心牌子。主要研究领域涉及禽病诊断与免疫、家禽（含SPF鸡）育种、家禽饲养管理、饲料营养与环境控制、新兽药、家禽生产标准化、水禽特禽、特种经济动物、禽类信息技术、禽类产品加工和质量检测。是山东畜牧兽医学会家禽专业委员会、畜牧工程专业委员会的挂靠单位。

现有在职职工97人，专业技术人员66人，其中研究员17人，副研究员21人；博士16人，硕士21人。建有山东省禽病诊断与免疫重点实验室、山东家禽育种工程技术研究中心、山东省农业科学院家禽研究所禽病检测中心、山东省中英家禽育种与疫病防控研究中心、山东省饲料添加剂中试基地、山东省地方鸡品种资源活体基因库等研究平台。

## 二、科技创新及学科建设

全年新上项目25项，立项经费1650万元，到位经费1256.5万元。科技部国际合作项目“禽流感病毒免疫缺陷型细胞系构建技术的合作研究”，立项经费300万元。争取到山东省现代农业产业技术体系家禽创新团队首席科学家岗位和1个科学家岗位。

## 三、科技服务与推广

积极落实院工作要点，紧密对接“三个十”行动。由我所牵头，联合滨州、临沂、莱芜、济宁等院所启动了“动物健康养殖技术研究”。选派“第一书记”到聊城开展帮包村工作。建立院级“家禽生态养殖科技示范基地”1处，所级“家禽优质品种示范基地”和“家禽物联网示范基地”各1处。面向市场，服务企业，促进科企紧密结合。同企业签订科技服务、联合研发等协议20多项。深入一线，科技推广服务工作扎实有效。

## 四、科技产业开发与创收

山东昊泰科技药业有限公司新建成GMP中兽药口服液生产线，构建了中兽药产学研结合的平台。山东省昊泰实验动物繁育有限公司加入山东种业集团，获得经费支持，拓展了发展空间。

## 五、人才队伍与团队建设

获省有突出贡献的中青年专家1人；山东现代农业产业技术体系家禽创新团队首席科学家1人，岗位科学家1人；选派高级访问学者1人；培养博士2人，引进博士生3人，硕士1人。

## 六、科技交流与国际合作

组织各类学术交流30余次，6人次出国交流学习；与全国院所建立了广泛的合作关系，为事业发展创造了良好的外围环境。邀请美国堪萨斯大学兽医学院 Philip R. Hardwidge 博士、扬州大学朱国强教授等知国内外名专家学者来所进行学术交流。

**七、科研条件和平台建设**

禽病检测中心完成改造并通过山东省质量认证中心组织的实验室资质认定。重新划分实验楼功能区，添置仪器设备。育种实验室、营养实验室进行了整体提升。向省发改委申请资金改造提升山东无特定病原鸡研究中心，筹建 P2 实验室。开展地方鸡品种资源活体基因库和新试验地购置考察工作取得阶段性进展。

**八、党建和精神文明建设**

深入开展好党的群众路线教育实践活动，提高了党组织的凝聚力和领导班子的向心力；制订了理论学习计划，组织党员集体上党课 10 次；组织学习落实十八届三中全会和习近平总书记视察我院的重要指示精神等系列活动；积极参加全院和驻地举办的文体活动；圆满完成文明单位协作区秘书长的职责；保持了省直文明单位等 20 多项荣誉称号。

## 山东省农业可持续发展研究所

**一、基本概况**

山东省农业可持续发展研究所成立于 1979 年，原名山东省农业自然资源区划研究所，2003 年更名为山东省农业可持续发展研究所。下设农业与农村经济、农业资源区划、草业、农业遥感和农业工程咨询 5 个研究室。

现有在职职工 33 人，专业技术人员 28 人，硕士以上人员 13 人，山东省拔尖人才和享受国务院特殊津贴 1 人，二级研究员 1 人，副高以上专业技术人员占 46%。承建有山东省农业遥感工程技术研究中心、黄河三角洲现代农业研究中心两个科研创新平台。拥有农业环境工程咨询乙级资质。

**二、科技创新及学科建设**

全年新上课题 7 项，立项总经费达到 1185 万，到位 452 万元。国家科技支撑计划重大项目“环渤海滨海宜居渔村与小康住宅建造技术集成示范”立项并启动实施。发表论文 17 篇（其中 EI 3 篇）。获得草业科技进步奖等成果 3 项，申请发明专利 1 项，授权发明专利 6 项，登记计算机软件著作权 1 项。《临沭县现代农业产业发展规划》通过专家评审鉴定，1 项调研成果获得省政府优秀调研成果二等奖，1 项规划项目获得省优秀软科学成果三等奖。

**三、科技服务与推广**

在嘉祥建立了我所第一个现代农业园区科技示范基地。充分发挥我所工程咨询专家的优势，在济南、东营、临沭、沂南、邹城等地开展了一系列科技咨询服务活动。特别是与省农业厅驻沂南、山亭区“第一书记”进行了对接，帮助做好农业发展参谋。以东营试验站为依托，举办了全国牧草产业技术体系“草堂—东营行”牧草生产技术培训会，培训各类技术人员 200 余人。所农经专家 6 次到非洲国家进行农业援助和评审工作，为这些国家的研修班官员约 100 余人次授课。

### 四、科技产业开发与创收

2013 年共签订各类规划项目 25 项，比去年增长 5%，90% 以上的项目按计划完成。

### 五、人才队伍与团队建设

引进 1 名遥感博士，外聘两名生态学、生物学博士。积极培养内部人才，鼓励在职职工积极攻读博士学位。2 名科研人员分别在职攻读博士、硕士学位。

### 六、对外交流与国际合作

农经学科应科技部、财政部和农业部委托，先后为非洲英语国家来华研修学员、苏丹农业部官员、援非洲法语国家农业技术示范中心管理研修班官员约 100 余人次授课，季明川研究员先后赴安哥拉、苏里南、布隆迪、厄立特里亚、坦桑尼亚、赞比亚等非洲国家进行农业援助和评审工作。李新华副研究员参加了农业部对外经济合作中心组织的援津农业合作项目综合规划考察与论证工作，圆满完成了预定的任务和目标，得到了农业部对外经济合作中心带队领导的好评。

### 七、科研条件和平台建设

多次向农业部、省农业厅等相关部门汇报，初步达成在我所设立农业部遥感中心山东分中心意向。省农业遥感工程技术研究中心顺利通过验收。引进 1 名遥感方向的博士，争取到 180 万科研经费用于遥感平台建设，确保了遥感平台软件升级和硬件更新。

### 八、党建和精神文明

结合党的群众路线教育活动，召开了 4 次群众路线教育实践活动学习会议，集中学习了十八大和十八届三中全会精神、习近平视察农科院讲话精神、《论群众路线—重要论述摘编》等重要文件精神，较好地坚持了中心组理论学习制度。

## 生物技术研究中心

### 一、基本概况

山东省农业科学院生物技术研究中心成立于 1997 年 4 月，2001 年更名为院高新技术研究中心，2013 年 5 月经省编办批复，恢复院生物技术研究中心，加挂院应用生命科学实验室牌子。主要从事作物重要功能基因的挖掘及重要农艺性状形成的分子基础研究；利用生物技术进行作物种质创新；作物高产、优质、安全、生态栽培理论技术体系的创建；农业微生物资源与环境治理等工作，是“山东省作物遗传改良与生态生理重点实验室”和“山东省作物转基因工程技术研究中心”的依托单位。

现有在职职工 44 人，专业技术人员 38 人，其中研究员 12 人，副研究员 9 人；博士生导师 4 人、硕士生导师 14 人；山东省“泰山学者”海外特聘专家 3 人，院“杰出人才”岗位特聘专家 1 人。

### 二、科技创新及学科建设

2013 年，新立项科研项目 20 项，总经费 790.5 万元，到位科研经费 807.9 万元。获得省农牧渔业丰收奖二等奖等成果奖励 3 项，鉴定成果（国际先进）2 项；申请发明专利 29 项，实用新型专利 4 项；获专利权 6 项，其中发明专利 4 项；认定农业行业标准 12 项；发表学术论文 44 篇（SCI 收录 13 篇，一级学报 4 篇）；主编科技著作 3 部。

学科发展方向主要包括农业生物技术、作物新种质创制、现代农业高效生产技术、分子检测技术和微生物资源挖掘及应用。

## 三、科技服务与推广

组织专家赴东阿“第一书记”帮包村传授花生栽培技术，为农民送去科普书籍，调研当地农业生产现状及农业科技的现实需求等；分子检测业务服务水平和质量稳步提高，测序服务量达 20 万样次，高通量项目测序、芯片项目逐步展开，分子检测服务平台日趋完善。建立多处优质、安全花生标准化生产基地，开展了花生新品种配套栽培技术的推广工作；与“山东绿野生物科技园股份有限公司”联合进行蘑菇菌渣循环利用和花生高产栽培的项目攻关。

## 四、人才队伍与团队建设

依照科研规律和国家科技政策导向，重新整合科研团队，形成了花生栽培生理、花生分子、水稻、分子检测、微生物研究及生物反应器 6 个研究团队。公开招聘博士 4 名，其中海外归国博士 2 名，为中心的创新研究注入新的活力。

## 五、科技交流与国际合作

2013 年邀请国内外知名学者 10 余名来单位讲学，举办各类学术会议、现场会、技术交流会等 23 场次。积极参与院 110 周年庆典活动，组织开展“博士论坛”，为科研人员提供科技交流平台。

与美国玛氏公司合作开展高油酸花生育种工作；与潍坊分院联合承担国家自然科学基金项目，并在花生栽培种的 SSR 指纹图谱构建、花生种质资源 FAD2 等位基因的基因型分析等方面开展深度合作；考察济宁、菏泽、临沂、潍坊、青岛、日照等地的花生生产情况，并与专业技术人员座谈交流，探讨联合承担项目和共同申报成果等事宜；与临沂分院开展花生种质资源繁育、花生高产优质栽培示范基地建设等合作。

## 六、科研条件和平台建设

在做好山东省作物遗传改良与生态生理重点实验室日常管理工作的同时，起草“重点实验室 2013-2015 年建设发展规划”，并通过专家组论证。完成山东省作物转基因工程技术研究中心建设期满考核工作，考核结果优秀。

加强饮马泉实验基地管理，对实验田、沟渠进行改造。新建微藻养殖基地 1 处，完成了益生菌中试实验室改造。

## 七、党建和精神文明建设

按照院群众路线教育实践活动实施方案的要求，组织党员干部集体学习 16 次，征求意见 63 条，汇总确立整改事项 13 项，对整改事项逐一研究，建立长效机制，制定了相关的工作制度和管理制度。

配合建院 110 周年庆祝活动，组织职工开展丰富多彩的文化活动。组织职工进行健康查体、参加省直机关第十五次职工运动会和院老年职工运动会。继续保持了省级青年文明号的荣誉称号。

# 奶牛研究中心

## 一、基本概况

山东省农业科学院奶牛中心于 2010 年获得省编办批复正式成立，是我省唯一的专业奶牛研究单位，主要从事奶牛常规育种、分子育种、疾病防治和转基因技术研究与开发等工作。

现有在职职工 20 人。其中副高以上专业技术人员 11 人；博士生导师 1 人，硕士生导师 5 人；博士 9 人，硕士 5 人；国家现代农业产业（奶牛）技术体系岗位科学家 2 人，泰山学者海外特聘专家 1 人，山东省农业产业体系牛创新团队岗位科学家 1 人。1 人担任中国畜牧兽医学会动物繁殖学分会副理事长、山东省奶业协会副理事长，1 人为中国畜牧兽医学会家畜传染病学分会常务理事、理事，1 人是中国奶业协会育种专业委员会副主任委员、委员，中国奶牛生产性能测定委员会委员。

## 二、科技创新及学科建设

科研项目立项 26 项，立项经费 1704.61 万元，到位经费 1069.54 万元，其中由奶牛研究中心和奥克斯公司联合申报的“奶牛现代育种关键技术研究与核心种质创新应用”获得山东省科技进步一等奖。学科研究方向不断得到优化，学科布置越来越趋于合理化。目前奶牛中心经过不断发展延伸出 4 个主攻研究方向：奶牛常规育种、分子育种、疾病防控和转基因技术研究与开发。

## 三、科技服务与推广

充分发挥自身的科研和人才优势有条不紊的推进技术推广和服务工作，有力有效地服务“三农”。2013 年组建了以 10 名博士、15 名硕士为主体的国家顶尖奶牛育种与疾病技术服务团队，深入山东省及周边地区规模化牛场结合当地实际开展技术服务工作。2013 年走访和现场指导牛场 60 个；在育种方面全面开展 100 多个牧场选种选配工作；在疾病监测方面实验室检测病料、血清等样本 9200 余份。全年开展奶牛养殖与疾病防控技术培训累计 70 余次，为当地牛场带去了巨大的经济利益以及良好的社会效应。

## 四、人才队伍与团队建设

为加快科研进程，提高科研队伍素质，大力推进技术推广与服务等工作，引进博士 1 名，硕士 3 名，培养在职博士生 3 名，向美国派出访问学者 1 名。与国内重点农业高校联合培养学生 15 名。

## 五、科技交流与国际合作

开展了丰富多彩的学术交流活动以开阔科研人员的视野，拓宽了科研思路，对扩大研究领域起到积极的推进作用。2013 年奶牛中心选派 2 名同志赴法、德考察奶牛育种业、公牛站运作方式以及杂交生产技术在荷斯坦牛群中的应用；组织承办了“2013 年全国奶牛后裔测定场生产与管理技术培训班”“首届中法奶牛育种与健康养殖高峰论坛会”；成功举办国家奶牛产业技术体系遗传育种与繁殖功能实验室工作总结会议；邀请夏咸柱院士、柴同杰教授等专家学者来进行学术交流，邀请张沅教授对奶牛种质创新与遗传改良平台建设项目视察并提出建设性意见。

**六、科研条件和平台建设**

充分利用各方条件不断提高科研条件和完善平台建设，初步建立的奶牛疾病检测技术平台已用于规模化奶牛场的疾病诊断、抗体监测等服务。采购了精子品质计算辅助系统，实时荧光定量 PCR，全自动血液分析仪，梯度 PCR 仪等设备 22 台，建设了 P2 净化室，对老旧的实验台进行了更新，为科研工作的顺利开展提供了优良的条件设施和完善的科研平台。

**七、党建和精神文明建设**

紧抓党建和精神文明建设，深入贯彻学习十八大会议精神、习近平总书记来我院视察时的重要指示精神，有效推进党的群众路线教育实践活动。按照院统一部署，组织召开班子成员专题民主生活会，组织广大党员重温党课，将教育和工作紧密结合，取得了单位发展的新成效。

# 山东省农作物种质资源中心

**一、基本概况**

山东省农作物种质资源中心成立于 2010 年 9 月。中心立足于山东省特色种质资源，面向黄淮海及同纬度地区，进行农作物种质资源的收集引进、整理保存、鉴定评价及资源信息的研究与发布，为我省农作物种质资源的安全保存和高效利用提供基础研究平台。下设行政办公室、科研办公室、农业部农作物种质监督检验测试中心（济南）、种子保存库、种质鉴定研究室等科室。

现有在职职工 28 人，专业技术人员 26 人，其中副高以上专业技术人员 9 人；博士 7 人，硕士 8 人。

拥有 3800 平方米的综合实验楼，种质资源保存库设计保存容量 20 万份，现保存粮、棉、油、蔬菜等 40 多种农作物的珍稀、优异种质及其近缘野生种资源 1.5 万余份。

**二、科技创新及学科建设**

2013 年，中心新立项科研项目 9 项，其中国家级项目 4 项，省级课题 5 项。立项总经费 533 万元，到位经费 322.26 万元。申报课题 4 项。发表论文 7 篇，其中国家级学报 2 篇，SCI 论文 2 篇。申请专利 6 项，授权专利 5 项，其中发明专利 1 项。申报植物新品种权保护 2 项。

**三、科技服务与推广**

结合“山东实生观赏海棠种质资源调查与优系筛选”课题的开展，联合临沂市林业局、聊城市林业局等单位，进行园林绿化苗木栽培管理技术培训，宣传资源保护的重要性。开办培训班 2 期，培训农技推广人员和农民技术员 157 人次，发放宣传材料 1219 份。结合山东省光合园林科技有限公司生产实际和当前园林绿化苗木的市场前景，做了“观赏园艺植物繁殖与栽培技术”技术讲座。

结合“优质、多抗大白菜新品种天正秋白 5 号生产技术试验与示范”，在淄博市淄川区石马镇建立大白菜杂交种繁育基地 100 亩。与家庭农场联合，在田间地头举办短期培训，现场指导，培训农民技术员 70 余人次，发放优质种子繁育技术规程小册子 500 份。

**四、人才队伍与团队建设**

引进硕士 1 名。拥有种质资源收集保存、鉴定评价、检验测试等方向组成的专业队伍，与我院专业院所、地市分院联合打造种质资源学、蔬菜学、果树学、牧草等学科的优秀创新团队。

**五、科技交流与国际合作**

与东营农科院、青岛农科院、德州农科院、威海农科院、烟台农科院等地市农业科研院所，共同承担了农业部“948”、科技部国家科技计划、农业部公益性行业专项、农业保种业务、山东省农业良种工程、山东省科技发展计划等课题，协作经费约 100 万元。

邀请德国农科院、田纳西州立大学、罗马尼亚苏恰瓦种质库等 9 名专家来访进行学术交流。中心派出 5 人赴加拿大考察学习种质资源保存管理、繁殖鉴定技术，洽谈种质资源引进工作。借助科技部国际合作司、驻外总领馆、鲁台农渔业合作协调工作联席会等机构，完成 3 项国际项目、合作需求等材料的编写上报工作，争取境外合作平台，切实推进与境外科研单位的联系、协作。

**六、科研条件和平台建设**

农业部农作物种质监督检验测试中心（济南）顺利通过机构认可和计量认证双认证评审。组织 2 人参加农业部 7 月份举行的全国种子检验员考试，其中 1 人顺利通过考试。

“作物基因资源与种质创制山东科学观测实验站”完成管理机构和配套规章制度的设立，现已起草可行性研究报告。在济南、东营等地区开展调研，选择合适地区、合适环境、合适条件用于实验站建设。

国家农作物种质资源平台（山东） 完成了 2013 年平台运行服务信息的补充填报工作。

**七、党建和精神文明建设**

中心党支部按照我院的安排部署有步骤的开展党的群众路线教育实践活动。中心团支部组织开展学雷锋活动和 110 周年院庆服务“三农”公益活动。中心妇委会组织女职工参加院妇工委举办的“幸福进家”讲座及《女职工劳动保护特别规定》知识竞赛等。

# 山东省水稻研究所

**一、基本概况**

山东省水稻研究所成立于 1978 年，前身是济宁地区水稻研究所。主要从事水稻遗传育种、分子育种、种质资源、栽培生理、植物保护等研究及成果转化、技术服务等工作。

是国家水稻产业技术体系济宁综合试验站和山东省水稻工程技术研究中心依托单位。

现有在职职工48人，其中研究员4人，副研究员7人，助理研究员19人；博士12人；山东省农科院“杰出人才”特聘专家1人。

**二、科技创新及学科建设**

圣稻18、圣稻19通过了山东省审定，圣稻974进入国家北方区试生产试验，圣稻172进入续试。圣稻188参加省生产试验。圣稻020和圣稻2319被推荐参加2014年国家区试。在光信号调控水稻形态建成及胁迫反应的机理研究方面取得了较大进展。与中国农科院作物所合作，精细定位了多个重要农艺性状基因。构建了多个籼粳交群体和野生稻渗入系，获得了一批抗病虫等中间材料。

发表论文30篇，其中SCI论文6篇，国家一级学报3篇；申请专利9项，授权国家发明专利1项、实用新型专利6项。申报地方标准2项。承担的省成果转化资金项目“抗条纹叶枯病高产优质水稻品种圣稻16试验示范”通过专家验收，并获山东省技术市场科技金桥奖一等奖。

组建了水稻新品种选育、种质资源创新利用、分子设计育种、栽培生理及植保4个创新团队。启动了水生蔬菜新学科，“山东省农科院水生生物研究中心”获得院批复。

**三、科技服务与推广**

在济宁鱼台县建设了以我所为技术依托的“水稻高产创建万亩示范方”1处，在济宁鱼台、东营垦利、临沂郯城、济南吴家堡建设四处千亩示范方。

积极开展科技推广服务，举办了水稻品种及机插秧技术观摩会。在鼓励科研人员面向“三农”搞科研的同时，做好成果的转化应用和推广，加大我所科技推广服务工作的力度。

**四、科技产业开发与创收**

加强了与郯城县种子公司、山东润农种业科技有限公司等的科技合作，加大新品种选育及推广力度。圣稻18转让给山东润农种业科技有限公司，转让金额40万元。

**五、人才队伍与团队建设**

引进博士4人，硕士2人，其中水生蔬菜新兴学科引进博士1人，硕士1人。重点加强了栽培、植保及水生蔬菜学科的科研力量。

**六、科技交流与国际合作**

加强了与中国水稻研究所、中国科学院遗传发育所、中国农科院作物所、中国农业大学等省内外高校院所的合作交流。先后邀请了中国水稻研究所程式华所长、钱前副所长、朱德峰研究员，中国科学院左建儒研究员、陈凡研究员，湖北省蔬菜研究所柯卫东研究员等来我所考察交流。另外还邀请到张宪省、王法宏、周少川等专家教授进行专题学术讲座。

派员参加了农科院赴英国、西班牙农业科技考察及赴安哥拉进行水稻生产考察。

**七、科研条件和平台建设**

2013年新上项目17项，其中主持国家转基因重大专项1项，国家自然科学基金2项，立项经费947.65万元，到位经费478.8万元。山东省优质粳稻原原种扩繁基地建设完成了政府采购申报和配套仪器设备招标工作。山东省水稻工程技术研究中心综合科研楼和实验室改造工程顺利开工建设。“山东省农科院水生生物研究中心”获得院批复。

**八、党建和精神文明建设**

扎实开展党的群众路线教育实践活动，积极开展省直文明单位创建工作。认真学习贯彻党的十八大精神和群众路线教育活动。加强党总支建设，积极开展创先争优活动。

# 山东省蚕业研究所

**一、基本概况**

山东省蚕业研究所成立于 1959 年 2 月，1992 年 8 月增挂山东省丝绸总公司蚕业研究所牌子，它是农业部蚕桑产业产品质量监督检验测试中心（烟台）和山东蚕学会的挂靠单位、《山东蚕业》的主办单位。

现有在职职工 97 人，专业技术人员 44 人，其中副高以上专业技术人员 18 人；享受国务院特殊津贴 1 人。

**二、科技创新及学科建设**

2013 年新立项课题 8 项，立项经费 190.5 万元，到位经费 188.5 万元；获得省科技进步二等奖 1 项、省农牧渔业丰收三等奖 1 项、省软科学优秀成果二等奖 1 项、省发明创业优秀奖 1 项；举办学术交流会 6 次；申报专利 2 项，获授权实用新型专利 1 项；发表论文 5 篇，其中一级学报 2 篇；出版编著 1 部。

加强现有学科的优势地位，做好桑树遗传育种与栽培和家蚕遗传育种与健康养殖两个学科的科研工作。按照“有所为有所不为”的方针，坚持“准确定位、凝练方向、整合资源、扎实推进”的原则，以蚕业为立足点，拓展新的研究领域，逐步向珍稀食用菌、昆虫分子生物学、园林植物等领域进行延伸与探索。

**三、科技服务与推广**

按照“服务蚕业、突出重点、注重实效”的原则，通过培训会、观摩会、现场会等形式，2013 年，累计技术指导服务 15 次，累计培训蚕业技术人员与农民 1041 人次，服务省直驻村“第一书记”活动 2 次。积极配合中央电视台《农广天地》栏目组对“蚕虫草工厂化生产关键技术的研究与示范”课题组录制了蚕虫草生产的专题片。

**四、科技产业开发与创收**

由于受市场因素的影响，及时调整了南院试验场的产品结构，适度压缩了生产规模；神龙蚕用药业科技开发有限公司则按需生产，以销定产；绿宝蚕用饲料厂仍然保持较好的发展态势。

**五、人才队伍与团队建设**

2013 年，公开招聘了中级专业技术岗位工作人员 2 名，初级专业技术岗位工作人员 2 名。2 名正高、1 名副高和 2 名中级专业技术人员通过职称评审，进一步提升了科研队伍的整体质量。

**六、科技交流与国际合作**

为适应省工、省力、规模化养蚕新模式，与中国农业大学烟台研究院合作开展了桑园省力化施肥技术的研究，共同设计了试验方案，确定了各个试验小区。有2对蚕品种、2个桑品种正在参加北方蚕业科研协作区的品种鉴定，承担了全国家蚕新品种（6对品种）实验室鉴定试验和北方蚕业科研协作区蚕桑品种鉴定工作。

**七、科研条件和平台建设**

农业部蚕桑产业产品质量监督检验测试中心（烟台）于2013年1月9日通过现场复评审，并于3月份取得了计量认证证书、审查认可证书和机构考核证书。

2013年投入80万购置了包括超微粉碎机在内的24台（套）的仪器，以及106.8米长的实验台。为了加强仪器设备的管理，提高设备的共享与利用率，将全所的主要仪器设备集中到办公楼的四楼，组建了生物技术实验室。

**八、党建和精神文明建设**

按照院党委的部署和要求，所制定了党的群众路线教育实践活动计划，召开了高质量的专题民主生活会。深入开展了“创先争优”活动，5名同志被评为烟台市农业系统优秀共产党员，1名同志被评为优秀党务工作者，南院试验场党支部被评为先进基层党组织。

举办了学习党的十八大报告和党章知识竞赛活动；举办了庆祝“三八”节103周年茶话会。

# 山东省花生研究所

**一、基本概况**

山东省花生研究所成立于1959年4月，是国内唯一的花生专业研究机构，下设育种、栽培、生物技术、植物保护、产业工程、中心实验室、《花生学报》编辑部、科技产业等8个研发部门。

现有在职职工125人，专业技术人员80人，其中研究员9人；博士27人，硕士26人。

建有国家花生工程技术研究中心等8个科研创新平台，附设莱西试验农场1处，并投资成立了山东高远花生科技有限公司，是“八五”“十五”“十一五”全国科研单位综合实力评估百强所。

**二、科技创新及学科建设**

2013年新上课题27项，立项总经费1572.48万元，到位科研经费1261.3万元。科研立项经费连续四年超过1000万元。

2013年共获得科技成果奖励9项，其中省部级以上成果奖励6项，包括国家技术发明二等奖1项，山东省科技进步一等奖1项、二等奖2项，农业部中华农业科技二等奖1项、优秀创新团队奖1项。

共育成审（鉴）定花生新品种14个，其中通过国家鉴定2个，山东省审定2个，安徽省鉴定8个，辽宁省备案2个；获授权专利28项，其中发明专利23项，新申请发明专利13项；获计算机软件著作权8项；制定行业标准3项；在国内外期刊上公开发表科技论文 67 篇，其中被 SCI 收录 12 篇，一级学报文章 13 篇；主编出版《花生遗传改良》著作 1 部，参编著作 1 部。

## 三、科技服务与推广

在省内外选择代表性区域建立 5 处科技成果示范基地，其中两处基地面积达到 10 万亩。向平邑县、临沭县、沂水县我院“第一书记”帮扶村捐赠花生良种 15500 斤。

在 2013 年山东省花生良种补贴招标中，授权 10 家企业使用我所开发的花生新品种参加山东省花生良种补贴招标，共有 6 个品种中标，品种数量共计 538.44 万公斤，占全部招标数量的 43.25%。

山东高远花生科技有限公司共销售花生良种 150 万斤；联合山东圣丰种业科技有限公司和山东鲁花集团有限公司成功申报了 2013 年山东省自主创新专项；与雀巢（中国）有限公司签订合作协议，负责实施“花生供应链风险评估”调研，获企业资助经费 50 多万元。

## 四、人才队伍与团队建设

2013 年共引进博士后 2 人，博士 2 人。与高等院校和科研院所联合培养博士生 2 名、硕士生 1 名，在职攻读博士 8 名。“花生遗传育种与栽培生理”创新团队获得 2012-2013 年中华农业科技奖优秀创新团队奖。

## 五、科技交流与国际合作

派出 1 人赴美国佐治亚州立大学做访问学者，派出 11 人次赴美国、巴西和印度国际半干旱研究所进行访问或合作研究；先后接待美国、印度、日本、加拿大、法国等来访团组 10 批 20 人次；先后派出 100 多人次参加了第六届国际花生基因组与生物技术大会、中国作物学会油料作物专业委员会第七次会员代表大会暨学术年会和中国作物学会年会等国内外学术研讨会。

## 六、科研条件和平台建设

国家花生改良中心青岛分中心二期建设项目顺利通过省农业厅组织的专家组验收。在青岛市科技局组织的市级重点实验室评估中，依托我所建设的青岛市农业（花生）生物技术重点实验室经过初评和复评，被综合评估为优秀等级，并获得建设经费资助。

加大投入力度，先后共投入 700 多万元对全所科研和办公条件进行改善。通过公开招标和政府采购，购置高效液相色谱仪、真空离心浓缩仪等仪器设备 36 台（套）和办公设备 48 台（套），总投入 128.57 万元。通过争取省发改委专项资金和自筹部分资金，对我所青岛实验办公大楼进行采暖改造，总投入约 220 万元。通过争取院专项资金支持，对莱西育种楼、种质资源库、试验地田间道路和排灌设施、试验干旱棚实施改造和建设，总投资约 374 万元。

## 七、党建和精神文明建设

按照院党委统一部署要求，开展了党的群众路线教育实践活动，围绕“四风”进行问题查摆，开展了批评与自我批评的民主生活会，达到了团结—批评—团结的目的。

获得青岛市科技局系统的集体表彰 2 项，有 6 人分别获得优秀党务工作者、精神文明个人、优秀妇女个人和优秀党员荣誉称号。

# 山东省果树研究所

## 一、基本概况

山东省果树研究所始建于1956年，形成以苹果、梨、桃、杏、李、樱桃、石榴、葡萄、蓝莓、草莓、核桃、板栗、枣、柿、扁桃等果树种质资源、品种培育、栽培管理、生物工程、果树保护、贮藏加工等传统优势学科为主，以观赏园艺、茶学和西甜瓜等新兴特色学科为辅的科研创新格局，是黄淮海地区规模最大的从事果树理论研究与科技推广服务的专业研究所。

现有在职职工265人，专业技术人员129人，其中研究员30人，副研究员20人；博士24人、硕士59人。目前全所设有水果遗传育种与栽培、干果遗传育种与栽培、果树种质资源与生物技术育种、果品贮藏加工、果树保护及茶学与园林等6大学科25个研究方向以及实验与检测、信息与网络、培训与推广等三大科技服务公共平台。

## 二、科技创新及学科建设

新上科研项目36项，立项总经费1440.8万元。完成鉴定成果7项，验收课题12项；获省科技进步二等奖2项，省发明创业一等奖1项，省软科学优秀成果二等奖1项；院科技进步一等奖1项、二等奖2项；国家授权专利21项，其中发明专利3项、实用新型专利15项；申请专利24项，其中申请发明专利15项。获批农业行业标准2项、地方标准1项。审定品种21个，其中国审品种6个，国家鉴定品种1个，省审品种9个。发表论文172篇，其中SCI论文4篇、一级学报论文12篇，编辑出版科技图书13部，出版《落叶果树》6期。完成了农业部种子工程桃繁育基地建设项目。自筹资金，启动了所科研创新基金。

## 三、科技服务与推广

通过加快推进农业科技推广服务建设，不断做大做强农业科技推广服务体系。稳步推进了果树示范县打造工程，全面实施了与聊城市、邹城市的科技合作。新建及规范示范基地6处，挂牌建立院科技示范基地1处。推广转化新技术、新成果20余项。在中央、省、市级电视台作专题节目17期，举办技术培训班86期，培训果农和基层农技人员1万余人。

## 四、人才队伍与团队建设

科技人才队伍规模稳步壮大，结构不断优化，引进泰山学者海外特聘教授1人，招聘博士4人，4人在职攻读博士学位。强化了岗位分类管理，二级岗位人员、三级岗位人员及团队成员、40岁以下博士人均可支配科研经费及论文发表等均完成了院下达的目标任务。

## 五、科技交流与国际合作

通过多种形式的国际合作，拓宽国际合作渠道，先后选派10余人次对罗马尼亚、波兰、瑞士、西班牙等国进行了学术交流和考察学习。接待罗马尼亚、美国、韩国等外国专家来所考察15人次。与罗马尼亚国家果树研究所签订了科技合作协议，引进国外种质14份。成功承办和主办了“第三届国际石榴及地中海小水果学术研讨会”及2013年全国果树（园艺）科技发展战略研讨会。

## 六、科研条件和平台建设

试验示范基地全面支撑科研能力不断提升，基础设施建设等科研条件不断改善。争取专项资金 1700 余万元，加快金牛山等基地的建设进度，目前全所 1600 亩试验示范基地科研试验环境进一步优化。稳步推进国家苹果工程技术研究中心、农业部黄淮地区果树科学观测实验站、山东省果树生物技术育种重点实验室、山东省干果育种工程技术研究中心、山东省樱桃工程技术研究中心等科研平台的建设和管理工作，新增科研仪器设备 5 台（套），价值 60 余万元，进一步加强了实验室仪器设备装备。

### 七、党建和精神文明建设

以党的群众路线教育实践活动为契机全面推进果树所党建和精神文明建设，扎实开展党的群众路线教育实践活动。认真落实党建责任制，抓好了党课学习和理论中心组学习。加强了党风廉政建设，做好了省纪委联系点工作。积极开展了文明创建活动，保持了省级文明单位荣誉称号。

## 试验基地服务中心

### 一、基本概况

山东省农业科学院试验基地服务中心前身为创建于 1948 年的院试验农场，2013 年 5 月 27 日省编委批复山东省农业科学院试验农场改建为山东省农业科学院试验基地服务中心（鲁编办〔2013〕65 号文件）。中心现设有行政办公室、科研与产业办公室、试验条件科、资产管理科、市场管理办公室、经营科、生产科等机构，在职职工 65 人。主要职责是承担院试验基地管理、维护和服务保障工作。

### 二、科技服务与推广

在科技服务与推广方面，积极引进涉农企业近 130 家入驻院科技服务中心，这些企业可向广大客户和农民朋友提供品种比较齐全的作物良种、畜禽饲料兽药、农药、化肥等生产资料，业务范围辐射山东及周边省区。充分发挥省级科普教育基地、星火培训基地的作用，以省科普惠农联盟为纽带，组织我院专业技术人员做好科研成果的推广，积极为“三农”服务。

### 三、科研条件与平台建设

1、济阳综合试验基地取得实质性进展。济阳综合试验基地占地 2000 亩，总投资 4 亿元，建成后将满足农业科研创新、国内外农业技术成果展示、农业和农民技术培训、农业历史文化传承、农业休闲观光、国内外学术交流、都市和城郊农业、智慧（未来）农业等功能为一体的国内一流并与国际先进水平接轨的现代农业科技创新试验基地。11 月 19 日我院与济阳县政府、太平镇政府签订了《基地土地使用合同》。11 月 29 日，省发改委出具了《山东省发展和改革委员会关于山东省农业科学院试验示范基地建设项目一期工程可行性研究报告的批复》，正式批复院综合试验示范基地建设项目立项。济阳综合试验基地围墙建设正式启动，总体规划方案基本定稿。

2、海南三亚农作物繁育基地科研条件初步改善。海南三亚农作物繁育基地位于三亚市崖城镇，总占地 308 亩。今年我们在南滨、水南地块建设了围墙、水渠和照壁等工程，提升了基地的基础设施条件。同时通过各种资源和渠道，经过与南繁公司反复沟通、协商和争取，达成了将东升地块 100 亩土地分两年换租到南滨核心土地 C2-C3 地块中的方案，目前 C2 地块的 50 亩土地已开展试验。同时，启动了新换租土地的围墙建设。

**四、党建和精神文明建设**

认真学习群众路线教育实践活动一系列文件，不断提高思想认识，准确把握精神实质。通过召开座谈会等多种形式听取意见，逐一听取中心各部门负责同志与职工代表对班子成员的意见建议，并认真梳理，不断聚焦，共查找出 15 条在“四风”方面存在的突出问题。按照“边查找、边整改”的活动要求，目前已有效整改 7 条，其余 8 条也制订了相应的责任到人到部门的整改目标、整改措施和完成时限。

# 十一、大事记

# 山东省农业科学院2013年大事记

1月29日，召开院党委扩大会议，深入学习贯彻习近平总书记关于厉行勤俭节约反对铺张浪费重要批示精神和中央农村工作会议、全省经济工作会议、全省农村工作会议、全省组织部长会议等重要会议精神。

1月29日，召开院安全生产、治安保卫工作会议。

1月30日，召开院老干部情况通报会。

2月19日，《舞动》作为我院110周年院庆标志正式启用，用于公益院庆、学术院庆、文化院庆、和谐院庆等系列活动之中，对弘扬和传播院庆文化具有重要作用。

2月22日，我院与滕州市人民政府签订了现代农业示范区建设科技结对合作框架协议，并揭牌成立了山东省农科院（滕州）技术成果转化中心。

2月26日，全院工作会议在院学术报告楼礼堂召开。

2月26日，山东种业集团股份有限公司在院学术报告楼礼堂举行揭牌仪式。山东种业集团股份有限公司为省政府出资设立的产学研结合、“育繁推一体化”的大型国有控股企业，注册资金3亿元。

2月26日，全院党风廉政建设会议在创新中心三楼院学术报告厅召开。

2月28日，法国利马格兰种业集团中国玉米协调员摩西·扎尔兹曼一行2人来我院访问。

3月1日，副省长赵润田来我院调研指导工作，要求我院作为山东省农业科技创新的重要力量，要充分发挥山东省农业科技创新中心的作用，发挥好人才、机制和环境优势，加强科技创新，搞好成果转化，为增创山东农业农村新优势做出新的贡献。

3月28日，俄罗斯3Q集团总经理马克西姆·别洛索夫一行3人来我院访问。

3月29日，省委常委、统战部长颜世元在到我院农村信息化示范点考察，通过远程视频与我院专家进行了交流。

4月7-8日，美国堪萨斯大学医学中心菲利普 R. 哈德维治博士一行2人来我院访问。

4月9-11日，加拿大农业部首席研究员萨斯喀彻温教授来我院访问。

4月11日，省委副书记王军民到我院济阳县太平镇在建的综合试验示范基地调研，指出要充分发挥试验基地的示范、引领、带动作用，切实让更多群众发家致富。

4月16-20日，韩国京畿道农业技术院研发局局长金曦一行5人来我院访问，签订科技合作谅解备忘录。

4月22日，马来西亚农业研究与发展院院长拿督Abd Shukor Abd Rahman博士、全宇生物技术控股有限公司董事长拿督彭士豪博士率领的马来西亚农业代表团一行8人来我院访问。

4月22日，召开全院老干部工作会议。

4月26日，院老科协第四次会员大会在老干部活动中心召开，选举产生了第四届理事会。

4 月 27 日，院党委理论学习中心组（扩大）学习在创新中心 12 楼会议室进行，重点学习了习近平总书记在十二届全国人大一次会议闭幕会上的讲话和在中央党校建校 80 周年庆祝大会暨 2013 年春季学期开学典礼上的讲话。

4 月 27 日，召开院财务工作会议。

5 月 3 日，创新源杯“畅想中国梦•弘扬五四情”演讲比赛在创新中心院学术报告厅举办。

5 月 10 日，台湾中兴大学农牧学院院长陈明造一行 6 人来我院访问。

5 月 15 日，省委书记姜异康到他的工作联系点聊城市东阿县调研，在我院“第一书记”驻点帮扶的前苫山村农业科技大院，姜异康书记对建设网络农业专家直播间、发展优质果蔬黑木耳生产基地的做法给予充分肯定，要求尽最大努力帮助农民富裕起来。

5 月 23 日，墨西哥 CIMMYT 小麦项目主任汉斯 • 布罗恩来我院访问。

5 月 27 日，由省商务厅培训中心组织的古巴等 11 个国家科技培训团一行 19 人来我院访问。

5 月 27 日，日本自然农法研究中心理事长伊藤明雄一行 2 人来我院访问。

6 月 5-6 日，美国俄亥俄州立大学农业研究发展中心副教授李业波一行 2 人来我院访问。

6 月 14 日，召开全院领导干部会议，宣布省委关于我院领导班子调整的决定，周林同志担任省农科院党委书记，万书波同志担任省农科院党委副书记、院长。

6 月 20 日，美国农业部南方试验站于久江教授来我院访问。

6 月 20-21 日，印度国际半干旱作物研究所 Rajeev 教授来我院访问。

6 月 23-24 日，美国农业部作物遗传育种研究室首席科学家 C. Corley Holbrook、奥本大学农学院陈一舞教授来我院访问。

6 月 23-26 日，美国密苏里林肯大学 Jaime Pinero 教授来我院访问。

6 月 24 日，召开院党委理论学习中心组（扩大）学习会议，集中传达学习习近平总书记在中央党的群众路线教育实践活动工作会议上的讲话精神。

6 月 28 日，庆祝中国共产党建党 92 周年，在创新中心三楼院学术报告厅院党委书记周林以《切实改进作风，推动强院建设新发展》上了专题党课。

6 月 28 日，鲁研杯“迎院庆 • 明党史 • 知院情 • 励我志”知识竞赛在创新中心院学术报告厅举行。

7 月 5 日，全院半年工作情况老干部通报会议在院老干部活动中心召开。

7 月 9-16 日，党委书记周林应邀率团一行 6 人对西班牙维德葡萄研究所和英国诺丁汉大学等单位进行了考察访问。

7 月 14-16 日，美国田纳西州立大学 Matthew W. Blair 教授来我院访问。

7 月 18-19 日，罗马尼亚苏恰瓦种质库主任 Silvia Strajeru 一行 4 人来我院访问。

7 月 24 日，召开党的群众路线教育实践活动动员大会，院党委书记周林主持大会并作动员报告，省委督导三组组长高守勤出席大会并讲话。

7 月 24 日，院科技提升交流会在院学术报告楼礼堂召开，总结交流我院科研工作经验，查找存在的问题，促进科研水平提升。

7 月 24 日和 25 日，院党委举办理论学习中心组读书会，进行群众路线教育实践活动优良传统作风专题教育。

7 月 25 日，全院半年工作会议在院学术报告楼礼堂召开。

7 月 25 日，雀巢（中国）有限公司经理马翰霖来我院访问。

7 月 26 日，山东省农业科研院所科技协作委员会暨山东省农科院科技咨询委员会成立大会在创新中心院学术报告厅召开。会议签订了《山东省农业科研院所科技合作协议》，聘任了山东省农科院科技咨询委员会委员。

8 月 11-17 日，罗马尼亚国家果树研究所所长 Coman Mihail 一行 4 人来我院访问。

8 月 26-28 日，美国乔治亚大学大豆专家 Adam Bray 来我院访问。

8 月 28 日，在山东省农业机械研究所挂牌成立山东省农业科学院农业装备研究中心。

8 月 31 日，院农业灾害预警和应急专家服务团成立大会在创新中心院学术报告厅举行，这是全国首个省级农业灾害预警和应急专家服务团。

8 月 31 日，山东省农业科研院所科技合作对接会在创新中心三楼会议室召开。

9 月 3 日，召开全院“国有资产管理提升”活动动员大会。

9 月 3-6 日，印度尼西亚和荣公司董事长林豪来我院访问。

9 月 11 日，山东特色杂粮产业科技协会成立大会暨谷子高粱品种现场观摩会在我院召开。

9 月 16-18 日，日本大阪府立大学大门弘幸教授一行 3 人来我院访问。

9 月 17-21 日，美国农业部东南家禽研究所于庆忠博士一行 2 人来我院访问。

9 月 20-24 日，第三届国际石榴及地中海小水果学术研讨会在泰安市举办，由我院果树所具体承办。

9 月 21-24 日，美国 FDA 兽药中心国际项目和标准室主任 Merton V. Smith 一行 4 人来我院访问。

9 月 22 日，玉米所联合了我院 14 个分院和山东省农业机械科学研究院，启动成立了山东省科研院所玉米科技联合创新体系，签订了合作协议书。

9 月 28 日，山东家庭农场科技联谊暨粮油均衡增产模式现场观摩会在德州市临邑县德平镇富民家庭农场举办。

10 月 14-16 日，美国 USDA 和 Mars 公司 Guo Baozhu 一行 2 人来我院访问。

10 月 19 日，院第十二届老年运动会在院小学举办。

10 月 22 日，全国博士后管委会办公室批准我院博士后科研工作站独立招收博士后研究人员。

10 月 24 日，中国农业科技管理研究会领导科学工作委员会 2013 年年会在济南召开，本次会议由中国农业科技管理研究会主办，我院承办。

10 月 25 日，全国政协副主席罗富和来我院视察，省政协副主席栗甲陪同。

10 月 25 日，农业高层论坛——“舜耕论坛”成立大会在创新中心三楼院学术报告厅举办。论坛由山东省科学技术协会、山东农学会和山东省农业科学院联合举办。

10 月 26 日，举办了院开放日暨省直机关“第一书记”、家庭农场、农民专业合作社科技对接活动。来自全省的 100 多位“第一书记”、家庭农场主和农业合作社负责人来到我院，与“第一书记”科技服务团的专家进行了面对面的交流、咨询。

10 月 28-31 日，加拿大 SCR Management Inc. CEO Tom Hobby 一行 2 人来我院访问。

10 月 29 日，院党委召开党的群众路线教育实践活动专题民主生活会。作为省领导教育实践活动联系点，副省长赵润田参加并指导专题民主生活会。省委第三督导组组长高守勤、副组长刘洪斌等有关人员到会指导。

11 月 2-3 日，2013 华东地区暨第 28 届山东畜牧业博览会在济南国际会展中心举行，副省长赵润田到现场参观指导了我院家禽所展示的山东省地方鸡品种资源活体基因库。

11 月 8 日，山东省农业遥感工程技术研究中心通过验收。

11 月 12 日上午，院党委召开情况通报会，通报院党委班子专题民主生活会情况，就认真学习贯彻习近平总书记一系列重要讲话精神，落实好省委、省政府重要部署，深入开展教育实践活动提出要求。

11 月 18 日上午，召开院党委扩大会议，传达学习党的十八届三中全会精神，研究贯彻落实意见。

11 月 19 日，我院与济阳县政府、太平镇政府签订了《山东省农业科学院试验示范基地土地使用合同》。

11 月 29 日，省发改委出具了《山东省发展和改革委员会关于山东省农业科学院试验示范基地建设项目一期工程可行性研究报告的批复》，正式批复院综合试验示范基地建设项目立项。

11 月 27 日，中共中央总书记、国家主席、中央军委主席习近平在省委书记姜异康和省长郭树清等领导陪同下，视察了我院智能化温室和省农村农业信息化综合服务平台，了解依靠科技创新促进农业发展和农民增收的情况，随后召开座谈会，听取农业科研机构、农业行政部门、基层干部等有关人员对“三农”工作的意见和建议。在视察期间，习近平总书记对农业和农业科研工作做出重要指示，充分体现了党和国家对农业和农业科技工作的高度重视，必将对我院的长远发展、科学发展产生重大意义。

11 月 27-28 日，美国先正达生物科技（中国）有限公司对外技术合作部主管梁业红来我院访问。

11 月 27-28 日，法国利马格兰中国区总裁 Alain Bonjean 一行 3 人来我院访问。

12 月 2-3 日，召开院党委理论中心组学习（扩大）会议，深入学习贯彻党的十八届三中全会精神和总书记在我院视察时的重要指示精神，就《强院建设提升工程规划》征求各处所意见。

12 月 3 日，院党委印发《关于学习贯彻习近平总书记视察我院重要指示精神的通知》，指出学习宣传贯彻总书记重要指示精神，是我院当前和今后一个时期的重要政治任务，要求全院掀起学习贯彻总书记视察我院重要指示精神的热潮。

12 月 19 日，赵振东研究员当选中国工程院院士。这是国家对赵振东潜心研究和科技创新的充分肯定，是学术界对他工作成果和科研成就的高度认可，实现了我院人才队伍建设的重大突破，是百年农科院的盛大喜事。 当日，中共山东省委组织部、山东省人力资源和社会保障厅联合发来贺信。

12 月 26 日，召开山东省农业科学院科技咨询委员会会议，传达学习习近平总书记视察我院情况和重要指示精神，通报我院全年工作完成情况和明年工作重点，通报全省农业科研院所科技协作网工作进展情况，加快推进全省农业科技协同创新发展。

12 月 31 日，受山东省人民政府委托，中国工程院组织有关院士专家，在济南对《山东省农业科学院强院建设提升工程规划（2013-2020 年）》和《山东省农业科学院强院建设提升工程资金保障计划》进行了论证，给予充分肯定并形成了论证意见。

# 十二、附 录

# 先进集体

**院记集体三等功**

作物所

**院先进集体**

植保所　农产品所　花生所　果树所　院办公室　人事处　玉米所高产育种室
质标所农药残留研究室　畜牧兽医所微生物与兽药研究室　家禽所家禽遗传育种团队
资源中心种质保存库　水稻所科研办公室　试验基地服务中心试验条件科
政工处组织科

**院科研管理工作先进集体**

作物所　畜牧兽医所　棉花中心　花生所　果树所　农产品所　奶牛中心　资环所
院科技产业先进集体　山东奥克斯生物技术有限公司　山东鲁研农业良种有限公司
山东种业集团股份有限公司财务计划部　试验基地服务中心市场管理办公室
作物所产业办公室　棉花中心产业管理办公室　农产品所产业办公室
水稻所产业办公室　山东鲁保科技开发有限公司　“天敌与授粉昆虫”创新团队

**院国际合作先进集体**

玉米所　资环所　植保所　质标所　蔬菜花卉所　农产品所　花生所　果树所

**院安全生产、治安保卫先进集体**

作物所　资环所　植保所　质标所　棉花中心　信息所　农产品所　生物中心　水稻所
试验基地服务中心

**院篮球俱乐部联赛前八名**

产业队　院机关队　作物棉花联队　玉米所种子站队　家禽所队　植保信息中心联队
资环可持续所队　畜牧兽医所队

**2013 年度全省行政事业国有资产管理先进单位**　省农科院
**2012 年度全省优秀内部审计项目**　省农科院
**省级节约型公共机构示范单位**　省农科院
**全省离休退休干部工作先进集体**　省农科院
**山东省“模范职工之家”**　家禽所
**省级文明单位**　省农科院　作物所　果树所
**省级青年文明号**　行政处　质标所　生物中心　SPF 鸡场　玉米所　农产品所
**省直机关文明单位**

家禽所　植保所　棉花中心　质标所　畜牧兽医所　玉米所　资环所　农产品所
蔬菜花卉所　信息所

**省直机关青年文明号**　信息所　健牧公司　畜牧兽医所　奶牛中心
**省直机关党内统计全优报表先进单位**　省农科院

| | |
|---|---|
| 省直机关党建宣传先进单位 | 院机关党委 |
| 省直机关 2011-2012 年度先进基层党组织 | 作物所党委 |
| 省直机关巾帼文明岗 | 蔬菜花卉所果蔬研究室 |
| 省直机关“先进职工之家” | 院机关　农产品所　植保所　棉花中心 |
| 省直机关“合格职工之家” | 畜牧兽医所　玉米所　质标所　作物所 |
| 省直机关第十二届运动会精神文明代表队 | 省农科院 |
| 省直机关第十二届运动会广播体操团体一等奖 | 省农科院 |
| 2013 年度优秀内审协会和内审机构先进单位 | 审计处 |
| “全省离退休干部学习党的十八大知识竞赛”集体二等奖 | 老干部处 |
| 山东省专利奖三等奖 | 棉花中心 |
| 2013 山东省年度标准化工作先进单位 | 质标所 |
| 2013 山东省年度大型科学仪器设备共享考核先进单位 | 质标所 |
| 2013 山东省年度大型科学仪器设备共享考核优秀机组 | 质标所 |
| 山东省科技情报工作先进集体 | 信息所 |
| 省属科研单位 2012 年度人才工作目标考核优秀单位 | 农产品所 |
| 2013 年度学会工作先进集体 | 山东农学会 |
| 中国农学会农业产业化分会 2012-2013 年度先进单位 | 省农科院 |
| 中国农学会农业科技园区分会 2012-2013 年度先进单位 | 种业集团 |
| 中国农学会科技情报分会先进集体会员单位 | 信息所 |
| 中国农学会农业图书馆分会先进团体会员单位 | 信息所 |
| 济南市市级农业龙头企业 | 种业集团 |
| 济南市食品工业产学研合作促进奖 | 农产品所 |
| 历城区 2012 年度人口和计划生育责任目标先进集体 | 省农科院 |
| 历城区学校食堂餐饮服务食品安全示范单位 | 幼儿园 |
| 天桥区 2013 年度环境保护先进集体 | 家禽所 |
| 全福街道“邻里和谐 奉献由我”党建主题活动先进单位 | 省农科院社区党支部 |
| 2013 年度全福街道“片区开发跨越年”活动先进单位 | 省农科院社区 |
| 2013 年度全福街道社区共建先进单位 | 省农科院 |
| 2013 年度全福街道平安建设暨信访维稳工作先进单位 | 省农科院社区 |
| 2013 年度全福街道安全生产工作先进单位 | 院科技服务中心 |
| 青岛市科技局机关党委系统精神文明集体 | 花生所 |
| 青岛市科技局机关党委系统“五好”党组织 | 花生所党委 |
| 泰安市直机关第十三届运动会精神文明奖 | 果树所 |
| 泰安市泰山区 2012 年度人口和计划生育工作先进单位 | 果树所 |

# 先进个人

## 院记个人三等功

禹山林　仲跻峰　单世华

## 院先进工作者

王旭清　王庆美　王法宏　刘建军　李根英　张存良　徐　冉　刘　强　李宗新
贾　曦　鲁守平　万鲁长　江丽华　李　彦　门兴元　李　美　张安盛　张思聪
高　瑞　刘　宾　陈子雷　郭栋梁　王宗文　李　霞　李维江　张　军　陈　莹
崔正鹏　王风云　封文杰　焦喜东　李巧云　吴　雄　赵　稳　侯丽霞　王文亮
巩东营　李新华　周庆新　单成钢　祝清俊　王继英　刘桂芬　杜以军　张果平
陶海英　蔺海潮　石天虹　李　峰　连京华　曹顶国　魏祥法　杨　洁　杨丽萍
刘　炜　谷玉霞　姚方印　夏　晗　杨宏军　王俊峰　李娜娜　张士永　范建华
郭　涛　谢先芝　王照红　李云芝　宋　刚　王才斌　王传堂　许婷婷　孙秀山
杨伟强　陈　静　宫清轩　于兰岭　王金政　王淑贞　刘庆忠　孙玉刚　李林光
张　勇　张安宁　张美勇　刘林臣　宋景华　王　晖　田　真　白元良　曲建芝
张文君　安　静　苑东鹏　赵海军　黄　萌　张立峰　李茂菊　王绛辉　李春香
高照龙

## 院办公室工作先进个人

王莹莹　周起先　魏国红　车　根　李　昶　徐绍建　黄　萌　李洪菊　郝兆国
王盈桦　李春香　丛春兰　张传坤　孙玉霞　高照龙　吴永利　李孝贤　刘　佳
王红日　戴海英　刘　强　李　霞　袁长波　张海兰　张君亭　孙廷林　郭栋梁
刘俊华　王丽华　徐　伟　刘延忠　焦喜东　陈建胜　陈　伟　王文亮　朱荣生
李　俊　董以雷　翁　宏　王　猛　谷玉霞　孙　涛　贾文斌　张士永　王艳华
王　霞　齐　瑞　王向誉　宫清轩　孙家正　隋曙光

## 院科研管理工作先进个人

戴海英　丁照华　董晓霞　王玉涛　陈　莹　赵　佳　李广存　周庆新　吴家强
刘　涛　贾春林　夏　晗　王洪梅　李娜娜　陈　峰　聂　磊　杨伟强　沈广宁
王　敏　王　华　姚　强　刘　晓

## 院科技产业工作先进个人

陈　凯　刘廷利　辛淑荣　王长强　曹广平　柳昌明　徐国鑫　赵宵晨　张建亮
张元沛　王鹏飞　鲍　鹏　尹庆良　李金华　张再辉　候化平　徐秀荣　黄迪海
肖连明　崔凤高　徐业平　刘　健　孙公臣　刘　蓬　解树斌　卜德强　胡建合
李杰文　马　兰　李官东　张思聪　傅明淼　郝喜燕　王立萍　王立华　王　冰
巩东营　邓　鹏　马建军　闫明奎　张开生　刘振海　李新华　赵增成　吴　森
刘文光　孙秀山　李伟芳　苏胜茂　范小彬　刘　佳　张柏松　王玉涛　王志伟
王利民　吴　雄　王兆华　段友臣　孙晓军　姚慧敏　尤升波　刘文浩　宫永超

范玉峰　于兰岭

**院财务管理工作先进个人**

张宪英　刘世美　王　茜　郑可可　于　倩　陈晓霞　赵丽萍　杨竞云　高　燕
付亚萍　戴　争　王　玮　高　磊　李　霞　徐　伟　张维战　董秋华　陈坚微
裴树峰　宋　康　单　杰　顾　峻　李少华　岳方彤　王俊燕　孙　萍　王建芳
郭长虹　姜艳芳　李华东　宋　刚　王　红　梁　丹　马　璇　高新华　李绍莲

**院国际合作先进个人**

郭玉秋　杨　菲　单洪涛　高宗军　丁蕊艳　王　磊　王　晓　陈蕾蕾　李　俊
亓丽红　李新华　王兴军　李娜娜　张士永　焦　坤　王金政　张力思

**院安全生产、治安保卫先进个人**

宋华东　鹿兆珂　杨　波　朱荣生　张　建　范小彬　孙廷林　杨英阁　谷玉霞
杨善玉　王　剑　刘延忠　官　琦　翁　宏　别庆福　刘　强　蔡体鑫　辛富刚
王云飞　刘　蓬　王　建　李孝山　耿学军

**“迎院庆 明党史 知院情 励我志”知识竞赛**

**一等奖：**谭淑英　韩　真　董顺旭　王　鹏　王莹莹

**二等奖：**徐西英　王　华　孙玉霞　李云芝　高　洁　李　昶　赵　维　王　栋
石程仁　董　飞

**三等奖：**陶吉寒　姜明松　郑继业　滕　晶　周象海　焦其庆　李华东　崔太昌
郝兆国　张晓琳　孙晓莉　程克鑫　陈业兵　陈二影　魏建林　王　敏
董玉兰　陈　娜

**院“和谐文明家庭”**

楚秀生　李文才　李丽莉　王　磊　隋　洁　赵晓燕　吴家强　唐桂英　张　建
曹令萍

**院“模范丈夫”**

杨茂盛　李　伟　万鲁长　赵　稳　祝清俊　成建国　夏耀武　赵传志　孙佩军
张从敬

**院“模范妻子”**

李梦竹　李春香　王　茜　曲建芝　孔素萍　刘晓牧　马秀丽　王苏娟　姜艳芳
王艳华

**院“孝顺儿女”**

刘世美　李根英　赵苏娴　边文范　高宗军　李　霞　房　毅　曹齐卫　李　群
张　冉

**全国粮食生产突出贡献农业科技人员**　王法宏

**山东省统战工作先进个人并记省政府二等功**　李梦竹

**省直“第一书记”通报表扬**　王少敏　刘立峰

2011-2012 年度省直机关优秀共产党员　李新华　黄金明　李茂菊
2011-2012 年度省直机关优秀党务工作者　陈为京
省直机关巾帼建功竞赛活动先进个人　李　彦
2012 年度省直部门决算先进个人　梁晓辉
省直机关党内统计全优报表先进个人　车　根
全省机关事务系统先进个人　张晓琳
全省科协系统先进工作者　吴天琪
第八届山东省“发明创业奖”　一等奖　王淑贞　优秀奖　李云芝
山东省第三届“低碳山东杰出学者”　季明川
2013 年度十佳省级学会秘书长　吴天琪
2013 年度学会工作先进个人　隋　洁
中国农学会农业科技园区分会 2012-2013 年度优秀专家　刘世军
中国农学会农业科技园区分会 2012-2013 年度优秀信息员　张　煜
2012-2013 年度山东省科技情报工作先进个人　黎香兰　孔庆福
中国农学会科技情报分会优秀学会工作者　刘延忠
中国农学会科技农业图书馆分会优秀学会工作者　唐　研
中国校园学业素质能力竞赛山东省金牌指导老师
　隗茂花　刘王明月　陈好好　苏　敏　邢莉娟　李钰婷　黄　娟　尹　辉
中国校园学业素质能力竞赛山东省优秀指导老师
　吴　茜　张楠楠　马　倩　李君君　辛　雪　董　喆　客文婷　高　珊　孙文晶
　刘　璐
济南地区大型科学仪器设备共享服务先进个人　刘兆辉　赵红军　刘　晓
济南市产学研合作先进工作者　徐同城
济南市科技成果转化突出贡献奖　张召坤
济南市城镇供水排水协会先进个人　王　勇
济南市教育局优秀班主任　王秀红
2013 年历城区幼儿教师师德演讲比赛一等奖　马　倩
历城区 2012 年度优秀护士　吴　静
天桥区第二批“天桥才俊”荣誉称号　曹顶国
全福街道 2013 年度工作委员会优秀共产党员　王卫东
全福街道办事处 2013 年度优秀党务工作者　董玉兰
全福街道办事处 2013 年度平安建设暨信访维稳工作先进个人　滕　晶
全福街道办事处 2013 年度安全生产工作先进个人　金盛亮
全福街道办事处 2013 年度先进社区工作者　李景霞
全福街道办事处 2013 年度社区优秀志愿者　孙秀芹
全福街道办事处 2013 年度宣传文化工作先进个人　亓春平

**全福街道办事处 2012 年度人口和计划生育责任目标先进计生主任** 田　真
**全福街道办事处 2013 年度品牌建设暨网格化管理先进个人** 张锯文
**“第一书记”东阿县记个人三等功** 王少敏　刘立峰　刘　畅
**茌平县科技特派员先进个人** 万鲁长
**青岛市科技局机关党委系统**
　优秀党务工作者：张智猛　　优秀党员：张建成　陈　娜
　精神文明个人：迟晓元　吴菊香　　优秀妇女：许婷婷
**泰安市直机关** 优秀党务工作者：王少敏　优秀共产党员：薛培生　张美勇
**泰安市直机关文明创建先进工作者** 王长君　陶吉寒　阴启忠　薛培生
**泰安市“三八红旗手”荣誉称号** 李　芹
**泰安市直优秀工会积极分子** 王忠友
**泰安市直农口演讲比赛三等奖** 贾厚振
**烟台市“我健康，我幸福，我美丽”演讲比赛优秀奖** 董亚茹

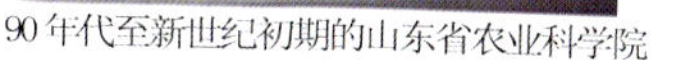

90年代至新世纪初期的山东省农业科学院

2010年落成的创新中心大楼

**1959**年

山东省农业科学院

济南桑园

**2013**年